TRABALHO, INDIVÍDUO, HISTÓRIA

Antonino Infranca

TRABALHO, INDIVÍDUO, HISTÓRIA:
o conceito de trabalho em Lukács

Tradução
Christianne Basilio e Silvia De Bernardinis

Copyright desta edição © Boitempo Editorial, 2014
Copyright © Antonino Infranca, 2010

Título original: Lavoro, individuo, storia: il concetto di lavoro in Lukács

Universidade Estadual Paulista
Faculdade de Filosofia e Ciências

Diretor: Dr. José Carlos Miguel

Vice-diretor: Dr. Marcelo Tavella Navega

Comissão Permanente de Publicações
Mariângela Spotti Lopes Fujita (Presidente)
Adrián Oscar Dongo Montoya
Ana Maria Portich
Célia Maria Giacheti
Cláudia Regina Mosca Giroto
Giovanni Antonio Pinto Alves
Marcelo Fernandes de Oliveira
Neusa Maria Dal Ri
Rosane Michelli de Castro

Assessoria técnica
Maria Rosangela de Oliveira

Avenida Hygino Muzzi Filho, 737
Bairro Mirante – Marília (SP)
CEP: 17.525-900

Coordenação editorial
Ivana Jinkings

Editoras adjuntas
Bibiana Leme e Isabella Marcatti

Assistência editorial e preparação de texto
Thaisa Burani

Tradução
Christianne Basilio e Silvia De Bernardinis

Revisão
Fernanda Guerriero Antunes

Capa
Antonio Kehl

Diagramação
Crayon Editorial

Produção
Livia Campos

BOITEMPO EDITORIAL
Jinkings Editores Associados Ltda.
Rua Pereira Leite, 373
05442-000 São Paulo SP
Tel./fax: (11) 3875-7250 / 3872-6869
editor@boitempoeditorial.com.br
www.boitempoeditorial.com.br
www.blogdaboitempo.com.br

CIP-BRASIL. CATALOGAÇÃO NA PUBLICAÇÃO
SINDICATO NACIONAL DOS EDITORES DE LIVROS, RJ

I36

Infranca, Antonino, 1957-
  Trabalho, indivíduo, história : o conceito de trabalho em Lukács /
Antonino Infranca ; tradução Christianne Basilio e Silvia De Bernardinis. -
1. ed. - São Paulo : Boitempo ; Marília, SP : Oficina Universitária Unesp, 2014.
  (Mundo do trabalho)

  Tradução de: Lavoro, individuo, storia: il concetto di lavoro in Lukács
  Inclui bibliografia
  ISBN 978-85-7559-389-9

  1. Lukács, György, 1885-1971. 2. Marx, Karl, 1818-1883. 3. Socialismo.
4. Filosofia. I. Título. II. Série.

14-13035
CDD: 335.4
CDU: 330.85

É vedada a reprodução de qualquer
parte deste livro sem a expressa autorização da editora.

Este livro atende às normas do acordo ortográfico em vigor desde janeiro de 2009.

1ª edição: novembro de 2014

SUMÁRIO

Apresentação 7
Introdução 11

Capítulo 1: O trabalho na *Ontologia* 23
    A teleologia do trabalho 26
    Ontologia e historicidade do trabalho 69

Capítulo 2: O trabalho entre a ética e a política 89
    Trabalho e democracia 89
    Ética e trabalho 109

Capítulo 3: Trabalho e arte 121
    Trabalho e ποίησις 122
    Arte e humanidade 133
    A crítica da divisão capitalista do trabalho 139
    Trabalho e obra 152

Capítulo 4: A herança histórico-filosófica da categoria trabalho: *O jovem Hegel* 163
    O trabalho em *O jovem Hegel* 169
    Trabalho e alienação em *Fenomenologia do espírito* 185
    Arbeit e Telos 198
    Teleologia e História 207
    Complexo de complexos 210

Capítulo 5: A fenomenologia do trabalho: *História e consciência de classe* 221
    Da *Ontologia do ser social* à *História e consciência de classe* 221
    O fenômeno da reificação 231
    A crítica da filosofia burguesa 241
    A superação da reificação 246
    A alienação na *Ontologia* 249

Bibliografia 258

O indivíduo é um produto histórico
György Lukács

APRESENTAÇÃO

Antonio Carlos Mazzeo

O livro de Antonino Infranca chega em boa hora e vem contribuir com a ampliação e o aprofundamento do debate sobre os elementos conceptuais da Ontologia marxiana, desenvolvidos pelo Gyórgy Lukács maduro, especialmente o estatuto ontológico da categoria do trabalho, enquanto fundamento da *práxis social*. Como o próprio autor evidencia, a obra se propõe a reconstruir "arqueologicamente" os caminhos do filósofo húngaro na elaboração do elemento ontológico na categorização do trabalho.

Nesse sentido, o mérito deste livro de Infranca é o de se dispor a percorrer esse caminho de Lukács em direção a Marx. Partindo do conjunto das elaborações teóricas lukácsianas – as elaborações contidas em *História e consciência de classe*, *O jovem Hegel* e as fundamentais formulações da *Estética*, além de apontamentos e indicações lukácsianas sobre a *Ética* – e confrontando essas reflexões com a obra madura do filósofo húngaro, a *Ontologia do ser social*, Infranca enfatiza que todos os outros conceitos abordados por Lukács ao longo da edificação de seu corpo teórico de *História e consciência de classe* à monumental *Ontologia* – como, por exemplo, os conceitos de *totalidade* e de *estranhamento* – estão subordinados ao aspecto nodal da *categoria trabalho*, apreendido a partir da dinâmica histórico-categorial marxiana da práxis, em seu elemento ontogenético. Cabe ressaltar que, nessa busca de reconstruir o "pensamento vivido" de Lukács, Infranca com grande ousadia define a elaboração categorial lukácsiana como uma fundamental tentativa de "reconstrução do marxismo", na medida em que o filósofo húngaro foi o primeiro no âmbito do marxismo a destacar a necessidade de se abordar a teoria social marxiana na perspectiva ontológica. Como ressalta o autor, essa priorização lukácsiana vem na senda das tentativas (e da necessidade) de respostas à crescente dogmatização e enrijecimento da teoria marxista, que ganha corpo após a morte de Lenin. Como se sabe, a prevalência do epistemológico e da gnosiologia em detrimento da apreensão ontognosodialética do mundo já aparecia como uma questão relevante nos debates da II Internacional – e encontrava em Lenin um duro opositor. Para o revolucionário russo, as formas de *reflexo* (*forma-consciência*) do mundo constituíam sempre o resultado da realidade objetiva e deveriam ser apreendidas em suas conexões e relações dialéticas entre o *universal* e o *particular* – isto é, nas formas abstratas e nas formas concretas engendradas pelo *ser social*. Daí o *reflexo* – a *mediaticidade* – constituir uma abstração resultante das relações sociais e das respostas (inclusive as estranhadas) socialmente construídas para as questões advindas do processo de objetivação do *ser social*[1]. Lukács leva adiante essa abordagem leniniana, ao evidenciar que todo conhecimento é resultante da práxis desenvolvida no ser social.

Seguindo as elaborações marxianas, Lukács salientou que ao longo da história a humanidade desenvolveu diversas *formas-práxis* e, até o surgimento do capitalismo, a questão central da compreensão da realidade objetiva eram os limites postos pela predominância do idealismo nas formas de construções *mediativas* que só começam a ser resolvidas – e, diga-se, *apenas em parte* – com o advento da sociabilidade burguesa. Mas é inegável, como ressalta Lukács, que as *formas-práxis* (históricas) do *ser social* procuraram responder aos problemas advindos dos próprios processos de objetivação de si, quer dizer, o processo de trabalho social produziu modos cognoscitivos que possibilitaram, principalmente no plano prático, o conhecimento, ainda que mais tarde esse próprio conhecimento tenha propiciado um distanciamento de si[2]. Objetivamente, os grandes saltos qualitativos (ontológicos) que a humanidade deu no plano da reflexão sobre seu próprio mundo cotidiano – sua *imediaticidade* – tiveram, de certo modo, uma preocupação, *in limine*, de cunho "pedagógico", se entendermos a educação como práxis de autoconhecimento social e de práxis-superadora – aqui, no sentido da *Aufhebung*. É nesse sentido que Infranca sustenta o entendimento lukácsiano, asseverando que a generalidade *em-si* do homem transforma-se em generalidade *para-si* mediante o trabalho, que se consubstancia como meio de expressão e de realização de sua hominidade. Aqui, o autor destaca o próprio elemento ontológico presente na construção categorial lukácsiana, que é o valor como resultado do trabalho e que aparece no conjunto do processo de objetivação teleológica como síntese do idealizado, como causalidade posta. Com isso, Infranca mais uma vez ousa em suas formulações ao ressaltar que Lukács vai além ao definir seu conceito de trabalho, em que a teleologia constitui-se, em última instância, seu aspecto verdadeiro, justamente quando o conceito de trabalho ganha a dimensão de desenvolvimento e objetivação do pensado: "Porém, Lukács vai ainda mais longe, acentuando o fato de que, no trabalho, o fundamento ontológico-estrutural é constituído pelos pores teleológicos e pelas cadeias causais que eles põem em movimento. Assim, a telelologia seria hegelianamente, o verdadeiro e próprio conceito de trabalho na *Ontologia* de Lukács" (p. 19).

Nesse sentido, Infranca realça um dos elementos centrais desenvolvidos por Lukács a partir das formulações hartmannianas, mais precisamente, a *integração dos complexos de complexos* na conformação do ser social – forma do ser, determinação da existência –, e que possibilita situar o teleológico como parte integrante da práxis, em que o sujeito não é meramente passivo, mas, ao contrário, interage dialeticamente com o mundo inorgânico, no sentido do *e-ducere*, isto é, uma exteriorização de ambos em

---

[1] Ver Vladimir I. Lenin, "Materialismo y Empirocriticismo", em *Lenin: obras completas* (Madri, Akal, 1977), v. XIV, p. 312 s.
[2] Ver G. Lukács, *Prolegomeni all'ontologia dell'essere sociale* (Turin, Guerrini, 1990), p. 14 [ed. bras.: *Prolegômenos para uma ontologia do ser social*, são Paulo, Boitempo, 2010].

que "o sujeito exprime sua própria ideia na realidade, e o objeto real recebe/assume uma forma com base nas próprias leis naturais" (p. 20). No limite, como enfatiza o autor, a formulação lukácsiana resgata as linhas centrais de identidade, das continuidades e descontinuidades dialéticas, de uma processualidade racional-ontológica com gênese no pensamento clássico ocidental – de Aristóteles a Marx.

No contexto dessa reflexão, Infranca enfatiza a essencialidade de uma linha histórica de racionalidade, de pensadores que buscaram *soluções de práxis* (sempre levando em conta o contexto e a legalidade histórica dessas formulações, assim como suas devidas rupturas e continuidades dialéticas), que reflexionaram sobre o *ser--enquanto-ser* e suas propriedades inerentes. E, para reforçar sua tese, Infranca destaca a identidade conceptual de Marx com o conceito hegeliano de trabalho, isto é, se para Marx a história materializa-se na processualidade objetivante do ser social, a partir de suas formas materiais de ser, encontra-se em Hegel a raiz dessa formulação, exatamente quando o próprio Hegel afirma, citado por Infranca, que o "princípio tem de ser também começo, e o que é anterior (*prius*) ao pensamento tem de ser também o primeiro (*primo*) no curso do pensamento" (p. 22).

Podemos dizer que o aspecto central das reflexões de Infranca, portanto, é o de situar o pensamento de Lukács na senda do conjunto do pensamento que buscou compreender o ser social na ampla dinâmica histórica das *soluções de práxis* e, aqui, na perspectiva da superação marxiana do idealismo presente na XI Tese de Marx sobre Feuerbach, isto é, da necessidade de a filosofia ganhar corpo ativo e transformar a compreensão e a interpretação do ser social em ação transformadora e revolucionária. No marxismo de Lukács está

> implícito e explícito, nesse recompor da conceptualidade das dinâmicas do *ser social*, o *novo caráter da práxis*, que pressupõe ainda *sujeitos sociais* realizando materialmente suas processualidades histórico-sociais. Não como "realização da vontade" ou de circunstâncias de sua escolha, como acentua Marx, mas por determinação das contradições engendradas pela própria sociabilidade, legadas e transmitidas pelo passado. Se o capitalismo se constituiu como a organização societal mais desenvolvida de toda a história da humanidade, sua objetivação abriu também a possibilidade para o aprofundamento da consciência dos homens sobre si, tanto do seu próprio passado como das potencialidades futuras.[3]

Esse é o elemento constitutivo da proposta de renovação/refundação lukácsiana do marxismo, em que, nas palavras de Tertulian, a ontologia preconizada é aquela que concebe o ser como uma interação de complexos heterogêneos e em perpétuo movimento e devir, caracterizada por uma mistura de continuidade e descontinuidade incessante, de onde nasce o novo[4].

---

[3] Antonio Carlos Mazzeo, *Possibilidades leninianas para uma paidéia comunista* (São Paulo, 2013, mimeo), p. 11.

[4] Cf. Nicolas Tertulian, "Introduzione", em G. Lukács, *Prolegomeni all'ontologia dell'essere sociale*, cit., p. xxv.

Pode-se concordar ou discordar das interpretações de Infranca sobre o processo da construção conceptual lukácsiana que deságua na *Ontologia do ser social*. Mas é inegável que este *Trabalho, indivíduo, história* apresenta-se como uma reflexão inovadora, capaz de expressar a competência desse intelectual pertencente a uma nova geração de marxistas que se vincula e fundamenta-se na melhor tradição do marxismo italiano.

Portanto, convido o leitor a mergulhar nas fecundas páginas deste livro e conhecer uma reflexão ousada e de grande erudição sobre a obra de György Lukács, o mais importante filósofo marxista do século XX.

INTRODUÇÃO

Lukács expôs por completo seu próprio conceito de trabalho na *Ontologia do ser social*. Por isso, considero a acepção ontológica desse conceito como a síntese de tudo o que ele escreveu ao longo de sua vastíssima produção teórica. Tomei como ponto de partida exatamente essa última obra sistemática de Lukács, visando a reconstruir tudo o que se refere à reflexão lukacsiana sobre o trabalho. O procedimento revela-se, assim, *arqueológico* nos dois sentidos da palavra: o primeiro é o de uma pesquisa que volta no tempo, indo das reflexões mais recentes, próximas ao momento da morte de Lukács, até as obras de sua juventude e seus primeiros trabalhos teóricos; já o segundo diz respeito à descoberta do trabalho como conceito dominante na produção teórica do filósofo – um dos poucos a ocupar inteiramente seu pensamento. Outros conceitos, como totalidade e estranhamento, são no fundo dependentes do trabalho, o que comprova o caráter preponderante que esse conceito adquire nas reflexões de Lukács. Além disso, o trabalho também serviu como modelo para o desenvolvimento de seu conceito de práxis, outra constância no pensamento lukacsiano. Somente partindo da análise da *Ontologia* foi possível apreender o caráter dominante do trabalho em uma carreira teórica que se estendeu por mais de seis décadas do século XX. Desse modo, a pesquisa acerca das reflexões mais antigas e do conceito dominante – ou seja, a *arqueologia* do pensamento – constitui um mesmo e idêntico método, ontológico-genético, como teria sustentado o próprio Lukács, que sempre indagou a necessidade histórica de um evento, de um conceito, de uma obra: "Na unidade filosófica da teoria marxista encontra-se a chave para sua universalidade. Com isso, em novos contextos: velha tendência – em vida criada orientação para a ontologia. Antiga posição gnosiológica do problema: 'existem... como possíveis'; pensada até o fim: 'existem... surgiram por meio de que necessidade histórica?'. Qual foi sua real função no desenvolvimento histórico do ser social?"[1].

Inicialmente, é preciso definir o trabalho lukacsiano como um conceito/categoria, uma vez que Lukács, partindo da definição de trabalho – ou seja, de seu conceito, por assim dizer, aristotélico –, com frequência acaba por organizar, analisar e reconstruir

---

[1] G. Lukács, *Pensiero vissuto. Autobiografia in forma di dialogo* (Roma, Riuniti, 1983), p. 219 [ed. bras.: *Pensamento vivido*, Viçosa, UFV, 1999, p. 165].

relações teóricas de alta complexidade, empregando o trabalho tal como uma categoria kantiana. Aproveito esta introdução para esclarecer a função do trabalho no pensamento de Lukács. Trata-se de um conceito, mas que serve também para descrever a essência necessária do ser humano e sua capacidade de viver em comunidade. Mais especificamente, o trabalho representa ainda o verdadeiro e próprio fundamento de uma comunidade humana, uma vez que viabiliza o estabelecimento de relações (em alemão, *Gemeinschaft*, que coincide com a categoria kantiana da relação recíproca) entre seres humanos – relações práticas, sociais, axiológicas e linguísticas. Nesse sentido, o trabalho é a base, na qualidade de causa, da socialidade do ser humano, estando na origem do ser social – que, de resto, apresentava já uma predisposição natural para a socialização. Assim, o trabalho é uma possibilidade concreta que permitiu a um animal geneticamente predisposto passar para o estágio da humanidade. A genericidade *em-si* do homem pode passar à sua genericidade *para-si* através do trabalho; desse modo, o trabalho representa também um meio de expressão, de realização, da essência necessária do homem – sua humanidade. O trabalho revela-se, portanto, uma estrutura necessária do ser social, que permite o estabelecimento de vínculos permanentes entre os seres sociais. No fundo, o trabalho é princípio/fundamento, substância, meio de exteriorização necessária, na medida em que realiza a universalidade do gênero humano. Para Lukács, enfim, o trabalho constitui um complexo de complexos, um conjunto de momentos categoriais mantidos unidos por uma série de relações recíprocas.

Vale notar que, no conceito de trabalho em Lukács, prevalece o preceito marxiano segundo o qual "a anatomia do homem é a chave para a anatomia do macaco", um princípio que exprime, de resto, toda uma metodologia da pesquisa, que foi por mim empregada na análise do desenvolvimento do conceito de trabalho no pensamento de Lukács. Certamente, o momento categorial fundamental para a compreensão do complexo de complexos que caracteriza o trabalho é o valor. O valor representa o resultado do processo laboral e, por conseguinte, o momento em torno do qual relações sociais podem se estabelecer. Além disso, o valor constitui o fenômeno por de trás do qual se oculta o objeto, implicando imediatamente uma relação com o sujeito e, em especial, com a necessidade do sujeito, a qual pode e deve ser satisfeita pelo objeto. O valor é também o elemento que conduz à socialização, ao passar da condição de valor de uso para valor de troca. Acima de tudo, o valor, enquanto resultado do processo produtivo, abarca em si todos os momentos precedentes. Lukács sustenta que, "assim como o dever-ser enquanto fator determinante da práxis subjetiva no processo de trabalho só pode cumprir esse papel específico determinante porque o que se pretende é valioso para o homem, então o valor não poderia tornar-se realidade em tal processo se não estiver em condições de colocar no homem que trabalha o dever-ser de sua realização como princípio orientador da práxis"[2]. Na qualidade de dever-ser, o valor insere uma obrigatoriedade de comportamentos no seio do processo produtivo. Esse caráter regulatório do valor se torna possível por conter, sob a forma de dever-ser, todos os momentos da te-

---

[2] G. Lukács, *Ontologia dell'essere sociale* (Roma, Editori Riuniti, 1978-1981), v. II, p. 79 [ed. bras.: *Para uma ontologia do ser social*, São Paulo, Boitempo, v. II, p. 106].

leologia lukacsiana: a intenção, a pesquisa dos meios para a realização de tal objetivo e o próprio objetivo realizado, ou seja, o resultado do processo laboral. É fartamente sabido que Lukács deduziu essa estrutura categorial a partir da *Lógica* de Hegel e que, no fundo, utilizou uma forma de dialética que se encontra no meio do caminho entre a hegeliana e a marxista. Digo "no meio do caminho" porque, se uma categoria como o valor é avaliada por Lukács em toda a sua importância teórica, é principalmente graças à análise que Marx já havia feito; em seguida, refletindo sobre todos os momentos da teleologia lukacsiana, fica clara a dívida de Lukács também com a dialética hegeliana: "Não é, pois, de modo nenhum surpreendente que grandes pensadores fortemente orientados para a existência social, como Aristóteles e Hegel, tenham apreendido com toda clareza o caráter teleológico do trabalho. Tanto é assim que suas análises estruturais precisam apenas ser ligeiramente complementadas e não necessitam de nenhuma correção de fundo para manter ainda hoje sua validade"[3].

A teleologia, para Hegel, representa o momento de passagem da objetividade à ideia. Na concepção lukacsiana do trabalho, ocorre justamente o contrário, ou seja, a teleologia é a passagem da ideia à objetividade. Digo "justamente" porque um dos modos de ler a *Lógica* de Hegel (e de aplicar a dialética hegeliana, em geral) é exatamente invertendo-a, conforme Marx sugeria fazer tanto em seus *Manuscritos econômico-filosóficos** quanto em uma famosa nota de *O capital*: "Aqui, como na ciência da natureza, mostra-se a exatidão da lei, descoberta por Hegel em sua *Lógica*, de que alterações meramente quantitativas, tendo atingido um determinado ponto, convertem-se em diferenças qualitativas"[4]. Isso confirmaria a correta leitura lukacsiana de Hegel – correta porque efetuada por um marxista, de acordo com as ideias que Marx havia sustentado. Porém Lukács vai ainda mais longe, acentuando o fato de que, no trabalho, "o fundamento ontológico-estrutural é constituído pelos poros teleológicos e pelas cadeias causais que eles põem em movimento"[5]. Assim, a teleologia seria, hegelianamente, o verdadeiro e próprio conceito de trabalho na *Ontologia* de Lukács. O conceito de trabalho toma o posto do desenvolvimento da ideia, constituindo exatamente a passagem para a objetividade. É o sujeito que atravessa o objeto. Esse movimento de passagem, todavia, não é um *trans-ducere*, que mantém inalterados os dois elementos através dos quais o movimento passa – nesse caso, o sujeito e o objeto –, mas, sim, um *e-ducere**, ou seja, um colocar pra fora de ambos: o sujeito exprime sua

---

[3] Idem [ed. bras.: ibidem, p. 47].

* São Paulo, Boitempo, 2004. (N. E.)

[4] Karl Marx, *Il capitale*, Livro I (Turim, Einaudi, 1975), p. 376 [ed. bras.: *O capital*, Livro I, Boitempo, 2013, p. 380-1].

[5] G. Lukács, *Ontologia dell'essere sociale*, cit., p. 55-6.

* Os termos *trans-ducere* e *e-ducere* remetem ao seguinte: *trans-ducere* é um passar de um no meio do outro sem gerar modificações, tal como uma bolha ou um feixe de luz passa pela água. Ao contrário, *e-ducere* é um "sair um do outro". Tal como um pássaro sai do ovo, quando antes não exisitia. Uma tradução próxima seria "transpassar" e "brotar", entretanto optei pela manutenção dos termos originais, mantendo seu plurissignificado. (N. R. T.)

própria ideia na realidade, e o objeto real recebe/assume uma forma com base nas próprias leis naturais. Lukács afirma que estão presentes na *Metafísica* de Aristóteles aqueles momentos categoriais capazes de oferecer um fundamento teórico ao trabalho: "as alternativas concretas do trabalho implicam, em última instância, tanto a determinação do fim como a execução, uma escolha entre certo e errado. Nisso está a sua essência ontológica, o seu poder de transformar a *dýnamis** aristotélica em uma realização concreta"[6]. É exatamente isso o que ocorre na teleologia lukacsiana, ou seja, a passagem da potência ao ato, do sujeito no objeto e, da mesma forma, tendo em mente o que foi dito sobre o dever-ser, do objeto no sujeito. De resto, o próprio Aristóteles havia incluído a causa final e a causa eficiente entre as causas originárias do ser.

É bem sabido, graças às várias reconstruções autobiográficas do próprio Lukács, que o tema de uma possível ontologia, assim como de uma ética marxista, começou a amadurecer em seu pensamento em 1930, em Moscou, após a iluminadora leitura dos *Manuscritos econômico-filosóficos* de Marx. Lukács aprendeu duas coisas com essa iluminação: a forma de ler Hegel e a definição de essência genérica. Esta última é a essência necessária do homem, que se manifesta e se desenvolve no trabalho; já a inversão efetuada por Marx na dialética hegeliana abriu a perspectiva, para Lukács, de uma nova releitura de Hegel. É sobre a questão da alienação que "se introduz o grande confronto do jovem Marx com o problema filosófico central de Hegel. Essa discussão representa um dos momentos principais da inversão da dialética idealista em uma dialética materialista, da crítica do idealismo hegeliano e também da assunção da herança dialética por parte da nova ciência do materialismo dialético"[7]. Além disso, a leitura da *Fenomenologia* por meio desse método revela para Lukács a importância da consciência, que não apenas se aliena como – e principalmente – se forma durante o processo laboral. Portanto, é Hegel, além de Marx, quem oferece a Lukács a possibilidade de uma nova definição do ser social a partir do trabalho.

Todavia, graças à interpretação de Marx, Lukács reconhece que também em Hegel "a dialética do trabalho, da atividade humana, da práxis social em geral, é enquadrada na dialética da relação de mercadoria e subordinada a esta última"[8]. Através de uma reflexão sobre o jovem Hegel, remontando a *História e consciência de classe*, é possível observar quanto o fetiche da mercadoria oculta a verdadeira ontologia do trabalho; a mercadoria é um fenômeno que obscurece a essência necessária do trabalho, tanto na vida cotidiana dos homens quanto em suas relações sociais. O velho Lukács creditava uma validade ontológica também à obra da juventude: "Não se pode negar a presença de muitos trechos que servem como ponto de partida para uma apresentação das categorias dialéticas em seu movimento e em sua objetividade real e ontológica e que, portanto, conduzem a uma ontologia autenticamente materialística do ser

---

* Do grego δύναμις, "potência". (N. E.)
[6] Ibidem, p. 51 [ed. bras: ibidem, p. 55].
[7] G. Lukács, *Il giovane Hegel e i problemi della società capitalistica* (Turim, Einaudi, 1975), p. 757.
[8] Ibidem, p. 671.

social"[9]. De acordo com os cânones filosóficos clássicos, não é possível propor uma ontologia desprovida de uma fenomenologia, como a da mercadoria descrita em *História e consciência de classe*. Comparativamente, pode-se afirmar que, assim como Hegel escreveu sua *Fenomenologia* antes de chegar à *Lógica*, Lukács foi capaz de definir uma nova ontologia do ser social justamente com base nas análises de *História e consciência de classe* e de sua própria revisão autocrítica. Daí o deslumbrante esclarecimento proporcionado pela leitura dos *Manuscritos econômico-filosóficos*.

Elaborar uma ontologia do ser social e, em seguida, uma ética marxista tem um significado preciso para Lukács. Ele sente a exigência de confrontar-se com uma tradição de pensamento que parte de Aristóteles até Marx, através de Hegel. Não escapa a Lukács o fato de que "existe uma ciência que estuda o ser-enquanto-ser e as propriedades que lhe são inerentes por sua própria natureza"[10]. Sabe-se que, para Aristóteles, a ontologia representava uma das formas assumidas pela metafísica; Lukács tinha consciência disso, assim como do fato de que, para determinados marxistas (e também para as correntes mais em voga no panorama filosófico do século XIX), falar de metafísica não fazia sentido nenhum. Lukács retoma exatamente essa concepção drástica da filosofia: "Existe apenas uma ciência unitária da história, que vai desde a astronomia até a assim chamada sociologia"[11]. O sentido dessa frase está na reconsideração da filosofia como metafísica, como ciência do fundamento do ser. Somente a compreensão do fundamento do ser nos permite definir as leis que regem o desenvolvimento histórico. Vale para a *Ontologia* de Lukács o que Kant escreve: "Se em torno de um objeto qualquer existe uma *filosofia* (isto é, um sistema de noções racionais derivadas de conceitos), então para essa filosofia também deve existir um sistema de conceitos racionais puros, independentes de qualquer condição empírica, ou seja, uma *metafísica*"[12].

Não há dúvidas de que o conceito de trabalho em Lukács tem um emprego metafísico. O trabalho representa o princípio do desenvolvimento da humanidade e, ao mesmo tempo, a base desse desenvolvimento, justamente porque a história é a "história dos meios de produção" e das relações de produção, de acordo com sua concepção materialista, que, por sua vez, respeita quase à risca as palavras de Hegel com relação ao começo: "O princípio tem de ser também começo, e o que é anterior (*prius*) ao pensamento tem de ser também o primeiro (*primo*) no curso do pensamento"[13]. É exatamente do "começo", além da teleologia, que provém o caráter do trabalho como "forma originária" e como "modelo"

---

[9] G. Lukács, Prefácio (1967), em *Storia e coscienza di classe* (Milão, Sugar, 1978), p. xxviii [ed. bras.: *História e consciência de classe*, São Paulo, Martins Fontes, 2003].

[10] Aristóteles, *Metafísica*, Livro A (Bari, Laterza, 1971), p. 1003-20 [ed. bras.: *Metafísica*, Bauru, Edipro, 2005].

[11] Hans Heinz Holz, Leo Kofler, Wolfgang Abendroth, *Conversazioni con Lukács* (Bari, De Donato, 1968), p. 17 [ed. bras.: *Conversando com Lukács*, São Paulo, Paz e Terra, 1969].

[12] Immanuel Kant, *Metafísica dei costumi* (Bari, Laterza, 1989), prefácio à parte II, p. 221 [ed. bras.: *A metafísica dos costumes*, Bauru, Edipro, 2008].

[13] G. Hegel, *Scienza della logica*, Livro I (Bari, Laterza, 1974), p. 52 [ed. bras.: *Ciência da lógica*, São Paulo, Barcarolla, 2013].

de qualquer forma de práxis humana. Hegel, em outras obras, já havia captado essa função do trabalho, porém somente Marx soube avaliá-la em toda a sua profundidade teórica. Lukács repete essa operação na tentativa de fornecer uma base teórica para aquilo que mais o preocupava: o renascimento do marxismo após a desastrosa experiência stalinista. Entretanto, para levar a cabo a tarefa da refundação do marxismo é necessário retroceder em relação a Marx e confrontar-se principalmente com Hegel, ou seja, voltar às origens do próprio pensamento marxiano. Sem uma rigorosa reconstrução dessa origem, abre-se espaço para a autocracia, para a arbitrariedade, para a propagação do conformismo, que caracterizaram tanto o marxismo positivista da II Internacional quanto o rígido mecanicismo stalinista. Segundo Lukács, de Lenin em diante não se verificou nenhum desenvolvimento teórico significativo do marxismo por meio desse caminho já aberto por Marx, ou seja, o do aprofundamento crítico da filosofia hegeliana. Na busca do ser no pensamento, Marx inverteu o sistema hegeliano: "Marx retoma essas realidades em sua específica determinação histórica, redefinindo-as em termos e com conceitos dialéticos, capazes de explicar o movimento histórico sem eternizar, por deificação, nenhuma fase em particular. Desse modo, restitui ao homem a sua história, e a história, em Marx, de natureza se transforma em cultura, isto é, consciência, obra e responsabilidade do homem, da consciência social que domina, compreende e transforma o ser social"[14]. Lenin estava dando continuidade ao esforço marxista de revisão crítica da filosofia burguesa a partir de Hegel quando a luta política o obrigou a realizar, na prática, tudo o que até então havia expressado na teoria. A interrupção da pesquisa foi reforçada pelo stalinismo:

> Afirmei que o marxismo como teoria geral da sociedade sofreu na realidade uma interrupção, estacando. Pode-se dizer que o marxismo concebido [...] como teoria geral da sociedade e da história não existe mais, acabou faz tempo. Por esse motivo existe, e existirá ainda por muito tempo, o stalinismo. [...] O stalinismo não é apenas uma interpretação errônea, uma aplicação defeituosa do marxismo. Na realidade, ele representa a negação do marxismo.[15]

A atenção de Lukács ao trabalho nasce da preocupação de refundar o marxismo por meio de um original e autêntico método dialético. Não se deve esquecer que, em *História e consciência de classe*, Lukács creditava justamente ao método o respeito à ortodoxia marxista. "Em termos de marxismo, a ortodoxia se refere exclusivamente ao método."[16] É também no método que o Lukács ainda não marxista entrevia uma espécie de metafísica implícita no marxismo: "O fato de que o materialismo histórico, o método sociológico mais significativo até o momento, tenha se transformado, via de regra, em metafísica histórico-filosófica não deve obscurecer o valor admirável do método sobre o qual ele se baseia, método este que, simplesmente, não recebeu uma elaboração

---

[14] Franco Ferrarotti, *Colloquio con Lukács* (Milão, Franco Angeli, 1975), p. 20.
[15] Ibidem, p. 15.
[16] G. Lukács, "Che cos'è il marxismo ortodosso?", em *Storia e coscienza di classe*, cit., p. 2.

clara até o momento"[17]. Evidentemente, em 1915, Lukács não tinha como saber quão idealísticas, na acepção de Gentile, eram suas afirmações. Entretanto, essas palavras de Lukács aparecem como uma espécie de sintoma de algo mais profundo: a consciência de que, para abordar certos problemas teóricos, é preciso transportá-los para além do plano da realidade, exatamente no sentido grego original de μετά τα φισικά (além da física). Foi essa mesma consciência que, em sua juventude, levou-o a exprimir-se do seguinte modo em seu *Diário de 1910-1911*: "O que devo fazer se me aparece na forma de um claro dilema: ou trabalhar ou perder-me na frivolidade. E sou, nesse sentido, inapto para o trabalho"[18]. Tratava-se de um sentimento de absoluta impotência, da qual ele procurava uma via de escape acima de tudo existencial: "Portanto, se não acontecer nenhum milagre, e como não vivo sob os ventos de conversão de Damasco (onde a espécie humana à qual pertenço se veria transformada), minha existência depende da questão lógica do juízo existencial"[19]. É exatamente uma ποίησις, uma produção criativa, aquilo de que Lukács estava à procura. Não seria o caso de dever atender a essa exigência através de uma forma qualquer de metafísica, da "metafísica da tragédia" ou da metafísica dostoievskiana do romance. Somente a adesão ao marxismo proporcionou-lhe ver com clareza em que campo buscar a extrema síntese: o do desenvolvimento do gênero humano, ou seja, a história, na qual esse desenvolvimento é determinado pela propriedade dos meios de produção. Essa exigência juvenil de uma refundação da metafísica jamais desapareceu da perspectiva filosófica de Lukács, que viu em Thomas Mann a possibilidade de arquitetar uma conjunção entre metafísica e socialismo: "O contraste entre a metafísica e o socialismo, visto como ímpio, profano, materialista [...], não é mais admissível"[20]. Em Thomas Mann Lukács enxergava o protótipo da ética burguesa, e ele mesmo almejou fundar uma ética marxista que derivasse de uma metafísica da história.

A fundação de uma ética e de uma ontologia do ser social chega à sua completa maturação após uma reflexão que se estendeu por mais de sessenta anos, tendo requerido um longo e trabalhoso período de gestação. A grandeza de Lukács reside justamente no fato de que, na definição do conceito de trabalho, mostra-se sempre presente a tentativa de definir o *In-dividuum* moderno, aquilo que somos, nossa essência necessária no mundo da atual globalização. Além disso, Lukács oferece um caráter de universalidade que se faz urgente precisamente nos dias de hoje, quando o futuro de uma democracia madura se apresenta como possibilidade concreta ou utopia inalcançável. Se Lukács houvesse definido uma ética marxista sem antes definir o sujeito ao qual tal ética se referia, só restaria à sua concepção ser interpretada como uma ética classista, ou seja, uma ética do proletariado. Essa definição seria posteriormente empregada como instrumento para uma contraposição frontal entre uma ética

---

[17] Idem, "Filosofia della società e del diritto" (1915), em *Sulla povertà di spirito* (Bologna, Cappelli, 1981), p. 149.
[18] G. Lukács, *Diario 1910-1911* (Milão, Adelphi, 1982), p. 64.
[19] Ibidem, p. 57.
[20] Thomas Mann, "Adesione al socialismo", em *Opere* (Milão, Mondadori, 1958), v. XII.

do proletariado e uma ética da burguesia. Lukács cairia no equívoco, típico do stalinismo, de seguir adiante por meio de contradições incapazes de ser superadas através de síntese, mas cristalizadas em eternas contraposições. O ser social, sujeito da ética, é universal na medida em que se baseia em uma categoria também universal, a saber, o trabalho. Esse novo sujeito social, por ser universal, não apresenta mais características de classe: não existe um ser social burguês ou proletário, pois não existe um conceito de trabalho burguês ou proletário. A ética lukacsiana mostra-se tão universal quanto a kantiana, ainda que não seja categórica. Lukács assinala a indispensável relação com Kant para qualquer um que se proponha a definir uma nova ética:

> Na disposição moral faz-se presente, de um lado, uma intenção de universalidade – foi Kant quem elaborou teoricamente e de modo mais eficiente esse seu caráter –, e, uma vez que a tendência a transcender a particularidade imediata do sujeito deve permanecer, no entanto, no âmbito da disposição interior da subjetividade, torna-se evidente que a intenção deve se voltar, com maior ou menor clareza, para aquilo que está em conformidade com o gênero humano.[21]

Dessa maneira, Lukács consegue superar todas as divisões sociais para chegar a um *In-dividuum* que é universal em sua condição. A ontologia marxista de Lukács é refundada com base na universalidade do indivíduo e constitui uma resposta tanto às metafísicas do século XX quanto às críticas à metafísica de Heidegger. O pensamento de Lukács vai em busca do fundamento – é um pensamento *forte*[22].

---

[21] G. Lukács, *Estetica* (Turim, Einaudi, 1970), p. 535-6.
[22] Não faltaram críticas a essa tentativa. As mais significativas vieram do círculo mais próximo a Lukács, ou seja, de seus próprios alunos. Foi a partir dessa obra demolidora que Ágnes Heller se distanciou do pensamento de seu mestre, por exemplo. Após ter se baseado amplamente na *Ontologia do ser social* para construir sua *Sociologia da vida cotidiana*, Heller definiu-a como um "fracasso"; cf. Ágnes Heller, "Lukács' Later Philosophy", em *Lukács Revalued* (Oxford, Basil Blackwell, 1983), p. 177-90. Naturalmente, Heller passa então a dividir o desenvolvimento do pensamento de Lukács em períodos, de modo a extrair dele o que lhe serve, chegando ao cúmulo de inventar datas e conceitos. De acordo com ela, Lukács teria iniciado a *Estética* após a morte de Stalin, em 1953 (ibidem, p. 181), pois viviam-se então condições políticas para uma reflexão mais livre; entretanto, o próprio Lukács afirmava que sua *Estética* fora iniciada no final dos anos 1940. Segundo ela, Lukács falava de Dever na *Estética*; mais tarde, contudo, Heller foi obrigada a reconhecer: "*Lukács himself does not use the word 'Ought', but speaks, rather, of* perspective" [Lukács não usa o termo "Dever"; em vez disso, fala sobretudo de *perspectiva*]. A falsificação de conceitos fica ainda mais evidente nos trabalhos de Gáspar M. Tamás, discípulo de Heller (cf. "Lukács' Ontology: a Metacritical Letter", em *Lukács Revalued*, cit., p. 154-76), no qual chega a afirmar que a *Ontologia* não conta com uma substância histórica (p. 159), que nela o ser é separado do homem (p. 160), que não se trata de uma obra generalizável (p. 164) e, *last but not least*, que o socialismo de Lukács não dispõe de uma moral. Tamás nega ainda a existência de uma genericidade (p. 163), fazendo com que qualquer ação contra a humanidade se torne possível, uma vez que a própria humanidade representa apenas um conceito, e não uma realidade ontológica. O pupilo de Heller confunde a ontologia de Lukács com uma ontologia religiosa, podendo assim empregar a seu bel-prazer as típicas críticas feitas ao argumento ontológico de Anselmo d'Aosta. Trata-se do clássico estilo daqueles que atribuem ao pensamento de seus opositores os argumentos que desejam criticar, quando, na realidade, criticam aquilo que eles próprios disseram. Seu pensamento faz o gênero "à noite, todos os gatos são pardos". E, segundo seu costume científico, pesquisa filosófica também se faz assim.

Atualmente, o papel do filósofo na sociedade atravessa uma crise visível, justamente por conta do abandono de questões fundamentais da filosofia. A relação conturbada entre filosofia e política e a consequente exigência da definição de uma nova ética, hoje clamada por não filósofos, em especial economistas, constituem na verdade questões fundamentais da filosofia. Trata-se de questões que deveriam estimular os filósofos a uma reflexão sobre a base do próprio pensamento e da realidade histórica em que vivem, mas são poucos os que dedicam-se ao tema. Lukács encontra-se entre eles; era um anão do pensamento filosófico, mas subiu nos ombros de gigantes como Aristóteles, Hegel e Marx, demonstrando que o pensamento "forte" constitui a verdadeira tradição da filosofia. Na era da dissolução das ideologias, é oportuno lembrar que nenhum ideólogo pode subir nos ombros de gigante nenhum – apenas filósofos podem fazê-lo. Após a queda do comunismo, é possível reler Lukács com maior liberdade, sem o medo da necessidade de rotulá-lo ou de inscrever a própria leitura em esquemas ideológicos preexistentes. Finalmente se compreendeu que os ideólogos de qualquer bandeira são sempre "fracos", ou melhor, que eles geram uma "falsa consciência". É tempo de voltar a interpretar a palavra "ideologia" em seu significado original: λόγος das εἶδος, ou seja, um discurso sobre as ideias. Tentemos, pois, discutir as ideias de Lukács, que é um filósofo do tipo clássico, e não um ideólogo, devendo, portanto, ser lido sem enquadramentos em esquemas ideológicos, mas apenas filosóficos. Lukács faz um convite: "é preciso estudar aquilo que Marx nunca estudou a fundo [...]. É evidente que Marx nunca estudou seriamente as economias da Ásia, da África ou da América Latina. [...]. Seria necessário estudar essas regiões e suas economias segundo uma perspectiva marxista, empregando o método de Marx. Em vez disso, costumam ser feitas apenas abstrações, não se encontra uma análise séria"[23]. São precisamente tais localidades, onde as vítimas do capitalismo globalizado chegam à casa das centenas de milhões, que deveríamos tomar como o ponto de partida de nosso trabalho intelectual, conforme indicava Marx, no sentido de nos postarmos ao lado das vítimas para julgar o sistema e dar-lhes a voz que, de outro modo, não chegariam a ter.

O pensamento de Lukács devolve o sentido ao pensamento filosófico; tal sentido seria representado pela própria πάθος (experiência sofrida) do pensamento, com o objetivo de tornar possível um "com-partilhar", uma experiência comum, que significa viver o próprio tempo histórico, a própria vida cotidiana. A metafísica foi frequentemente vista pelos filósofos como o espaço teórico que servia de refúgio sempre que a história se tornava um espaço perigoso para viver. Assim ocorreu com Platão na Atenas dos poderosos que condenavam os filósofos à morte; com Aristóteles, sob Alexandre Magno; com Campanella, diante da Igreja em plena Contrarreforma; com Hegel, em meio ao Estado absolutista prussiano; com Hartmann nos tempos do nazismo; e também com Lukács na era stalinista. Em todos esses casos, porém, o filósofo *vagueia* por seus *lugares naturais*, por seus típicos espaços teóricos, para tentar a

---

[23] Franco Ferrarotti, *Colloquio con Lukács*, cit., p. 13 e 17.

aventura da transformação da realidade histórica de acordo com projetos metafísicos. Muitos filósofos procuram, portanto, concretizar essas ideias na realidade histórica, sendo afetados por uma espécie de "síndrome platônica" – uma referência a Platão quando tenta persuadir os tiranos de Siracusa a concretizar na realidade histórica seu projeto filosófico de uma cidade ideal –, que traduz seu desejo de se converterem nos novos demiurgos da realidade. A experiência histórica, sempre desastrosa, quando não propriamente trágica, deixa sua marca. O próprio Lukács, depois de 1956, começou a pensar em compor uma ética marxista para relançar, no campo estritamente teórico, o desafio ao Mefistófeles da história. A perspectiva ontológica permite a Lukács compreender claramente as contradições da própria realidade histórica, e em toda a sua extensão. É com base nessa compreensão que podem ser fundadas as leis do futuro desenvolvimento histórico e que se pode de novo tornar a falar, de modo contundente, em liberdade. A lição de Lukács é a mesma de Aristóteles, ao explicar precisamente a relação entre metafísica e liberdade: "evidente que nos dedicamos a essa pesquisa sem ter por objetivo nenhuma necessidade que lhe seja estranha; porém, da mesma maneira que reputamos livre um homem que vive apenas para si e não para um outro, também consideramos essa ciência como a única livre, uma vez que ela existe por si"[24]. Se um indivíduo é livre tanto do ponto de vista político quanto econômico, isto é, se é livre para reproduzir amplamente a própria vida, então poderá falar de liberdade. Se um filósofo ainda é capaz de fazer outras leituras dentro da história, a despeito das tragédias que ela encerra, existe então a esperança de voltar a ouvir falar em liberdade, sem que jamais se trate de um mero jogo de palavras.

  Iniciei este livro 25 anos atrás, sob a forma de trabalho de conclusão de curso de graduação. O capítulo sobre *O jovem Hegel* é minha dissertação de mestrado. Por fim, os capítulos sobre a *Ontologia*, *O jovem Hegel* e *História e consciência de classe*, inteiramente reescritos, foram minha tese de doutorado pela Academia Húngara de Ciências. Nesse meio-tempo, passei três anos como pesquisador no Arquivo Lukács de Budapeste. Este livro não é um *Lebenswerk**, mas um trabalho que revisei, reescrevi e aprofundei durante nove anos, até 1989, quando então o abandonei por completo. A data indica bem o que estava acontecendo naquele momento histórico[25]. Passei a estudar o pensamento de Giovanni Gentile em relação à sua cultura de origem e, em seguida, a filosofia da libertação de Enrique Dussel. Em 1998, voltei a morar na Argentina, e os acontecimentos de 2001 (o chamado *Argentinazo*) me convenceram de que refletir sobre o trabalho e as perspectivas de um pensamento crítico estava mais uma vez em voga; mais do que isso, tornava-se imperiosa uma reflexão sobre os fundamentos do ser social. Eu enxergava na ontologia lukacsiana a premissa para a defi-

---

[24] Aristóteles, *Metafísica*, cit., Livro A, 982 b 15-25.

* Do alemão, "obra de uma vida inteira". (N. T.)

[25] Descrevi a queda do regime comunista húngaro em um artigo intitulado "Como cae un régimen y se construye uno nuevo: Hungria, octubre de 1989", *Herramienta*, Buenos Aires, n. 12, 1999, p. 51-70. Naqueles meses, encontrava-me justamente na Hungria, tendo sido assim testemunha de um evento histórico de alcance mundial: a queda dos regimes comunistas da Europa centro-oriental.

nição de uma ética da libertação. A ética da libertação de Dussel representava a continuação ideal da ontologia de Lukács. Assim, retomei aquele antigo trabalho e, após dois anos de estudos aprofundados, conduzidos também com o auxílio dos cursos de doutorado de que participei na Universidade de Buenos Aires, cheguei à sua forma definitiva. Na prática, o trabalho foi inteiramente reescrito e recebeu os acréscimos dos capítulos sobre a ética e a política e do capítulo sobre a *Estética*, além dos ensaios de crítica literária e das obras juvenis. Assim, 25 anos mais tarde, aquele trabalho de meus tempos de juventude tomou forma de livro – obra sem dúvida pouco atual de acordo com o pensamento filosófico corrente, porém *absolutamente atual* para quem presta um mínimo de atenção aos movimentos sociais e às exigências de libertação dos dias de hoje.

Ao longo desses 25 anos, acumulei uma dívida de gratidão para com cinco amigos que acompanharam toda a minha jornada intelectual. Naturalmente, não há ordem de importância ou prioridade, apenas a cronológica, e nesta ocasião torno a agradecer a esses cinco amigos, sobretudo pelo afeto que continuam a demonstrar por mim e pelos vários conselhos intelectuais que me deram e seguem dando. A ordem cronológica traz em primeiro lugar Giuseppe Nicolaci, meu orientador científico na Universidade de Palermo; em seguida, Alberto Scarponi, o tradutor da *Ontologia* para a língua italiana. Na Hungria, meus orientadores foram Denés Zoltai, ex-aluno do próprio Lukács, e János Kelemen, profundo conhecedor do pensamento lukacsiano e da cultura italiana. Por fim, em último lugar na ordem cronológica, já na Argentina, vem Miguel Vedda, o tradutor da *Ontologia* para a língua espanhola. Sem este último e, portanto, determinante estímulo de Vedda, eu não teria retomado meu antigo trabalho, tampouco o teria levado a termo. Estou certo de ser um homem de sorte, que pode contar com pelo menos cinco amigos e "pais espirituais"; sou também um escritor de sorte, porque terei ao menos cinco leitores atentos. Tenho orgulho de ser amigo deles.

Capítulo 1

O TRABALHO NA *ONTOLOGIA*

A *Ontologia do ser social* constitui a grande tentativa do filósofo húngaro de refundar o marxismo. Considero mais adequado falar em "refundação"[1] do marxismo em vez de "renascimento", justamente por conta do emprego fundador do conceito de trabalho na *Ontologia*. A extensa estrutura da obra, a linguagem redundante e repetitiva utilizada pelo autor e as críticas de seus próprios alunos, que desembocaram em uma péssima recepção do livro nos ambientes filosóficos[2], acabaram por restringir o conhe-

---

[1] Para saber mais sobre as fontes da ontologia lukacsiana, recomendo o ensaio de Guido Oldrini "Em busca das raízes da ontologia (marxista) de Lukács", incluído em Maria Orlanda Pinassi e Sérgio Lessa (orgs.), *Lukács e a atualidade do marxismo* (São Paulo, Boitempo, 2002), p. 49-76.

[2] Para compreender o método da pesquisa filosófica atual, faço uma simples consideração: o primeiro texto ontológico de Lukács surgiu em 1969, em húngaro: ("Az ember gondolkodás és cselekvés ontológiai alapzatai" [Os fundamentos ontológicos do pensamento e da atividade do homem], *Magyar Filozófiai Szemle*, n. 13, 1969, p. 731-42. Mas apenas em 1971 surgiram, em alemão, os primeiros capítulos da obra – precisamente os capítulos sobre Hegel, Marx e o trabalho. A primeira edição integral da *Ontologia* é sua tradução para o húngaro de 1976. No mesmo ano, saiu a tradução italiana da primeira parte e, em 1981, a tradução italiana da segunda. A edição integral da *Ontologia* na língua original (ou seja, o alemão) ocorreu apenas em 1984. Ainda assim, Giuseppe Bedeschi, com base em um livro-entrevista – Hans Heinz Holz, Leo Kofler e Wolfgang Abendroth, *Conversazioni con Lukács* (Bari, De Donato, 1968), p. 207, no qual o espaço dedicado à *Ontologia* não passa de trinta, quarenta páginas –, liquida em duas páginas uma obra de mais de 1.500. Cf. Giuseppe Bedeschi, *Introduzione a Lukács* (Bari, Laterza, 1970), p. 78-80. Também Colletti, em *Tra marxismo e no* (Bari, Laterza, 1979, p. 82), afirma que a *Ontologia* é apenas "uma metafísica oitocentista tardia" e nada mais, dando a impressão de que a um juízo tão superficial corresponde um conhecimento igualmente superficial da obra. A recepção da obra na Alemanha foi influenciada pela narrativa do encontro entre Ágnes Heller e Habermas em Frankfurt – cf. Ferenc Fehér, Ágnes Heller, György Markus, Mihály Vajda, "Premessa alle 'Annotazioni sull'ontologia per il compagno Lukács (1975)", *Aut Aut*, n. 157-158, jan.-abr. 1977, p. 14. Na ocasião, Heller expôs a Habermas as principais teses da *Ontologia*, ao que o filósofo alemão respondeu com um juízo negativo. Sabendo-se da oposição de Heller à obra, é de se imaginar como esses temas fundamentais da *Ontologia* foram expostos. Além disso, é surpreendente que um filósofo da estirpe de Habermas exprima uma opinião negativa sobre uma obra de mais de 1.500 páginas com base em um simples relato. Mesmo assim, foi por conta de juízos desse tipo que a *Ontologia* foi praticamente ignorada através dos tempos. Sobre a gênese e a recepção da obra, ver Frank Benseler, "Zur Ontologie von Georg Lukács", em *Georg Lukács. Kultur, Politik, Ontologie* (Opladen, Westdeutscher, 1987), p. 253-62.

cimento da obra, parcialmente invalidando, portanto, o trabalho de "refundação" do marxismo a que Lukács se propusera. Na verdade, a obra ultrapassou as intenções do autor, assumindo uma importância que pode ser bem dimensionada através das palavras de Nicolas Tertulian: "Lukács buscava examinar tanto a tradição da *Metafísica* de Aristóteles quanto a da *Lógica* de Hegel, visando a edificar sua própria ontologia. Assim, sua obra tencionava ser simultaneamente uma 'metafísica' e uma 'crítica da razão histórica'"[3]. Metafísica e crítica da razão histórica aparecem reunidas em um *unicum* no juízo de Tertulian. Conclui-se, portanto, que a *Ontologia* ambiciona não apenas prover uma continuação das tradições filosóficas clássicas, mas também manter o discurso filosófico em um nível altamente especulativo[4].

Obviamente, não poderiam faltar críticas a essa maneira de conceber uma verdadeira e própria refundação da metafísica, uma vez que a publicação da *Ontologia do ser social* coincidiu com o início da época da moda heideggeriana de demolir a ontologia e o consequente pensamento frágil[5]. Paralelamente às críticas, fez-se em torno da obra um silêncio ensurdecedor, mesclado à incompreensão e à hostilidade[6]. Decisiva, porém, foi a recusa da *Ontologia* por parte daqueles que faziam parte do círculo do jovem Lukács, com destaque para os que sustentavam a ideia de uma oposição – na

---

[3] Nicolas Tertulian, "Teleologia e causalità nell'ontologia di Lukács", *Critica Marxista*, Roma, n. 5, set.-out. 1980, ano XVIII, p. 90. Ferenc Tökei também reconhece o caráter ao mesmo tempo clássico e renovador da ontologia marxista do Lukács maduro em seu "L'Ontologie de l'être sociale: notes sur l'oeuvre posthume de György Lukács (1885-1971)", *La Pensée*, Paris, n. 206, jul.-ago. 1979, p. 29-37.

[4] O Lukács maduro, aquele de *Pensamento vivido*, considera o estilo clássico da filosofia como o elemento de nítida diferenciação em relação a seu período inicial de produção filosófica. Com efeito, em sua autobiografia, Lukács recorda nestes termos a influência do classicismo filosófico de Bloch sobre sua formação juvenil: "agora encontrava em Bloch o exemplo de alguém que filosofava como se toda a filosofia moderna simplesmente não existisse; era possível filosofar à maneira de Aristóteles ou de Hegel", G. Lukács, *Pensiero vissuto*, cit., p. 27.

[5] Cf. nota 1. Tökei se pronuncia contra a corrente das críticas: "*Il suffit de citer ici les nomes de Husserl, de Scheler, de Heidegger, ou des existencialistes français pour devoir reconnaitre le fait non negligeable que l'approche ontologique des problems universels ne peut non plus etre exclue de la pensée de notre tempe*" [É suficiente citar os nomes de Husserl, Scheler, Heidegger ou dos existencialistas franceses para ter de reconhecer o fato incontornável de que a abordagem ontológica dos problemas universais não pode mais ser excluída do pensamento de nosso tempo], Ferenc Tökei, "L'Ontologie de l'être sociale", cit., p. 31.

[6] Ver as críticas no âmbito do socialismo real, particularmente de Bayer e Klopkine, que respectivamente definiram como "anacrônica" e "idealista" uma obra como a *Ontologia*: W. Beyer, "Marxistische Ontologie: eine idealistiche Modenschöpfung", *Deutsche Zeitschrift für Philosophie*, Berlim, n. 11, v. XVII, 1969, p. 1310-31; e Klopkine, citado em F. Tökei, "L'Ontologie de l'être sociale", cit., p. 35. Mesmo na Hungria, país do qual seria possível esperar alguma defesa oficial da *Ontologia*, vieram apenas poucas e frágeis defesas da obra principalmente do Arquivo Lukács. Foi ainda mais deletério para o conhecimento da obra de Lukács o embargo imposto pelo regime comunista à publicação de boa parte do material conservado no Arquivo (como as correspondências, por exemplo), o que muito poderia ter contribuído na difusão de sua obra. O substancial desinteresse pelo pensamento de Lukács em geral e pela *Ontologia* em particular por parte dos pesquisadores do Arquivo Lukács pode ser percebido no abandono quase que absoluto dos estudos lukacsianos após a queda do comunismo na Hungria.

verdade inexistente – entre a *Ontologia* e *História e consciência de classe*. Sem dúvida, essa última categoria de críticos é a mais numerosa[7]. Isto não significa, porém, que todos conheçam a fundo a obra – motivo pelo qual, de resto, são poucos os atuais apreciadores da *Ontologia*[8]. Entretanto, a relação e o confronto com as tradições clássicas do pensamento filosófico fizeram do livro um clássico que permanecerá na história da filosofia por muito mais tempo que os possíveis ecos das críticas, sobretudo quando se leva em conta de onde elas provêm e com que espécie de argumentação foram feitas.

Os poucos que de fato se deram o trabalho de ler e estudar a *Ontologia* rejeitaram seu posicionamento sem dúvida exaustivo no que tange a problemas fundamentais da história da filosofia, como recorda Tertulian:

> A surpresa que a ontologia do ser social de Lukács reserva a seus críticos e adversários consiste no fato de ter conseguido reunir em harmoniosa síntese duas exigências consideradas 'irreconciliáveis' por estes últimos: de um lado, a tese da irredutibilidade da

---

[7] Cf. "Lukács e il sistema" (de provável autoria de Tito Perlini), *Utopia*, Bari, n. 2, fev. 1971, p. 13-4. O artigo acusa Lukács de ter-se mantido vinculado ao idealismo – cuja superação ele próprio prega. De acordo com essa crítica, sua *Ontologia* é uma posterior tentativa "criptoidealista", na qual "o ser e a existência de que Lukács fala se transformam em conceitos vazios"; além disso, o ser que Lukács menciona não reconheceria diante de si nenhum "outro", ignorando o que lhe fosse diverso. "A mediação teórica absorve e determina em si o momento da negação." É evidente que o autor desse ensaio gostaria de ler em Lukács aquilo que o filósofo húngaro jamais disse, e passa a criticar a *Ontologia*, mais do que por aquilo que ela é, por aquilo que não é. Pelo visto, também assim se faz pesquisa científica. Outra tentativa de leitura da *Ontologia*, dessa vez com ênfase nos termos políticos, foi feita por George Parkinson. Sua interpretação reducionista da última obra de Lukács pode ser vislumbrada no final de seu livro sobre o filósofo húngaro: "*It is hard to see how such a work can make of Marxism (as its author hoped) a living force in philosophical development. It seems most likely that Lukács' reputation will chiefly be based, as it has been based hitherto, on* History and Class Consciousness *and his literary criticism*" [É difícil entender como uma obra dessas possa fazer do marxismo (como espera seu autor) uma força vital no movimento filosófico. Parece que, provavelmente, a reputação de Lukács baseia-se sobretudo, como tem sido até o momento, em *História e consciência de classe* e em sua crítica literária], George Parkinson, *Georg Lukács* (London, Henley and Boston, 1977), p. 162. Basta observar a data dessas críticas para compreender que o autor do primeiro ensaio e Parkinson, se não conheciam o húngaro, então baseavam seu juízo meramente nas citadas *Conversazioni con Lukács*. Um caso à parte, no limite do ridículo, parece-me ser o de Andrea Cavazzini, *La forma spezzata: note critiche sulla tarda filosofia di Lukács* (Pistoia, CRT, 1998), p. 63. Algumas opiniões são verdadeiramente incompreensíveis: "Com efeito, não se pode afirmar que o próprio Lukács tenha tido consciência das consequências de sua filosofia, mas sem dúvida percebeu o caráter destrutivo e designificante do pensamento desantropomorfizante" (p. 17); "Sem dúvida, em Lukács há pouca noção dos aspectos destrutivos de suas teorias sobre a gênese dos valores, sobre a finitude da consciência, sobre a raiz extraintencional das posições teleológicas" (p. 22); "Vimos, de fato, que a sensibilidade ao estado estrutural diatônico no qual a consciência se encontra com relação às próprias condições de existência tem origem, em Lukács, em uma sensibilidade à transcendência da história com respeito às finalidades humanas" (p. 29). E assim por diante.

[8] Cf. Nicolas Tertulian, "Teleologia e causalità nell'ontologia di Lukács", cit., p. 91. Uma retomada da obra como um todo pode ser encontrada em C. Preve, *La filosofia imperfetta: una proposta di ricostruzione del marxismo contemporaneo* (Milão, Franco Angeli, 1984), p. 177-26.

ontologia à lógica, do plano da existência ao da consciência, com a consequente e mordaz crítica de todo logicismo; de outro, a enorme empreitada de libertar as principais categorias da dialética hegeliana dos esquemas do idealismo e da teleologia.[9]

A TELEOLOGIA DO TRABALHO

O conceito central da *Ontologia do ser social* é o trabalho: "Desse modo, o trabalho pode ser considerado o fenômeno originário, o modelo do ser social"[10]. *Urphänomen*, como se sabe, é um termo cunhado por Goethe. Lukács refere-se indiretamente ao trabalho ao utilizar o termo "forma originária" (*Urform*)[11] quando menciona o dever-ser oriundo do trabalho. Nos *Prolegômenos para a ontologia do ser social*, o trabalho é definido como "fundamento" (*Fundament*) e "caso-modelo"[12] (*Modellfall*). Não se pode fazer vista grossa à contradição ou, ao menos, à confusão terminológica de Lukács. "Fenômeno", "forma" e "fundamento" são termos que, na história da filosofia, foram empregados com significados completamente distintos entre si, quando não contraditórios. "Fenômeno" encontra-se em franca contradição com "fundamento" – e também com "forma", se entendemos como essência (*Wesen*, em alemão), isto é, o que Platão chamava de εἶδος-οὐσία (forma essencial): o fenômeno é a aparência de uma ideia construída sobre um ente. Entretanto, como já foi dito anteriormente, Lukács retoma a acepção goethiana de "fenômeno originário", termo proveniente das ciências naturais – mais especificamente, das biológicas – que assinala a existência de um ser a partir do qual são gerados outros seres. Nesse sentido, do mesmo modo que o inorgânico dá origem ao ser orgânico e este último gera o ser social, o trabalho também constitui o fenômeno original que viabiliza a passagem do ser orgânico à condição de ser social, o que implica que o ser orgânico já possua em si a potencialidade de tornar-se ser social. Aqui reencontramos o significado hegeliano do termo "fundamento": "A razão de ser [*Grund*, que em alemão também significa 'fundamento'] é a essência que é *em si*, sendo esta última essencialmente razão de ser; e razão diz respeito apenas a ser razão de algo, de um outro"[13]. Hegel, de resto, retoma o significado de fundamento que Leibniz havia compreendido como "razão suficiente", e é a essa tradição filosófica que Lukács se filia.

Como sabemos, Lukács não teve a oportunidade de revisar a *Ontologia do ser social* antes de sua publicação e, por conta disso, o livro apresenta certa confusão terminológica. Podemos considerar o trabalho como *Urform*, forma originária, que, por

---

[9] Nicolas Tertulian, *Lukács: la rinascita dell'ontologia* (Roma, Riuniti, 1986), p. 12.
[10] Cf. G. Lukács, *Ontologia dell'essere sociale*, cit., p. 14. [ed. bras.: v. 2, p. 44].
[11] Ibidem, p. 73.
[12] G. Lukács, *Prolegomeni all'ontologia dell'essere sociale: questioni di principio di un'ontologia oggi divenuta possibile* (Milão, Guerrini, 1990), p. 175 [ed. bras.: *Prolegômenos para uma ontologia do ser social*, São Paulo, Boitempo, 2010, p, 212].
[13] G. W. F. Hegel, *Enciclopedia delle scienze filosofiche in compendio* (Bari, Laterza, 1980), § 121, p. 132 [ed. bras.: *Enciclopédia das ciências filosóficas*, São Paulo, Loyola, 2005].

ser originária, traduz-se por "princípio", ou seja, "início" e "fundamento" – e é sob essa acepção que o trabalho aparecerá neste ensaio. Como "forma originária", o trabalho constitui também forma essencial ou essência necessária, na medida em que possibilita a passagem do ser orgânico para o ser social e permite o desenvolvimento de complexos pertencentes ao ser social que se baseiam no trabalho. Portanto, o trabalho é αρχή, "princípio" (*Anfang*, em alemão), "começo", "início", "causa primária", mas também "fundamento" e "domínio", "poder" – ou seja, algo a partir do qual um ser adquire sua existência. Sendo tudo isso, o trabalho permanece no fenômeno por derivar de um fundamento/princípio que se mostra dominante em relação ao próprio fenômeno. Assim, nesse sentido, o trabalho representa o *Übergreifendes Moment* (momento preponderante ou dominante) e também a *permanência* do princípio/fundamento no ser que dele se deriva.

Em sua *Ontologia*, Lukács elaborou uma hierarquia em três níveis das formas de ser, cujo nível mais baixo e elementar é ocupado pelo ser inorgânico, enquanto o segundo nível corresponde ao ser orgânico e o terceiro, ao ser social. Lukács empresta da teoria de Marx o princípio de diferenciação entre ser inorgânico, vida orgânica e ser social com base na identificação do ser em geral com o ser orgânico. O ser orgânico constitui já uma especialização do ser em geral, isto é, uma superação e um aprimoramento, ou melhor, uma suprassunção (*Aufhebung*) de uma forma de ser (*Seinsform*) precedente na forma de ser sucessiva. Lukács não se ocupa da fundação da filosofia a partir de Tales de Mileto no ser orgânico (βιός, "vida"), porém se posiciona dentro da tradição do materialismo clássico, segundo a qual o ser representa a própria natureza já em seus níveis mais baixos de complexidade material. Na medida em que existe uma passagem de uma forma de ser para outra sucessiva e superior, a historicidade em Lukács, assim como em Marx, torna-se o princípio/fundamento do ser. Deixa de oferecer um fundamento estático, tal como o do ser parmenídeo[14], para se tornar um novo princípio/fundamento, que é o transformar-se (*Werden*) contínuo e incessante, na mais ortodoxa tradição hegeliana e marxista.

O trabalho representa o princípio/fundamento a partir do qual surgem as formas de ser sociais originárias das formas de ser precedentes, ou seja, do ser inorgânico e do ser orgânico. De fato, como Lukács aponta, o método dialético de Marx permite reconstruir a gênese do ser dado, do ser *hic et nunc* [aqui e agora], decompondo-o em seus elementos essenciais e identificando nesses elementos os fundamentos próprios do ser, tendo sempre presente o caráter histórico. Em decorrência disso, apenas podemos conhecer uma forma de ser em sua totalidade depois – *post festum*, como Marx

---

[14] Nos *Prolegômenos*, Lukács escreve: "[A ontologia de Marx] vai além da dinâmica abstrata de um 'tudo flui' no sentido de uma dinâmica heraclitiana abstrata, e mostra que a nova ontologia pode e deve reduzir a antiquíssima oposição de princípios, insolúvel do ponto de vista lógico ou da teoria do conhecimento, de Heráclito e dos eleatas, a uma cooperação contraditória e desigual dos dois momentos do processo irreversível no ser", G. Lukács, *Prolegomeni all'ontologia dell'essere sociale*, cit., p. 294 [ed. bras.: *Prolegômenos para uma ontologia do ser social*, cit., p. 328].

repete incessantemente – de sua inteira realização[15]. Lukács mantém sempre em mente a frase de Marx que resume a epistemologia e a metodologia do marxismo: "A anatomia do homem é a chave para a anatomia do macaco".

É oportuno, a esta altura, analisar a estrutura epistemológica do conceito de trabalho na *Ontologia*, a fim de reconstruir sua herança não apenas marxista, mas também hegeliana, uma vez que o uso feito por Lukács da dialética marxista tende a enfatizar a derivação desta última da dialética hegeliana. Além disso, o pensador húngaro costuma remeter-se diretamente a Hegel, operando uma espécie de *reconhecimento* da herança hegeliana em Marx. De fato, se por um lado a identificação do trabalho como fundamento da estrutura do ser social assinala a herança marxista presente em Lukács, por outro remete, até mesmo no que diz respeito à forma da estruturação sistemática, a temáticas já presentes no pensamento hegeliano. De resto, em *O jovem Hegel* Lukács havia feito uma análise aprofundada da concepção hegeliana juvenil do trabalho, evidenciando seus paralelos com o pensamento de Marx – isto será visto no capítulo dedicado a *O jovem Hegel*.

De um modo mais geral, as categorias fundamentais que alimentam o discurso complexo da *Ontologia* parecem ter sido deduzidas a partir de Hegel do mesmo modo que derivam de Marx. Por essa razão, analisar a última obra lukacsiana pode equivaler a efetuar um balanço da singularíssima relação entre Hegel, Marx e o próprio Lukács. A ligação com Hegel e Marx sempre esteve presente na produção filosófica de Lukács, desde sua adesão ao marxismo e, em alguns trechos, até mesmo antes dela[16], porém não me prenderei a este último ponto[17], que ultrapassa os limites deste ensaio. Na verdade, preciso destacar o fato de que, paralelamente a sua relação com Hegel e Marx, Lukács considera o trabalho como o fundamento do ser social, a tal ponto que é possível reconstruir a gênese e o desenvolvimento da relação de Lukács com os dois maiores pensadores do século XIX a partir unicamente da problemática do trabalho.

É oportuno lembrar que, já em *História e consciência de classe*, Lukács evidenciou o caráter reificante e alienante do trabalho, aprofundando a crítica marxista da socie-

---

[15] Discordo desse ponto, a exemplo de Antonio Jannazzo, que sustenta que a epistemologia lukacsiana não refaz o mesmo caminho da epistemologia marxista: "Avançar a partir das categorias e não das observações, compreender as formações sociais anteriores àquelas mais evoluídas, quase como um privilégio, é uma linha teleológica do curso histórico que Lukács, com base em sua ontologia, reluta em aceitar", "L'ontologia dell'ultimo Lukács, prospettiva e posizione politica", *Quaderni Ungheresi*, n. 7 e 8, suplemento de *Ungheria D'Oggi*, Roma, 1978, p. 51. Lukács sustenta exatamente o oposto do que afirma Jannazzo. Infelizmente, não são raros, no caso da *Ontologia*, leitores dessa espécie.

[16] Lukács frequentemente invertia os termos da relação entre Hegel e Marx e, em vez de considerar Hegel através da crítica de Marx, acabou por pesquisar no pensamento de Marx os elementos emprestados de Hegel. Lukács confessa, em "La mia via al marxismo", a respeito do estudo de Marx iniciado pouco antes da adesão ao comunismo, nos últimos anos da Primeira Guerra Mundial: "Desta vez tratava-se de um Marx não mais visto através das lentes de Simmel, mas das de Hegel", G. Lukács, "La mia via al marxismo", em *Marxismo e politica culturale* (Turim, Einaudi, 1977), p. 13.

[17] Ver Paolo Vinceri, "L'ontologia: ultimo approdo di Lukács", *Il Pensiero*, Rieti, n. 1-3, 1976, ano XXI, particularmente p. 94-5, e Laura Boella, "Ontologia e etica nell'ultimo Lukács", *Prassi e teoria*, Pisa, n. 3, 1974, particularmente p. 349-50.

dade capitalista[18]. Antecipo aqui temas que serão tratados em outros capítulos deste livro, mas é interessante lembrar, ainda que rapidamente, que em sua obra de 1923 Lukács tornou a propor as ideias expressas por Marx a respeito do trabalho alienado, empenhando-se para recuperar em *O capital* e outras obras maduras de Marx as problemáticas sobre a alienação que foram abordadas de modo mais amplo nos *Manuscritos econômico-filosóficos de 1844*. É bastante pitoresco que isso tenha ocorrido, uma vez que, nessa época, teria sido impossível a Lukács ter acesso aos escritos juvenis de Marx, que foram publicados apenas em 1933. Assim, nos primeiros anos de sua militância marxista, Lukács estabelece uma relação de confronto especulativo com Marx bastante estreita e começa a empregar, do ponto de vista metodológico, a revisão marxista da dialética hegeliana.

O resultado desse procedimento é o ensaio sobre o jovem Hegel, no qual se torna cada vez mais evidente o uso categorial da dialética hegeliana. O tema do trabalho é abordado a partir de um ponto de vista construtivo, e começam a emergir algumas categorias que, em *História e consciência de classe*, limitavam-se a um papel meramente marginal: teleologia, troca orgânica com a natureza, valor do instrumento, satisfação das necessidades, papel da consciência esclarecida etc. Trata-se de temas cruciais para a posterior evolução filosófica de Lukács. Desse modo, o estudo do jovem Hegel e do jovem Marx abre para Lukács uma nova perspectiva, novas dimensões problemáticas que, desenvolvidas, resultarão na *Ontologia*. Assim, acredito ser possível afirmar que em *O jovem Hegel* encontram-se em estado embrionário os elementos fundamentais que virão a ser explicitamente destrinchados na *Ontologia*, como se Lukács, ao evidenciar seu próprio interesse histórico-filosófico pelo jovem Hegel, reconhecesse desde então a necessidade de definir uma nova ontologia.

Na *Ontologia*, enfim, a relação com Hegel se reveste de um valor fundador. Quando o trabalho se torna não apenas o princípio/fundamento da sociabilidade e da historicidade, mas o ponto de perspectiva do ser social como um todo, é a ontologia dialética hegeliana que fornece as principais categorias de tal articulação teórica. Nesse contexto, certamente, Marx não é de modo algum negligenciado; entretanto, os elementos do pensamento marxista mais destacados são precisamente os de inspiração hegeliana. Trata-se de uma operação *arqueológica* – a partir de αρχή, compreendido como "domínio", ou melhor, "princípio dominante" –, uma vez que Lukács traz à superfície a herança hegeliana da filosofia de Marx, como elemento que domina e caracteriza o pensamento

---

[18] A meu ver, é possível encontrar em *História e consciência de classe* mais do que uma já declarada ontologia do ser social: ver G. Lukács, Prefácio (1967), em *Storia e coscienza di classe*, cit., p. xviii. Também é possível antever uma ontologia do trabalho, ainda que desprovida de uma análise genética do trabalho e encarada apenas de um ponto de vista fenômeno-histórico. Por essa razão, as duas obras-primas do Lukács marxista dão a impressão de guardar uma relação recíproca que lembra aquela entre *Fenomenologia do espírito* e *Ciência da lógica*. A esse respeito, ver Ferenc Tökei, "L'Ontologie de l'être sociale", cit., p. 32, e meu ensaio "Fenomenologia e ontologia nel marxismo di Lukács", *Giornale di Metafisica*, Gênova, ano VIII, 1986, p. 357-70; tradução do húngaro "A társadalmi lét ontologiájá-tol a Tortenelem és osztalytudatig", *Magyar Filózofiai Szemle*, Budapeste, n. 4, 1987, p. 770-81. Retornarei, porém, a esse tema no capítulo dedicado à *História e consciência de classe*.

marxista. Lukács parece procurar uma singular relação de contemporaneidade com Marx, uma vez que ambos partilham a herança hegeliana comum. Tudo isso comporta, sem dúvida, certo risco, na medida em que a partir dessa iniciativa surge um "Marx lido através de lentes hegelianas", o que equivale, em certos aspectos, a uma deformação: o risco, no caso, é o do esquecimento do papel revolucionário de uma teoria do trabalho que exprima o aspecto efetivamente humano apartado do componente de alienação que empanava sua essência, de modo a privilegiar, em termos abstratos, o próprio conceito de trabalho como manifestação da essência humana. Lukács, porém, não cai nessa armadilha, conseguindo controlar adequadamente o equilíbrio entre as duas concepções de trabalho que caracterizam toda a sua produção filosófica marxista. Assim, mostram-se completamente infundadas algumas críticas dirigidas a Lukács e não é por acaso que a *Ontologia* é marcada pelo afastamento de seus seguidores da chamada Escola de Budapeste, que defendiam um marxismo pela metade, isto é, meramente fenomenológico, e não fundado sobre uma ontologia capaz de sustentar uma proposta efetivamente inédita e renovadora no panorama do marxismo ocidental.

O emprego categorial da problemática do trabalho em Hegel e Marx, por parte de Lukács, aliado a uma retomada sagaz de alguns conceitos da *Metafísica* de Aristóteles, empresta ao conceito de trabalho um registro de alto valor especulativo. Desde as primeiras reflexões sobre o tema do trabalho e sua importância, torna-se evidente o valor fundador do trabalho no que concerne ao ser social. Assim se expressa Lukács em um artigo de 1947, intitulado "Les taches de la philosophie marxiste dans la nouvelle démocratie" [As tarefas da filosofia marxista na nova democracia]: "*Selon notre conception l'homme se forme dans son travail et à travers son travail*" [Segundo nossa concepção, o homem se forma no trabalho e através de seu trabalho][19]. Assim, desde o surgimento dos primeiros interesses ontológicos de Lukács, o trabalho assumiu um papel fundamental e fundador em relação ao homem, compreendido como indivíduo e como ser social.

O trabalho constitui o princípio do processo de humanização do homem, permitindo sua passagem do estágio animal para o estágio no qual emergem – timidamente em um primeiro momento, depois de forma cada vez mais clara – as características peculiares do ser humano. Também Engels, em sua *Dialética da natureza*, exprimira uma concepção de trabalho que Lukács utiliza como ponto de referência: "O trabalho é a primeira condição fundamental de toda a vida humana – na verdade, a tal ponto que podemos mesmo dizer, em certo sentido, que o trabalho criou o próprio homem"[20]. Essa ideia é ratificada pela visão de Marx do trabalho como um elemento inteiramente novo em relação ao estágio precedente da animalidade. O próprio Lukács retoma ambas as

---

[19] Publicado em *Studi filosofici*, Reggio Emilia, v. IV, 1948-1949, ano IX, p. 11. Nesse artigo, Lukács repropõe a concepção hegeliana da gênese do sujeito, expressa no *Frammento di sistema* [Fragmento de sistema], mas dela se distancia porque sua concepção é a de um ser específico, social, não a de um sujeito abstrato, como ocorre, ao contrário, em Hegel.

[20] Friedrich Engels, "Parte avuta dal lavoro nel processo di umanizzazione della scimmia", em *Dialettica della natura* (Roma, Riuniti, 1978), p. 183 [ed. bras.: "A humanização do macaco pelo trabalho", em *A dialética da natureza*, São Paulo, Paz e Terra, 1979].

apreciações da relevância do trabalho na origem do homem e, à maneira dos dois fundadores do marxismo, enxerga a origem do trabalho como a emersão de um estágio precedente[21]. Desse modo, fica evidente a inversão da dialética hegeliana por parte de Marx e Engels, assim como por parte do próprio Lukács. Tanto Marx como Lukács fundam sua própria epistemologia, na qual fica patente uma íntima ligação com Hegel, e compartilham uma mesma visão histórica no sentido de que as formas de ser surgem em um progresso contínuo de um estágio precedente em direção àquele sucessivo ou superior. Na parte histórica da *Ontologia*, Lukács descreve a coneepção de Hegel da ontologia como história, como movimento a partir de baixo, um processo que vai do estágio mais simples até as objetivações mais complexas da natureza humana. A historicidade, descrita por Marx como essência do ser, aflora no ser social a partir do fato de que este último aparece no topo de uma estratificação, encerrando dentro de si as determinações categoriais da vida orgânica e da natureza inorgânica simultaneamente. O ser social representa o momento decisivo que contém em si as outras determinações categoriais. Se na realidade surgem formas de ser mais complexas – como, por exemplo, a sociedade –, as categorias da ontologia geral devem permanecer ali presentes como momentos superados, e a superação envolve, para Hegel, também a ideia de conservação[22].

Em um primeiro momento, a conexão com Schelling relativa a essa concepção da natureza e ao processo de humanização revela-se bastante estreita, mas seria arriscado falar de uma "filosofia da natureza". Não há dúvidas de que a filosofia da natureza de Schelling, sobretudo a descrita em *O sistema do idealismo transcendental*, tenha influenciado a filosofia da natureza hegeliana, porém essa influência não foi transmitida nem para Marx nem para Lukács. Quanto às diferenças entre as duas filosofias da natureza, Lukács é bastante preciso:

> Observemos desde já que, também sob esse aspecto, Hegel é bem menos apaixonado e bem mais realista do que Schelling. Enquanto para Schelling a diferença entre natureza e mundo humano consistia no fato de que o sujeito-objeto idêntico é portador da objetividade (de suas relações, movimentos etc.) de modo inconsciente na primeira e de modo consciente no segundo, para Hegel não existe na natureza nenhum princípio subjetivo ativo.[23]

---

[21] Poder-se-ia falar em uma ontoantropologia em Lukács, cf. Thorsten Themann, *Onto-Anthropologie der Tätigkeit. Die Dialektik von Geltung und Genesis im Werk von Georg Lukács* (Bonn, Bouvier, 1996).

[22] Cf. G. Lukács, *Ontologia dell'essere sociale*, cit., v. I, p. 5.

[23] Ibidem, cap. III, p. 189, § 1 [ed. bras.: ibidem, p. 206]. Giuseppe Prestipino se debruçou sobre a influência da filosofia da natureza de Schelling sobre o marxismo em seu livro *Realismo e utopia: In memoria di Lukács e Bloch* (Roma, Editori Riuniti, 2002), no qual afirma que Lukács dera pouca atenção ao mundo orgânico, ao contrário de Schelling (p. 403), enquanto ratifica a afirmação de Bloch de que no âmbito do marxismo seria necessário examinar de modo mais atento a filosofia da natureza de Schelling (p. 492). A citação extraída da *Ontologia* é uma resposta às declarações de Prestipino sobre Lukács. Outro discurso é feito por Dussel a respeito da linguagem utilizada por Marx, que teria sido emprestada de Schelling, cf. Enrique Dussel, *El ultimo Marx (1863-1882) y la liberación latinoamericana* (Cidade do México, Siglo XXI, 1990), p. 352s. O filósofo argentino desenvolve uma análise filológica sobre a linguagem empregada por Marx, descobrindo uma interessante analogia com a linguagem do Schelling maduro, de filosofia da revelação, distante do Schelling jovem.

Lukács rejeita assim a concepção da natureza do precursor Schelling, uma vez que ela não enfatiza suficientemente o caráter inovador do trabalho, fundamento/princípio do mundo humano, impossibilitando a compreensão da sociedade como uma *segunda* natureza, e não como uma continuação da natureza na sociedade. Não obstante, em alguns trechos de sua *Ontologia* Lukács deixa entrever a analogia da estrutura lógica de Schelling com a de Hegel[24].

A partir da nova concepção da ontologia como história e do trabalho como princípio do homem, pode-se compreender que Lukács recoloca em termos dialéticos problemas que desde o surgimento do pensamento filosófico encontram-se na base das mais valiosas especulações teóricas. O trabalho, mesmo segundo a concepção de Engels[25], representa de fato o ponto de partida para o processo de humanização do homem – processo esse intrinsecamente dialético e histórico. O trabalho, para Lukács, em sua condição de princípio do homem como indivíduo e ser social, revela-se ainda mais princípio do homem como ser histórico: com o trabalho, o homem deu início a uma cadeia causal, cuja primeira consequência foi a passagem do animal para o homem enquanto próprio executor do ato laboral e que, em virtude desse mesmo ato, deu entrada em um processo histórico que negou sua origem, conservando dela, em si, apenas os elementos fundamentais. O homem não perdeu sua animalidade depois de ter começado a trabalhar, mas transformou-a em uma nova essência, a humanidade, que, por surgir *depois* do ato originário, *depois* do princípio, é a antítese do ser que existia *antes* do princípio.

Lukács se dá conta de que não é possível descrever todos os momentos da transformação efetuada pelo ato laboral desde o ser meramente animalesco, ainda que dotado de alto grau de desenvolvimento biológico e psicológico, até o ser humano; assim, vê-se obrigado a recorrer à categoria do "salto". Somos capazes de descrever o estágio do ser precedente e o estágio do ser sucessivo, porém é impossível reconstituir o átimo, o momento da passagem de um a outro, senão idealmente, no campo das suposições. O salto de uma forma de ser para outra é uma construção ideal que nos permite a reconciliação com o fato de que

> encontra-se *a priori* descartado qualquer experimento que possa nos fazer regressar ao momento de passagem da prevalência da vida orgânica para a socialidade. É precisamente a irreversibilidade ligada ao caráter histórico do ser social que nos impede de reconstituir por meio de experimentos o *hic et nunc* desse estágio intermediário [...]. O salto, porém, continua a ser um salto, e em última análise pode ser conceitualmente esclarecido apenas por meio do experimento ideal de que falamos.[26]

---

[24] G. Lukács, *Ontologia dell'essere sociale*, cit., v. I, p. 187 [ed. bras.: ibidem, p. 203-4].

[25] Sob essa óptica, de acordo com Lukács, Engels mostrava ser um bom leitor de Hegel. Entretanto, em outros aspectos, Engels foi duramente criticado por Lukács, conforme recorda Alberto Scarponi em "L'ontologia alternativa di György Lukács", *Metaphorein*, Nápoles, n. 8, nov. 1979-fev. 1980, p. 128.

[26] G. Lukács, *Ontologia dell'essere sociale*, cit., v. II, p. 12-3.

Para Lukács, a história nos condena à *ignorância*, ou melhor, ao mero conhecimento dos dois extremos: o ponto de partida e o ponto de chegada do processo laboral. Lukács sustenta que a busca de Darwin pelo *missing link* (o elo perdido) não é um problema que diz respeito unicamente às ciências, mas ao próprio pensamento, o qual, em certo sentido, é incapaz de explicar seu próprio surgimento concomitante ao surgimento do homem. Paradoxalmente a essa sua própria impotência, o pensamento acabou se convertendo em um instrumento metodológico de conhecimento[27].

O trabalho é um princípio sempre imanente em relação ao processo de desenvolvimento: "O princípio tem de ser também começo, e o que é anterior (*prius*) ao pensamento tem de ser também o primeiro (*primo*) no curso do pensamento"[28]. Para Lukács, o "começo" do homem é a categoria na qual ele se forma e através da qual se exprime a própria essência humana, o trabalho; assim, este último é considerado modelo de qualquer forma de práxis humana[29]. Por conseguinte Lukács repete, em termos semelhantes aos empregados por Engels, a inversão do pensamento hegeliano, identificando em um princípio concreto e real as transformações que Hegel localizara no pensamento. A função de princípio que o trabalho exerce em relação ao homem, nos termos de Lukács – ou seja, utilizando a estrutura teórica do "começo" hegeliano descrito na *Ciência da lógica* –, poderia ser compreendida como uma enésima tentativa metafísica; Lukács, porém, consegue escapar dessa cilada[30]. Com efeito, o húngaro demarca bem claramente os limites de todos os discursos sobre o fundamento ou o princípio, elaborados ao longo da história da filosofia de modo sempre parcial ou limitado, uma vez que não podemos reconstruir o momento da gênese do ser social, como já vimos, e as várias fases de transição de uma forma de ser para outra. Toda reconstituição é, em si, uma interpretação, em virtude de seu caráter aproximativo, já que o pensamento é incapaz de reverter o curso irreversível da história. Definitivamente, é a história quem dita o que podemos ou não observar, e nenhuma reconstituição pode ser considerada exaustiva. Assim, é possível compreender o salto como o momento necessário da passagem de uma forma de ser para outra qualitativamente dis-

---

[27] "Portanto, não temos como obter um conhecimento direto e preciso dessa transformação do ser orgânico em ser social. O máximo que se pode alcançar é um conhecimento *post festum*, aplicando o método marxiano, segundo o qual a anatomia do homem fornece a chave para a anatomia do macaco e para o qual um estágio mais primitivo pode ser reconstruído – intelectualmente – a partir do estágio superior, de sua direção de desenvolvimento, das tendências de seu desenvolvimento.", ibidem, p. 12 [ed. bras.: v. II, p. 42-3].

[28] G. W. F. Hegel, *Scienza della logica*, cit., Livro I, p. 52.

[29] No que tange ao papel do trabalho em relação ao homem, tanto como ser social quanto como indivíduo, parece-me não haver dúvidas quanto à concepção de Lukács: "[...] o trabalho é de importância fundamental para a peculiaridade do ser social e fundante de todas as suas determinações. Por isso mesmo, todo fenômeno social pressupõe, de modo imediato ou mediato, eventualmente até remotamente mediato, o trabalho com todas as suas consequências ontológicas", G. Lukács, *Ontologia dell'essere sociale*, cit., v. II, p. 135 [ed. bras.: v. II, p. 159].

[30] Sobre essa apreciação hegeliana do discurso de Lukács, ver Massimo Cacciari, "Lukács o dell'impossibile ontologia", *Metaphorein*, Nápoles, n. 8, nov. 1979-fev. 1980, p. 43-54.

tinta, mas o caráter histórico desse mesmo salto é um empecilho à reconstituição de sua dialética interna, a não ser após sua ocorrência, quando ele já deu origem a outra forma de ser – ou, em outras palavras, quando estamos diante das consequências de seu *ter sido*.

O procedimento de Lukács parece imitar os discursos teológicos da escolástica medieval – mais precisamente, quando os filósofos se indagavam a respeito de como teria sido a dinâmica da criação. Existe, entretanto, uma profunda diferença em relação a essa teologia: a escolástica medieval não partia do ser *hic et nunc*, e inclusive o negava, enquanto a ontologia de Lukács constitui um discurso sobre o ser *hic et nunc*. Naturalmente, ela não se furta a ir além do ser *hic et nunc* para desvendar a dinâmica que lhe deu origem, e esse movimento pode ser também compreendido como no grego μετά τά φισικά (além da física); assim, nesse sentido, a *Ontologia* é uma metafísica. Nada há de escandaloso nisso, a não ser para aqueles que gostam de escandalizar-se: a filosofia é um eterno e incessante superar das aparências e das formas dadas do ser, com vistas à reconstituição e à compreensão das determinações originárias do ser. A esse propósito, o próprio Marx nos recorda que, se não houvesse diferença entre a aparência e a essência, não haveria razão para a ciência existir, e a ontologia é a ciência mais antiga de todas: "Há uma ciência que estuda o ser-enquanto-ser e as propriedades que lhe são inerentes por sua própria natureza"[31]. Lukács renova essa forte tradição e a aplica ao próprio homem em uma antropologia metafísica que é mais do que uma antropologia, na medida em que representa um reconhecimento da historicidade como fundamento epistemológico.

Para explicar tudo isso, Lukács repete em termos epistemológicos as lições de Marx, em especial aquela que se depreende da famosa frase sobre a "anatomia do macaco". É o nosso próprio ser histórico que nos ilumina, é o nosso *hic et nunc* que nos permite superar idealmente a impossibilidade de reprodução real do salto, ainda que tentemos reconstituir o momento do salto com um ato intuitivo, por não podermos fazê-lo com uma explicação racional. Tudo isso implica, obviamente, que o marxismo, para Lukács, enquanto *ciência da história*, pode ser também interpretado como uma tentativa de explicar dialeticamente o desenvolvimento da história desde seu próprio princípio, o trabalho, que, na medida em que constitui o princípio do homem, é também o princípio da história, uma vez que os homens são o seu sujeito – eles "fazem a história sem sabê-lo". Com isso, surge uma nova reposição do marxismo como ciência da história – ciência, porque se baseia sobre um método do qual extrai interpretações, porém não a verdade[32], já que a verdade "*est lentement en marche et à la fin des fins ne l'arretrera*" [caminha lentamente e, ao fim e ao cabo, nada irá detê-la], como sustentava Lukács, parodiando uma famosa frase de Zola. A verdade é histórica e, assim sendo, não pode ser congelada em uma frase ou juízo, uma vez que tanto um quanto o outro, logo

---

[31] Aristóteles, *Metafísica*, cit., livro D, 1003a-20.

[32] Sobre o pretenso caráter positivista da *Ontologia*, ver Marco Macciò, "Le posizioni teoriche e politiche dell'ultimo Lukács", Milão, *Aut Aut*, n. 107, 1968, p. 48.

que expressos, tornam-se imediatamente objeto de críticas corrosivas. A *Ontologia* é uma obra que pretende refundar o marxismo, privilegiando o materialismo histórico em detrimento da ortodoxia do materialismo dialético de cunho stalinista, o qual distorceu sua essência e seu grande valor crítico, voltando-se assim contra o próprio marxismo[33].

Visto que a *Ontologia* propõe um princípio do homem e, ligado a isso, um princípio da história, surge a indagação do motivo pelo qual Lukács considera o trabalho como modelo de todo ato humano que vise à realização de um fim. Deve-se, portanto, compreender a dialética da estrutura interna do ato laboral e seu papel histórico. O trabalho, na medida em que constitui o princípio do homem, deflagra duas cadeias causais-casuais: o indivíduo e o ser histórico-social. Entendo aqui por "indivíduo" um complexo que é substancialmente *in-dividuum*, ou seja, um ente indivisível entre a singularidade e a socialidade ou genericidade humana, que, enquanto humana, é também social[34]. Essas duas séries encontram-se tão intimamente vinculadas que é impossível separá-las; assim, não se pode pensar em um indivíduo, à maneira de Kierkegaard, apartado da sociedade histórica na qual está inserido, da mesma forma que é impossível vê-lo como um homem-massa, uma entidade confusa e desprovida de identidade. Essas duas séries estão estreitamente ligadas, mas exatamente por essa razão guardam diferenças entre si, e, de todo modo, "os dois polos que delimitam os seus movimentos de reprodução, que os determinam tanto no sentido positivo como no sentido negativo, ou seja, no sentido de destruir velhas barreiras e levantar novas barreiras, são, de um lado, o processo de reprodução em sua totalidade tanto extensiva como intensiva; do outro lado, os homens singulares, cuja reprodução como singular constitui a base do ser de toda a reprodução"[35]. Assim, surge entre o indivíduo e o ser social uma forma extremamente particular de relação dialética, através da qual o indivíduo, mesmo que preserve intacta toda a sua autonomia diante do processo social total – do qual necessariamente faz parte como ser também social, além de singular –, precisamente por isso adquire sua determinação, com base sobretudo na posição por ele assumida com respeito aos fundamentos do processo social, ou seja, ao trabalho e a suas instâncias constituintes. Disso decorre que a formação do indivíduo enquanto indivíduo representa um espelhamento da formação do ser social. Assim, "o devir do homem enquanto homem é, como processo global, idêntico à constituição

---

[33] Sobre o caráter intrinsecamente antistalinista da *Ontologia*, ver Nicolas Tertulian, *Teleologia e causalità nell'ontologia di Lukács*, cit., e A. Scarponi, "Lukács critico dello stalinismo", *Critica Marxista*, Roma, n. 1, jan.-fev. 1979, ano XVII, p. 105-11.

[34] Em uma entrevista concedida poucos meses antes de sua morte, Lukács sintetizou a relação entre o particular e o gênero humano no indivíduo através da seguinte frase: "No curso de seu desenvolvimento, a sociedade humana tem levado um número cada vez maior de indivíduos a descobrir por si só que a realização do indivíduo somente é possível quando se enxerga o imperativo da espécie como uma tarefa pertinente à vida do indivíduo singular". Cf. G. Lukács, "Marxismo, socialismo e democrazia: problemi e prospettive", *Lineamenti*, Milão, n. 11, 1986, p. 18.

[35] G. Lukács, *Ontologia dell'essere sociale*, cit., v. II, p. 255 [ed. bras.: p. 278].

do ser social enquanto tipo particular de ser"[36]. Na base do discurso lukacsiano encontramos sempre o surgimento do homem como reflexo da constituição do ser social através do trabalho e de sua história. O surgimento do homem como ser social e, ao mesmo tempo, como indivíduo, como ser genérico e particular, acha-se integralmente baseado no trabalho como princípio e também motor da transformação, no sentido do alcance do ser em-si-e-por-si do homem. Lukács descreve essa transformação a partir das instâncias que compõem o ato laboral em si, mostrando-se necessária uma análise profunda delas para a reconstituição de todo o desenvolvimento histórico.

Para indicar quais seriam as instâncias fundamentais do ato laboral, Lukács recorre uma vez mais ao uso categorial da parte sobre teleologia da *Ciência da lógica*, com base no aprofundamento feito por Marx no notório trecho de *O capital* sobre a abelha e o arquiteto. Assim, Lukács demonstra ter aprendido a lição marxista da inversão feita por Marx em relação à filosofia hegeliana, praticamente repetindo o juízo marxiano ao afirmar que a ontologia hegeliana apresenta um duplo caráter de "verdade" e "falsidade". De acordo com isso, Hegel teria apreendido corretamente os nexos categoriais fundamentais do ser social e seu caráter teleológico, porém os teria inserido em um sistema hierárquico de categorias[37], privilegiando assim o aspecto lógico em detrimento do viés concreto do trabalho. Entretanto, é impossível negar que Hegel tenha compreendido o caráter histórico das categorias, ainda que tenha mantido uma historicidade vertical, isto é, crescente, com uma teleologia implícita que conduzia à formação de um Absoluto. Essa postura filosófica é naturalmente rejeitada por qualquer marxista e, *in primis*, também por Lukács.

Além disso, Lukács denuncia que Hegel alçou a teleologia do trabalho ao posto de princípio universal[38], incorrendo no erro de Aristóteles e de todas as ontologias

---

[36] Ibidem, cap. IV, § 1, p. 570 [ed. bras.: p. 589]. Ricardo Antunes, em uma polêmica com Jürgen Habermas, observou que Habermas postula a existência de uma intersubjetividade autônoma na qual podem ser incluídas formas sociais como a linguagem e a razão comunicativa. Entretanto, em Lukács é possível encontrar o momento original na relação teleologia-causalidade do nexo indissolúvel entre subjetividade e trabalho, de modo a alcançar a compreensão da origem do sujeito do trabalho e do valor emancipatório deste último em uma sociedade que confira sentido ao trabalho. Cf. Ricardo Antunes, *Os sentidos do trabalho* (São Paulo, Boitempo, 1999), p. 157-61. O perigo é estarmos imersos em uma sociedade em que a linguagem e a comunicação tenham atingido um sentido emancipatório completo, mas em que o trabalho seja ainda visto como uma esfera secundária, na qual a liberdade e o sentido humano da vida se encontrem subordinados à produção.

[37] "Ele analisa a conexão categorial entre finalidade e meio, a relação deles com os princípios do mecanicismo de modo exemplarmente correto; mas só pode proceder assim porque o seu modelo ideal é aqui o trabalho. A abstratividade lógica da análise oculta frequentemente esse modelo; mas, de fato, ele não pode deixar de aparecer a cada passo. Hegel não pode proceder nessa investigação sem falar diretamente do trabalho em pontos decisivos, sem falar da finalidade e do meio no processo de trabalho. Portanto, estamos mais uma vez diante da duplicidade da filosofia hegeliana. Por um lado, Hegel descobre no trabalho o princípio no qual se expressa a forma autêntica da teleologia, o pôr e a realização real da finalidade por parte de um sujeito consciente; por outro, essa categoria ontológica genuína é incorporada no meio homogêneo de uma sistemática na qual os princípios lógicos se tornam predominantes". G. Lukács, *Ontologia dell'essere sociale*, cit., v. I, p. 207 [ed. bras.: v. I, p. 224-5].

[38] Cf. Ibidem, p. 242 [ed. bras.: v. I, p. 264].

religiosas[39]. Esse erro, assim como o anterior, decorre provavelmente do fato de não existir em Hegel uma verdadeira e própria ontologia do trabalho, e sim apenas o conceito de trabalho. Além disso, o trabalho ocupa um lugar preciso na *Ciência da lógica* de Hegel – o da passagem da objetividade à Ideia –, acentuando, assim, o momento ideal da realização da finalidade. A teleologia, para Hegel, divide-se em três momentos: a posição da finalidade subjetiva, a pesquisa sobre os meios de realização de tal fim e o fim realizado, com a consequente conservação do meio empregado. Segundo Hegel, a teleologia pressupõe um conteúdo e, por conseguinte, um conceito; tal conteúdo não pode ser finito, ao passo que, enquanto escopo racional, o conceito deve constituir uma totalidade em si infinita. "A relação da finalidade representa, assim, mais que um juízo; é o silogismo do livre conceito, distinto de todos os outros, que refaz a conexão consigo mesmo por meio da objetividade."[40] O conceito apresenta-se como realização da finalidade, enquanto unidade de ser objetivo em relação à própria finalidade. O único modo de efetuar uma conexão entre um fim e a objetividade é através do meio pelo qual se realiza esse fim. Por esse meio, o mundo se mostra sob a forma da exterioridade e da negatividade. Portanto, o meio desempenha o mesmo papel do termo médio de um silogismo formal, ou seja, é simultaneamente objeto imediato e relação extrínseca voltada para o objetivo final, que, por sua vez, prevê as determinações externas da mediação, promovendo a transformação do objeto mecânico em instrumento. Em suma, a finalidade é ao mesmo tempo subjetividade e atividade[41]. Desse modo, o aspecto teleológico do trabalho perfaz o momento em que a subjetividade se objetiva ou o racional se faz real.

O caráter silogístico da categoria da teleologia na *Ciência da lógica* hegeliana provém do fato de que o silogismo na dialética do processo laboral é expresso pela objetividade, de um lado, e pela subjetividade da finalidade, de outro, sendo que ambos se cruzam através da mediação. A ação da mediação sobre o objeto representa o retorno da objetividade ao conceito e a si própria. Lukács reconhece a profundidade de análise da temática hegeliana e retoma o conceito de "astúcia da razão" (*List der Vernunft*) em sua acepção original, contida na *Ciência da lógica*[42]. Para Hegel, a *astúcia da razão* representa o avançar do universal em meio às particularidades técnicas, constituindo-se, assim, em uma lei universal do desenvolvimento histórico e da relação entre o indivíduo e a sociedade. Através da astúcia da razão, Hegel explica dialeticamente o surgimento do novo a partir da relação entre dois entes naturais: meio e objeto a ser transformado pelo trabalho.

---

[39] Cf. Ibidem, p. 23 [ed. bras.: v. I, p. 32].

[40] G. Hegel, *Scienza della logica*, cit., Livro III, seção 2, cap. III, p. 840.

[41] Cf. Ibidem, p. 846. Nicolas Tertulian enxergou na *Ontologia do ser social* uma "filosofia do sujeito", cf. Nicolas Tertulian, "Lukács e l'ontologia", *Coscienza Storica*, Lungro di Cosenza, n. 1, ano I, 1991, p. 104.

[42] "Que então o escopo se intrometa na relação mediada com o objeto e interponha entre si e o objeto um outro objeto, que se pode reexaminar como a astúcia da razão" (ibidem p. 848). De resto, tal categoria encontra-se já presente em G. W. F. Hegel, *Filosofia dello spirito jenense 1805-1806* (Bari, Laterza, 1971), p. 126.

Ao retomar a estrutura categorial da teleologia hegeliana[43], Lukács põe em destaque o interesse de Hegel pelo instrumento de trabalho – entendido como meio de domínio sobre a natureza –, por intermédio do qual o processo teleológico pode ser visto como a tradução do conceito em realidade. Hegel foi além dessa interpretação, apreendendo o caráter não apenas de *medium* do instrumento, mas também o fato de que ele representa o perdurar do trabalho no tempo, evidenciando, assim, uma concepção objetiva do trabalho. Por consequência, Hegel atribui ao instrumento uma validade superior à da finalidade, uma vez que é capaz de servir a diversas finalidades distintas. Essa interpretação da teleologia hegeliana permite a Lukács exprimir os nós conceituais ao redor dos quais se constituiu a concepção marxista da evolução da história como consequência da relação do trabalho com a propriedade objetiva dos instrumentos de produção.

Marx reproduziu claramente, porém com uma audácia revolucionária e uma centralidade prático-teórica até então inéditas, aquilo que Hegel havia exposto *in nuce* [em embrião] em seu sistema. A tentativa de Lukács (não inteiramente despida de sucessos pontuais) de apontar uma continuidade entre os dois filósofos alemães aparece à luz desse aspecto da dialética do trabalho de modo ainda mais nítido que em outras ocasiões. Já em *O jovem Hegel*, Lukács havia captado a importância dada ao instrumento também nas obras do precursor Hegel. Desde suas obras juvenis, fica patente que o instrumento necessita de um sujeito consciente capaz de infundir-lhe atividade, eliminando a passividade material do instrumento de modo a permitir a emersão de sua verdadeira essência: a finalidade transformadora. Por intermédio do escopo racional, a atividade do trabalho possibilita a transformação de um objeto material e natural – Lukács reconhece a enorme importância de tal asserção da categoria da teleologia:

> A análise concreta da dialética do trabalho humano supera, em Hegel, a antinomia constituída por causalidade e teleologia, apontando o lugar concreto que a finalidade humana consciente ocupa dentro do contexto causal abrangente sem esfacelar esse contexto e sem sair dele para apelar a qualquer princípio transcendente, mas também [...] sem perder de vista as determinações específicas da finalidade do trabalho.[44]

Mais adiante, ainda na mesma obra, Lukács aponta a identidade existente entre as visões de Marx e Hegel sobre o caráter teleológico do trabalho com relação aos nexos naturais-causais que o sujeito operante transforma de acordo com sua finalidade racional-ideal.

---

[43] Nos *Prolegômenos*, Lukács define como um "genial episódio" a teleologia hegeliana do trabalho: ver *Prolegomeni all'ontologia dell'essere sociale*, cit., p. 23 [ed. bras.: p. 57]. De acordo com Tertulian, o pôr teleológico é próximo à "intencionalidade da consciência" que Husserl e Heidegger reelaboram a partir de Brentano, cf. Nicolas Tertulian, "Lukács e l'ontologia", cit. p. 105.

[44] G. Lukács, *Il giovane Hegel* (Turim, Einaudi, 1975), p. 481.

Em meio à tentativa de reconstituir a origem do conceito lukacsiano de teleologia através de um estreitíssimo vínculo com Hegel – que por sua vez exerce a função de abrir caminho também para a especulação marxista –, uma questão permanece em aberto: por que Lukács, na *Ontologia*, refere-se mais à *Ciência da lógica*, precisamente na parte relativa à teleologia, do que ao capítulo da *Fenomenologia do Espírito* sobre a "Própria Coisa", no qual encontra-se igualmente exposta uma concepção da teleologia? Obviamente, a resposta só pode ser dada após uma análise atenta do texto hegeliano, uma vez que a pergunta diz respeito ao caráter conferido por Hegel à teleologia nas duas obras: mais ontológico na *Ciência da lógica* e mais fenomenológico na *Fenomenologia do Espírito*. A questão permanece como um sinal do esforço de Lukács para superar um aspecto fenomenológico do conceito de trabalho, presente de diversos modos em *História e consciência de classe*, de forma a chegar a uma ontologia científico-genética do trabalho, a qual demandava muito mais uma leitura atenta da estrutura lógico-científica da *Ciência da lógica* do que da estrutura histórico-fenomenológica constante de *Fenomenologia do espírito*. Essa explicação permite-me vincular as duas maiores obras marxistas de Lukács, porém voltaremos a essa questão de forma mais detalhada no início do capítulo dedicado à análise do trabalho em *História e consciência de classe*. Deve-se ter também em mente o fato de que, na *Ontologia*, Lukács já se encontra mais liberto dos condicionamentos da dogmática stalinista, segundo a qual o velho Hegel representava a reação prussiana – ao contrário do jovem Hegel, ainda um revolucionário. Assim, na *Ontologia*, Lukács fica mais à vontade para analisar as categorias da *Ciência da lógica*, sem a necessidade de limitar-se àquelas encontradas na *Fenomenologia do espírito*.

O escopo estabelecido para o trabalho representa, para Marx, assim como para Lukács, o momento em que o ideal se torna um elemento fundamental da realidade sócio-material, na medida em que determina a cadeia causal das determinações do ser. É aqui que Marx retoma o momento ideal, recuperando-o dentro de sua perspectiva materialística. O papel da teleologia cresce pelo fato de que passa a constituir, através do trabalho e de sua função de princípio em relação ao social, o elemento fundador da socialidade. A origem da sociedade, portanto, encontra-se *também* no pensamento do homem. Posicionando-se sobre essa linha de continuidade entre Hegel e Marx, Lukács repassa todas as etapas do pensamento marxista da dialética do trabalho e encontra na δύναμις (potência) aristotélica, assim como havia feito o próprio Marx, o instrumento para a emersão de uma nova objetividade. Aristóteles assume um papel importante na estrutura teórica da *Ontologia*, e a leitura feita por Lukács do filósofo grego nunca se mostrou tão "moderna", como reconhece Heller[45]. Faz-se agora oportuna a reconstituição dos momentos que integram a categoria teleológica do trabalho, assim como mencionar o espelhamento, ponto em que mais claramente se identifica a relação com Aristóteles.

---

[45] Cf. Agnes Heller, "Paradigma del lavoro e paradigma della produzione", em *Il potere della vergogna* (Roma, Editori Riuniti, 1985), p. 77.

A *Widerspiegelungstheorie* (teoria do reflexo/espelhamento) ocupa um lugar central na *Ontologia* e, ao mesmo tempo, constitui o maior divisor de águas das obras juvenis, sobretudo em relação às críticas de *História e consciência de classe* diante do tema. O espelhamento representaria uma atividade gnoseológica, segundo a qual a mente humana seria capaz de reproduzir a seu modo o objeto conhecido – reproduzindo-o, portanto, não fotograficamente, mas de acordo com as modalidades subjetivas do processo de conhecimento. É provável que a revisão que faz o velho Lukács de algumas de suas posturas juvenis e protomarxistas sobre o tema do espelhamento lhe tenha rendido críticas duríssimas por parte daqueles que estimavam esse momento de seu trabalho, incluindo alguns de seus próprios discípulos[46]. Na *Estética*, Lukács havia se afastado da refutação à teoria do reflexo, exposta em *História e consciência de classe*. Já na *Ontologia*, o espelhamento assume uma posição central dentro da concepção de trabalho.

Com efeito, o próprio Lukács destaca a relação quase indissociável entre espelhamento e pôr teleológico, ainda que existam elementos heterogêneos nessa relação[47]. O espelhamento, ao reproduzir na consciência o ser em si dos objetos naturais, exerce uma superação da distância entre sujeito e objeto – superação essa que, nesse estágio do processo laboral, encontra-se presente unicamente na consciência, no mundo ideal. A superação nos dá pistas da precisão necessária a um espelhamento para passar em seguida à posição da finalidade e da exatidão (ainda que aproximada) necessária para produzir os objetos e transformá-los em posses espirituais do ser social. O espelhamento se baseia na categoria da *possibilidade*[48], na medida em que é possível criar uma realidade e fazê-la interagir com a realidade natural, transformando-a em uma nova objetividade que, apesar de ser uma nova entidade dentro do ser social, não possui a mesma natureza daquilo que é

---

[46] "Será certamente supérfluo, para o leitor que possua intimidade com a filosofia, destacar a estreita relação existente entre essa aspiração e nossa qualidade de alunos do autor de *História e consciência de classe*, com quem jamais partilhamos a radical negação de sua obra-prima", Ferenc Feher, Agnes Heller, György Markus, Mihaly Vajda, "Premessa alle annotazioni sull'ontologia per il compagno Lukács", cit., p. 8.

[47] "Os dois atos heterogêneos a que nos referimos são: de um lado, o espelhamento mais exato possível da realidade considerada e, de outro, o correlato pôr daquelas cadeias causais que, como sabemos, são indispensáveis para a realização do pôr teleológico", G. Lukács, *Ontologia dell'essere sociale*, cit., v. II, p. 36.

[48] Limito-me aqui a destacar quanto Lukács encontra-se vinculado à categoria da possibilidade a partir de *História e consciência de classe*, quando atribui ao proletariado uma consciência de classe possível, *mesmo que* ainda não tenha atingido sua maturidade, tampouco plena expressão. Conclui-se, assim, que a possibilidade passa a constituir, a partir de Kant, uma categoria do intelecto, e o princípio de razão suficiente de Leibniz representa tão somente a antecipação da possibilidade como categoria lógica. Lukács credita a Kant uma atenuação do caráter de necessidade (cf. G. Lukács, *Prolegomeni all'ontologia dell'essere sociale*, cit., p. 154); assim, considerando-se que a possibilidade, juntamente com a necessidade e com a existência, integra o grupo da modalidade, pode-se então deduzir que um caráter reduzido da necessidade deixa mais espaço para a categoria da possibilidade na definição de uma modalidade baseada em objetos.

reproduzido[49]. Dá-se origem, assim, a um terceiro momento no que concerne ao sujeito e ao objeto, que assume a função de mediador[50]. Lukács concebe o espelhamento no âmbito da consciência como o primeiro passo para a diferenciação entre o homem e o animal; com efeito, por meio do espelhamento, a consciência desempenha um papel primordial na determinação do fim a ser alcançado, ao passo que, nos animais, ela constitui um mero epifenômeno. O espelhamento remete à objetivação da finalidade, para cuja definição ele contribui, na forma de espelhamento-completamento. Por sua vez, porém, a objetivação determina a finalidade do próprio espelhamento[51], estendendo-se ao redor do que lhe deu origem. Forma-se, assim, um processo dialético, que, posto em marcha pelo espelhamento do objeto natural na consciência humana, cria uma cadeia causal que afeta o próprio princípio, concretizando-se em uma nova objetivação e determinando a aquisição de outras propriedades do ser social, de modo a representar o que de novo se formou na consciência como resultado do ato do espelhamento. É precisamente aqui que se pode apreender o caráter dialético da concepção lukacsiana da consciência.

Como visto, o espelhamento constitui uma categoria de origem aristotélica. Lukács se vale amplamente daquilo que considera o caráter intrinsecamente dialético da δύναμις (potência) ontológica de Aristóteles[52], entendida também como possibilidade incluída no ato de conhecer o objeto. Na prática, o sujeito entrevê as possibilidades de transformação que o objeto encerra em si mesmo sob a forma de simples possibilidade. Desse modo, Lukács retoma algumas concepções kantianas indicadas nos *Prolegômenos* através da expressão "finalidade sem escopo"[53]. Não se deve esquecer que o conceito aristotélico de μίμησις (imitação), retomado por Lukács, representa, no desenvolvimento do pensamento aristotélico, um dos momentos de afastamento das concepções platônicas, justamente por conta da separação que Platão faz entre a mente e as coisas físicas. A mente humana contém

---

[49] Para oferecer um exemplo adicional da quase total incompreensão da complexidade da *Ontologia*, cito o juízo altamente reducionista feito por um intelectual americano a respeito da relação entre trabalho e natureza na *Ontologia*: "Infelizmente, o último Lukács, mesmo passando pelo Lukács marxista-leninista, desenvolve suas premissas ontológicas reduzindo a relação entre a humanidade e a natureza e entre a história e a natureza a uma teleologia baseada no trabalho humano, ainda que reconheça a fundamental importância da integração da natureza em uma teleologia assim construída", J. Ely, "La costruzione della natura in Lukács", *Capitalismo, Natura, Socialismo*, n. 1, Roma, mar. 1991, p. 77. Evidentemente, ou Ely desconhece o teor completo da obra ou deliberadamente a simplifica a qualquer custo, levando em conta apenas o jovem Lukács de *História e consciência de classe*.

[50] Em uma conferência de 1970, como numa antecipação à *Ontologia*, Lukács, referindo-se à diferença existente entre o ser-em-si dos objetos naturais e seu espelhamento na consciência, fez a seguinte afirmação: "O conhecimento em geral faz uma distinção bastante nítida entre o ser-em-si objetivamente existente dos objetos e seu processo cognitivo". Ver G. Lukács, "Le basi ontologiche del pensiero e dell'attività dell'uomo", em *L'uomo e la democrazia* (Roma, Editori Riuniti, 1975), p. 27.

[51] Cf. G. Lukács, *Ontologia dell'essere sociale*, cit., v. II, p. 42-5 [ed. bras.: p. 69-72].

[52] A esse respeito, ver Massimo Cacciari, "Lukács o dell'impossibile ontologia", cit.

[53] G. Lukács, *Prolegomeni all'ontologia dell'essere sociale*, cit., p. 111 [ed. bras.: p. 50].

"a verdade dos entes"[54]. Recordo que Tomás de Aquino fez do espelhamento exatamente o ponto forte de sua ontologia religiosa, ao defender o *adaequatio intelectus ad rem*[55], isto é, a adequação do intelecto à coisa, graças à capacidade cognitiva conferida por Deus ao intelecto humano, capaz de reproduzir em si mesmo toda a complexa arquitetura da criação. As coisas naturais assumiam a função de medida de precisão da capacidade cognitiva do intelecto. Embora tenham sido críticos radicais da escolástica tomista, Descartes falou explicitamente: "dentre meus pensamentos, alguns são como imagens das coisas, e só a esses convém de fato chamar de ideias"[56]; já Locke mencionou uma "conformidade entre as ideias e a realidade das coisas"[57] e Kant referiu-se ao "acordo da cognição com o seu objeto"[58] – estes dois últimos, inclusive, retomaram o mote de Spinoza segundo o qual *ordo rerum est idem ordo idearum* (a ordem das coisas é a mesma que a ordem das ideias). Hegel também defendeu a necessidade de uma precisão na correspondência entre representações e o indivíduo que raciocina[59]. Por fim, Wittgenstein exprime-se da seguinte forma sobre a relação entre as coisas e a mente: "A proposição é uma imagem da realidade [...]. Se verdadeira, a proposição mostra como estão as coisas"[60]. Existe, assim, uma ampla tradição filosófica à qual a teoria do espelhamento de Lukács pode fazer referência. No fundo, essa teoria representa uma tentativa de solucionar o clássico problema do conhecimento na história da filosofia, segundo o qual a essência das coisas encontra-se apartada dos signos que a representam; mais do que isso, Lukács concebe uma relação entre essência e signo, de modo que a natureza das categorias, como determinações de ser, seja idêntica à sua função gnoseológica.

Mesmo refutando qualquer forma de ontologia religiosa, Lukács retoma o espelhamento aristotélico e, de modo extremamente original, confere um novo significado

---

[54] Platão, *Menone* (Bari, Laterza, 1980), p. 285 [ed. bras.: *Mênon*, São Paulo, Loyola, 2001].

[55] Tomás de Aquino, *Summa Teologica*, I, 16, 2 [ed. bras.: *Suma teológica*, São Paulo, Loyola, 2001]; *Summa contra Gentiles*, 1, 59 [ed. bras.: *Suma contra os gentios*, Porto Alegre, Sulina, 1990]; *De veritate*, q. 1, a. 1 [ed. bras.: *Verdade e conhecimento*, São Paulo, Martins Fontes, 1999]. Na realidade, o primeiro a inserir no pensamento filosófico o conceito de adequação do intelecto e da coisa foi o filósofo hebreu Ben Salomon Israeli (845-940), em seu *Liber de definitionibus*. Locke defenderá uma conformidade das ideias e da realidade das coisas em *Saggio sull'intelligenza umana* (Bari, Laterza, 1972), IV, 4, § 3, p. 55, e Kant, o acordo do conhecimento com seu objeto, em *Critica della ragion pura* (Bari, Laterza, 1979), III, p. 98-9) [ed. bras.: *Crítica da razão pura*, São Paulo, Ícone, 2007]. Hegel também defende a necessidade de uma exatidão na correspondência entre representação e indivíduo que conhece, em sua *Enciclopedia delle scienze filosofiche in compendio*, cit., § 213, p. 198.

[56] René Descartes, *Meditazioni metafisiche* (Bari, Laterza, 1986), III, p. 35 [ed. bras.: *Meditações metafísicas*, São Paulo, Martins Fontes, 2011].

[57] Cf. John Locke, *Saggio sull'intelligenza umana*, cit., IV, 4, § 3, p. 55.

[58] Immanuel Kant, *Critica della ragion pura*, cit., III, p. 98-9.

[59] Cf. G. W. F. Hegel, *Enciclopedia delle scienze filosofiche in compendio*, cit., § 213, p. 198.

[60] Ludwig Wittgenstein, *Tractatus logico-philosophicus* (Turim, Einaudi, 1980), 4021 e 4022, p. 23 [ed. bras.: *Tractatus logico-philosophicus*, São Paulo, Edusp, 2001].

ao conceito de δύναμις (potência), o que implica duas importantes consequências. A primeira é que o espelhamento constitui substancialmente uma categoria do ser, e não apenas do conhecimento; nesse sentido, o espelhamento condiciona a passagem entre gnoseologia e ontologia, inserindo os problemas relativos ao papel da consciência e da dupla função gnoseológico-ontológica do espelhamento no campo das ciências naturais. O espelhamento, ao apresentar-se como primeira categoria do ato laboral, constitui também o primeiro passo para superar a separação feita por Kant entre sujeito e objeto, e que só o trabalho tende a eliminar por completo[61]. Fica-se, portanto, em uma dimensão da *tendência*, na medida em que não apenas a separação sujeito-objeto pode ser vista, sob alguns aspectos, como necessária para o desenvolvimento humano, mas sobretudo porque o ser-em-si não é inteiramente captável pelo pensamento – ou seja, o é apenas de maneira *aproximada*. É preciso entender que "uma fundamentação ontológica correta de nossa imagem de mundo pressupõe as duas coisas, tanto o conhecimento da propriedade específica de cada modo do ser como o de suas interações, inter-relações etc. com os outros"[62] e com o ambiente que o circunda. A segunda consequência é que essa tentativa de retomar dentro da esfera das ações humanas a δύναμις aristotélica, embora tenha sido sugerida a Lukács pela ontologia contemporânea de Nicolai Hartmann, é original[63].

Gostaria de deter-me brevemente em um ponto que pode ser mal compreendido – a saber, a interpretação idealística do espelhamento lukacsiano. Se levarmos em conta o mito platônico do δημιουργός (demiurgo), presente no diálogo *Timeu*, torna-se possível uma interpretação idealística do espelhamento. De fato, como se sabe, o δημιουργός platônico contempla (θεωρία) o mundo das ideias e plasma os entes temporais (Αιώνα) na matéria, sendo que o espaço onde os deposita assume a função de receptáculo. Na prática, o δημιουργός buscaria espelhar uma ideia (εἶδος) na matéria, criando uma forma concreta (μορφή). Mas não creio que se possa falar em um espelhamento efetivo, pois o espelhamento existe apenas na mente humana, e nunca na matéria; assim, nos encontraríamos diante do problema enfrentado por Marx, o da impossibilidade do livre movimento em meio à matéria, problema de resto não ignorado por Platão, que condenou a arte justamente por constituir uma representação distorcida da perfeição das ideias. O espelhamento de que fala Lukács é um processo de reprodução mental dos objetos, e não de criação de objetos segundo modelos apartados dos próprios objetos. O trabalho, da forma como Lukács o

---

[61] De acordo com Vittoria Franco, que retoma a *Estética* de Lukács, trabalho e ciência diferem entre si pela incapacidade do trabalho de "alcançar o nível de generalização de resultados a que chega a ciência", cf. Vittoria Franco, "Il lavoro come 'forma originaria' nell'ontologia di Lukács", *Critica Marxista*, Roma, ano XV, n. 3, maio-jun. 1977, p. 125.

[62] G. Lukács, *Prolegomeni all'Ontologia dell'essere sociale*, cit., cap. I, p. 9 [ed. bras.: p. 41].

[63] Além do capítulo sobre Hartmann do primeiro volume da *Ontologia dell'essere sociale*, cit., cap. II, p. 115-64 [ed. bras.: p. 129-50], ver Nicolas Tertulian, "Sull'oggettivismo della grande *Ontologia*", em Guido Oldrini (org.), em *Lukács* (Milão, Isedi, 1979), p. 295, e "La nascita dell'ontologia: Hartmann, Heidegger e Lukács", em *Lukács: la rinascita dell'ontologia*, cit., p. 47-83.

compreende, não admite uma separação entre objetos e modelos mentais, que são sempre espelhamentos, e o trabalho é a tradução na realidade de fins que são, por sua vez, modelos mentais sob o controle da necessidade. Portanto, excluo a hipótese de que Lukács repita o mito platônico do δημιουργός; ao contrário, foi Platão que utilizou a teleologia do trabalho para conceber uma cosmologia como obra de um δημιουργός, com a importante diferença de que, para Platão, os modelos são distintos dos entes, ao passo que para Lukács essa separação se mostra impossível, pois não pode ser concebido um lugar distinto para os modelos em relação à realidade empírica, uma vez que essa separação implicaria uma ontologização da ideia. Desse modo, o modelo permanece como um objetivo inalcançável, porém não menos importante para a impostação de uma finalidade, e a ontologização da ideia só pode ser alcançada através de sua objetivação.

É impossível separar a abordagem da função do espelhamento da do lugar do fim a ser realizado ao longo do processo laboral – e, portanto, da categoria inteira da teleologia e de suas consequências, tanto em termos de um novo papel da consciência humana nas relações com o mundo exterior quanto do surgimento de novas constelações dentro do mundo social. A categoria lukacsiana da teleologia, em sua inteireza, encontra-se a meio caminho entre a teleologia hegeliana e seu acabamento/realização na teoria do espelhamento de Aristóteles. Com efeito, a impostação de um fim a ser realizado deve passar pelo conhecimento dos nexos naturais que serão empregados ao longo do processo laboral. O espelhamento das conexões causais naturais não encontra lugar apenas na "pesquisa dos meios" – para usar a mesma terminologia da *Ciência da Lógica* hegeliana –, mas também na própria definição do fim a ser realizado e, por conseguinte, em sua realização. A definição da finalidade implica o desenvolvimento de um papel ativo por parte da consciência: pode-se afirmar que a definição da finalidade constitui o primeiro ato consciente que permite diferenciar de modo concreto o homem do animal, representando ainda o abandono da condição de mera epifenomenalidade da consciência animal. Além disso, o novo papel da consciência, direcionada para um correto conhecimento dos meios naturais, implica um controle, por parte do homem, de seus próprios sentimentos e emoções. Surge, assim, o controle do lado consciente sobre o lado emocional do ser[64], o que ratifica cada vez mais o processo da racionalidade crescente na vida cotidiana do homem, incrementando e acelerando seu processo de humanização, viabilizando assim seu distanciamento dos comportamentos emotivos típicos do estágio animal[65]. A consequência disso é o desvanecimento da subjetividade ante a objetividade do processo laboral, sempre que o momento predominante for o da produção. A subjetividade intervém apenas no decurso do processo laboral e em seus produtos como satisfação de necessidades. Mais adiante, veremos como o dever-ser constitui a categoria que

---

[64] Cf. G. Lukács, *Ontologia dell'essere sociale*, cit., v. II, p. 51-2 [ed. bras.: v. II, p. 79].
[65] Cf. ibidem, p. 54 [ed. bras.: v. II, p. 79-80].

envolve conjuntamente sujeito e objeto, mas somente após o sujeito, graças ao trabalho, alçar-se à condição de dominante[66].

Lukács supera a separação kantiana entre sujeito e objeto e a impossibilidade de conhecimento da coisa-em-si retomando as críticas de Hegel a essa impossibilidade: "Lembremos a afirmação já citada de Hegel de que categorias não podem ser em absoluto meros produtos do pensamento no sentido idealista subjetivo (como em Kant), mas se ligam inseparavelmente às objetivas formas da objetividade, porém, no estágio da sensação"[67]. Naturalmente, Lukács não segue o mesmo caminho de Hegel e rejeita a excessiva logicização da ontologia, permanecendo firme em sua concepção ontológica material.

De acordo com as diretrizes estabelecidas por Lukács para a ontologia do trabalho, sempre delineia-se de modo mais acentuado o caráter de princípio do trabalho em relação ao homem e a seu próprio mundo ideal. Dialeticamente, porém, o fim a ser realizado origina-se da necessidade, como reconhece[68] Lukács ao vincular-se fortemente à concepção hegeliana do trabalho como satisfação de uma necessidade. O elemento novo que diferencia Lukács de Hegel e o reaproxima da posição de Marx e Engels é o fato de que a necessidade a ser satisfeita perde terreno diante da realidade da luta pela sobrevivência. A introdução dessa novidade decorre da grande atenção dada pelos dois fundadores do marxismo às teorias evolucionárias de Darwin[69], ao contrário de Hegel, que não se portava como um evolucionista em sua filosofia da natureza, por conta da influência de Schelling, um defensor da ideia de que o progresso na natureza encontrava-se mais vinculado à contraposição de forças opostas e à sua síntese em uma forma de ser superior – prescindindo substancialmente, portanto, da ideia de uma adaptação às variações do ambiente. Uma vez mais, tornam-se patentes os limites da concepção hegeliana e os esforços de Lukács a fim de conciliar o posicionamento de Hegel com o de Marx, mantendo-se sempre, de maneira crítica, em sua posição de *tertium datur* [terceira via]. O fim a ser concretizado, como demonstrado, surge da necessidade a ser satisfeita, mas ao mesmo tempo constitui algo além disso: o fruto de uma atividade racional que marca cada vez mais seu próprio caráter racionalizante à medida que se vão acumulando as experiências laborais.

O momento mais importante da concretização da finalidade por intermédio do processo laboral é a pesquisa dos meios naturais capazes de viabilizar essa concretização

---

[66] A relação sujeito-objeto e conhecimento-ação foi retirada de Antonio Jannazzo, "L'ontologia dell'ultimo Lukács, prospettiva e posizione politica", cit., inteiramente em contraposição ao pensamento de Laura Boella: "Mesmo afirmando que, de tal modo, a consciência humano deixa de ser um 'epifenômeno' na medida em que ultrapassa a mera adaptação ao ambiente e dá impulso à transformação e à inovação da natureza, Lukács lhe nega qualquer função constitutiva, reservando-lhe um papel ontológico modal, definido como 'caráter de possibilidade' no sentido da δύναμις aristotélica", em Laura Boella, "Il rapporto tra teoria e prassi nell'ontologia dell'essere sociale. Note sul marxismo dell'ultimo Lukács", *Aut Aut*, n. 157-158, p. 65.

[67] G. Lukács, *Prolegomeni all'ontologia dell'essere sociale*, cit., p. 141 [ed. bras.: p. 178].

[68] Cf. idem, *Ontologia dell'essere sociale*, cit., v. II, p. 50 [ed. bras.: p. 47].

[69] Recorde-se de que Marx pretendia dedicar *O capital* a Darwin.

e, por conseguinte, o papel e a função do instrumento. Hegel destacou o papel do instrumento como mediação entre ideia e realidade, tendo sempre presentes as implicações especulativas do uso da categoria aristotélica do espelhamento, inclusive como instrumento para a pesquisa dos meios. A esse propósito, é importante recordar a ênfase com que Lukács sublinha a necessidade de conhecer o mais objetivamente possível os processos naturais, os quais, postos em movimento, viabilizam a realização da finalidade[70]. No entanto, permanece o fato inescapável de que o conhecimento de tais processos não pode ser completo, na medida em que a natureza se apresenta como uma realidade heteronomamente cambiante e heterogeneamente produzida. Esse ser-em-si da natureza corresponde a "um sistema de complexos cuja legalidade continua a operar com total indiferença no que diz respeito a todas as aspirações e ideias do homem"[71]. Enquanto o ser-em-si da natureza permanecer estático, não realizará, tampouco, conquentemente, produzirá algo novo. A cisão entre sujeito e objeto, nesse caso, será total. Apenas quando o ser-em-si se vir transformado em um ser-para-nós[72], mesmo que apenas imaginado, será possível perscrutar as possibilidades latentes nos objetos naturais de serem transformados de acordo com a finalidade estabelecida; o único modo de fazê-lo é dispor as próprias conexões causais a serem transformadas de acordo com o pôr teleológico estabelecido. O homem deve, portanto, reconhecer a conexão existente entre as qualidades dos objetos naturais (seu ser-em-si) e sua empregabilidade com fins laborais (seu ser-para-nós). Encontramo-nos diante da interseção de um procedimento que Lukács observa a partir de duas posições distintas: uma que recai no campo dos fenômenos concretos – ou seja, a interação entre o ser-em-si e o ser-para-nós, os quais, juntos, viabilizam a concretização do novo (até aqui compreendido como fruto do pensamento) – e outra envolvida do ponto de vista das categorias lógicas nessa interseção, interseccionando-se elas mesmas em teleologia e causalidade. Trata-se de uma maneira dupla de analisar o processo laboral, que permite a Lukács esboçar sua posição de *tertium datur* entre materialismo e idealismo. Veremos mais adiante que Lukács descreve detalhadamente a relação entre teleologia e causalidade.

Para Lukács, a capacidade de concretização de um fim em maior ou menor grau encontra-se subordinada à capacidade de transformar a causalidade natural em um ser estabelecido, processo no qual o pensamento desempenha papel determinante. O outro lado da concretização da finalidade é a natureza, sob a forma de objetos a serem transformados a fim de satisfazer a necessidade que se encontra no princípio do ato laboral, bem como sob a forma de meios apropriados para essa transformação. Assim,

---

[70] Recordo o modo como Giuseppe Prestipino reconduziu justamente a dualidade entre "perfeição" como *modelo procedimental* de eficácia e a "perfeição" como valor axiológico de *finalidades* que estimulam a ação, à "dupla racionalidade weberiana, como o emprego racional de *meios* apropriados para um fim e como o agir racional voltado à realização de *valores*: a *Zweckrationalität* e a *Weltrationalität*", Giuseppe Prestipino, "Il 'regno dei fini' nella scienza delle cause", *Metaphorein*, n. 79-80, p. 117.

[71] G. Lukács, *Ontologia dell'essere sociale*, cit., v. II, p. 26 [ed. bras.: p. 54].

[72] Recordo aqui o que Lukács afirmou a respeito do ser-para-nós em sua conferência "As bases ontológicas do pensamento e da atividade do homem" e, de modo mais detalhado, na segunda parte da *Estética*.

o trabalho exibe, nessa tripartição, todo o seu caráter de mediação entre a necessidade e seu sujeito (o homem) e a natureza (objeto da necessidade). Ao fazer isso, o trabalho estabelece também o momento da reconstrução da totalidade das relações entre sujeito e objeto[73]. O momento necessário para a concretização da unidade de sujeito e objeto é o fato de que uma forma de ser precisou elevar-se a partir de seu estágio precedente, graças à posição racional de um fim, e efetuar um *salto* em direção a uma forma de ser mais complexa: o ser social surgiu do ser orgânico e inorgânico, respeitando e transformando, de acordo com suas próprias intenções, as legalidades constitutivas daqueles dois estágios precedentes.

Podemos notar que Lukács se vale do método dialético para manter unidas as três fontes de pensamento por ele compiladas. Sua contribuição reside no esforço de mostrar que a adaptação do homem ao ambiente, ponto-chave do positivismo, deve passar pela categoria hegeliana da "astúcia da razão" e, por sua vez, esta última deve necessariamente invocar a categoria aristotélica do espelhamento. Com efeito, conclama-se a consciência a facilitar essa adaptação ao ambiente através da transgressão e da transformação da própria natureza. Lukács segue assim o ensinamento de Marx segundo o qual a realidade do pensamento, o caráter não mais epifenomenal da consciência, reside na práxis[74]. O uso da dialética e da epistemologia marxista pode parecer ser o traço menos original da última fase do pensamento de Lukács, porém sem dúvida revela-se fecunda sua tentativa de sintetizar aquelas três diferentes tradições filosóficas através do desvelamento dos nexos dialéticos que os vinculam, revestindo a *Ontologia* de um caráter excepcional.

Antes de passar ao estudo das consequências históricas da dialética do ato laboral, especialmente no que tange à gênese do homem e da sociedade, parece-me oportuno levar às últimas consequências a análise conduzida por Lukács no estabelecimento conceitual dos momentos dessa dialética. O primeiro momento de grande importância teórica é o caráter de alternativa com que se depara o homem que vislumbra uma finalidade e busca os meios para concretizá-la: "A alternativa, que também é um ato de consciência, é, pois, a categoria mediadora com cuja ajuda o espelhamento da realidade se torna veículo do pôr de um ente"[75]. O existente é natural e dispõe de uma legalidade própria que, mesmo quando transformada, continua a fazer-se presente; por conta de sua gênese heterogênea em relação ao fim racional, essa legalidade representa um empecilho à realização do fim. Desse modo, o desenvolvimento do trabalho se processa sempre através de decisões alternativas[76]. O caráter de alternativa do qual se revestem os

---

[73] A categoria da totalidade tem se mostrado presente no pensamento filosófico de Lukács desde suas obras juvenis pré-marxistas, o que evidencia a continuidade entre as diversas fases de seu desenvolvimento filosófico.

[74] G. Lukács, *Ontologia dell'essere sociale*, cit., v. II, p. 35 [ed. bras.: p. 63-4].

[75] Ibidem, p. 45 [ed. bras.: p. 73].

[76] Os alunos da Escola de Budapeste criticaram vivamente o caráter individual da alternativa, cf. Ferenc Feher, Agnes Heller, György Markus, Mihaly Vajda, "Premessa alle annotazioni sull'ontologia per il compagno Lukács", cit., p. 28-9.

objetos naturais constitui a nova reproposição da δύναμις aristotélica adotada por Lukács. A alternativa que surge diante do sujeito do trabalho, no momento da escolha dos meios de trabalho e dos objetos a serem transformados, é um sinal claro do alto grau de especialização do trabalho e dos atos de espelhamento, o que possibilita uma escolha mais conscientente efetuada[77]. Podemos, portanto, considerar a alternativa como o momento do já iniciado desenvolvimento histórico do trabalho: ao se fazer presente, constitui o resultado de um processo deflagrado *antes*. O princípio é *antes*, e o homem sofre as consequências do processo dialético que parte desse princípio e tem na alternativa um de seus maiores vetores de desenvolvimento.

Lukács extrai consequências imediatas do caráter de alternativa que os objetos naturais apresentam em si mesmos, no que diz respeito à concretude da alternativa: a alternativa que se apresenta ao homem é sempre composta por objetos concretos e suas possibilidades concretas de tomar parte neste ou naquele processo transformador[78]. Essa função da escolha implica intrinsecamente uma dupla relação: de um lado, o espelhamento dos objetos naturais, que devem necessariamente possuir a maior objetividade possível; do outro, a correção da execução prática das operações transformadoras. Ambos os termos dessa equação – isto é, o espelhamento na consciência e a práxis transformadora – confundem-se no âmbito da racionalidade. Lukács traz à tona a racionalidade não apenas no nível do espelhamento, o que poderia representar uma dimensão gnoseológica do problema do trabalho, mas também – o que é mais importante – no que diz respeito à práxis transformadora; a ontologia mostra-se, assim, vinculada à gnoseologia[79]. Já no estabelecimento da finalidade e no ato do espelhamento evidencia-se de modo patente a conexão indissolúvel entre ontologia e gnoseologia, embora ambos os processos se desenrolem *no âmbito* da consciência – isto é, trata-se de dois processos ideais, cuja conexão assim produzida guarda a mesma natureza ideal. Agora, ao contrário, põe-se em questão uma dimensão concreta, como relembra Lukács: "Sua racionalidade nunca pode ser absoluta, mas, ao contrário – como sempre ocorre nas tentativas de realizar algo –, é a racionalidade concreta de um nexo 'se... então'"[80]. Desse modo, não nos encontramos mais no plano ideal *apenas*, mas *também* no plano da realidade concreta que está envolvida no processo de trabalho, de acordo com os cânones de uma racionalidade humana. Tal racionalidade foi con-

---

[77] G. Lukács, *Ontologia dell'essere sociale*, cit., v. II, p. 43.

[78] Ibidem, p. 47.

[79] As concepções de Lukács são criticadas por Prestipino, que, referindo-se à primeira parte da *Ontologia*, afirma: "O Lukács maduro equivoca-se quando, ao denunciar o oportunismo agnóstico da epistemologia contemporânea, declara a *ontologia* incompatível com qualquer *gnoseologia*, quase renovando, assim, a contraposição canônica entre materialismo e idealismo. Equivoca-se, sim, pois a gnoseologia, como teoria do processo genético da consciência, é indissociável de qualquer ontologia, como teoria processual-genética das diferentes camadas do ser: não apenas porque a consciência humana faz parte de uma determinada camada do ser, mas sobretudo porque um conhecimento das camadas do ser só é possível na medida em que parta da autoconsciência da camada à qual a própria consciência pertence", Giuseppe Prestipino, "Il 'regno dei fini' nella scienza delle cause", cit., p. 117.

[80] G. Lukács, *Ontologia dell'essere sociale*, cit., v. II, p. 48 [ed. bras.: p. 76].

jurada por uma necessidade humana – que, para Lukács, é também social – e, portanto, por uma necessidade do ser social concreto que a exprimiu e que vem a ser o único protagonista *de facto* do ato laboral sob qualquer aspecto.

O caráter concreto do sujeito (ser social) do trabalho constitui um dos limites da escolha entre alternativas – mais exatamente, seu limite superior, ao passo que o limite inferior encontra-se na capacidade do espelhamento de transformar a possibilidade em realidade[81]. Os erros que eventualmente decorrem de um espelhamento errôneo, de uma execução prática equivocada ou ainda de outras causas "podem ser corrigíveis com o ato ou os atos sucessivos, o que introduz novas alternativas na cadeia de decisões descrita [...] ou então o erro cometido inviabiliza todo o trabalho"[82]. O caráter de alternativa é visto por Lukács como o caráter dominante oferecido pela realidade ao homem. Como se depreende do que se viu anteriormente, a alternativa é uma categoria que abrange não apenas os complexos naturais, mas também qualquer aspecto do real que recaia na esfera da ação humana.

A esse propósito, vale recordar que precisamente sobre a categoria da alternativa foram dirigidas as críticas dos alunos da Escola de Budapeste, que acusaram seu mestre de tratar a alternativa como categoria do indivíduo, ao invés de considerá-la categoria do social[83]. Entretanto, a procedência dessa crítica, ainda que incontestável, abre a possibilidade de ler mais a fundo o texto lukacsiano, buscando nele uma resposta implícita. Com efeito, Lukács trata o problema da alternativa relacionando-o à ação do indivíduo, porém fica subentendido que não apenas o indivíduo efetua uma escolha dentro de um conjunto de alternativas, as quais se apresentam *também* à sociedade. A alternativa, portanto, é *também* social, e a própria sociedade como um todo efetua escolhas entre alternativas. Isso se dá de forma análoga ao processo individual, visto que, com base no próprio programa ontológico lukacsiano, o trabalho serve como modelo para toda ação humana, seja ela individual ou coletiva[84]. Assim, quando se leva em conta a concepção original lukacsiana do trabalho, a diferença entre esses dois níveis se torna cada vez mais tênue. Isso, para não mencionar o fato de que o indivíduo, diante de uma série de alternativas, responderá sempre e em qualquer caso de modo *social*, na medida em que é essencialmente um ser social. Tal resposta se transforma em possibilidade objetiva apenas após sua passagem pela práxis, passagem esta que representará uma possibilidade objetiva para futuras alternativas[85]. Para Lukács, é

---

[81] Ibidem, p. 47 [ed. bras.: p. 75].

[82] Ibidem, p. 42 [ed. bras.: p. 72].

[83] Cf. Ferenc Feher, Agnes Heller, György Markus, Mihaly Vajda, "Annotazioni sull'ontologia per il compagno Lukács", cit., p. 26.

[84] É justamente a concepção do trabalho como modelo que suscita as maiores polêmicas entre os alunos da Escola de Budapeste.

[85] A esse respeito, o discurso lukacsiano, apesar de não explícito, é claramente implícito e óbvio. Assim, os alunos – conforme o citado artigo do grupo de Heller – têm razão ao assinalar sua explícita ausência, porém se esquecem de sua implícita presença. Para Lukács, sempre pareceu claro que o campo de possibilidades é oferecido pela história, sendo traduzido pelo homem em ato.

evidente que essa possibilidade é oferecida pela história, sendo então traduzida em ato pelo homem; além disso, a própria escolha entre alternativas permite não apenas o salto da possibilidade para a realidade, mas representa também o momento do controle da própria escolha. O processo de escolha e alternativa como um todo continua a manter um caráter peculiar e constante de gradualidade, que envolve pequenos saltos no interior de um processo dialético, cujas novas formas de ser podem almejar uma dimensão universal apenas dentro da própria esfera[86]. Segundo Lukács, tanto a necessidade quanto o caráter cognitivo são elementos dominantes na alternativa[87]. Já escrevi sobre a enorme importância conferida pelo pensador húngaro à dimensão gnoseológica do trabalho – que de certo modo entrelaça-se à dimensão ontológica. O espelhamento, a pesquisa dos meios e a escolha entre alternativas representam tanto os momentos ideais do ato laboral quanto aqueles em que a consciência desempenha sua função mais relevante, quando, consequentemente, a relação entre ideal e real torna-se mais estreita, a ponto de o momento ideal se transformar em um momento da realidade[88]. Mas o caráter de princípio de que o trabalho se reveste em relação ao homem e a todas as suas atividades evidencia-se também no que diz respeito à atividade cognitiva, como Lukács claramente enuncia: "é preciso ainda sublinhar que a investigação dos objetos e processos na natureza que precede o pôr da causalidade na criação dos meios é constituída essencialmente por atos cognitivos reais, ainda que durante muito tempo não tenha sido reconhecida conscientemente, e desse modo contém o início, a gênese da ciência"[89]. O trabalho, para Lukács, representa também a base da abordagem científica da natureza; além disso, o fato de as hipóteses científicas serem determinadas pelas representações ontológicas da vida cotidiana permite estender sua análise a todos os aspectos da própria vida cotidiana. Tem origem, assim, um complexo processo dialético que, partindo do trabalho, gera em sua condição de princípio um modo de ver as coisas calcado em uma rigorosa racionalidade científica que, por sua vez, extrapola a forma de conceber a vida cotidiana. Novamente, torna-se explícita a concepção de Lukács do trabalho como princípio e motor do processo cotidiano do homem. Mesmo levando em conta as consequências geradas pela relação dialética entre trabalho e ciência, é possível identificar uma posição constante de Lukács no que tange à ciência, assim como a distinção que ele faz entre ela e o conhecimento em geral.

Lukács reconhece a indispensabilidade do conhecimento ao mesmo tempo que considera a ciência necessária apenas em fases posteriores da evolução do trabalho.

---

[86] Cf. G. Lukács, *Ontologia dell'essere sociale*, cit., v. II, p. 46 [ed. bras.: p. 70-1].

[87] Cf. Ibidem, p. 50-1 [ed. bras.: p. 79].

[88] A esse respeito, Lukács retoma literalmente o pensamento de Marx, assinalando que, "para Marx, o trabalho não é uma das muitas formas fenomênicas da teleologia em geral, mas o único ponto em que se pode demonstrar ontologicamente um pôr teleológico como momento real da realidade material.", ibidem, p. 23 [ed. bras.: p. 51]. A questão, de resto, é retomada por Ferenc Tökei em "L'ontologie de l'etre sociale: notes sur l'oeuvre posthume de György Lukács (1885-1971)", cit., p. 30.

[89] Cf. G. Lukács, *Ontologia dell'essere sociale*, cit., v. II, p. 31 [ed. bras.: v. II, p. 59-60].

Se para trabalhar fosse necessário um conhecimento mesmo que somente aproximado dessa infinidade intensiva enquanto tal, o trabalho jamais poderia ter surgido nos estágios primitivos da observação da natureza (quando não havia um conhecimento no sentido consciente). Esse fato é realçado não apenas porque aí está presente a possibilidade objetiva de um superior desenvolvimento ilimitado do trabalho, mas também porque deriva com clareza como um pôr correto; um pôr que apanhe com aquela adequação concretamente requerida pelo pôr do fim concreto os momentos causais necessários para o fim em questão tem a possibilidade de ser realizado com sucesso também nos casos em que as representações gerais acerca dos objetos, dos processos, das conexões etc. da natureza ainda são inteiramente inadequadas enquanto conhecimentos da natureza em sua totalidade.[90]

Antes de mais nada, Lukács distingue uma forma de conhecimento como o momento fundamental do pôr teleológico de outra – que deve ser compreendida como ciência –, a do momento do conhecimento da natureza em sua totalidade. Essa distinção implica que a primeira forma de conhecimento deva ser aquela que faz parte do princípio, como ponto de partida do ato laboral, ao passo que a segunda requer uma compreensão da natureza como um todo e, por conseguinte, o início do desenvolvimento do trabalho. Entre outros aspectos, o fato de ser o conhecimento uma premissa do ato laboral corretamente executado permite-me antecipar a diferença fundamental entre Hegel e Lukács: o primeiro julga o começo como desprovido de pressupostos, e o segundo não. A presença necessária de um ato de conhecimento explicado por meio de um espelhamento dos nexos naturais no âmbito da consciência e de um pôr teleológico ideal implica a pressuposição de fatores concretos e naturais que aparecerão *transformados* em novas objetividades ao fim do processo laboral, tanto como meios quanto como objetos. Com respeito ao processo posto em marcha, encontramo-nos diante de um princípio relativo não absoluto, baseado numa dialética histórica concreta.

A distinção feita por Lukács entre conhecimento, espelhamento e ciência, além de remeter àquela entre princípio e desenvolvimento do princípio, pode ser reencontrada também na diferenciação entre ontologia e gnoseologia. Pouco antes do trecho citado anteriormente, Lukács afirma:

> Aqui se torna palpável a diferença entre pôr em sentido ontológico e em sentido gnosiológico. Neste último sentido, um pôr ao qual falte o próprio objeto permanece um pôr, embora o juízo de valor que se fará a seu respeito deva ser de falsidade ou apenas de incompletude. Ao contrário, quando se põe ontologicamente a causalidade no complexo constituído por um pôr teleológico, este deve captar corretamente o seu objeto, senão não é – nesse contexto – um pôr.[91]

---

[90] Ibidem, p. 28 [ed. bras.: p. 53].
[91] Ibidem, p. 27 [ed. bras.: 55].

Em última análise, a distinção entre gnoseologia e ontologia expressa no trabalho implica a necessidade de um conhecimento cada vez mais preciso dos nexos naturais, de modo a permitir um aproveitamento sempre maior deles nos atos laborais. Com efeito, vimos que a ciência encontra sua origem na pesquisa dos meios para a realização dos fins[92]. Assim, o trabalho contém um impulso contínuo no sentido de um aprofundamento sempre maior das leis naturais. O trabalho, assim, apresenta uma natureza dupla: torna-se o meio para o aprimoramento do conhecimento humano, mais que para uma fundação ontológica do homem, ainda que continue a existir uma profunda heterogeneidade entre trabalho e ciência[93].

A dupla natureza do trabalho claramente aparece aqui pela primeira vez: ele é princípio e meio, e os dois momentos encontram-se indissoluvelmente ligados. Entretanto, a meu ver, é oportuno pesquisar no pôr teleológico o verdadeiro momento da gênese do conhecimento e, em última análise, da ciência. Com efeito, é ao impostar a finalidade que o homem deflagra o processo que visa à satisfação da necessidade; assim, é exatamente a partir desse momento que tem início a pesquisa do meio e a concretização do fim através da transformação dos objetos naturais. A consciência é conclamada a desempenhar um novo papel, superando o estágio de mero epifenômeno de um ser biológico para tornar-se o elemento fundamental do ser social, na medida em que permite ir além da simples adaptação ao meio ambiente, efetuando uma verdadeira transformação do exterior de acordo com seus próprios ditames. Desse modo, o materialismo dialético se distingue do materialismo mecanicista[94].

O papel que Lukács confere à função do conhecimento e, portanto, da consciência não deve ser atribuído a uma reproposição de cunho idealista de problemáticas materialistas[95]; mais que isso, representa a tentativa de reforçar a base racionalista do materialismo marxista, voltando-se com este fim para uma leitura de viés objetivo do sistema hegeliano. Sob essa ótica, não faz sentido falar de *idealismo* em Lukács, a não ser que se desconheçam tanto o próprio significado conferido por Lukács ao idealismo quanto as críticas que ele fazia a respeito. Além disso, o próprio Marx destaca que,

---

[92] Cf. ibidem, p. 29 [ed. bras.: p. 56].

[93] A esse respeito, deve-se ter em mente que o trabalho difere da ciência por não atingir o nível de generalização que esta última alcança, cf. Vittoria Franco, "Il lavoro come 'forma originaria' nell'ontologia di Lukács", cit.

[94] Permanece em aberto a questão da proeminência do fator da consciência ou do fator material. Com efeito, não é fácil encontrar tal solução, mas pode-se trabalhar com a proeminência de um ou de outro ponto de vista. No fundo, porém, trata-se de uma questão com um fim em si mesma, uma vez que seu aspecto central é o nexo dialético indissociável entre consciência e matéria.

[95] W. R. Beyer tentou prová-lo em "Marxistische Ontologie, eine idealistische Modeschöpfung", cit. Observe-se bem o ano de publicação, 1969, quando Lukács ainda dava os primeiros passos na elaboração da *Ontologia* e apenas uma pequena parte da obra tinha sido publicada – na prática, as poucas referências contidas nas *Conversazioni con Lukács*. O exemplo cientificamente deletério de Colletti e Bedeschi foi, nesse caso, amplamente superado. Por outro lado, Colletti e Bedeschi encontram-se perfeitamente afinados com este exemplo de dogmatismo stalinista, o que confirma que os extremos acabam sempre por se atrair quando se trata de refutar qualquer tentativa de nova definição ou descoberta no campo da ciência e do pensamento humano.

para reconhecer o caráter não mais epifenomenal da consciência, é preciso dirigir-se dialeticamente à práxis. O escopo realizado, de acordo com as perspectivas oferecidas pela consciência, faz surgir novas formas de objetividade, que decorrem da natureza apenas na medida em que são dela extraídas e guardam um caráter de realidade do mesmo modo que seus produtos. Lukács, radicalizando o que disse Marx a respeito do caráter não mais epifenomenal da consciência no ato laboral, propõe a relação entre essência e fenômeno de maneira diversa, uma vez que a consciência detém o poder de trespassar a essência, deflagrando assim um mecanismo que, com o surgimento do novo, pode ser visto como transformação da essência.

Entretanto, a meu ver, o racionalismo de Lukács, mesmo não sendo identificável com o idealismo hegeliano apesar de sua estreita correlação, espelha sempre um caráter clássico do racionalismo moderno tal e qual se desenvolveu de Descartes até Hegel, a saber, a persistência do problema do limite. Com efeito, de acordo com o que expus no tocante à função da consciência e ao pôr teleológico, pode-se deduzir que o homem, ao formular a finalidade a ser realizada, estabelece também os seus limites, no sentido de que o ato da pesquisa dos meios e dos objetos a serem transformados torna-o consciente de seus próprios limites e da necessidade de superá-los[96]. Os limites dizem respeito à realidade exterior, tanto no sentido natural quanto no social, e podem ser apreendidos apenas no próprio ato de conhecimento e, portanto, de sua superação. A superação configura-se, assim, não apenas como conhecimento adequado dos nexos naturais através da atividade racionalizadora que estabelece leis naturais, mas também como *real transformação desses nexos naturais*. Nota-se, assim, que no ato laboral o homem supera aqueles limites que simplesmente não existiam antes do trabalho, e através do trabalho ele cria um meio de constante progresso para a futura superação dos limites a que chegou *hic et nunc*. Essa estrutura para uma superação apropriada do limite implica, porém, outra série de consequências. Após a realização do escopo estabelecido e, portanto, da superação do limite, a consciência não pode inventar para si um novo procedimento, partindo sempre, em vez disso, do resultado de um processo[97]. Ainda mais, ela precisa *repetir* toda a estrutura do processo, mesmo que parta de um resultado alcançado, devendo *re-conhecer* a adequação dos meios ao fim estabelecido. No caso da gênese da alternativa, conta com destacada importância a adequação recíproca de finalidade e meio e, portanto, a presença de eventuais erros no processo laboral. Assim, a consciência é de certa forma "forçada" à *re-petição* da estrutura original do conhecimento, surgida no âmbito do trabalho, e esse fator de persistência da estrutura original do trabalho em todo ato humano de conhecimento não

---

[96] Lukács destaca o caráter limitante, já apontado por Hegel, da natureza exterior: "É realçado no meio [...] o momento do domínio 'sobre a natureza exterior', com a delimitação dialética igualmente correta de que, ao contrário, no pôr do fim, o homem permanece submetido a ela", G. Lukács, *Ontologia dell'essere sociale*, cit., v. II, p. 30 [ed. bras.: 58]. É fato que o homem domina a natureza exterior, mas também é verdadeiro que o livre movimento no material não é realmente possível.

[97] Giuseppe Prestipino afirmava que o escopo é um metainstrumento do trabalho em seu *Realismo e utopia. In memoria di Lukács e Bloch* (Roma, Editori Riuniti, 2002), p. 318.

apenas confirma o caráter de gênese do trabalho em relação ao homem e a todas as suas ações, mas também evidencia em que extensão o processo deflagrado pelo trabalho espelha e repete constantemente a estrutura do princípio. A estrutura conceitual utilizada por Lukács, por sua vez, espelha total e perfeitamente o que foi dito por Hegel. Com efeito, de modo paradoxal, a consciência conserva e revoluciona continuamente o conhecimento dos nexos naturais e os pores teleológicos, em sintonia com seu próprio modelo, o trabalho.

Agora podemos extrair algumas conclusões da particularidade da relação estipulada por Lukács entre gnoseologia e ontologia. De acordo com o que foi exposto anteriormente, o limite imposto pela gnoseologia à ontologia é a adequação do conhecimento à realidade para a realização do fim e a satisfação da necessidade. Desse modo, o conhecimento adequado dos meios e dos instrumentos de trabalho torna-se, na condição de veículo da socialidade, mais importante que a própria satisfação da necessidade, na medida em que a sociedade transforma a pesquisa sobre a natureza no meio com o qual se garantem os resultados do processo laboral e, mais que isso, a possibilidade de sua continuidade e de seu aperfeiçoamento[98]. Lukács chega, assim, a uma maquiavélica conclusão: o fim domina os meios – de resto, examinaremos mais adiante como essa conclusão acaba por ser sucessivamente redimensionada[99]. A partir daí, surge o momento de mediação que une escopo e realização, ou seja, o instrumento, e todo o caráter de mediação executado pelo trabalho entre a necessidade humana e a natureza exterior. Detendo-nos ainda na função conferida por Lukács à gnoseologia – ou seja, a de mediadora entre o fim e a realização do fim – e antes de passarmos à análise do papel da necessidade no processo laboral como um todo – a fim de rediscutirmos definitivamente toda a categoria lukacsiana da teleologia –, devemos destacar o caráter de *dado consumado* da causalidade. Com efeito, para Lukács a teleologia representa o novo modo de enxergar a causalidade, e a relação entre ambas se explica pela compreensão da causalidade como um dado consumado fornecido.

O trabalho constitui a base sobre a qual "é evidenciada a única relação filosoficamente correta entre teleologia e causalidade"[100]. A tarefa executada por Marx de limitar a questão à relação teleologia/causalidade, excluindo qualquer outro termo, representa para Lukács um ato filosófico de extrema importância. Com efeito, a teleologia precisa de um sujeito que a formule, ao passo que a causalidade não apresenta essa necessidade, na medida em que existe por si e para si nos nexos naturais, com

---

[98] Cf. G. Lukács, *Ontologia dell'essere sociale*, cit., v. II, p. 29 [ed. bras.: p. 57].

[99] Antecipo aqui um trecho esclarecedor da *Ontologia*: "o conhecimento mais adequado que fundamenta os meios (ferramentas etc.) é, muitas vezes, para o ser social, mais importante do que a satisfação daquela necessidade (pôr do fim)", idem [ed. bras.: idem].

[100] Ibidem, v. II, p. 28 [ed. bras.: p. 89]. Nos *Prolegômenos*, o trabalho aparece de modo mais claro como o elemento que estabelece a relação entre teleologia e causalidade: "É o trabalho, portanto, que introduz no ser a interrelação unitária de base dual entre teleologia e causalidade. Antes que houvesse o trabalho, existiam na natureza apenas processos causais", idem, *Prolegomeni all'ontologia dell'essere sociale*, cit., p. 11 [ed. bras.: *Prolegômenos para a ontologia do ser social*, cit., p. 44].

total respaldo de qualquer forma de empirismo da estirpe de Hume. Resumindo, a teleologia se presta à fundação de uma ontologia do sujeito, ao passo que a causalidade pode no máximo contribuir para a definição de uma gnoseologia. A contribuição de Hume para a história da filosofia foi exatamente tornar supérflua ou mesmo impossibilitar uma ontologia, deslocando todo o interesse da filosofia moderna no sentido de uma gnoseologia mais precisa; o próprio Kant caiu justamente nessa espécie de *sono gnoseológico*, acordando dele apenas para definir um tipo de ontologia do sujeito moral e prático. Para ser imposta, a teleologia pressupõe um conhecimento adequado dos nexos causais – ou seja, uma gnoseologia, que, entretanto, deve ser *consumada* a partir do pôr teleológico. Os nexos causais devem ser transformados no âmbito do processo laboral; ao passar da potência ao ato, consumam os conhecimentos científicos que permitem justamente a concretização desse processo. Para Lukács, portanto, fica clara a diferença entre as posições gnoseológicas e ontológicas, enquanto o mesmo não ocorria, a seu ver, com Hegel[101], tampouco com Engels. Pergunto, agora: e com Kant? Não há dúvidas de que a impossibilidade de conhecimento da coisa em si, conceito indispensável para tornar impossível uma ontologia, permitindo apenas a definição de uma subjetividade gnoseológica, é parcialmente superada na *Crítica do juízo*, em que se postula uma teleologia da natureza de origem divina, mas tal pressuposição é necessária para definir uma filosofia da natureza e explicar substancialmente como é possível que o homem modifique a realidade externa. Portanto, a tarefa de Lukács, nesse caso, não é aproximar seu marxismo de Hegel, mas sobretudo assinalar de modo destacado a distância que ambos guardam entre si, através de um retorno à letra do discurso marxista e a uma recuperação de viés categorial da metafísica aristotélica.

Apresentando o trabalho como campo de relação entre teleologia e causalidade, Lukács se vê obrigado a empregar alguns momentos categoriais para definir as relações entre ambas as categorias. E um deles é o valor. O valor, por si só, abre a questão da necessidade social dos atos executados com vistas à realização de um fim. Em suma, a teleologia é impensável sem a causalidade, para não falar no fato de que a causalidade deve necessariamente impor uma reavaliação da função da ciência no âmbito do processo laboral. Com respeito a isso é preciso destacar que Lukács reconhece, da mesma forma como procede com a linguagem, que também na ciência a distância entre o sujeito e o objeto tende a diminuir, razão pela qual torna-se problemático falar em uma contraposição entre o homem e a natureza. Além disso, o reconhecimento da necessidade ou da inutilidade social de determinados atos laborais implica a introdução de momentos sociais na esfera do procedimento científico, intromissão essa que evidencia o caráter extensivo da socialidade em todos os ramos da atividade humana. Tal extensão da socialidade envolve uma generalização cada vez maior dos resultados científicos e uma adequação praticamente universal de sua própria gênese, o trabalho, a todos os ramos da atividade humana sob a forma de modelo. As generalizações

---

[101] Cf. idem, *Ontologia dell'essere sociale*, cit., v. II, p. 30 [ed. bras.: p. 51-2].

científicas não apenas tornam possível a existência de uma ontologia verdadeiramente correta, mas devem também adaptar-se a representações ontológicas. Por essa razão, historicamente se observam contrastes entre a racionalidade surgida no âmbito do processo laboral e a racionalidade aplicada de modo extensivo à compreensão do mundo. O empirismo de Hume é um desses exemplos.

A partir da consideração lukacsiana da causalidade surge o caráter de convencionalidade conferido pelo homem às leis da natureza, que teriam sido por ele formuladas para propiciar a transformação da própria natureza, representando a estreita relação entre o conceito hegeliano de "astúcia da razão" e as ideias de Lukács concernentes à legalidade científica. De qualquer maneira, tal convencionalidade não alteraria substancialmente a essência da causalidade, justamente porque ela existe apenas na mente de quem a formula, e a matéria é convocada a corresponder às ideias daquele que define a finalidade. Muitas vezes Lukács, oscilando entre os limites da consciência ditados pela matéria e a superação na matéria desses mesmos limites, emprega a expressão "sem violar sua essência", que indica o ponto final de sua intenção intelectiva: a essência conduzida à sua explicação. O trabalho por necessidade constitui, em qualquer caso, um *ser em ato* no qual o momento do conhecimento desempenha um papel fundamental: apenas um perfeito conhecimento dos meios materiais pode permitir sua utilização no trabalho e na produção. Em suma, o conhecimento do objeto e o objeto material devem de algum modo coincidir para permitir o surgimento do novo. O conhecimento deve abrir a possibilidade de superação da forma de ser precedente e viabilizar a gênese da nova forma de ser, ou seja, deve atuar como um primeiro momento de mediação. Com efeito, toda forma de ser contém sempre as formas de ser precedentes já superadas, constituindo uma evolução histórica destas últimas; de modo análogo, a forma de ser precedente contém a forma de ser sucessiva em potencial, como futuro. E é o trabalho, baseado em um perfeito conhecimento ou espelhamento, que possibilita a transição da potência para o ato, produzindo assim a nova forma de ser.

É oportuno analisar o problema das categorias e voltar à questão do surgimento do novo à luz de seu uso. Lukács muitas vezes se detém no problema das categorias e afirma, invocando Marx:

> as categorias são formas do ser, determinações da existência. Aqui, em um âmbito generalizado, o contraste de Marx com seus antecessores é ainda mais marcante. Já a expressão "categorias" manifesta essa oposição: categoria significa, textualmente, asserção, portanto, a formulação intelectivo-verbal daquilo que é, no mundo existente, o permanente, o essencial, que, devido a essa essencialidade, são suas determinações permanentes e duradouras. Parece, por isso, em geral evidente que aqui o pensamento se aproxima da realidade, imprimindo-lhe essa essencialidade. Segundo a concepção de Marx, ao contrário, esses traços generalíssimos da essência dos objetos são determinações do ser objetivas que existem independentes da consciência pensante.[102]

---

[102] G. Lukács, *Prolegomeni all'ontologia dell'essere sociale*, cit., p. 334 [ed. bras.: p. 367].

Lukács rejeita, portanto, toda interpretação puramente idealista das categorias; mais do que isso, retorna, como fez o próprio Marx, ao significado aristotélico das categorias, ou seja, o de determinações simultaneamente lógicas e ontológicas. Assim, se reavalia até mesmo a concepção spinoziana da correspondência entre a ordem das coisas e a ordem das ideias (*ordo rerum est idem ordo idearum*).

Após a constituição da filosofia como ciência autônoma em relação à teologia, a objetividade do pensamento passou a ocupar posição central na especulação filosófica. Toda forma objetiva do pensamento na filosofia moderna encontra-se falsamente voltada para o conceito de Deus; na realidade, é o homem o centro da especulação, tanto que os estudos de lógica se concentram na tentativa de conferir ao pensamento um *status* epistemológico. A essa exigência remontam as formas típicas da lógica moderna. Em paralelo à formalização, teve início um crescente processo de semiologização. Lógica formal e semiologia são, em diversos aspectos, os resultados de um processo geral de libertação do pensamento da hegemonia teológica. A crítica de Heidegger ao racionalismo e ao logicismo, por outro lado, retomando a outra tradição antirracionalista do pensamento ocidental, negou a objetividade do pensamento, procurando evidenciar o negativo no âmbito do pensamento da mais avançada modernidade: a técnica. Por conta disso, uma reavaliação da possibilidade de uma nova objetividade do pensamento deve partir da reconsideração da origem do pensamento moderno e, de modo conjunto, de uma técnica não contrastante com o homem e sua cultura mais autêntica[103]. Uma resposta à crítica de Heidegger é a *Ontologia* de Lukács, na qual a melhor tradição filosófica se faz presente – mais que isso: na qual, sob diversos aspectos, chega à maturidade o processo evolutivo do pensamento filosófico iniciado com Descartes.

O *cogito* cartesiano representou a nova formulação da identidade do ser e do pensar como ato de pura intuição, que, assim, mostrava-se objetiva e universal, apesar de expressa na primeira pessoa por um sujeito (*cogito ergo sum*)[104]. Enquanto para os gregos a identidade do pensamento e do ser constituía o próprio pressuposto do pensar, para os modernos ela se comportava como o resultado de um ato intuitivo e, portanto, não categorial, mas nem por isso menos categórico e absoluto. De todo modo, com sua nova impostação, Descartes exorcizou a presença do negativo, compreendido como falta de

---

[103] Cf. Nicolas Tertulian, "La rinascita dell'ontologia: Hartmann, Heidegger, Lukács", cit. Tertulian lembra-nos também de que Lukács não aceitava a ausência do trabalho no *Dasein* heideggeriano, em seu "Sul metodo ontologico-genetico in filosofia", *Marxismo Oggi*, Roma, n. 2, maio-ago. 2003, p. 50-1.

[104] O filósofo argentino Enrique Dussel sustenta que o *ergo cogito* cartesiano representa o início de uma tradição que caracteriza toda a modernidade como filosofia da dominação, que vai desde Descartes até a "vontade de potência" de Nietzsche – cf. Enrique Dussel, *Historia de la filosofía y filosofía de la liberación* (Bogotá, Nueva America, 1994), p. 315s. –, razão pela qual ao *ego conquisto* de Cortez corresponde o *ego cogito* de Descartes – cf. idem, *1492. El encubrimiento del Otro* (Madri, Nueva Utopia, 1992). Deve-se levar em conta um aspecto essencial do pensamento cartesiano, a saber, o de que a primeira elaboração do famoso *cogito ergo sum*, na realidade, ocorreu em francês, uma língua característica da modernidade, no ano de 1637, dentro do *Discourse sur la methode* [O discurso do método], quando Descartes escreveu "*Je pense donc je suis*", enunciando assim claramente uma subjetividade que pensa, subjetividade implícita no *cogito ergo sum*, porém não de modo aberto.

objetividade do pensar, dando início à tradição que se estende até a filosofia contemporânea e enxerga na lógica o fundamento da ontologia. De modo concomitante a essa evolução histórico-filosófica, ocorreu também uma evolução histórico-lógica, que se manifestou na redução das categorias lógicas a um único fundamento ontológico – o qual, para Descartes, é a intuição pura, ao passo que para Kant, mais que a intuição, é seu caráter de puro (*rein*) começo do conhecimento. O caráter puro da intuição demanda o presssuposto de um Eu igualmente puro; a pureza se comporta como o indicador de um lento abandono da tangibilidade do ser. A impostação é sempre a mesma de Descartes; a novidade, contudo, encontra-se no fato de que Kant se vê obrigado a regressar às categorias aristotélicas, com a diferença de que são expulsas aquelas mais vinculadas a relações objetivas (lugar, encontrar-se, tempo, ter, agir, sofrer), permanecendo as categorias mais típicas (qualidade, quantidade, relação – em alemão, *Gemeinschaft*, que significa também "comunidade") de um objeto em relação lógica com o Eu puro. Por conta disso, em plena Idade Média, o teólogo Gilberto Porretano sustentava que as categorias inerentes à substância eram, na realidade, a qualidade, a quantidade e a relação. Kant acrescenta a modalidade como uma categoria-receptáculo de todas as determinações do ser (possibilidade, necessidade/contingência, existência). Os estoicos haviam reduzido essas categorias a quatro, conservando entre elas substância, qualidade e relação e introduzindo o modo de ser. A objetividade em Kant é, porém, confundida ainda com um ato de intuição intelectual.

Hegel, ao contrário, substitui o começo formal do conhecimento pelo começo formal do pensar, compreendendo a realidade como unidade de existência e de essência e reintroduzindo uma tangibilidade, ao menos lógica, do ser. A realidade constitui, portanto, uma relação, e as outras duas categorias kantianas, qualidade e quantidade, são expressas como determinações (*Bestimmung*, que significa também "destinação") lógicas, e toda a realidade é concebida como um gigantesco movimento das determinações. Com Hegel se perde o valor comunicativo e de juízo das categorias kantianas, mas se acentua ainda mais o caráter lógico, que deixa de ser meramente intuitivo para se tornar teórico da realidade. A objetividade é uma determinação negativa do conceito, assumida e superada – portanto, subentendida (*aufgehobt*) na ideia. A realidade é racional e, por consequência, substancialmente lógica, pura forma de pensamento, e este último é único e simples (*quod est sempre unius et simplex*), o *ab-solutum* (absoluto), livre do vínculo ou da relação com as diferenças e as distinções do material.

Mesmo sendo lógica, a realidade está sempre vinculada ao fundamento, o ser, razão pela qual em Hegel as determinações se referem sempre ao fundamento, que é o princípio da *Lógica* e uma espécie de *permanência* para além da sucessão das determinações: "O avançar daquilo que constitui o começo não deve ser visto de outro modo que não como uma determinação ulterior do próprio começo, de modo que aquilo que começa continua a estar na base de tudo aquilo que a ele se segue, nunca desaparecendo destes últimos"[105]. Hegel demonstra que a objetividade do pensar representa uma remissão às formas-determinações assumidas pelo conteúdo-fundamento, que é o

---

[105] G. Hegel, *Scienza della Logica*, Livro I, cit., p. 57.

princípio permanente, no curso de seu desenvolvimento lógico, ao qual corresponde um desenvolvimento histórico. Em Hegel, a ontologia é lógica.

Marx atribui todo o movimento das determinações lógicas a seu fundamento material e a seu conteúdo histórico, que está sempre vinculado ao sujeito que age ou põe em movimento tais determinações, isto é, o homem[106]. Para Marx, o caráter subjetivo das determinações é ainda mais forte que para Hegel, embora permaneça em vigor o problema da universalidade do fundamento, ou seja, o ser social. E Lukács assume as mesmas posições de Marx, ou melhor, em Lukács surge de modo ainda mais destacado o caráter ontológico das determinações, visto que ele emprega o termo "determinações do ser" frequentemente em contraposição às categorias lógicas com as quais as determinações são interpretadas e pensadas.

Interpretando a história da lógica como uma constante redução do número das categorias, com vistas a chegar a uma única e simples categoria – por isso mesmo universal e ontológica, real e lógica ao mesmo tempo, de acordo com a tradição aristotélico--hegeliana –, encontramos antes, em Hegel, a unidade da qualidade e da quantidade na medida em que constitui relação de qualidade e quantidade: "Aqui, como na ciência da natureza, mostra-se a exatidão da lei, descoberta por Hegel em sua Lógica, de que alterações meramente quantitativas, tendo atingido um determinado ponto, convertem-se em diferenças qualitativas"[107]. Marx inverte a ordem hegeliana – a quantidade precede materialmente a qualidade –, mas respeita a relação recíproca entre as duas categorias. A relação deve ser considerada como a única categoria universal da realidade ontológica, ao passo que a modalidade vê-se reduzida à condição de determinação de existência[108].

---

[106] Henri Lefebvre, em um artigo sobre Lukács, esclarece o papel do filósofo marxista na questão das categorias: "*Car ces notions et catégories émergent de l'histoire, celle de la société et de la pratique sociale, de la connaissance, de la philosophie, ainsi que des luttes sociales et et idéologiques. Il importe de connaître leur formation, d'étudier leur histoire, leur passé et leur avenir. Mais d'autre part elles ont entre elles des rapports et connexion théorique, dont l'étude fait partie intégrante de la logique dialectique et de la philosophie; par exemple essence et apparence, devenir et loi, ecc. Le philosophe marxiste ne peut séparar l'étude historique et l'élaboration théorique des catégories*" [Uma vez que essas noções e categorias provêm da história, da sociedade e da prática social, do conhecimento e da filosofia, bem como das lutas sociais e ideológicas, é importante conhecer sua formação, estudar sua história, seu passado e seu futuro. Por outro lado, elas estabelecem entre si relações e conexões teóricas, cujo estudo é parte integrante da lógica dialética e da filosofia, como, por exemplo, no caso de essência e aparência, desenvolvimento e lei etc. O filósofo marxista não pode separar o estudo histórico da elaboração teórica das categorias], Henri Lefebvre, *Lukács 1955* (Paris, Aubier, 1986), p. 79. É precisamente essa reconstrução histórica que se busca fazer aqui, ainda que de modo superficial e sintético.

[107] Karl Marx, *Il capitale*, cit., Livro I, cap. IX, p. 376 [ed. bras.: p. 381].

[108] Dussel, em seu citado *Historia de la filosofía y filosofía de la liberación*, analisando paralelamente o desenvolvimento das categorias lógicas de Hegel e das categorias econômicas de Marx, identifica a qualidade com o valor de uso, a quantidade com o valor de troca e a medida com o dinheiro (p. 190-1). Entretanto, deve-se reconhecer que a lógica de Hegel é a lógica do mercado capitalista, invertendo, porém, a aparência das mercadorias para descobrir sua essência lógica. Essa inversão continua a ser feita no âmbito do mercado capitalista para identificar as necessidades do homem por trás do valor de uso, o trabalho vivo por trás do valor de troca e, por trás do dinheiro, o equivalente geral das relações humanas. Dussel chega à mesma conclusão de Lukács: "O 'trabalho vivo' é a categoria geratriz de todas as outras categorias de Marx. Não fazer referência ao 'trabalho vivo' de qualquer categoria demonstra o caráter fetichista de cada uma delas". Enrique Dussel, "Las cuatro redaciones de *El capital*", em *Historia de la filosofía y filosofía de la liberación*, cit., p. 242.

Lukács, na *Estética*, mostra-se consciente do fato de que na história da filosofia há um deslocamento no centro do interesse e de uso das categorias a partir da substância no sentido da relação: "Na filosofia moderna, a categoria da substância, que [...] está intimamente ligada à inerência, encontra-se sempre jogada a um segundo plano. O uso filosoficamente inconsciente de categorias dialéticas aponta, no idealismo, no sentido da dissolução da categoria de substância [...]. Essa tendência é apoiada também pela metodologia das ciências naturais modernas"[109]. A inerência, como se sabe, constitui uma forma de relação; assim, a relação também representa para Lukács, e cada vez mais, a categoria fundamental.

Lukács também admite uma historicidade das categorias, conforme afirma na *Estética*: "As categorias possuem não apenas um significado objetivo como também uma história, tanto objetiva quanto subjetiva. Objetiva, pois certas categorias pressupõem determinado grau de desenvolvimento do movimento na matéria [...]. A história subjetiva das categorias é a história de sua descoberta por parte da consciência humana"[110]. Lukács compreende a historicidade das categorias de um modo diverso daquele que emprego[111]. A meu ver, a historicidade das categorias consiste não apenas em "sua descoberta por parte da consciência humana", mas também em uma constante diminuição do número das categorias no sentido da definição de uma única categoria capaz de explicar a ligação do sujeito com a realidade objetiva, categoria essa que é exatamente a relação.

Seguindo as análises de Lukács, mesmo com simplificações talvez também excessivas, observo que a epistemologia contemporânea evoluiu no mesmo sentido, no rastro do desenvolvimento das descobertas científicas. Assim, partindo de uma multiplicidade de forças, o número das forças fundamentais tem diminuído até a atual tentativa de reduzir a força de gravitação universal à força eletromagnética, que por sua vez é a síntese das forças eletronuclear forte e fraca, que compõem o átomo. A força eletromagnética é aquela que compõe a luz, a energia elétrica e o calor. Se, pois, essas três forças são representadas pela massa de um fóton, então se deverá encontrar uma partícula, o gráviton, que tenha a mesma massa de um fóton e que, portanto, seja um fóton. Todas as forças existentes na natureza constituem, na realidade, interação de corpos (como no caso da força de gravitação universal) ou de partículas (como no caso das três forças que compõem o átomo), e, sendo interações, constituem, no fundo, relações. Levando-se em conta a teoria da relatividade de Einstein — que baseia-se na equivalência entre massa e energia e espaço e tempo, isto é, em uma relação —, podemos deduzir que as forças representadas por massas são também energia, pois é

---

[109] G. Lukács, *Estetica* (Turim, Einaudi, 1970), v. I, p. 707.

[110] Ibidem, p. 26.

[111] Como enfatiza Vittoria Franco, não há em Lukács uma análise das categorias. Ver Vittoria Franco, "Il rinnovamento della dialettica nell'*Ontologia dell'essere sociale* di Lukács", *Marx 101*, n. 7, Milão, 1987, p. 71. Franco afirma ainda que a historicidade das categorias aproxima a ontologia de Lukács da de Hartmann, o qual, todavia, a enxerga como uma passagem de uma forma de ser a outra (p. 74). Scarponi também apontou a historicidade das categorias da ontologia lukacsiana. Ver Antonio Scarponi, "L'ontologia possibile", *Coscienza Storica*, Lungro di Cosenza, n. 1, ano I, 1991, p. 116.

a relação entre massa e energia que constitui o fundamento da matéria. Assim, pode-se demonstrar a correspondência da composição da matéria com o procedimento mental de sua compreensão. Alguém poderá refutar essa correspondência entre lógica e ontologia, elaborando modelos lógicos e físicos que acabarão por encobrir essa evidente verdade de modo a se afastar dela, tornando mais difícil a compreensão de uma realidade que, apesar de complexa, é clara, simples e evidente.

A história, para Marx, é a dimensão real, não transcendente, tampouco única e simples. Suas observações sobre o desenvolvimento desigual evidenciam sua compreensão de um tempo histórico multiforme. Quando muito, único e simples é o seu conceito do homem como ser social, embora jamais desvinculado de sua própria base material, de sua história pessoal e da história do ambiente no qual foi criado. Leve-se em conta o fato de que a história é também a história da evolução das categorias, ou seja, sua constante redução à única categoria que temos hoje – a relação (*Gemeinschaft*, que é também *comunidade*). Além disso, como já vimos, o trabalho constitui ele próprio uma relação; podemos assim afirmar que o trabalho é uma categoria, no sentido histórico e comunitário, ou seja, social. A relação lógica, abstrata, que corresponde ao trabalho é exatamente a categoria da relação. O trabalho exerce o papel de satisfazer as necessidade do homem e, portanto, se baseia na relação sujeito-objeto, indivíduo-genericidade[112].

Encontra-se francamente apartada desse panorama filosófico geral a tentativa de Lukács de responder a essa questão de forma nova e original, sem sair do âmbito do marxismo, para achar soluções espúrias. Ao mesmo tempo, encontramos em Lukács muitas das soluções para as questões mais importantes ligadas à objetividade do pensar: a inversão da lógica na ontologia e a reproposta da tangibilidade do ser contra a crítica de Heidegger ao racionalismo e ao logicismo. Na *Estética*, Lukács expressa claramente sua adesão ao uso materialístico das categorias: "O materialismo dialético não considera as categorias como sendo o resultado de uma misteriosa produtividade do sujeito, mas como formas constantes e universais da própria realidade objetiva"[113]. Compreende-se, assim, o estreito vínculo entre categorias e determinações do ser.

A posição de Lukács é original, pois escava o fundamento de Marx, o homem, até descobrir um ulterior fundamento: o trabalho. Além disso, "mesmo um olhar muito superficial ao ser social mostra a inextricável imbricação em que se encontram suas categorias decisivas, como o trabalho, a linguagem, a cooperação e a divisão do trabalho, e mostra que aí surgem novas relações da consciência com a realidade e, por isso, consigo mesma etc."[114]. No mais, podemos falar em "construção"[115] das categorias

---

[112] A esse propósito, ver Vittoria Franco, "Il rinnovamento della dialettica nell'*Ontologia dell'essere sociale* di Lukács", cit., p. 75.

[113] G. Lukács, *Estetica*, cit., p. 25.

[114] Idem, *Ontologia dell'essere sociale*, cit., v. II, p. 11 [ed. bras.: p. 41].

[115] "O desenvolvimento do *conceito de capital* através da 'construção' de *categorias* – que é o trabalho dialético de Marx em *O capital* – é efetuado passo a passo, partindo do 'trabalho vivo' e estendendo-se sucessivamente a todos os momentos do 'trabalho objetivado'", Enrique Dussel, "Las cuatro redaciones de *El capital*", cit., p. 243.

lógicas a partir do trabalho, paralelamente à construção das categorias econômicas, de modo análogo à observação de Hegel feita por Marx no que tange à qualidade e à quantidade. Tanto em Marx como em Lukács, a tangibilidade do ser é objetiva, na medida em que ao pensamento corresponde um objeto, que é o referente historicamente mediado das atividades teórica e laboral. Tal aspecto do trabalho demanda um aparato de categorias lógicas, o qual nada tem a ver com a simples atividade prática. Um objeto deve ser útil, um gesto deve ser oportuno, e uma necessidade deve mostrar-se como tal se encontra-se fora da esfera das necessidades primárias. A troca orgânica com a natureza e o trabalho exigem que a mente humana desenvolva um sistema categorial e lógico, a fim de que a práxis tenha um desenvolvimento correto. A partir dessa estrutura surgem os "epifenômenos", como os define Lukács, isto é, a consciência, o espírito, o intelecto e a razão, que por sua vez apresentam um desenvolvimento sempre mais autônomo, ou seja, capaz de formular suas próprias leis independentemente do desenvolvimento material, podendo a longo prazo dar a impressão de total independência da esfera ideal em relação à esfera material do ser humano. A objetividade do pensar, de acordo com uma concepção ontológica congênere, não pode derivar da forma ideal tanto quanto do conteúdo material o ser social, que exprime e concebe de modos ideais diversos, de acordo com a própria individualidade, as mesmas necessidades materiais. As formas são mutáveis, enquanto os conteúdos são substancialmente idênticos. O tipo de alimentação varia de acordo com as culturas e os ambientes geográficos, mas em qualquer caso a fome será sempre a mesma. Os homens modificaram sua concepção do sexo, porém a reprodução humana se dá unicamente pela via sexual de dois seres humanos de sexo oposto, mesmo que seja científica e tecnologicamente possível sem o encontro físico. O novo, portanto, não faz outra coisa além de exprimir o antigo de diferentes maneiras.

O surgimento do novo constitui um dos pontos essenciais para a compreensão da maneira pela qual a reflexão de Lukács pode representar uma interessante reelaboração da questão que funda a modernidade. Ao se analisar a famosa comparação de Marx entre a abelha e o arquiteto, Lukács reconhece que nela "é enunciada a categoria ontológica central do trabalho: através dele realiza-se, no âmbito do ser material, um pôr teleológico enquanto surgimento de uma nova objetividade"[116]. O trabalho, práxis objetiva e material, é o elemento que media a transição do momento ideal para o material. Naturalmente, o material pode oferecer resistência, e competirá ao momento ideal encontrar soluções e instrumentos teóricos e práticos capazes de permitir a superação da dificuldade. Qualquer novo, contudo, surge antes no pensamento, para só então se concretizar na realidade material, sob a condição de ser inserido em uma cadeia causal teleológica, como escopo ou necessidade a ser satisfeita – meio para realizar a finalidade –, finalidade realizada ou necessidade já satisfeita – isto é, se já for ele próprio uma relação. O pensamento pode preconceber o novo, porém o critério de diferenciação entre verdadeiro e falso, ou ainda entre possível e impossível, entre

---

[116] G. Lukács, *Ontologia dell'essere sociale*, cit., v. II, p. 19 [ed. bras.: p. 47].

contingente e necessário, é a capacidade ou não de realização do que foi idealmente concebido e posto em relação.

Algo análogo estava contido na célebre distinção aristotélica entre verdadeiro e verossímil, ou entre história e poesia: "A poesia é algo mais filosófico e mais elevado que a história; a poesia tende sobretudo a representar o universal, enquanto a história reverbera o particular. Podemos dar uma ideia do universal da seguinte forma: um indivíduo de dada natureza decide dizer ou fazer coisas de dada natureza em correspondência às leis da verossimilhança ou da necessidade"[117]. Em sentido mais universal, é o caráter de um evento que respeita a lei da proximidade da verdade e do rigor lógico, de maneira que o respeito das leis lógicas, mais que o conhecimento efetivo dos fatos, torna-se o critério da verdade ou da possibilidade de ação. O rigor lógico e o respeito de certas condições ontológicas, como a relação sujeito-objeto, segundo a qual pode-se atribuir a um sujeito uma ação cujo resultado comporta o surgimento de um novo objeto determinado, constituem por sua vez condições materiais. O trabalho é o momento no qual se plasma pela primeira vez na história da humanidade a relação sujeito-objeto[118] e, portanto, uma forma de relação recíproca, que é afinal a categoria a partir da qual se constituem as outras categorias e a categoria à qual as outras categorias acabam por se reduzir, justamente em decorrência do pensamento marxista.

Naturalmente, qualquer pessoa pode imaginar ou detectar sentimentos inteiramente novos sem que haja qualquer experiência empírica correspondente; qualquer mente pode formar ideias novas e originais, criando palavras e conceitos inteiramente novos, porém estes apenas tornam-se reais e objetivos no instante em que são comunicados ao Outro e por ele compreendidos. Nesse caso, a relação com o Outro é uma condição ontológica incontornável, e a objetividade provém da desestruturação e da reestruturação na mente do Outro do juízo ou do pensamento que lhe foi comunicado, de acordo com os cânones do rigor lógico e do respeito às condições ontológicas. Por exemplo, pode-se atribuir o conceito de beleza a algo monstruoso, porém isso deve ser feito por uma série de mediação lógicas e ideias que também respeitem o rigor lógico e as condições ontológicas do que parece monstruoso à primeira vista. Mesmo formas expressivas ainda mais distantes podem surgir a partir desses critérios, sendo vinculadas a um fundamento após uma análise mais aprofundada. Lukács explica com clareza esse método:

> Por essa razão, para desemaranhar a questão, devemos recorrer ao método marxiano das duas vias, já por nós analisado: primeiro decompor, pela via analítico-abstrativa, o novo complexo do ser, para poder, então, a partir desse fundamento, retornar (ou avançar

---

[117] Aristóteles, *Poética*, 1451 b 5.
[118] Em sua *Estética*, Lukács cita um trecho de Ernst Fischer retirado de *Kunst und Menschheit*, no qual coloca-se claramente a origem da relação sujeito-objeto no trabalho. Transcrevo-o aqui parcialmente para mostrar como Lukács empregou a concepção de Fischer: "Uma coisa natural torna-se um objeto apenas na medida em que serve como objeto de trabalho ou meio de trabalho; *somente através do trabalho nasce uma relação sujeito-objeto*", G. Lukács, *Estetica*, cit., v. I, p. 54.

rumo) ao complexo do ser social, não somente enquanto dado e, portanto, simplesmente representado, mas agora também compreendido na sua totalidade real.[119]

A eficiência do método não muda se pusermos "forma ideal" no lugar de "complexo de ser", ou "fundamento lógico" no de "ser social", pois esses conceitos são sempre regidos pela relação entre a determinação e o fundamento. A razão humana funciona com base na emulação dessa estrutura de relação: qualquer forma racional possui um fundamento real e objetivo.

A hermenêutica[120], na qualidade de ciência da interpretação, deve ser vista como um destacar do novo na determinação do existente – destaque esse que serve como guia para a reestruturação do ser ainda não existente. Tal reestruturação é, em um primeiro momento, apenas formal e lógica, porém tende a tornar-se posteriormente real e objetiva, ao ser traduzida em realidade. Aqui, surge um problema não mais de ordem lógica, mas ética: quais são os limites para a ação prática de reconstrução do novo? A reconstrução, com efeito, representa a superação do momento lógico da reestruturação, assim como a desestruturação é o equivalente lógico da desconstrução, porém se a reestruturação tem um caráter meramente hermenêutico, não surgirão jamais novos conteúdos objetivos, podendo no máximo aparecerem formas expressivas mais poético-filosóficas (Aristóteles) que prático-filosóficas (Marx). A resposta a essa pergunta implica antes uma definição do sujeito agente e das motivações que o induzem a agir.

Para aprofundar na análise da dialética e do conceito de trabalho, deve-se ter em mente o fato de que a necessidade é o verdadeiro princípio que põe em movimento o processo laboral. Lukács reconhece que a satisfação da necessidade deflagra relações causais que vão muito além das tendências que se desenhavam antes do ato laboral. Lukács vê-se obrigado a dar maior relevância à escansão dialética do processo laboral, em detrimento de uma análise ou definição do princípio laboral, a necessidade, geralmente identificada desde o início com a necessidade fisiológica, ou seja, a reprodução da vida orgânica do ser social, e em seguida com a reprodução da vida espiritual do ser social. Lukács é influenciado pelo tratamento hegeliano e marxista da necessidade. Os dois pensadores alemães identificaram na necessidade o princípio da atividade transformadora do homem, mas nunca chegaram a uma teoria *específica* das necessidades, ficando apenas em definições generalizadas e generalizadoras. Lukács reconhece que a presença da necessidade implica uma heterogeneidade de fundo entre

---

[119] G. Lukács, *Ontologia dell'essere sociale*, cit., v. II, p. 11 [ed. bras.: p. 42].

[120] Giuseppe Prestipino seleciona uma relação de analogia entre hermenêutica e trabalho: "Se a compreensão de um texto consiste na elaboração de um "projeto preliminar" antecipatório, continuamente revisto; se na aprendizagem das línguas antigas se parte de certa expectativa de sentido, gerada pelo contexto precedente, porém aberta às correções impostas pelo texto subsequente, a compreensão estabelece então uma singular relação analógica com a execução de um trabalho", Giuseppe Prestipino, *Realismo e utopia*, cit., p. 332. Prestipino aplica corretamente a concepção lukacsiana do trabalho como princípio e fundamento de qualquer forma de práxis humana.

finalidade e meio, apesar de a satisfação de uma necessidade encontrar-se nos extremos do processo laboral; portanto, de um momento singular, a necessidade, se gera uma heterogeneidade de momentos que tende a uma homogeneização. A homogeneização ocorre no âmbito do processo laboral, e prevê tudo o que já se descreveu até agora: adequado conhecimento dos nexos causais naturais, transformação destes últimos e, portanto, reconhecimento de seu caráter posto.

Lukács adverte: "a satisfação das necessidades também possui persistência e continuidade quando se considera a sociedade como um todo"[121]. O que permite manter constante tal continuidade é o instrumento, tal como já fora reconhecido por Hegel e, em seguida, abordado de modo inteiramente novo e revolucionário por Marx. Lukács destaca que Marx, empregando a categoria hegeliana da teleologia, enxergou no instrumento o momento-chave para o conhecimento das etapas evolutivas da humanidade – inclusive, sob alguns aspectos, o instrumento constitui o próprio meio de evolução da humanidade. Com o auxílio dos instrumentos de produção, não apenas nasceu e se desenvolveu a ciência, mas também se explicam as relações sociais. Esse é o campo de batalha no qual se enfrentam as forças motrizes que, segundo a concepção marxista da história, *fazem* e *são* a história. O instrumento constitui, portanto, um veículo da história. Lukács não deixa evidente que isso se deu, por sua vez, em conformidade com a própria estrutura dialética do processo laboral. Com efeito, o instrumento aparece inicialmente como uma espécie de necessidade a ser satisfeita, ainda que de uma forma particular, não voltada a si mesma, mas que remete às verdadeiras necessidades. O instrumento satisfaz as necessidades e é o único elemento a permanecer após a satisfação delas, garantindo a ulterior satisfação de outras necessidades, aspecto salientado tanto por Hegel em sua *Lógica* quanto por Marx em sua própria concepção da história. O meio natural é algo que, transformado, dá origem ao novo (o instrumento), que em seguida passa por posteriores processos de transformação voltados à satisfação da necessidade; entretanto, esse meio natural aparece no início como necessidade não voltada para si, mas *para outrem*. Sua presença assegura a satisfação da necessidade fisiológica. O destaque dado por Hegel à satisfação da necessidade acentua o valor do consumo em detrimento da produção, e os mesmos instrumentos mostram-se para Hegel como garantias da satisfação da necessidade futura. Lukács, indo além, acentua o valor da produção em detrimento do consumo, sobretudo no que tange ao ato laboral em si e para si. Por outro lado, Lukács precisa reconhecer que o consumo se conserva e exerce uma influência sobre a produção, na medida em que a relação entre consumo e produção é o espelhamento da relação dialética intercorrente entre satisfação da necessidade e ato laboral.

Após ter descrito os momentos específicos que compõem o processo laboral em sua progressão dialética e ter analisado as consequências resultantes de tal processo, é possível extrair conclusões a respeito da categoria lukacsiana da teleologia. Para compreender a teleologia lukacsiana em todos os seus aspectos, seria necessário descrever

---

[121] G. Lukács, *Ontologia dell'essere sociale*, cit., v. II, p. 62 [ed. bras.: v. II, p. 58].

não apenas a relação que o filósofo húngaro mantém com a tradição clássica da filosofia, representada por Aristóteles e Hegel, mas também explicar como tal tradição se concilia com a concepção marxista da categoria do trabalho – mediação, de resto, não apenas legatária das obras de Marx, mas também influenciada pelo pensamento de Engels. Em relação a isso, é preciso isolar os momentos individuais da teleologia lukacsiana (espelhamento, posição da finalidade, pesquisa dos meios, realização do fim, satisfação da necessidade, função do instrumento) e analisar momento a momento quais são as consequências dialéticas aqui envolvidas (a saber, surgimento da ciência, desenvolvimento da consciência, origem do homem e da história, relações entre ontologia e gnoseologia). Só depois de ter atravessado as etapas específicas do processo laboral e teleológico torna-se possível enfrentar a categoria da teleologia em sua totalidade para compreender, nesta última análise, o papel fundamental que a teleologia desempenha na categoria lukacsiana do trabalho.

Lukács reconhece que "a teleologia, em sua essência, é uma categoria posta: todo processo teleológico implica o pôr de um fim e, portanto, numa consciência que põe fins"[122]. Lukács refuta uma concepção da natureza e da história em termos teleológicos, observando que tal concepção tem origem em uma necessidade atávica de dar sentido não apenas à própria existência individual, mas também ao inteiro curso do mundo. Ainda assim, o filósofo conserva sua estrutura lógica na medida em que reconhece não apenas um autor mais ou menos consciente da história (o homem), mas também sinaliza a presença de um procedimento dialeticamente evolutivo que vai do pertencimento a um gênero em si (*Gattungsmassigkeit an sich*) ao pertencimento a um gênero para si (*Gattungsmassigkeit für sich*), procedimento esse no qual o trabalho representa a primeira mola no sentido do alcance de uma essência humana genérica para si, que, por sua vez, se transforma em essência humana genérica em si – dado que passa a um patrimônio ontológico inelimínável do homem – e serve como ponto de partida para um desenvolvimento sucessivo, no sentido de uma nova essência genérica para si[123].

A contínua propensão no sentido de uma essência genérica deve ser interpretada não apenas como força tendente a um constante aprimoramento do homem, seja como ser individual ou ente genérico, mas também como espelhamento de um típico processo finalístico. Isso não impede o fato de que, a partir de um ponto de vista históri-

---

[122] Ibidem, p. 20 [ed. bras.: p. 48].

[123] A respeito de uma incongruência fundamental do significado de essência genérica, vale observar as críticas dos alunos do grupo de Heller, que estabelecem uma vez mais uma rígida separação entre as diversas aplicações que Lukács faz do termo, acabando por fixar sua atenção sobre os *distintos* significados do termo, sem considerar o valor semântico que ele contém, sobretudo em sua acepção mais propriamente hegeliana, como creio que Lukács o enxergue. Ver Ferenc Feher, Agnes Heller, György Markus, Mihaly Vajda, "Annotazioni sull'ontologia per il compagno Lukács", cit., p. 37. É interessante lembrar que *Gemeinwesen* é o termo que Engels usava com o significado de "Estado", mas que Lukács entendia mais como a essência humana sob a forma de uma espécie de natureza humana que somente através do trabalho passa à consciência, permitindo ao homem tornar-se um verdadeiro e autêntico ser social, abandonando o pertencimento mudo ao próprio gênero para ingressar em um pertencimento consciente.

co concreto, a *Ontologia* não proponha uma perspectiva de mudança histórica – e isso pode ser visto como o ponto de máximo afastamento do pensamento de Lukács em relação ao de Marx –, mas se limite a indagar a realidade histórica atual (seguindo uma proposta explícita do Lukács maduro de repetir o trabalho teórico de Marx), a fim de examiná-la em busca da proposta de uma nova perspectiva revolucionária. Assim, concordo com os que sustentam que a *Ontologia* não propõe uma filosofia marxista da história, mas, em vez disso, tende a definir uma nova *teoria da história*[124].

Obviamente, a concepção lukacsiana da teleologia figura no âmbito do ramo clássico da filosofia, que vai desde Aristóteles até Hartmann, passando por Kant, Hegel, Marx e Darwin. Lukács credita a cada um desses pensadores o mérito de terem definido momentos particulares da teleologia, que ele depois reuniu em sua concepção global. De Aristóteles foi extraída a teoria do espelhamento e a passagem, lida em termos dialéticos, da potência ao ato. A Kant se reconhece a atenção dada à posição do fim e à definição do problema da causalidade e da teleologia na forma da coisa em si incognoscível, mesmo modificando a relação entre as duas, na medida em que a causalidade é vista como inserida em um real processo que a unifica com a teleologia. De Hegel, como se demonstrou amplamente, foram aproveitados, além de toda a estrutura conceitual da categoria da teleologia, os momentos particulares concretos que caracterizam a reflexão hegeliana sobre a teleologia. De Marx, além do óbvio reconhecimento da perspectiva ético-política por parte de quem militou por cinquenta anos nas fileiras do movimento operário, veio a restrição da teleologia ao âmbito do campo de trabalho e da história – em uma palavra, das ações humanas. Lukács afirma que, antes de tudo, "a característica real decisiva da teleologia, isto é, o fato de que ela só pode adquirir realidade enquanto pôr, recebe um fundamento simples, óbvio, real: nem é preciso repetir Marx para entender que qualquer trabalho seria impossível se ele não fosse precedido de tal pôr, que determina o processo em todas as suas etapas"[125]. Além disso, ficou claro como ao fim do processo laboral finalístico emerge uma nova

---

[124] Trata-se de um dos pontos mais controversos da obra. Limito-me simplesmente a relacionar aqueles que acreditam em uma total ausência de uma filosofia da história na *Ontologia*. Na vanguarda desse grupo, obviamente, encontram-se os alunos de Lukács nas já citadas "Annotazioni". Laura Boella também retoma essas observações, em especial as críticas dirigidas ao caráter de indefinido e infinito progresso que Lukács identifica na história, destacando como tal visão da história inspira-se na harmonia do mundo de cunho iluminista, cf. Laura Boella, "Il rapporto tra teoria e prassi nell'*Ontologia dell'essere sociale*. Note sul marxismo dell'ultimo Lukács", cit., p. 68. Essa posição é novamente retomada pela mesma autora no ensaio "Ontologia e etica nell'ultimo Lukács", *Prassi e Teoria*, Pisa, n. 3, 1974, p. 399: "A filosofia da história lukacsiana, desvelando seu caráter iluminista, fundamenta a fé no incoercível desenvolvimento da 'humanização' do homem sobre categorias éticas como a 'adequação à espécie' e a 'personalidade humana'". Antonio Jannazzo, por sua vez, reconhece, ainda que não explicitamente, que encontra-se presente na *Ontologia* uma teoria da história, além de uma filosofia da história, em Jannazzo, cit., p. 49. Já Vittoria Franco, em seu citado "Il rinnovamento della dialettica nell'*Ontologia dell'essere sociale* di Lukács", entrevê na concepção da história expressa na *Ontologia* um momento de ruptura em relação às posturas lukacsianas dos anos de juventude e um novo ataque à história posta em termos positivistas (p. 128).

[125] G. Lukács, *Ontologia dell'essere sociale*, cit. v. II, p. 23 [ed. bras.: p. 51].

forma de ser, que conserva em si as confusas formas de ser precedentes (ser orgânico e ser inorgânico) e que encontra no trabalho o seu princípio: "Seremos capazes de falar razoavelmente do ser social apenas quando houvermos compreendido que sua gênese, sua distinção da própria base, sua transformação em algo que está por si, se apoiam sobre o trabalho, ou seja, sobre o contínuo realizar-se de pores teleológicos"[126]. A partir do que acabamos de afirmar, fica patente a novidade do trabalho e da finalidade realizada, porém o desenvolvimento que se origina do trabalho cria sempre novas formas de ser que têm necessidade de órgãos refinados e diferenciados para manter-se em correlação com o próprio ambiente[127].

A *Ontologia* sofre a influência de outro ontólogo da segunda metade do século XX, Nicolai Hartmann[128], ainda que nas últimas revisões de sua obra Lukács tenha manifestado a intenção de redimensionar essa influência. O juízo de Lukács sobre Darwin espelha o que foi escrito sobre o estudioso inglês por Marx e Engels, sem esquecer que o trabalho, tal como é visto por Lukács, ou seja, como gênese do homem, não representa mais que o desenvolvimento em termos dialéticos do que Darwin disse em termos evolucionistas. Para Lukács fica patente o caráter social dos pores teleológicos; com efeito, o campo concreto dos pores teleológicos, "do qual emergem tanto o pôr do fim quanto a descoberta e a aplicação dos meios, é o que determina – delimitando-o concretamente – o campo das perguntas e respostas possíveis, das alternativas que podem ser realmente realizadas"[129]. A presença de pores teleológicos é o sinal da existência de complexos sociais que dão lugar à totalidade social[130], à qual Lukács confere um papel fundamental[131]. Portanto, o resultado natural da definição teleológica do trabalho é a totalidade social, que aparece como a síntese de pores teleológicos realizados e não realizados, e como explicação e controle desses últimos. Assim, ao fim do esforço de conceitualização do pôr teleológico do ato laboral, encontramo-nos diante de uma

---

[126] Ibidem, p. 24.

[127] A importância conferida por Lukács à análise das formas de ser impeliu Megill a estender à inteira ontologia de Lukács a escolha problemática de análises das formas de ser (*Seinsformen*), negligenciando os aportes autenticamente especulativos da *Ontologia* lukacsiana, cf. K. Megill, "Lukács ontologo", em Guido Oldrini (org.), *Lukács* (Milão, Isedi, 1979), p. 268.

[128] Para uma análise da influência de Hartmann sobre Lukács, ver Nicolas Tertulian, "Nicolai Hartmann e György Lukács: un'alleanza feconda", *Marxismo Oggi*, Milão, n. 2-3, maio-dez. 2000, p. 83-116. Em outro ensaio, Tertulian destaca a influência da ontologia hartmanniana sobre a concepção lukacsiana das bases do ser social na natureza: "Sul metodo ontologico-genetico in filosofia", cit., p. 56.

[129] G. Lukács, *Ontologia dell'essere sociale*, cit., v. II, p. 49 [ed. bras.: p. 77].

[130] Essa conclusão encontra-se em completo desacordo com F. Colucci: "A falta de uma consideração do existente em si como espírito (objetivo), totalidade *social*, não como um dos momentos independentes que entram em relação dialética, mas como lugar de fato da mediação no qual a realidade *é* e *torna-se*, impediu Lukács de distinguir o conhecimento filosófico posto em prática *do sujeito* no conhecimento sociológico, como processo de formação socionatural da realidade compreendida como intersubjetividade", F. Colucci, "Lukács: ontologia tra filosofia e sociologia", *Quaderni Ungheresi*, cit., p. 71.

[131] "Dentro da totalidade respectiva, os componentes determinantes aparecem delineados com força e concretude ainda maior do que nos atos de pôr considerados isoladamente", G. Lukács, *Ontologia dell'essere sociale*, cit., v. II, p. 49 [ed. bras.: p. 77].

consequência concreta deste último: o homem como ser social[132] que faz parte de uma totalidade, também ela fruto da ação do sujeito trabalhador[133].

Ontologia e historicidade do trabalho

O caráter de transformação do trabalho pode ser explicado tanto por intermédio do sujeito quanto do objeto e origina-se da função de mediação que o trabalho desenvolve entre o homem e a natureza. A mediação aparece, no trabalho, sob a forma de cadeia de alternativas, e estas últimas implicam uma escolha entre o certo e o errado. "Nisso está a sua essência ontológica, o seu poder de transformar a *dýnamis* aristotélica em uma realização concreta."[134] O trabalho humano, assim, além de ter a prerrogativa de transformar concretamente a potência em ato, nasce no centro da luta pela existência, permanecendo substancialmente ligado a esse seu nascimento, mesmo quando assume formas nas quais a troca orgânica já se encontra mediada. A mediação social tem o poder de afastar o trabalho de sua gênese, tornando-o sempre mais diferente, do ponto de vista formal. O caráter dialético do trabalho manifesta-se na mediação transformadora voltada não apenas para o objeto, mas também para o sujeito. Com efeito, se é verdade que o trabalho é algo tipicamente humano, cada momento seu é produzido por autoatividade. Se é verdade que não existe outra espécie animal que possa repetir o que o trabalho humano é capaz de fazer, é também correto afirmar que o *tipo* humano que pela primeira vez pôs em prática o processo laboral foi apagado por esse mesmo processo, pois modificou-se profundamente. A dimensão original do homem foi apagada por obra do próprio homem, através do trabalho e de seu produto mais autêntico, isto é, o ser social. A esse respeito Lukács mostra-se bastante drástico: "Essa transformação do sujeito que trabalha [...] é a consequência ontológica necessária do objetivo ser-propriamente-assim do trabalho"[135].

A atividade transformadora do trabalho, voltada em via de mão dupla ao objeto e ao sujeito, apresenta um caráter de continuidade que assegura o constante domínio do sujeito sobre a natureza e estende-se naquela cadeia de alternativas, o que implica uma correta visão da realidade[136]. O caráter de alternativa diz respeito à categoria aristotélica da potência (δύναμις) e de sua passagem em ato, ocultando um elemento intrínseco de spinozismo, na medida em que a passagem da potência para o ato é sempre uma negação das potencialidades que não se transformaram em realidade no processo laboral. Respeita-se o caráter teleológico da categoria do trabalho, mas com a contribuição categorial da continuidade do processo laboral, o que conduz de modo inequívoco à apreciação não apenas lógica e categorial do trabalho, como também no âmbito de sua concreta função histórica.

---

[132] Cf. Massimo Cacciari, "Lukács o dell'impossibile ontologia", cit., p. 52, em referência ao arraigamento do momento teleológico no ser social e as eventuais reservas ao mesmo.
[133] O trabalho como abstração conduz a uma totalidade concreta. A esse respeito, ver Alberto Scarponi, "L'ontologia alternativa di György Lukács", cit., p. 136.
[134] G. Lukács, *Ontologia dell'essere sociale*, cit., v. II, p. 51 [ed. bras.: p. 79].
[135] Idem.
[136] Ibidem, p. 52 [ed. bras.: p. 79-80].

Devemos agora considerar o trabalho do ponto de vista de sua explicação histórica e de sua função de motor atuante da história. O que foi exposto até o momento para demonstrar que o trabalho representa em si a mediação entre homem e natureza, entre homem e sociedade, nos permite deduzir que Lukács considera a própria mediação como história, levando em conta o que diz Hegel sobre o caráter fundamental do meio enquanto elemento de síntese-superação dos opostos e o que Marx considerava como o papel essencial dos instrumentos de produção no processo histórico. Mesmo na consideração histórica do trabalho, permanece inalterado o papel da teleologia como estrutura de pensamento e práxis que Lukács estende a todos os ramos da práxis humana – extensão essa que, de resto, denuncia o caráter hegeliano da reflexão de Lukács, já que o próprio Hegel, em sua *Fenomenologia*, havia considerado a teleologia como um modelo da atividade humana[137]. Fica, assim, ainda mais claro que a teleologia constitui a espinha dorsal da concepção lukacsiana do trabalho, quando se tem em mente o que segue, e que representa a *suma* de tal concepção:

> Nesse sentido originário e mais restrito, o trabalho é um processo entre atividade humana e natureza: seus atos estão orientados para a transformação de objetos naturais em valores de uso. Nas formas ulteriores e mais desenvolvidas da práxis social, destaca-se em primeiro plano a ação sobre outros homens, cujo objetivo é, em última instância – mas somente em última instância –, uma mediação para a produção de valores de uso. Também nesse caso o fundamento ontológico-estrutural é constituído pelos pores teleológicos e pelas cadeias causais que eles põem em movimento.[138]

Observamos, assim, que permanece constante a atenção de Lukács à função da categoria teleologia no âmbito do processo laboral, com a substancial diferença de que, na acepção histórica do trabalho, ela é entendida voltada para outros homens, com o objetivo de forçá-los a executar determinadas ações e, de modo mais preciso, visando à produção de valores de uso. O próprio valor representa a categoria que permite a passagem da consideração meramente lógico-abstrata do trabalho para sua consideração histórico-concreta[139].

Se, no momento de sua origem histórica, a escolha entre alternativas naturais era guiada pelo critério da empregabilidade imediata, com o desenvolvimento social as alternativas foram se diferenciando cada vez mais[140]. As alternativas que se apresentam ao

---

[137] Cf. G. W. F. Hegel, Prefácio, *Fenomenologia dello spirito* (Florença, La Nuova Italia, 1976), p. 16-7 [ed. bras.: *Fenomenologia do espírito*, Petrópolis, Vozes, 2008].

[138] G. Lukács, *Ontologia dell'essere sociale*, cit., v. II, p. 55-6 [ed. bras.: 83].

[139] Os alunos de Lukács, em suas já citadas "Annotazioni sull'ontologia per il compagno Lukács", também puseram à mostra uma contradição entre as duas concepções do trabalho: enquanto uma "considera o processo com o qual tem início a humanização do homem como um processo 'ontologicamente necessário'", a outra, de viés histórico, sustenta que "com o trabalho se forma a possibilidade do desenvolvimento de três momentos fundamentais"; nesta última concepção, não se pode falar de necessidade "com relação às passagens históricas", mas "apenas com relação ao movimento interno de uma formação" (p. 21).

[140] Cf. G. Lukács, *Ontologia dell'essere sociale*, cit., v. II, p. 46 [ed. bras.: p. 74].

homem são a expressão das qualidades dos objetos, e compete ao trabalho fazer coincidir as qualidades dos objetos com sua organização prática; acima de tudo, é justamente a qualidade dos objetos, seu ser-em-si, que permite o surgimento do novo, fruto do caráter de homogeneidade do trabalho em contraposição à heterogeneidade de natureza e escopo. Com efeito, o trabalho reduz a distância entre o trabalho e a finalidade ideal, adaptando um ao outro e tornando a primeira homogênea em relação ao escopo ideal humano. Se reconsiderarmos o processo laboral como um todo do ponto de vista da transformação do ser-em-si das coisas naturais em ser-para-outrem, esse resultado – identificável com o produto do trabalho – deve conter um caráter próprio (um ser-por-si) que o torne útil aos olhos do sujeito que o produziu (valor de uso) – o fato de ele ser ou não substituível não é relevante neste momento. Inevitavelmente, a presença do valor de uso como critério de correção das alternativas teleológicas surge apenas ao fim do processo laboral, mas, de qualquer modo, devia estar já contido em forma ideal no próprio escopo. Com efeito, o valor de uso como categoria econômico-histórica é também o resultado dos pores teleológicos individuais, de sua realização e da tomada de consciência dos sujeitos, tanto antes quanto depois do processo produtivo. É possível, porém, que se note pouca consciência dos sujeitos em relação a esse processo, com a consequência, especialmente mais pronunciada na sociedade burguesa, de que a posição desses sujeitos em relação ao valor deixa de ser completamente estável. Permanece presente, porém, o caráter de dever-ser que o valor possui em relação aos pores teleológicos.

Uma vez mais, para definir a função da categoria do valor no âmbito da própria concepção de trabalho, Lukács recorre ao uso categorial da filosofia hegeliana: "Hegel reconhece aqui [no capítulo do Espírito Subjetivo *Enciclopédia*] muito bem que o dever-ser é uma categoria elementar, inicial, originária da existência humana"[141]. A novidade do tratamento dado por Lukács ao dever-ser é que ele, na esteira de Hegel, o considera como uma determinação do ser humano: "A essência ontológica do dever-ser no trabalho dirige-se, certamente, ao sujeito que trabalha e determina não apenas seu comportamento no trabalho, mas também seu comportamento em relação a si mesmo enquanto sujeito do processo de trabalho"[142]. Tal impostação o força a explicar esse fato em termos éticos[143], como já

---

[141] Ibidem, p. 76 [ed. bras.: 104]. Pouco antes, Lukács afirma que nos *Lineamenti fondamentali di filosofia del diritto* [Princípios da filosofia do direito] de Hegel o dever-ser ficava confinado ao âmbito da eticidade, mesmo tendo reconhecido seu caráter de exigência.

[142] Ibidem, p. 76-7 [ed. bras.: p. 104-5].

[143] Recorde-se de que a *Ontologia* foi projetada por Lukács para servir como introdução a uma posterior *Ética* marxista, a que se faz menção em diversas partes da obra, mas que permaneceu sob a forma de anotações – ver G. Lukács, *Versuch zu einer Ethik* (Budapeste, Akadémiai Kiadó, 1994) – por causa da morte do pensador húngaro, cf. István Eörsi, "The Story of a Posthoumus Work", *The New Hungarian Quarterly*, Budapeste, n. 58, v. XVI, 1975, p. 106-8, notícia extraída de Antonio Jannazzo, "Ontologia e politica nell'ultimo Lukács", *Il Pensiero Politico*, Florença, n. 3, ano XIII, 1980, p. 388 e de Ferenc Tökei, "L'Ontologie de l'être sociale: notes sur l'oeuvre posthume de György Lukács (1885-1971)", cit., p. 29. Referências explícitas à intenção de escrever uma *Ética* podem ser encontradas também na introdução à *Estética* ou nas cartas trocadas por Lukács com seu editor alemão Frank Benseler, parcialmente publicadas em "Briefwechsel zur *Ontologie* zwischen Georg Lukács und Frank Benseler", em *Objektive Möglichkeit. Beiträge zu Georg Lukács' "Zur Ontologie des gesellschaftlichen Seins"* (Oplanden, Westdeutscher, 1995), p. 67-104; tal intenção mostra-se particularmente evidente na carta de 19 dez. 1960.

havia feito ao discorrer sobre a categoria da teleologia do trabalho[144] e todas as vezes em que se referiu a uma futura *Ética*, na qual examinaria a sociedade em sua totalidade constituída. A meu ver, o dever-ser, se entendido na acepção dada por Lukács, corresponde ao lado subjetivo do valor do objeto, e ambos representam o domínio que o *futuro*, sob a forma de realização ainda por vir da finalidade posta, instaura sobre o processo laboral como um todo. Esse futuro é também fruto de determinações reais passadas já observadas pela consciência, que são, em suma, a retroação das finalidades anteriormente realizadas e que compõem a bagagem intelectual-existencial de quem trabalha, sendo espelhados no âmbito da consciência. Portanto, a relação entre escopo futuro a ser realizado e escopo passado já realizado apresenta-se dialeticamente, através de uma contínua troca entre as partes. As categorias temporais de futuro e passado evidenciam a historicidade da categoria do valor, a primeira categoria do trabalho em que o caráter concreto e real das coisas assume um destaque fundamental e determinante.

O dever-ser implica uma transformação das qualidades do sujeito, que de resto tem também alto grau de influência sobre o processo laboral, em consequência do posto assumido pela subjetividade durante o processo laboral e em relação a ele. Uma tal transformação *pode, embora não seja necessário que deva* envolver a totalidade da pessoa. Portanto, a passagem da possibilidade à realidade encontra-se presente não apenas no objeto, mas também no sujeito, com a diferença que Lukács não infere que no sujeito essas possibilidades devam ser continuamente *reconhecidas e repostas em ato*, enquanto em relação ao objeto elas representam a extinção deste último, isto é, sua passagem definitiva de uma possibilidade a um ato, o qual não admite reversão. No homem, ao contrário, o risco do retorno encontra-se sempre presente, e é a razão que deve desempenhar no homem a tarefa de manter essas potencialidades. A razão torna-se um elemento de preservação dessas possibilidades justamente ao deflagrá-las[145]. Encontramo-nos diante do primeiro momento em que a exterioridade passa a dominar a interioridade – quando começa, além disso, a delinear-se o que virá a ser a relação sujeito-objeto no processo laboral. O conceito de dever-ser manifesta o caráter híbrido da ontologia lukacsiana; com efeito, a transformação do homem no âmbito do processo de intercâmbio orgânico com a natureza reúne em si a herança hegeliana (como transformação) e a marxista (como troca orgânica com a natureza), além de testemunhar a tentativa de Lukács de conciliar a dialética idealista hegeliana com a dialética materialista marxiana, dando a esta última certa preponderância, como se depreende do que segue: "O autodomínio do homem, que aparece pela primeira vez no trabalho como efeito necessário do dever-ser, o crescente domínio de sua compreensão sobre as suas inclinações e hábitos etc. espontaneamente biológicos são regulados e orientados pela objetividade desse processo; esta, segundo sua essência, se

---

[144] Cf. G. Lukács, *Ontologia dell'essere sociale*, cit., v. II, p. 49 [ed. bras.: p. 77].

[145] Por "razão" entenda-se empregada aqui a acepção hegeliana como unidade de "consciência" e "autoconsciência".

funda na própria existência natural do objeto, dos meios etc. do trabalho"[146]. Além disso, o caráter de transformação do sujeito é acentuado pelo desenvolvimento das relações sociais, que colocam tais transformações como objeto imediato de pores teleológicos. Portanto, a gênese do dever-ser é posta na relação entre natureza e sociedade, óbvia consequência do marxismo de Lukács.

A relação de conexão dialética entre valor e dever-ser, em virtude da qual um não pode existir sem o outro, se interrompe assim que se percebe que o valor influencia a finalidade a ser realizada, enquanto o dever-ser, pelo que já foi dito anteriormente, atua como regulador do processo laboral[147]. Vejamos como se recoloca a diferença entre ambos: o valor de uso surge a partir das propriedades naturais dos objetos, enquanto o dever-ser envolve a esfera do sujeito. Lukács destaca o fato de que o valor de uso a ser buscado deve estar ligado a um pôr teleológico, e só assim poderá passar de potência à essência de um ser, reconhecido ou não como útil[148]. Extrai-se daí uma posterior consequência: se o valor de uso encontra-se vinculado ao pôr teleológico, deve respeitar o caráter de alternativa na escolha dos elementos naturais que dele tomarão parte. O verdadeiro caráter histórico do valor se apresenta quando consideramos o valor não sob a forma de valor de uso, uma vez que estão a modificar-se apenas as formas do valor de uso, ao passo que sua presença enquanto tal é um constante desafio indiferente aos caracteres da mutabilidade histórica[149]. O caráter histórico do valor aparece quando considerado sob a forma de valor de troca, a qual dá origem à divisão social do trabalho. Com efeito, o caráter social do trabalho implica que o valor de uso deva ser generalizado, a fim de permitir a satisfação universal da necessidade. Assim, a troca orgânica com a natureza, ocorrida no âmbito do processo laboral, acentua cada vez mais a socialização do homem. A generalização, mais do que tornar genérico o produto do trabalho, faz nascer também uma objetividade social, o primeiro passo no sentido de uma organização social do trabalho. A objetividade social do valor permite agregar em torno da usabilidade do objeto todos os fruidores dela – e, para aumentar a produção, introduz-se a divisão social do trabalho.

Lukács fixou uma distinção precisa entre objetivação (*Vergegenständlichung*) e exteriorização (*Entäusserung*), o que permite a coexistência entre o gênero (*Gattung*) humano, que é um resultado da objetivação, e o *in-dividuum*, que é o resultado da exteriorização[150].

---

[146] Ibidem, p. 77 [ed. bras.: p. 104].

[147] Cf. Ibidem, p. 79 [ed. bras.: p. 106].

[148] Cf. Ibidem, p. 81 [ed. bras.: p. 108].

[149] Cf. Ibidem, p. 80 [ed. bras.: p. 107]. [A questão que Infranca tem em mente aparece em Lukács, nessa mesma página, nos seguintes termos: "os valores de uso, os bens, representam uma forma de objetividade social que se distingue das outras categorias da economia somente porque, sendo a objetivação do metabolismo da sociedade com a natureza e constituindo um dado característico de todas as formações sociais, de todos os sistemas econômicos, não está sujeita – considerada na sua universalidade – a nenhuma mudança histórica; naturalmente que se modificam continuamente os modos fenomênicos, inclusive no interior da mesma formação". (N. R. T.)]

[150] Cf. Nicolas Tertulian, "Sul metodo ontologico-genetico in filosofia", cit., p. 71-2.

O *in-dividuum* se constitui exatamente no momento em que sua objetivação se torna um valor de uso para outros indivíduos que enxergam no processo de produção alheio (objetivação da essência genérica humana) um objeto para a satisfação da própria necessidade. A intensificação da produção e seu aprimoramento se encontram na divisão social do trabalho, a qual tornará a exteriorização ainda mais genérica. Deve-se ter presente que o termo usado por Lukács para exteriorização, *Entäusserung*, em Hegel significava "alienação", e em Marx era empregado também na acepção de "estranhamento". Portanto, a exteriorização não é um processo neutro, mas implica de algum modo uma saída da essência genérica humana para fora de si, e uma objetivação sua na matéria, mesmo conservando uma distinção entre os dois momentos, de modo tal que no reconhecimento alheio do valor do objeto se construa a unidade do singular com o genérico, isto é, o *in-dividuum*.

O processo de gênese da divisão social do trabalho, descrito rapidamente anteriormente, deve ser analisado momento a momento no desenrolar de suas etapas de desenvolvimento. Confirmando o fato de que Lukács usa a categoria teleológica do trabalho como origem ou modelo de toda forma de desenvolvimento social, deve-se destacar que o pôr teleológico é o ponto de partida da divisão social do trabalho, no sentido de que tal pôr teleológico permite a outros homens impostar pores teleológicos por sua vez voltados para a transformação de determinados objetos naturais. Forma-se, assim, um complexo de pores teleológicos nos quais vigora a manipulação das consciências com o objetivo de induzir os seres sociais a participar da realização de escopos que eles próprios não definiram. Isso é o que Lukács chama de "manipulação das consciências", ou seja, a extensão da astúcia da razão da relação com a natureza para a relação com a sociedade e a história. A origem dessa manipulação é a estrutura social do trabalho, que pode aparecer em estágios muito primordiais do ser social e, de certo modo, com sua própria gênese. Nessa nova forma do pôr teleológico, a relação com a natureza não é mais imediata, porém mediada por outro pôr teleológico e, portanto, por outros homens; como consequência, a relação imediata com a natureza vai-se tornando mais distante, de modo que as barreiras naturais sofrem seu primeiro recuo. O recuo pode chegar a um ponto tal que a necessidade natural perde a própria identificabilidade, ou seja, o sujeito pode não identificar imediatamente o elemento natural que representa o fundamento da necessidade, enxergando apenas seu aspecto social. Nesse caso, a sociedade se transforma na verdadeira "segunda natureza" do homem. Certas formas de patologias psíquicas podem conduzir à morte natural, porque o impulso natural é completamente submetido ao controle social ou à automanipulação da consciência por parte do sujeito.

Lukács também delineia o caráter de forte necessidade que se origina da intrínseca dialética do trabalho, o que o força a tornar-se motor do desenvolvimento de formas cada vez mais complexas do ser social: "o trabalho originário deve, por si mesmo, desenvolver necessariamente tais formas mais complexas, por causa da dialética peculiar de sua constituição. E esse duplo nexo indica uma simultânea identidade e não identidade nos diversos graus do trabalho, mesmo quando existem mediações amplas, múltiplas e complexas"[151]. A relação deve ser compreendida aqui no sentido já exposto, no qual a troca orgânica faz as vezes de essência/conteúdo do desenvolvimento dialético e as diversas formas sociais dessa troca podem ser entendidas como fenômenos[152], tendo o pôr teleológico como essência do processo dialético do trabalho, enquanto as várias funções desse mesmo pôr teleológico podem ser consideradas como fenômenos por ela gerados.

A relação dialética que Lukács estabelece entre essência e fenômeno poderia gerar confusão, por conta do fato de que cada um desses dois momentos se apresenta de várias formas de acordo com os momentos já analisados que compõem a categoria do trabalho. Entretanto, seria um grave erro estacar nessa simples aparência, sem considerar que o pôr teleológico, mesmo desempenhando o papel de essência do ato laboral, em seu desenvolvimento histórico assume formas modificadas em relação à original; ou sem considerar que o ser social, mesmo representando o momento essencial do desenvolvimento histórico-social, apresenta-se sob formas de ser modificadas historicamente. Do mesmo modo, a relação essência/fenômeno na ontologia de Lukács tampouco pode ser reduzida a uma estéril relação imediata entre abstrato e concreto, porque em qualquer caso a atenção de Lukács se volta para formas de ser e categorias lógicas nas quais o momento da concretude é sempre o dominante. O significado que Lukács confere à relação essência/fenômeno pode ser apreendido quando se considera que ele se coloca sobre a linha de desenvolvimento do pensamento filosófico-dialético que, partindo de Hegel, passa por Marx e chega até nós. Lukács tem total ciência de que, depois de Hegel, será difícil descrever com absoluta precisão a diferença entre essência e fenômeno; assim, mais vale buscar descrever as conexões entre ambos[153]. Portanto, é a dialética quem fornece a chave para a compreensão da estrutura da relação essência/fenômeno. Esclarecido esse ponto, pode-se passar à análise que faz Lukács da gênese da divisão social do trabalho e de como tal gênese representa a manifestação da existência de um momento ainda mais fundamental: a totalidade social.

Considerando a economia como a resultante de pores teleológicos singulares, dirigidos tanto diretamente à natureza quanto ao homem, e de sua realização, encontramo-nos diante de um movimento abrangente "cujas determinações últimas se sintetizam numa totalidade processual"[154] e cuja objetividade é resumidamente dada pelo valor, cuja função, por sua vez, não é facilmente apreensível por parte dos sujeitos econômicos individuais. A objetividade do valor também responde à legalidade dialética da relação essência/fenômeno. Com efeito, Lukács assim a descreve: "A objeti-

---

[151] G. Lukács, *Ontologia dell'essere sociale*, cit., p. 56-7 [ed. bras.: p. 84].

[152] Cf. Ibidem, p. 66 [ed. bras.: p. 93-4].

[153] Para compreender plenamente o significado da relação essência-fenômeno na concepção de Lukács, deve-se apreender o sentido "forte" de sua afirmação a respeito de Hegel no primeiro volume da *Ontologia*: "Ora, sabemos desde Hegel que a diferença entre contrário e contraditório não tem significado para a dialética", G. Lukács, *Ontologia dell'essere sociale*, cit., v. I, p. 73 [ed. bras.: v.1, p. 92].

[154] Ibidem, v. II, p. 86 [ed. bras.: v. II, p. 113].

vidade do valor econômico está fundada na essência do trabalho como metabolismo entre sociedade e homem e, no entanto, a realidade objetiva do seu caráter de valor vai além desse nexo elementar"[155]. Lukács tira disso consequências imediatas: em primeiro lugar, a colocação do valor de troca como guia de todas as relações entre os homens implica um processo de abstração cada vez maior de sua utilidade, e sua extensão à totalidade social, bem como a crescente socialização da produção, conduz não apenas à criação de um sistema econômico fechado, mas também exige que toda forma de práxis seja dirigida a finalidades econômicas imanentes ao próprio sistema[156]. Confirma-se, assim, a existência de uma intenção nos atos econômicos, e a subordinação de tal existência à estrutura lógica e real do sistema econômico existente. A reflexão de Lukács é, portanto, voltada para a especificação da gênese da necessidade da crítica marxiana. Com efeito, Lukács, ao reconstruir nesses termos as consequências do desenvolvimento do ato laboral original, visto como o momento basilar de uma organização econômica, fixa também o procedimento necessário para determinar a passagem de uma forma econômica para outra. Esse procedimento pode ser reconhecido naquilo que Marx efetuou diante da sociedade burguesa do seu tempo: a crítica do existente. Desse modo, Lukács demonstra não apenas que a crítica do existente deva ser o necessário instrumento para delinear a perspectiva para substituir a realidade histórica atual, mas também que essa crítica do existente deve reconhecer na economia o fundamento ontológico do ser social, deve indagar a estrutura lógica e real do sistema econômico dominante.

A estrutura lógico-real do sistema econômico reveste com o caráter de intenção todo ato humano, e desse modo pode efetuar modificações na práxis econômica, nas faculdades humanas e na vida cotidiana do ser social. Uma semelhante estrutura dialética é descrita por Lukács nos seguintes termos: "Não existe nenhum problema humano que não tenha sido, em última análise, desencadeado e que não se encontre profundamente determinado pela práxis real da vida social"[157]. Portanto, a sociedade é conclamada a desempenhar o papel de "segunda natureza" do homem, criando também contradições entre o desenvolvimento econômico objetivo e suas consequências sobre os indivíduos, apresentando ao indivíduo cadeias de alternativas para suas escolhas. Mesmo mostrando-se sob essa multiplicidade de formas, a estrutura social permanece vinculada ao ser social como sua substância, ou seja, como algo que, na perene mutação que modifica a si mesma, é capaz de conservar-se na própria continuidade: o ser social apresenta-se como uma espécie de síntese e de complexo de atos teleológicos[158]. Tais poros teleológicos são dirigidos, em suma, a valores que sofrem as modificações da estrutura lógico-real do sistema econômico e, ao mesmo tempo, determinam a própria estrutura e as próprias determinações. Com efeito, o valor cons-

---

[155] Ibidem, p. 89 [ed. bras.: v. II, p. 116].
[156] Cf. Idem.
[157] Cf. idem [ed. bras.: p. 119].
[158] Cf. ibidem, p. 95 [ed. bras.: p. 122].

titui a gênese das modificações, porque é objeto dos pores teleológicos, porém, ao mesmo tempo, se consideramos o autodomínio do homem sobre seus próprios afetos como valor, esse valor torna-se uma consequência daquela modificação estrutural.

O valor exerce uma função de mediação entre a concepção teleológica do trabalho e a concepção da história. Tal caráter de mediação do valor comporta uma recolocação de momentos já analisados na parte relativa à concepção teleológica, porém vistos agora sob um ponto de vista mais concreto, ou seja, em seu desenvolvimento histórico. O valor contém em si momentos que pertencem a ambas as concepções que compõem a ontologia lukacsiana do trabalho. Portanto, o valor, conservando em seu ser-em-si a relação entre escopo, meio e indivíduo, desenvolve esse ser-em-si até o alcance de um ser-para-si por meio dos atos que concretizam o valor. O valor exerce o papel de substância, e os vários atos que o concretizam representam formas da própria substância, pois o valor mantém sua posição dominante ao impor na realização suas próprias determinações[159]. A realização do valor ocorre através da proposição de várias alternativas por parte da realidade social, sendo a resposta do indivíduo a essa realidade uma escolha. Com efeito, Lukács descreve a relação entre valor e alternativa nos seguintes termos: "a alternativa de determinada práxis não se expressa somente em dizer "sim" ou "não" a um determinado valor, mas também na escolha do valor que forma a base da alternativa concreta e nos motivos pelos quais se assume esse pôr"[160]. Lukács deixa aberta a possibilidade de que a realização do valor não se dê de acordo com cânones diretamente objetivos e econômicos, mas que entrem em jogo componentes de natureza completamente distinta. Uma semelhante estrutura dialética comporta duas ordens de consequências: a primeira reside no momento da realização do valor mediante atos laborais. Tal realização introduz a questão da permanência ou da mudança do próprio valor e, resumidamente, das necessidades sociais que se encontram por trás dos valores e são por eles satisfeitas. Tanto permanência quanto mudança são produtos do desenvolvimento social e, como tal, respeitam a dialética da substância que o valor encarna[161]. A segunda consequência é que, mesmo uma mínima forma de racionalização do valor, como ocorre em cada ato laboral e, portanto, humano, torna-se possível apenas *post festum*, por causa da univocidade desigual do processo histórico-social e da própria estrutura ontológica do homem, que é o ser histórico-social[162].

Uma terceira consequência, não considerada por Lukács, pode ser extraída da função do valor e da centralidade de seu papel no processo laboral avançado em contraste com seu ato original, isto é, a relação dialética entre sujeito e objeto. Com efeito, o valor representa o momento em que o sujeito intervém na realidade objeti-

---

[159] Cf. ibidem, p. 96 [ed. bras.: p. 124]. Pode-se facilmente perceber que a dialética do trabalho implica a dialética essência-fenômeno, uma vez que a dialética do trabalho encontra-se em estreita relação com a ciência.
[160] Cf. ibidem, p. 98 [ed. bras.: p. 125].
[161] Cf. ibidem, p. 97 [ed. bras.: p. 124-5].
[162] Cf. idem.

va e dá o primeiro passo para a constituição de um complexo total de relações sujeito-objeto. O próprio processo teleológico é então reposto, pois no limite o valor não é senão a finalidade posta sob o critério da maior empregabilidade possível. Assim, o valor constitui intrinsecamente uma mediação que apresenta uma tendência a aumentar o peso do momento ideal no âmbito do ato laboral. Como já vimos a propósito da teleologia do trabalho, cada ato deve ser executado com vistas ao alcance de um objetivo e à realização do valor de uso. Lukács extrai disso as seguintes consequências: "Do ponto de vista do sujeito, esse agir determinado a partir de um futuro definido é exatamente um agir conduzido pelo dever-ser do fim"[163]. O valor é, portanto, dever-ser. O dever-ser aparece como uma estrutura consequente à passagem do homem de ser orgânico a ser social. Assim que aparece, o dever-ser do valor desempenha o papel de momento predominante na direção do processo laboral, e é o momento no qual sujeito e objeto alcançam sua unidade. O objeto se apresenta ao sujeito como posto para além das necessidades biológicas imediatas[164], e separado das alternativas concretas dos homens[165]. O valor, como dever-ser, é uma espécie de entidade abstrata meta-real que domina e ameaça a vida cotidiana dos homens. Ele tende a ter seu caráter abstrato acentuado quando não é mais considerado como valor de uso, mas como valor de troca.

Já adiantei que Lukács analisa atentamente a função do valor de troca como elemento que gera a divisão social do trabalho; nessa análise, a reflexão lukacsiana se aproxima mais de Marx, descendo sempre mais à realidade concreta. Lukács reconhece no valor de troca o atributo de momento de passagem para formas econômicas mais evoluídas[166]. Isso indica que agora não se pode mais considerar a troca orgânica com a natureza como se ela se desse apenas entre homem e natureza, mas, sim, entre ser social e natureza, ou seja, entre uma parte de uma totalidade, ou melhor, entre a inteira totalidade social e a natureza[167]. Essa totalidade social é regulada internamente por uma legalidade econômica baseada em contradições sociais, ditadas pelo lugar que os protagonistas dos conflitos ocupam em relação ao valor de troca. Por isso, Lukács afirma: "O papel efetivo do valor na realidade se limita, pois, ao ser social"[168]. Como consequência, todas as decisões dos sujeitos em relação aos valores estão vinculadas à objetividade social dos valores.

---

[163] Ibidem, p. 71 [ed. bras.: p. 99].

[164] Cf. ibidem, p. 66 [ed. bras.: p. 93-4].

[165] Cf. ibidem, p. 71 [ed. bras.: p. 99].

[166] "Assim surge um espaço de ação para os fenômenos conflituais enquanto o conteúdo das alternativas ultrapassa decisivamente o metabolismo da sociedade com a natureza", ibidem, p. 94 [ed. bras.: p. 121]. Prestipino recorda que, para Marx, a equivalência entre valor e quantidade de trabalho permanece sendo, todavia, um genial *modelo filosófico*, cf. Giuseppe Prestipino, *Realismo e utopia*, cit., p. 43-4.

[167] As críticas dos alunos dirigiram-se à categoria lukacsiana da totalidade, cf. Ferenc Feher, Agnes Heller, György Markus e Mihaly Vajda, "Annotazioni sull'ontologia per il compagno Lukács", cit., p. 31.

[168] G. Lukács, *Ontologia dell'essere sociale*, cit., v. II, p. 91 [ed. bras.: p. 118].

Chegamos, assim, ao momento em que o trabalho é considerado por Lukács em seu sentido histórico. Com efeito, no tratamento da teleologia do trabalho, este último era considerado em sua forma pura: "com razão chamamos nossa afirmação de abstração, uma abstração razoável no sentido de Marx"[169]. Agora, seguindo a impostação epistemológica marxiana, essa abstração racional é conduzida ao plano concreto da realidade histórica, em que são acompanhados seus desenvolvimentos históricos concretos. Até aqui, limitei-me a uma pesquisa sobre os nós problemáticos daquele que é o motor da história, o trabalho, em suas várias formas e sobretudo sob a roupagem do valor, primeiro de uso e depois de troca. A troca é a razão pela qual os diversos povos entram em contato uns com os outros; ao mesmo tempo, no seio das comunidades humanas, a divisão do trabalho sofre uma brusca aceleração, e surgem as primeiras organizações sociais nela baseadas. É o grau de evolução do trabalho que determina a transformação das sociedades, dos homens e de sua vida cotidiana. O trabalho é confirmado na qualidade de fundamento ontológico do ser social, e vice-versa: "Com efeito, o trabalho enquanto categoria desdobrada do ser social só pode atingir sua verdadeira e adequada existência no âmbito de um complexo social processual e que se reproduz processualmente"[170]. Para tanto, o trabalho deve desenvolver aquilo que nele já se encontrava desde sua primeira aparição, em sua qualidade de princípio de si próprio, ou seja, em sua capacidade de satisfazer as necessidades dos homens e de produzir mais do que demandam tais necessidades. Essa potencialidade do trabalho, aliada à sua força imanente de sempre ultrapassar a si mesmo, fazem dele o princípio do homem, seu ato constitutivo.

O trabalho atua como fundamento do ser porque a reprodução constitui sempre a categoria determinante para o ser[171]. Com efeito, mesmo que a sociedade permita um recuo constante e contínuo das barreiras naturais, a troca orgânica com a natureza continua sempre presente e inescapável; portanto, o trabalho, como única forma de mediação entre o homem e a natureza, é sempre o fundamento da reprodução

---

[169] Ibidem, p. 131 [ed. bras.: p. 156]. [O trecho em questão aparece na transição do capítulo do trabalho para o capítulo da reprodução; ali Lukács afirma: "Com essas considerações – e também antes, quando nos referíamos às formas fenomênicas superiores da práxis humana –, ultrapassamos o trabalho no sentido que lhe atribuímos aqui. Fomos obrigados a fazê-lo, uma vez que o trabalho no sentido de simples produtor de valores de uso é certamente o início genético do devir homem do homem, mas contém, em cada um dos seus momentos, tendências reais que levam, necessariamente, para muito além desse estado inicial. E mesmo que esse estado inicial do trabalho seja uma realidade histórica, cuja constituição e construção tenham levado um tempo aparentemente infinito, com razão chamamos nossa afirmação de abstração, uma abstração razoável no sentido de Marx. Ou seja, sempre deixamos de lado conscientemente o entorno social – que necessariamente surge simultaneamente com aquele – com o fim de poder estudar as determinações do trabalho na sua máxima pureza possível. É óbvio que isso não era possível se não se mostrassem, continuamente, as afinidades e antíteses do trabalho com complexos sociais mais elevados. Parece-nos que agora chegamos ao momento em que essa abstração deve e pode ser definitivamente superada, ao momento no qual podemos enfrentar a análise da dinâmica fundamental da sociedade, o seu processo de reprodução. – N. R. T]

[170] Ibidem, p. 135 [ed. bras.: p. 159].

[171] Cf. ibidem, p. 145 [ed. bras.: p. 168-9].

biológica. Assim, mesmo que a reprodução venha a assumir formas inteiramente novas, ela mesma confirma o princípio fundamental que lhe permite existir, isto é, o trabalho. A reprodução dos seres vivos gera sempre os mesmos seres vivos, com ligeiras modificações. Assim, dialeticamente, as categorias inferiores reproduzem sempre a si mesmas; ao mesmo tempo, as categorias superiores, as quais também repetirão por si o processo reprodutivo, conservarão mescladas em si as categorias inferiores, enquanto dão origem ao novo. Lukács sintetiza nos seguintes termos o processo histórico que conduz ao surgimento do novo com a conservação do antigo: "As novas categorias, leis etc. da esfera dependente do ser manifestam-se como novas e autônomas diante da esfera fundante, mas, exatamente em sua novidade e autonomia, pressupõem estas constantemente como fundamento do seu ser"[172].

Com esse esquema dialético em mente, podemos observar como ao surgimento do valor de troca gerado a partir do valor de uso corresponde, na práxis social, o aparecimento de novas formas de relações sociais que, de modo geral, têm uma tendência a fazer aumentar o grau de socialidade. Com a passagem do valor de uso a valor de troca, aumenta a socialidade da produção, e o tempo de trabalho adquire uma importância cada vez maior, de modo a originar uma forma peculiar do mesmo modo de produção, no âmbito do capitalismo[173]. A existência do valor de uso sob a forma de valor de troca, cuja objetividade é fixada, por sua vez, pelo tempo de trabalho socialmente necessário, traz como consequência um posterior aumento da divisão social do trabalho. A divisão social do trabalho, que surge originalmente sobre a base da diferenciação biológica – por exemplo, entre homens e mulheres –, vai assumindo em si momentos de socialidade crescente que, mesmo mantendo a essência da divisão do trabalho, alteram suas formas e lhe acrescentam potencialidades. Com a divisão social do trabalho, cada ser social vê-se obrigado a produzir determinados objetos de modo a poder trocá-los pelos objetos necessários à satisfação de suas carências. Seus produtos devem apresentar um caráter de universalidade que permita e favoreça sua troca. O trabalho de cada um deve constituir um trabalho universal. O trabalho, se corretamente considerado como gênese do ser social, sofre radicais modificações no processo social que ele próprio pôs em movimento, ainda que permaneça intacta sua função de mediação entre homem e natureza e de modelo de toda forma de práxis humana.

A divisão social do trabalho e o valor de troca determinam a gênese da mercadoria, que é, pois, a categoria dominante da economia capitalista. A mercadoria, por sua vez, retroage sobre a própria divisão do trabalho, instigando, por exemplo, a introdução das máquinas no processo produtivo e aumentando, consequentemente, o peso da tecnologia no processo laboral. Lukács, repercorrendo na análise da categoria da mercadoria as etapas já atravessadas na iluminadora análise de *História e consciência de classe*, conserva quase que o mesmo procedimento metodológico adotado para re-

---

[172] Ibidem. p. 166 [ed. bras.: p. 191].
[173] Cf. ibidem, p. 142-4 [ed. bras.: p. 166-7].

solver as mesmas aporias[174]. A consequência mais relevante desse processo dialético, no qual Lukács amiúde se detém e do qual acentua o caráter, é que o ser social se torna cada vez mais social; seguindo Marx em sua polêmica com Feuerbach, Lukács chega a afirmar que apenas quem vive em sociedade e participa dessa socialidade pode ser considerado, com razão, como pertencente ao gênero humano[175]. A socialidade é alçada à condição de categoria dominante/determinante da humanidade do homem. A primeira etapa enfrentada pela divisão do trabalho é a divisão entre trabalho intelectual e trabalho manual, à qual se segue, historicamente, a divisão entre campo e cidade. Encontramo-nos diante do nascimento das classes, que surgem junto com a divisão social do trabalho e representam sua imediata consequência, assim como os principais pressupostos para o futuro desenvolvimento da própria divisão do trabalho. As classes podem existir apenas em uma relação recíproca (*Gemeinschaft*), como verdadeiras e próprias *determinações de reflexão*[176]. A vida nas cidades implica um processo de maior socialização do ser social e historicamente acelera o processo de concentração, nas áreas urbanas, do trabalho intelectual[177]. Obviamente, Lukács não esconde o fato de que o processo de socialização, além de não ser meramente mecânico, não é tampouco indolor: a reação humana pode ser também de contraposição ao processo de socialização[178]. Com efeito, o processo social possui uma dinâmica própria, que, uma vez posta em movimento, opera independentemente da consciência dos indivíduos e determina suas escolhas, do mesmo modo que determina as alternativas entre as quais são feitas tais escolhas. A sociedade é considerada por Lukács como uma

---

[174] "o fato dialético tratado por Hegel – a saber, que a contradição e o antagonismo brotam da mera intensificação de uma diferença simples, de uma heterogeneidade existente – compõe o fundamento ontológico do conjunto de fatos aqui investigado", ibidem, p. 142 [ed. bras.: p. 166].

[175] Cf. ibidem, p. 148-9 [ed. bras.: p. 173].

[176] Cf. ibidem, p. 158 [ed. bras.: p. 183-4].

[177] Na concepção da origem da divisão do trabalho, os alunos identificaram um dos pontos em que Lukács mais se distancia de Marx: "A discussão sobre a divisão do trabalho é, a nosso ver, insuficiente, uma vez que contém diversas afirmações contraditórias em relação às ideias de Marx; por exemplo, ele vincula a gênese da divisão do trabalho com o advento do artesanato, sustentando, à p. 613, que a divisão técnica do trabalho teve sua origem já na pré-história. Na página seguinte, explicita-se a ideia marxista segundo a qual a divisão do trabalho teria começado com a separação entre trabalho intelectual e trabalho manual", Ferenc Feher, Agnes Heller, György Markus, Mihaly Vajda, "Annotazioni sull'ontologia per il compagno Lukács", cit., p. 29 (a numeração das páginas citadas pelos autores correspondem ao original datilografado da *Ontologia*, antes de sua publicação). Quanto ao surgimento da divisão do trabalho na pré-história, muitos paleoantropólogos confirmaram a interpretação de Lukács, visto que a agricultura teria surgido com o emprego do trabalho feminino na colheita de sementes e frutos. Isso confirma o caráter falacioso das críticas dos alunos, que afinal, no caso da *Sociologia della vita quotidiana* (Roma, Editori Riuniti, 1975), de Agnes Heller e do *Marxismo e antropologia*, de György Markus (Nápoles, Liguori, 1978), acabaram por utilizar as ideias do mestre. De resto, o verdadeiro motivo do distanciamento entre Lukács e a Escola de Budapeste era essencialmente político, uma vez que Lukács cria na possibilidade de reforma do sistema, enquanto seus alunos a negavam (cf. entrevista com Mihaly Vajda, "La distruzione del marxismo", *Lettera internazionale*, Roma, n. 23, ano IV, jan.-mar. 1990, p. 57-8).

[178] Cf. G. Lukács, *Ontologia dell'essere sociale*, cit., v. II, p. 157 [ed. bras.: p. 181].

totalidade processual em permanente desenvolvimento, que causalmente abarca em si o indivíduo. A presença dessa causalidade leva Lukács a duas importantes conclusões: em primeiro lugar, as leis da economia não apresentam um desenvolvimento mecânico e, por conseguinte, deve-se reconsiderar o nexo causalidade/necessidade à luz da consideração precedente.

Essas duas conclusões deixam claro o caráter de *tertium datur* que Lukács quis conferir à própria ontologia em relação ao marxismo mecanicista de cariz stalinista e ao cientificismo idealista abstratizante, que não leva em conta os nexos concretos da realidade. No que tange ao marxismo mecanicista, a culpa pelos erros determinantes na compreensão do nexo necessidade/causalidade é atribuída a Engels: "Escapa a Engels o fato de que Hegel, em consequência de seu sistema, atribui à categoria necessidade uma exagerada importância logicista e que, por isso, não percebe a particular peculiaridade da própria realidade, privilegiada categorialmente, e, como consequência, não desenvolve uma investigação a respeito da relação entre a liberdade e a modalidade total da realidade"[179]. Prosseguindo com sua observação crítica, Lukács enuncia os caracteres de seu método ontológico, a fim de resolver os excessos dessa abordagem:

> Uma vez que o único caminho seguro da dialética hegeliana para a materialista está – como costuma acontecer na prática filosófica de Marx e, na maioria dos casos, também na de Engels – em investigar todo o emaranhado dialético, remontando sempre à situação existente em sua base, tornou-se necessário, com uma crítica ontológica imparcial, dada a importância e a popularidade desse ponto, deixar bem claro que não basta a simples "inversão materialista" da filosofia hegeliana e do idealismo em geral.[180]

A ontologia de Lukács apresenta-se, acima de tudo, como a nova síntese entre o materialismo dialético e o materialismo histórico e, em uma segunda instância, entre materialismo e idealismo, pelo reconhecimento da prioridade da reprodução da vida sobre as outras esferas da atividade humana, preponderância essa baseada no desenvolvimento histórico dessa atividade. Desse modo, para Lukács a ontologia constitui uma ciência que abarca a totalidade social em todos os seus momentos, e em toda a sua complexidade.

O campo no qual se explica a reprodução da vida, fazendo com que seja determinada também a socialidade, é a economia, de acordo com uma correta utilização do marxismo por parte de Lukács. A reprodução da vida cria uma dualidade de polos no processo reprodutivo, em que de um lado temos o indivíduo e, do outro, a sociedade, compreendida como segunda natureza. A mediação entre esses dois polos é feita pelo trabalho, através dos momentos categoriais que o compõem. A mediação do trabalho se desenvolve, portanto, sob a forma de interação com o

---

[179] Ibidem, p. 122 [ed. bras.: p. 147].
[180] Idem [ed. bras.: p. 147-8].

ambiente social, com a totalidade social da qual o trabalho representa a génese e, ao mesmo tempo, parte. O homem reage ao ambiente com sua própria práxis, voltada para escopos conscientemente postos; tal interação constitui a verdadeira unidade de sujeito e objeto. A interação com o ambiente, que se explica nesses termos, comporta um profundo processo de transformação, tanto ontogenética quanto filogenética. A mudança objetiva constante comporta a historicidade do ser social[181]. A transformação é, para Lukács, voltada à passagem do gênero humano mudo a gênero humano consciente de si – isto é, de ser-em-si a ser-para-si[182]. Mesmo sem realizar uma superação autêntica do gênero mudo, a divisão social do trabalho, oriunda da genericidade crescente do trabalho, põe o indivíduo em posição de socialidade cada vez maior. Um exemplo está no capitalismo, que deu o impulso determinante para a socialização dos indivíduos, socialização essa que representa o pressuposto essencial da superação do gênero mudo por parte da humanidade. O verdadeiro momento a ser superado é o estranhamento do sujeito – que tem origem na práxis econômica – e, mais especificamente, da configuração do trabalho sob formas econômicas desumanizantes. A superação do estranhamento é a *história*. O papel da consciência na passagem do gênero mudo ao gênero consciente é fundamental: é ela quem estabelece as formas da mudança, torna os homens conscientes de sua própria transformação, abre novas perspectivas e encaminha a práxis humana no sentido da realização do valor. O valor continua sempre presente, como categoria central do movimento histórico. Com efeito, a consciência estabelece o alcance do estágio de gênero humano consciente, do ser-para-si dos homens, como valor verdadeiro e próprio, como um ente a ser realizado.

Lukács explica que "o caráter fundamental do trabalho para o devir do homem também se revela no fato de que sua constituição ontológica é o ponto de partida genético de outra questão vital, que move profundamente os homens ao longo de toda a sua história: a liberdade"[183]. Também aqui vale o que já foi dito em relação à consciência: o processo histórico traz mudanças qualitativas aos fenômenos desenvolvidos a partir do modelo original, sendo que tais desenvolvimentos acabam por alterar o próprio modelo. O princípio sofre as consequências de *ser princípio*, e, quando se leva em consideração imediatamente o desenvolvimento histórico, pode-se acabar não reconhecendo o papel determinante do trabalho no próprio desenvolvimento da liberdade. O momento em que a liberdade surge e é explicada acontece quando a consciência decide entre alternativas oferecidas pelo mundo exterior a respeito de quais escopos escolher e de como transformar as cadeias causais postas no âmbito do pro-

---

[181] "O ser social só tem existência em sua reprodução ininterrupta; a sua substância enquanto ser é por essência uma substância que se modifica ininterruptamente", ibidem, p. 177 [ed. bras.: p. 201].

[182] "Contudo, o trabalho e a divisão do trabalho, considerados isoladamente [...] superariam a mudez do gênero apenas objetivamente; uma superação autêntica só pode acontecer quando o gênero que deixou de ser mudo existe não mais só em si, mas alcança também o seu ser-para-si", ibidem, p. 174 [ed. bras.: p. 199-200].

[183] Ibidem, p. 111 [ed. bras.: p. 137].

cesso laboral[184]. A liberdade encontra seu espaço de origem na interação entre interioridade e exterioridade, entre consciência e realidade. Ela expressa o desejo de transformar a realidade, ainda que esta última seja compreendida como uma abstração, ou seja, como efetividade (*Wirklichkeit*) de uma atividade do pensamento. A liberdade nasce como ato de consciência voltado para a transformação de um ser. Do mesmo modo que a posição da finalidade é determinada por uma necessidade a ser satisfeita e por uma realidade exterior a ser transformada, a liberdade sofre um determinismo análogo, no qual o "período das consequências" do ato de liberdade posto é tão relevante quanto na realização da finalidade. O modelo teleológico do trabalho é repetido, em termos gerais, também para a liberdade e, portanto, também na liberdade a potência (*dynamis*) aristotélica desempenha um papel central para a correta compreensão dessa categoria peculiar ao homem. Obviamente, a diferença mais importante entre liberdade e trabalho é que o movimento livre no material se traduz em um realidade social e, assim, passa a fazer parte de uma totalidade que reveste de concretude e verdade ontológica a liberdade, correlacionando-se com uma série de numerosas mediações que fazem com que se perca a simples mediação do ato laboral. No fundo, Lukács repropõe um conceito de liberdade mais elaborado que o hegeliano "reconhecimento da necessidade", ratificando uma vez mais sua tentativa *arqueológica* de reconstruir a gênese do pensamento do próprio Marx a partir de Hegel.

Na análise de Lukács, a consequência mais importante do trabalho é a origem da linguagem, de modo não secundário ao surgimento da liberdade. Trabalho e linguagem são as atividades do homem que o distinguem nitidamente do animal. Os animais podem trabalhar, porém não conservam os instrumentos após o trabalho e são obrigados a reproduzir continuamente os instrumentos dos quais eventualmente se servem; os animais se comunicam, podendo inclusive transmitir sentimentos e emoções de forma complexa; podem enviar informações e estabelecer formas de comunicação com espécies distintas de suas próprias – porém, definitivamente, não falam.

O trabalho faz nascer a exigência de um uso específico das palavras, e a linguagem, em seu próprio surgimento, cria para si regras que, a longo prazo, fazem dela um instrumento de socialização superior ao próprio trabalho. Além de representar um instrumento de socialização, a linguagem desenvolve uma importante função de conceitualização. É por meio dela que o pensamento se completa. Entre os dois complexos, linguagem e conceito, põe-se em marcha um processo de interação que atua como motor de seu progresso recíproco. Nem sempre fica claro que a linguagem não é uma atividade inata ao homem, mas, sim, gerada pela própria práxis humana e, mais especificamente, pelo trabalho. Com efeito, as exigências de comunicação forçam o homem a buscar um meio capaz de satisfazer tal carência. Portanto, a linguagem surge do trabalho, com a mesma estrutura teleológica dele. Desde as primeiras formas

---

[184] A esse respeito, os alunos apontaram a falta de destaque, por parte de Lukács, do significado da liberdade da natureza, mais que da liberdade em geral, cf. Ferenc Feher, Agnes Heller, György Markus, Mihaly Vajda, "Annotazioni sull'ontologia per il compagno Lukács", cit., p. 27.

do ato laboral, os homens sentiram a necessidade de comunicar a outros homens aquilo que já sabiam e a exigência de conhecer o outro. Assim, comunicavam suas experiências ou coordenavam a atividade de muitos homens em direção a um único objetivo. A linguagem, então, nascida apenas como gesto, evoluiu lentamente – basta recordar como o movimento das sobrancelhas, por exemplo, era usado pelo homem para indicar aos companheiros, sem fazer barulho, para onde dirigir-se em uma expedição de caça – e de modo paralelo ao trabalho, até a já lembrada conceitualização que impôs uma radical transformação à organização psíquica do homem. Com efeito, a linguagem constitui não apenas o instrumento fundamental do pensamento, mas também o único meio em condições de eliminar a distância entre sujeito e objeto. O homem, ao falar, abstrai os objetos de seu nível imediato de existência, confere-lhes determinações e delas se apropria. Por essa razão, a designação verbal deve ser o mais objetiva possível e, consequentemente, independente em certo sentido do próprio sujeito que a exprime. Ela se torna expressão conceitual, e é investida de vida própria, não mais pertencendo ao sujeito que a exprimiu, segundo o mesmo critério de um produto de um ato laboral, inserido em uma organização social já evoluída. Portanto, existe uma correspondência entre a estrutura do ato laboral e a estrutura do ato linguístico. Trata-se da aplicação direta da concepção lukacsiana do trabalho como modelo de toda forma de práxis humana e social, ainda que se apresentem certas alterações em relação à estrutura que lhe serve de modelo e princípio. Mais que isso, "O caráter dialético do trabalho como modelo da práxis social aparece aqui exatamente no fato de que esta última, nas suas formas mais evoluídas, apresenta muitos desvios com relação ao próprio trabalho"[185]. Lukács não se esquece de destacar que o paralelo entre trabalho e linguagem é tamanho que ambos representam a passagem do ser natural ao ser social. Entretanto, o trabalho é o momento predominante em tal passagem, dado que a distância realmente existente entre objeto e sujeito no trabalho é comunicável apenas por meio da linguagem, enquanto ao trabalho compete colmatar tal distância[186].

O surgimento a partir do trabalho da linguagem e da ideia de liberdade é um claro sinal da intenção de Lukács de interpretar o trabalho como modelo de toda ação humana; tal interpretação manifesta, por sua vez, a estrutura de uma teoria da história. Já manifestei anteriormente minhas reservas em relação à ausência de uma filosofia da história na *Ontologia*, apesar da contínua tensão dialética entre essência genérica em si e essência genérica para si – a segunda sempre a ser alcançada, mais "para lá" (em grego, μετά), enquanto a primeira é sempre o ponto de partida, o "aqui" a partir do qual se deve tomar impulso. Entretanto, suas posições se trocam, porque a essência genérica para si, ao ser alcançada, torna-se essência genérica em si, isto é, *a passagem do gênero humano mudo ao gênero humano consciente é a história*. Tendo em mente que Lukács repete continuamente as estruturas dialéticas hegeliana e marxiana, não se pode dizer que o filósofo húngaro não tenha definido uma

---

[185] G. Lukács, *Ontologia dell'essere sociale*, cit., v. II, p. 65 [ed. bras.: p. 93].
[186] Ibidem, p. 103 [ed. bras.: p. 128].

nova teoria da história, em termos completamente diversos daqueles empregados em *História e consciência de classe*.

O problema de uma compreensão da história na *Ontologia* não pode ser resolvido apenas com algumas observações críticas, como tentaram fazer os alunos da Escola de Budapeste. Com efeito, se na *Ontologia* a presença ou ausência de uma "filosofia da história" é uma questão aberta, não está em questão a presença de *uma teoria da história*. Sua acepção é especulativa e, em certo sentido, *clássica*. A história, para Lukács, tem uma origem, um princípio e um desenvolvimento próprio sempre ligado, porém, àquele princípio – de fato, a história é o desenvolvimento do princípio. O trabalho é conclamado por Lukács a desenvolver a função de princípio da história e, em seu desenvolvimento, *fazer história*. O sujeito do trabalho e da história é o mesmo, isto é, o homem. O trabalho do homem contribuiu de modo determinante para a humanização do próprio homem e, por conseguinte, atuou como instrumento de mediação entre sujeito e objeto, ou entre homem e homem, ou entre sociedade e natureza; em perfeita continuidade com uma reproposta literal dos textos de Marx, o trabalho torna-se motor da história[187]. A herança hegeliana-marxiana de tal concepção da história é flagrante, e não menos clara é a herança aristotélica do pensamento do velho Lukács.

Tal concepção da história não é teleológica, a não ser à medida que o escopo é posto pelos homens, a partir de suas constantes tentativas de libertar-se da exploração por parte daqueles que detêm a posse dos instrumentos de trabalho em relação aos que se veem excluídos de tal posse. A luta de classes é, no fundo, uma luta pela libertação da exploração e da exclusão. Nesse sentido, existe uma passagem contínua de uma essência genérica em si, o gênero humano mudo, a uma essência genérica para si, o gênero humano consciente e livre. As duas concepções da história – uma fenomenológica, a outra ontológica – são mantidas unidas pelo mesmo momento predominante, o trabalho. O trabalho constitui o meio pelo qual Lukács pode não apenas explicar a origem e o desenvolvimento da história, mas também fazer disso um meio para o desenvolvimento futuro. Os homens poderão reduzir sua dependência dos instrumentos de trabalho, porém não deixarão jamais de trabalhar, ainda que os instrumentos de trabalho passem um dia a trabalhar em seu lugar. A concepção especulativa de Lukács, sob alguns aspectos, representa uma metafísica da história, totalmente calcada no trabalho, porque o próprio trabalho é história.

Aqui faz-se oportuno outro questionamento: será lícito usar o trabalho como fundamento de uma filosofia da história? Agnes Heller, em seu ensaio, claramente descarta essa hipótese[188], introduzindo uma distinção entre trabalho e produção. A autora sustenta que a produção é o paradigma que pode ser empregado no âmbito da filosofia da história, ao passo que o paradigma do trabalho não pode ser empre-

---

[187] Portanto, Cacciari tem razão ao afirmar que "a história lukacsiana concebe as diferenças apenas como momentos da unidade; seus 'muitos' não são sequer concebíveis senão à luz do 'uno': tal é a necessidade da 'constelação' aristotélica", Massimo Cacciari, "Lukács o dell'impossibile ontologia", cit., p. 45.

[188] Cf. Agnes Heller, "Paradigma del lavoro e paradigma della produzione", cit., p. 67-80.

gado com esse fim. Heller, aprofundando alguns juízos já expressos nas "Anotações", defende que,

> se a estrutura do trabalho é um universal ontológico e se todas as ações humanas podem ser compreendidas por meio da aplicação desse modelo, é impossível instituir uma lei de desenvolvimento na história. Lukács resolveu esse problema introduzindo a distinção entre "essência genérica em si" e "essência genérica para si". O trabalho sempre encarnou a "essência genérica em si". O progresso universal da história consiste no "recuo da barreira natural" em direção à "essência genérica para si". Esse processo é constituído por três elementos: a produção (recuo da barreira da "natureza exterior"), a des-naturalização dos atores individuais (recuo da barreira da "natureza interior") e, finalmente, a universalização das integrações. No seio desse tríplice processo, a produção se destaca como força motriz. Assim, para poder reafirmar a filosofia da história, Lukács reintroduziu o paradigma da produção como se este representasse a simples consequência do paradigma do trabalho, porém isso não é verdadeiro. Essa é a razão pela qual a *Ontologia do ser social* mostra-se uma tentativa inconsistente e autocontraditória de remodelar o marxismo sobre as bases do paradigma do trabalho.[189]

Mais adiante, Heller expõe uma proposta sua:

> Poderíamos aceitar uma estrutura de objetivação como um paradigma, um complexo que constitui o núcleo da vida social. [...] Trata-se de uma *estrutura de objetivação* de que todos os seres humanos devem apropriar-se para serem capazes de sobreviver em um dado ambiente cultural. Ela é composta por três elementos: o uso de objetos produzidos pelo homem, a observação do conjunto dos costumes culturalmente definidos e o uso da linguagem comum. [...] Esse paradigma não constitui o paradigma de uma filosofia da história [...], porém apresenta uma vantagem inquestionável: uma vez aceito esse paradigma, todos os paradigmas aos quais recorreram até agora as filosofias imanentes (as do trabalho, da produção, das relações sociais, da comunicação, da vida e da cultura) poderiam ser unificados de modo significativo.[190]

A proposta de Heller é interessante e estimulante, porém não responde à pergunta: de onde provém essa *estrutura de objetivação*? Como já vimos a partir da leitura da *Ontologia*, "os objetos produzidos pelo homem", "o conjunto dos costumes culturalmente definidos" e "a linguagem comum" são gerados pelo trabalho. Dessa forma, o caráter de princípio e de modelo do trabalho confirma-se pela possibilidade a nós oferecida de explicar a gênese de complexos como a linguagem, os costumes e a organização social, os quais, de outro modo, consideraríamos como existentes desde sempre, como se fossem entidades inatas. Com a compreensão do trabalho como

---

[189] Ibidem, p. 77-8.
[190] Ibidem, p. 79-80.

princípio e modelo de toda forma de práxis humana, deixamos de ter uma visão mítica das organizações e dos complexos humanos. Lukács pode responder à pergunta sobre a proveniência; Heller, não.

Paradoxalmente, a posição assumida por Heller reforça, para ela, a própria distinção feita por Lukács: entre o paradigma do trabalho e o paradigma da produção subsiste uma diferença dialética. O trabalho, para Lukács, é sempre produção, mesmo podendo ser visto de modo puramente lógico e prático como princípio e gênese do homem. Heller, tendo separado trabalho e produção, extrai do discurso lukacsiano o núcleo daquela estrutura dialética, cuja reproposta é um dos elementos mais inovadores do Lukács maduro, além de considerar como diferentes dois aspectos do mesmo complexo prático-teórico, que vem a ser o trabalho. Heller nega o caráter dialeticamente unitário do trabalho, que, para Lukács, ao contrário, é justamente um complexo dialético. O que diferencia Heller e Lukács nesses termos acaba por ser, então, o emprego de uma tradição clássica que, passando por Aristóteles, Hegel e Marx, tende a renovar globalmente o marxismo. Assim, o esforço especulativo do velho Lukács dirige-se para a reproposição, entre a "metafísica" e a "crítica da razão histórica"[191], de uma concepção da história voltada para a superação da dimensão na narração histórica (*Historie* ou, em latim, *historia rerum gestarum*), de modo a chegar a uma compreensão radical da História (*Geschichte* ou, em latim, *Res gestae*), ou seja, dos acontecimentos que envolvem diretamente os homens. Para Lukács, essa compreensão histórica representa a tentativa de definir o princípio da história e de seu protagonista, o homem; por isso mesmo, em sintonia com a *Metafísica* de Aristóteles, sua ontologia histórica é também uma metafísica histórica. É natural que um filósofo da estatura de Lukács, com toda a sua experiência de pensamento, seja cauteloso diante dos riscos presentes em tal tentativa ou do valor negativo que, no momento filosófico atual, se atribui ao termo "metafísica da história". Entretanto, a meu ver, ainda seria preciso verificar a possibilidade ou não de uma refundação do marxismo com base nas melhores tradições do pensamento clássico. Lukács empreendeu uma grande tentativa e o fez mesmo sabendo que, às portas da morte, não seria capaz de completar a estrada que ele próprio acabara de abrir. Se seus alunos não queriam continuar sua obra – ou melhor, se decidiram criticá-la –, ficava para ele igualmente claro que caberia a outros depois dele completar aquele percurso: "*His decision to wait reinforced by the fact that he felt his completed works could serve as guidelines for others to analyse these problems*"[192].

---

[191] Nicolas Tertulian, "Teleologia e causalità nell'ontologia di Lukács", cit., p. 90.

[192] "Sua decisão de esperar foi reforçada pelo fato de que ele supunha que sua obra completa poderia servir como ponto de partida para que outros analisassem esses problemas", István Eörsi, "The Story of a Posthoumus Work", cit., p. 106. Aqui em tradução livre.

Capítulo 2
O TRABALHO ENTRE A ÉTICA E A POLÍTICA

TRABALHO E DEMOCRACIA

Enquanto escrevia a *Ontologia do ser social*, Lukács suspendeu seu trabalho e se dedicou à elaboração de um ensaio intitulado *Demokratisierung heute und Morgen*[1], em que reagiu à invasão soviética da Tchecoslováquia, em 1968. Lukács respondeu àquela invasão brutal com a única arma de que dispunha: a caneta. Foi uma maneira de protestar a distância contra aquele episódio, que punha um fim à última esperança de reformar o sistema comunista a partir de seu interior[2]. A *Demokratisierung*, porém, foi fortemente influenciada pela grande obra da qual representa, no fundo, um subproduto. Assim, podemos considerar a *Demokratisierung* como uma parte da própria *Ontologia* – sua parte política. Com a *Demokratisierung*, compreende-se que a política representava uma primeira antecipação da *Ética*, que, como já escrevi no capítulo precedente, representaria o objetivo derradeiro da elaboração da *Ontologia*.

O ensaio foi enviado por Lukács ao Comitê Central do Partido Comunista Húngaro, no qual fora readmitido em 1967, após uma suspensão de onze anos iniciada em novembro de 1956, quando participava do governo Nagy, na condição de ministro da Cultura, tendo feito parte do Comitê Central do recém-fundado Partido Comunista Húngaro, dissolvido pela intervenção soviética. A intenção de Lukács era que o ensaio se dirigisse ao centro de uma discussão política, porém, naturalmente, ele acabou sepultado nos arquivos do partido, fadado ao esquecimento. Em 1985, Gorbatchov foi eleito secretário do Partido Comunista da União Soviética e iniciou sua política de *perestroika* (reestruturação) e *glasnost* (transparência). Os dirigentes húngaros se recordaram da *Demokratisierung* e quiseram republicá-la, embora não de

---

[1] G. Lukács, *L'uomo e la democrazia* (Roma, Lucarini, 1987), p. 160.

[2] O secretário de Lukács, István Eörsi, conta que, após a invasão da então Tchecoslováquia, o velho Lukács teria dito as seguintes palavras: "Provavelmente, toda a experiência iniciada em 1917 fracassou, e será preciso recomeçar do zero outra vez, em outro lugar", citadas em István Eörsi, "Un ultimo messaggio", em G. Lukács, *Pensiero vissuto. Autobiografia in forma di dialogo*, cit., p. 8.

modo unânime[3]. Sua intenção era a de reforçar as tendências reformadoras com a contribuição de um pensador marxista autêntico. Sabemos já qual foi o julgamento da história.

Também na *Demokratisierung* não faltam menções ao trabalho e, sobretudo, reprimendas explícitas aos erros do stalinismo em relação ao mundo do trabalho e indicações das transformações do trabalho em uma sociedade socialista. Lukács retoma a ideia de Marx segundo a qual o trabalho não econômico, isto é, o trabalho criativo, é aquele que requer o maior esforço por parte do ser social; entretanto, ainda segundo essa ideia, esse esforço é encarado de modo sereno, pois o trabalho não econômico é o trabalho livre por definição, que pertence ao homem que o realiza sem qualquer restrição ou constrição, e cujo produto lhe pertence ideal e efetivamente. Esse trabalho não econômico parece supérfluo, porém sua superfluidade é meramente econômica, pois, ao contrário, é absolutamente útil e indispensável no plano social[4], tendo em vista que é o trabalho efetivamente humano. Lukács recorda como Lenin, consciente das tendências burocráticas que começavam a afirmar-se logo após a Revolução de Outubro, era favorável ao trabalho voluntário[5]. O trabalho voluntário seria a afirmação da libertação do presente em relação ao passado, tendência contrária ao espírito burocrático e burguês, que faz sempre prevalecer o passado sobre o presente – o trabalho morto, isto é, o capital, sobre o trabalho vivo (*lebendige Arbeit*). O problema do trabalho voluntário, conforme encarado por Lenin, revela outra questão fundamental do trabalho em uma sociedade socialista: "Devem ser incorporados à economia fatores ativos que, em si, não possuam caráter econômico, mas que estão ali não para emperrar o desenvolvi-

---

[3] Eu mesmo tive um pequeno papel na história da *Demokratisierung*. Dada a oposição interna na diretoria do partido dos defensores do breznevismo, que chegou a conseguir interromper a venda do livro – que, já impresso, teve seus exemplares confinados ao Arquivo Lukács em uma condição de semilegalidade –, os gorbatchevistas tentaram contorná-la fazendo com que o livro chegasse ao Ocidente. Mais especificamente, queriam que a Editori Riuniti, o ramo editorial do Partido Comunista Italiano, o publicasse. Para tanto, porém, alguém precisava correr o risco de atravessar a fronteira com a obra. Acabei sendo eu, então aluno de doutorado da Academia Húngara de Ciências, o encarregado de levar o livro até a Itália. A polícia de fronteira húngara, no entanto, não era particularmente rígida; assim, não foi algo tão aventureiro assim cruzar a fronteira com alguns exemplares da *Demokratisierung*. O livro foi publicado pela primeira vez em italiano sob o título *L'uomo e la democrazia*, em 1987, pela editora Lucarini, por conta da crise momentânea enfrentada pela Editori Riuniti. A essa altura, porém, o destino da política de Gorbatchev já estava selado, uma vez que tanto entre os dirigentes dos diversos partidos comunistas da Europa Oriental quanto entre as populações notava-se um evidente desgaste do regime; desse modo, a *Demokratisierung* continuou sendo uma obra bem pouco conhecida.

[4] Cf. G. Lukács, *L'uomo e la democrazia*, cit. p. 123.

[5] Cf. ibidem, p. 69. De um modo geral, ao longo de toda a *Demokratisierung* Lukács demonstra uma admiração especial por Lenin, que é tratado na obra como o maior referencial político e uma espécie de modelo. A esse propósito, observou Carlos Nelson Coutinho: "Lukács destaca excessivamente o caráter individual do sujeito político, tomando a personalidade de Lenin sempre como referencial e modelo (de modo bastante análogo, portanto, a como Hegel via Napoleão)", em "Lukács, a ontologia e a política", em Ricardo Antunes e Walquiria Leão Rego (orgs.), *Um Galileu no século XX*, organização de (São Paulo, Boitempo, 1996), p. 24. Uma vez mais, o paradigma de Hegel mostra-se válido para a interpretação de algumas concepções lukacsianas.

mento econômico, mas, ao contrário, para promovê-lo, também no plano estritamente econômico, em conformidade com as necessidades sociais da situação dada"[6]. Trata-se de superar a divisão entre a esfera da reprodução da vida, a economia, e a esfera da vida, para usar os termos da separação fictícia feita por Habermas, porém levando em consideração o que diz Lukács: que não existe uma separação nítida entre economia e vida cotidiana. Como o toyotismo percebeu, também os valores morais e éticos do trabalhador podem ser transformados em fatores produtivos. A tarefa do socialismo e de todos aqueles que lutam tendo-o como perspectiva final é libertar a vida cotidiana do domínio da economia, restituindo à ética a função de guia da vida cotidiana. Mas isso pode ser concretizado somente a partir da libertação do trabalho, pois, como recorda justamente o sociólogo brasileiro Antunes, também profundamente influenciado pela concepção lukacsiana do trabalho: "Uma vida cheia de sentido *fora* do trabalho supõe uma vida dotada de sentido *dentro* do trabalho"[7].

Somente na sociedade socialista o trabalho "supérfluo" e criativo se torna fundamental, enquanto se reduz ao mínimo indispensável o trabalho estritamente econômico, que, todavia, não pode ser eliminado. Nas sociedades classistas, o trabalho é apresentado como a primeira necessidade da vida. O trabalho deve ser libertado da divisão social do trabalho, a qual representa uma consequência do desenvolvimento econômico, mas que, por sua vez, acelera esse desenvolvimento até abarcar a estrutura social como um todo e influenciar o desenvolvimento das artes e da ciência. Nas sociedades de classe, o cálculo econômico da produtividade do trabalho prevalece sobre a atenção dada ao trabalhador. Na verdade, quanto maior é o desenvolvimento econômico, tanto maior é a adaptação do trabalhador ao processo produtivo[8]. Pode-se concluir que, para Lukács, seguindo a trilha de Marx, o socialismo deve ter condições de garantir o desenvolvimento social sem divisão do trabalho, de modo que o desenvolvimento social provenha de um trabalho livre, criativo e "supérfluo", não mais de uma necessidade primária do ser social.

O "reino da liberdade", o comunismo previsto por Marx, nasce do "reino da necessidade", a economia, porém o comunismo vai muito além da própria base econômica, pois o "reino da liberdade" é também uma autocriação do gênero humano, ou, para sermos mais precisos, uma passagem do gênero humano em si a gênero humano para si. Qualquer ser social individual age segundo uma práxis singular que não

---

[6] Ibidem, p. 145.

[7] Ricardo Antunes, *Os sentidos do trabalho* (São Paulo, Boitempo, 1999), p. 175. Vittoria Franco abordou o mesmo tema da impossibilidade de conciliação da ontologia lukacsiana com o mundo da vida de Habermas em "Etica del discorso o etica 'ontologica'? Un confronto fra Habermas e Lukács", *Marx 101*, Milão, n. 4, 1986, p. 12, e também em "Lukács e Habermas: un confronto sull'etica", *Filosofia e prassi. Attualità e rilettura di György Lukács e Ernst Bloch* (Milão, Diffusioni 84, 1989), p. 289-98. De acordo com Almási, Lukács havia levado em consideração em sua *Ontologia*, criticando-a, outra obra de Habermas: *Technik und Wissenschaft als "Ideologie"*; ver M. Almási, "Lukács's Ontological Turn: *The Ontology of Social Being*", em ed. L. Illés, F. József, M. Szabolcsi, I. Szerdahelyi (orgs.), *Hungarian Studies on György Lukács* (Budapeste, Akadémiai Kiadó, 1993), p. 544-62.

[8] Cf. G. Lukács, *L'uomo e la democrazia*, cit., p.120.

se diferencia daquela economia genérica, de modo que o "reino da liberdade" tem por conteúdo próprio o desenvolvimento das capacidades genéricas de todo ser humano. Com efeito, só o comunismo pode garantir um consumo ligado às necessidades, sendo estas últimas compreendidas não apenas na acepção de necessidades fisiológicas, mas também espirituais – em uma definição ainda mais simples, *necessidades humanas*. Se, no consumismo capitalista, "trata-se, no plano econômico, do recuo da mais-valia absoluta em benefício da relativa"[9], processo já previsto por Marx, no comunismo ocorrerá "a adaptação da produção às condições mais adequadas à natureza humana e dela mais dignas"[10]. Portanto, no comunismo não apenas temos a superação do consumismo capitalista, baseado apenas em meras categorias econômicas, mas também se realiza a inversão em relação à situação das sociedades de classes: as formas de produção – o processo produtivo – se adaptam ao homem, à sua capacidade de trabalho (*Arbeitsvermögen*). Esse é o momento da crise do desenvolvimento do trabalho, quando tem início a própria e verdadeira libertação do trabalho.

Lukács ataca também o que foi historicamente realizado no socialismo, detendo-se também em qual deveria ter sido a tendência final do verdadeiro socialismo. Lukács conserva um juízo negativo sobre o socialismo realizado, sustentando que ele não tenha modificado jamais "o modo de ser da formação capitalista" e que "a construção e o aperfeiçoamento do caráter socialista subjetivo da sociedade constitui a grande tarefa do presente e do futuro para todos aqueles que honestamente aceitam o socialismo como única via autêntica de escape das contradições do capitalismo"[11]. No socialismo concretizado, a economia se transformou em uma ciência exata; em consequência, o vínculo orgânico entre o indivíduo singular e o destino da humanidade tornou-se manipulável[12]. Não obstante, no socialismo concretizado foram postas as bases objetivas para uma passagem ao verdadeiro socialismo, uma vez que

> liquidou-se objetivamente, tornou-se impossível qualquer exploração do homem por parte do homem; entretanto, seu desenvolvimento econômico-social deu-se de tal modo que a vida prático-econômica não está (ainda) em condições de produzir aquelas situações, tendências etc., por conta das quais os trabalhadores, com os meios da reprodução econômica da própria vida individual e da vida da sociedade, possam transformar esta última de maneira que ela, no que diz respeito aos sujeitos, vá-se desenvolvendo no sentido de conduzir ao futuro homens propensos a tornar-se homens livres na formação social comunista.[13]

---

[9] Ibidem, p. 40.

[10] Ibidem, p.121.

[11] Ibidem, p. 139.

[12] Cf. ibidem, p. 88. Lukács também relembra a teoria stalinista da extinção do valor com a extinção do mercado. Marx, ao contrário, considerava que o valor é determinado pelo tempo de trabalho, constituindo, assim, uma categoria atemporal e eterna. Por esse e outros motivos, Lukács fala, a propósito do stalinismo, em posições "não marxistas"; cf. ibidem, p. 74.

[13] Ibidem, p. 139.

Lukács não admite que, embora não houvesse exploração do homem por parte do homem, no socialismo realizado a *exploração do homem* não foi de fato superada; em vez disso, o pensador húngaro sustenta que existiam condições objetivas para uma reforma do sistema, de modo a liberar as forças produtivas e tornar real aquele "reino da liberdade" a nosso alcance. Nessa concepção das condições objetivas do socialismo podem ser identificados os elementos do otimismo de Lukács em relação a uma ainda possível reforma do sistema, a despeito da invasão da Tchecoslováquia em agosto de 1968. Tal otimismo rendeu-lhe críticas por parte dos alunos da Escola de Budapeste e o esquecimento dos intelectuais de esquerda da Europa ocidental, vinculados a esquemas mentais rígidos que desejavam que a transição para o socialismo existisse apenas em uma sociedade democrática e burguesa, produtora de mercadorias, enquanto Lukács lutava por uma transição para o socialismo no próprio âmbito de uma sociedade socialista, que havia superado o mercado.

A esse ponto convergem substancialmente as agudas críticas de István Mészáros, aluno da primeira geração da Escola de Budapeste – a mesma de Agnes Heller, István Hermann, Denés Zoltai, Miklós Almási e Ferenc Fehér, que sustenta:

> de modo contrastante, a interpretação equivocada que Lukács faz de Marx combina o social genérico (incluindo a problemática sociabilidade *post festum* da produção capitalista de mercadorias) com o caráter específico, desde o início socialmente determinado e conscientemente organizado (isto é, genuinamente planejado), do sistema socialista de produção e consumo previsto. [...] Mas, procedendo dessa maneira, ele impede que se compreenda a significação das mediações materiais necessárias que poderiam conduzir do domínio do capital perpetrado no interior da moldura da estrutural divisão do trabalho herdada ao sistema comunal de produção e consumo, no sentido dado por Marx. Sua linha de argumentação tanto remove a necessidade de tais mediações, transferindo-as para a esfera da ética, como, simultaneamente, exclui a possibilidade da sua articulação prática ao postular a manutenção da divisão do trabalho (e a relação-valor correspondente) mesmo na fase mais avançada da ordem socialista.[14]

Mészáros censura Lukács por encontrar soluções para o mundo do trabalho apenas no plano ético e por conservar a categoria do valor também na produção socialista. Trata-se de críticas agudas, mas Lukács respondeu-lhes abertamente, especialmente à segunda; quanto à primeira, ela representa justamente a essência do discurso lukacsiano na *Ontologia* e nas obras da mesma época.

As indicações de Lukács permitem apreender a questão da centralidade do trabalho também em uma sociedade socialista: "A novidade determinante [do socialismo] encontra-se [...] no modo como esse trabalho excedente mostra-se capaz,

---

[14] István Mészáros, *Beyond the Capital* (Londres, Merlin, 1995), p. 752 [ed. bras.: Para além do capital, São Paulo, 2002, p. 875]. [No trecho suprimido Mészáros afirma: "Como veremos, Lukács adota esta categoria de sociabilidade genérica hipostasiada porque assim requer o seu discurso acerca do 'triunfo' dos indivíduos 'sobre seus próprios particularismos'". (N. R. T.)]

no plano econômico objetivo e no plano humano subjetivo, de transformar externa e internamente a vida humana"[15]. Acima de tudo, é inevitável que alguma forma de trabalho excedente continue a subsistir mesmo em uma sociedade socialista, na qual as relações de produção não sejam mais baseadas na exploração do homem pelo homem, ou, melhor ainda, não sejam baseadas na exploração *tout court*. É inevitável, porém, que uma parte do trabalho de quem é mais dotado seja posta a serviço de quem é menos dotado ou de quem não dispõe de qualquer meio para reproduzir a própria vida e satisfazer as próprias necessidades. Se o comunismo se baseia no famoso dito de Marx "de cada um, de acordo com suas habilidades; a cada um, de acordo com suas necessidades", então a distribuição do trabalho excedente em uma sociedade comunista ocorrerá sem a necessidade da concorrência de valores morais como a caridade, apenas conclamando as capacidades de cada um de assumir um *communio sponsio* ("responsabilidade", em latim), isto é, um peso comum, uma tarefa comum sem apelo a um valor moral voluntário, mas, sim, a uma condição social, qual seja, a de ser capaz de carregar o peso da vida alheia. Se o capitalismo se baseia no progresso social e na diminuição do tempo de trabalho socialmente necessário em benefício do trabalho excedente, a socialização dos meios de produção, embora não suprima o trabalho excedente, oferece, porém, as condições para uma utilização socialmente progressiva desse trabalho excedente. Mészáros refuta energicamente a ideia de que a partilha do trabalho excedente surja a partir de uma livre decisão – uma vez que o comunismo é o "reino da liberdade" – de cada produtor no sentido de tomar para si o peso econômico das necessidades alheias. O cálculo das habilidades e das necessidades de cada um é sempre *econômico*, porém a decisão de ceder as próprias habilidades às necessidades alheias é *política* – uma decisão baseada, por sua vez, em uma tomada de posição *ética*. A ética, porém, não está na decisão – encontra-se antes da decisão, a qual é sempre política na medida em que é *comunitária (communio sponsio)*.

No que tange à crítica de Mészáros à teoria lukacsiana da permanência do valor em uma sociedade socialista, lembro que, exatamente na *Demokratisierung*, Lukács abordou o problema. No ensaio, ele sustenta que Stalin não levou sequer minimamente em conta as claras orientações de Marx, constantes do princípio do Livro I de *O capital*, segundo as quais o tempo de trabalho indica o valor de uma mercadoria e, sendo o trabalho o fator que cria riqueza, é impossível eliminá-lo; assim, em um sistema socialista de produção da riqueza, o valor é um fator imprescindível à produção. Desse modo, o valor depende não do mercado, mas do tempo de trabalho. Lukács explica também por que Stalin relacionava o desaparecimento do valor à sua eliminação do mercado: "Para Marx, a lei do valor não está vinculada à produção de mercadorias. Stalin afirma isso, e não se trata em absoluto de conversa vazia. Na verdade, ele deseja apresentar propagandisticamente a via de construção do socialismo que, em aspectos decisivos, se distancia do marxismo simulando traduzir na prática a teoria de

---

[15] G. Lukács, *L'uomo e la democrazia*, cit., p. 143.

Marx corretamente interpretada. Esse é o objetivo [...] de seu estratagema de apresentar categorias que, de acordo com Marx, são válidas para qualquer produção, como se se tratasse apenas de fenômenos históricos não mais vigentes no socialismo"[16]. Mészarós cita a *Demokratisierung*, e no trecho transcrito anteriormente abre uma polêmica com essa obra de Lukács. Ele é mais um dos admiradores de *História e consciência de classe* que não aceitam que o Lukács maduro tenha tentado redefinir sua ideia de "verdadeiro socialismo".

Aqui, é preciso determo-nos no que Lukács entende por "verdadeiro socialismo", para obter uma maior compreensão do papel do trabalho e de suas categorias ontológicas na definição de uma sociedade futura e possível. No socialismo, a teleologia adquire o *status* de categoria determinante, enquanto no capitalismo prevalece o finalismo[17]. No socialismo, existe uma teleologia central unitária, e não mais atos individuais finalisticamente postos. A teleologia unitária visa à socialização dos meios de produção, o que, por sua vez, tem como consequência imediata a eliminação do egoísmo, típico da sociedade burguesa, na qual não se apreende o sentido geral do movimento social, mas tão somente o interesse do indivíduo em alcançar seus próprios objetivos pessoais. No socialismo, cria-se a possibilidade de um gênero humano que realize objetivos em si próprios humanos. Lukács lembra que, para Lenin, o socialismo sempre foi entendido como uma comunidade social na qual todos os trabalhadores estivessem conscientes de que, com seu trabalho e com sua existência material e espiritual, podiam elevar-se à sensatez social de trabalhar em conjunto. O senso de responsabilidade de pertencer a uma comunidade (*Gemeinschaft*), em uma relação recíproca, baseia-se justamente no trabalho comum, no controle acerca do próprio trabalho e sobre os escopos a que ele visa, entre os quais figura em primeiro lugar a libertação e a emancipação do gênero humano em si no sentido de tornar-se gênero humano para si. Desse modo, a luta pela redução do tempo de trabalho socialmente necessário e pelo trabalho supérfluo determina a passagem do singular à condição de pessoa, aprofundando sua constituição como indivíduo[18]; assim, os fundamentos éticos de sua ação não ficam de fora da própria ação, como é, ao contrário, característico do sistema capitalista, e como demonstra, a seu modo, a ambiguidade da ética kantiana. As estruturas sociais no socialismo superam sua rígida objetividade, revelando-se como resultados de uma atividade humana consciente das próprias habilidades, das próprias necessidades e dos próprios direitos.

Desse modo, a democracia inunda todos os aspectos da vida cotidiana, da existência material dos homens, como demonstram hoje os movimentos sociais latino-americanos dos sem-terra ou do EZLN, em que todos os aspectos da vida coletiva são discutidos nas assembleias democráticas, das quais participam todos os membros da comunidade. O problema é fazer com que a democracia seja capaz de penetrar em todos os nodos vitais

---

[16] Ibidem, p. 92.
[17] Cf. ibidem, p. 62.
[18] Cf. ibidem, p. 96.

da comunidade. Lenin apontou o costume como a categoria sociológica capaz de viabilizar essa penetração. Como já mencionei a respeito dos movimentos sociais latino-americanos, o costume do diálogo e da decisão comunitária tornou-se, para essas comunidades, um direito democrático natural e imprescindível, por meio do qual se é membro *único* de uma *comunidade*, ou seja, se é um *indivíduo* dentro de uma comunidade. Somente em uma comunidade em que o ser e o operar material da vida cotidiana foram revolucionados o direito torna-se um costume e perde o caráter de exercício formal que possui na sociedade burguesa. O comunismo fará da democracia a substância da comunidade, naturalmente preservando e reforçando os direitos naturais e formais da sociedade burguesa, como o direito à vida, à reprodução da vida através do trabalho, à liberdade e à defesa dos três direitos precedentes.

A passagem ao socialismo não pode ser imediata. O homem não pode desfazer-se do dia para a noite de seus costumes anti-humanos. Hobbes mostrou que o egoísmo do homem é um costume natural seu, enquanto Kant reconheceu no homem uma tendência à "sociabilidade antissocial"; ora, o socialismo não pode aspirar a eliminar tais costumes em pouco tempo. O primeiro escopo a ser posto é criar as circunstâncias para que o homem não pense no próprio egoísmo nem sinta crescer em si essa sociabilidade antissocial. Em seguida, devem-se construir as condições para que a participação social nas condições de vida favoráveis torne-se fundamental. O homem deve estar consciente de que o tornar-se homem do homem é fruto de sua ação (*Tat*)[19]. Para Lukács, essa é uma resposta que pode advir do processo de reprodução da sociedade. A democratização socialista pode inverter essa última forma de anti-humanismo, a que enxerga no homem o limite da ação humana; na sociedade socialista, poderá ser construído o verdadeiro humanismo, que consiste em enxergar na libertação do outro homem a própria libertação. Os outros homens deixarão de ser uma limitação e se transformarão na realização da própria humanidade. O pertencimento ao gênero humano (*Gattungsmässigkeit*) será completo.

Em janeiro de 1971, poucos meses antes de morrer, Lukács concedeu uma longa entrevista a dois enviados do Comitê Central do Partido Socialista Operário Húngaro. A intenção do Comitê Central era ouvir a voz do velho Lukács, já debilitado por um câncer em estado terminal, como uma confirmação da nova política econômica inaugurada em 1967 pelo governo Kádár. Lukács, entretanto, dirigiu críticas particularmente agudas e rigorosas não apenas à política econômica, mas à política em geral do Partido Socialista Operário Húngaro. Por conta do evidente mal-estar gerado, essa entrevista permaneceu sepultada nos arquivos do Comitê Central até 1990, quando foi publicada em uma revista húngara sob o título *György Lukács politikai végrendelete* (Testamento político de György Lukács), após a queda

---

[19] Cf. ibidem, p. 153. A edição original diz "*das Menschwerden des Menschen nur seine eigene Tat sein könne*", G. Lukács, *Demokratisierung Heute und Morgen* (Budapeste, Akadémiai Kiadó, 1985), p. 174. Tibor Szabó fala de um "verdadeiro homem" em Lukács, em seu "Az 'igazi ember az idős Lukácsnál" [O "verdadeiro homem" no Lukács maduro], em *Miért Lukács? A szegedi Lukács-szimpozion anyaga* (Budapeste, 1990), p. 131-48.

do Muro de Berlim e do próprio regime comunista húngaro. Os estudiosos não se interessaram pela entrevista, por considerarem-na ultrapassada pelos acontecimentos; assim, por muito tempo ela ficou sem tradução em outra língua mais acessível que o idioma húngaro[20].

Em seu *Testamento político*, Lukács retoma alguns temas da concepção de trabalho por ele exposta na *Ontologia*, esclarecendo melhor, porém, do que nessa grande obra sistemática a linha de desenvolvimento que vai do trabalho à liberdade através da cultura. É preciso reconstruir essa linha de desenvolvimento para compreender como a concepção do trabalho pode comportar importantes desdobramentos políticos, capazes de indicar a atualidade do pensamento lukacsiano ainda hoje. Em primeiro lugar, Lukács se concentra na reapresentação do marxismo em termos mais adequados:

> Não nos esqueçamos de que um dos fundamentos do marxismo é que, sendo o trabalho a base da sociedade, disso decorre uma adaptação do homem a qualquer complexo que, em uma sociedade, cria certo grau de desenvolvimento do trabalho. Trata-se de um conceito tão geral que pode ser aplicado, em princípio, a qualquer sociedade, incluindo a atual, embora naturalmente sob formas muito distintas. A cultura é parte desse desenvolvimento.[21]

A cultura é a natureza humana que vai-se acumulando lentamente em paralelo ao crescimento das habilidades laborais do homem. Os homens têm sempre diante de si alternativas entre as quais escolher, seguindo a tendência de ir em direção ao melhor, a qual funciona como critério de escolha. Os bons resultados obtidos após a escolha são conservados na mente humana e usados depois como critérios de escolha em relação a alternativas análogas às precedentes.

Também os modos e as formas através das quais os bons resultados são percebidos pela mente humana são conservados e contribuem para constituir as formas específicas de uma cultura:

> A partir desses bons ou maus resultados surgirão, em suma, todas as questões que, nos desdobramentos sucessivos, farão nascer uma cultura específica. Entretanto, não se deve esquecer que, qualquer que seja a razão pela qual surja uma distribuição do trabalho especial, esta última não representa senão um modo de expressão da relação social baseada no trabalho, a partir da qual nasce a cultura. Quando dizemos que surgiu uma cultu-

---

[20] Em 1971, uma parte fora publicada na revista da esquerda australiana *Australian Left Review*, porém não houve qualquer eco a respeito. Em 2003, a editora Herramienta, de Buenos Aires, publicou a tradução espanhola da entrevista, juntamente com uma seleção de ensaios, em Antonino Infranca e Miguel Vedda (orgs.), *Testamento político* (Buenos Aires, Herramienta, 2003). Imediatamente após *Il Manifesto*, publicou uma parte da entrevista em sua edição de 3 de janeiro de 2004. A tradução italiana da entrevista inteira tinha previsão de sair em seguida, no mesmo ano.

[21] G. Lukács, "Politikai végrendelete", *Tarsaldalmi Szemle*, Budapeste, n. 4, 1990, p. 67. Aqui em tradução livre.

ra militar específica na Grécia, em Esparta, essa cultura militar não veio do nada, mas sim das relações de produção espartanas.[22]

Além disso, o caráter de possibilidade concreta apresentado nas alternativas é transformado em existência real específica justamente por meio da tendência em direção ao melhor. Uma sociedade se reproduz de modo mais eficiente se toda a sua estrutura é construída sobre bons resultados obtidos a partir de alternativas e escolhas realizadas.

A cultura nasce do trabalho, o qual, por sua vez, constitui uma forma de troca orgânica com a natureza, mas também com a própria natureza humana, ou seja, com a sociedade; assim, na medida em que o trabalho é uma troca orgânica social, ele é também uma troca orgânica cultural. O homem, colaborando e vivendo com outros homens, constitui a sociedade, que se caracteriza por uma cultura específica. Esse desenvolvimento também possui um fundamento:

> Nós, marxistas, devemos saber que o trabalho e as teses teleológicas embutidas no trabalho são a base do pensamento de qualquer homem e de qualquer cultura. Do mesmo modo, deve-se saber – e essa é um questão de princípio – que a produção dos instrumentos de trabalho mais primitivos constitui também uma *resposta* da sociedade a um determinado complexo de questões. [...] Estou convencido de que seria possível interpretar todo o desenvolvimento humano através do fato de que o desenvolvimento do trabalho do homem faz surgir constantemente novas perguntas, às quais o homem – como costumava dizer Marx – *bei Strafe des Untergangs* [arriscando equivocar-se] deve responder. Dessas perguntas decorre não apenas o aperfeiçoamento do trabalho, mas também o conhecimento; do mesmo modo que, na arte da construção, o paralelismo, as linhas paralelas ou os ângulos retos assumem um papel preferencial, o conhecimento mostrou-se de novo uma necessidade para a humanidade, e é bastante provável que cada conhecimento geométrico nosso tenha surgido a partir dessa problemática. Por outro lado, não é uma suposição provável [...] que o homem primitivo estivesse interessado em saber *em si* o que é um triângulo ou um quadrado. Tudo isso aparece na *vida* sob a forma de problemas, e deve-se resolvê-los na *vida* por meio do desenvolvimento da consciência, ou seja, pelo desenvolvimento da cultura.[23]

A vida cotidiana é o fundamento do desenvolvimento da cultura, mesmo quando se trata das formas mais elevadas de cultura, da arte à filosofia, da ciência à religião, isto é, das formas mais distantes da atividade laboral manual e cotidiana.

Lukács retoma uma questão fundamental da história da filosofia referente à qualidade do inato, e a resolve de um modo estritamente marxista, com base na convicção de que tanto o conhecimento quanto o órgão do conhecimento, ou seja, a mente, sejam qualidades inatas:

---

[22] Ibidem, p. 68.
[23] Ibidem, p. 77-8.

Creio – em oposição à concepção própria da época de Descartes, que a mente humana e, por conseguinte, a sapiência do homem, sejam uma qualidade primitiva; assim, a mente humana e o conhecimento humano devem partir do metabolismo do homem com a natureza – *Stoffwechsel des Menschen mit der Natur* [a troca orgânica do homem com a natureza] –, de onde surgem os problemas aos quais se deve responder *bei Strafe des Untergangs*. Por isso, o homem, em virtude de sua condição social, é um ser capaz de dar respostas.[24]

Com essa concepção das qualidades primitivas ou inatas, Lukács retoma uma concepção de Leibniz segundo a qual o intelecto humano é o órgão de conhecimento inato, ao passo que todos os conhecimentos adquiridos não são inatos, mas, sim, obtidos por intermédio da troca orgânica com a natureza. Para ficarmos em uma concepção materialista e também aristotélica, o intelecto humano é o instrumento que oferece a possibilidade de desenvolver ideias, e estas últimas são o ato no qual se desenvolve a potencialidade intelectual. Lukács sustenta que o homem é um ser social que dá respostas às questões que a vida cotidiana lhe endereçou; trata-se de um ser com reações concretas – em húngaro, *váloszolás* [dar respostas].

A cultura nasce do trabalho e tem uma componente social absolutamente imprescindível. Entretanto, esse caráter social da cultura possui, por sua vez, uma importante consequência sobre o desenvolvimento do próprio trabalho, como uma correta concepção dialética da história induz Lukács a concluir. Os progressos na instrução da classe operária foram requisitados pelos empreendedores capitalistas, que precisavam de uma mão de obra capaz de responder adequadamente ao desenvolvimento da indústria, que adotava máquinas cada vez mais complexas em sua atividade produtiva. A classe burguesa capitalista confiou ao Estado a tarefa de instruir a classe operária, uma vez que nenhuma instrução privada poderia garantir a qualidade do ensino e, ademais, a própria classe operária não podia se dar o luxo de um ensino privilegiado, por conta de seus parcos recursos econômicos. Entretanto, a instrução recebida aumentou o grau de combatividade da classe operária em suas relações com a burguesia capitalista e ofereceu aos operários outra imagem do Estado, qual seja, a de um instrumento cujo controle se deveria tomar, uma vez que seria impossível destruí-lo. A primeira consequência da instrução recebida pelos operários foi a de facilitar sua adaptação das grandes cidades, lugares complexos, nos quais a alfabetização era necessária até para o deslocamento de uma via a outra. As mulheres foram excluídas, em um primeiro momento, desse processo de alfabetização; consequentemente, sua mobilidade e seu próprio desenvolvimento intelectual ficaram comprometidos. O movimento feminista lutou precisamente para oferecer às mulheres os mesmos instrumentos culturais disponibilizados para os homens. A luta pela emancipação feminina tornou-se, por sua vez, parte integrante da luta pela emancipação do proletariado.

---

[24] Idem.

O problema da cultura da classe operária é um problema da vida cotidiana, entendido em seu significado mais banal, o de um problema de todos os dias. Lukács nos lembra, porém, que

> a cultura operária não é um conceito único e semanticamente compreensível. Por outro lado, a situação descrita trata de uma passagem do grau de desenvolvimento produtivo para a vida cotidiana, pois nada há de casual no fato de a classe operária do século XVIII ter concretizado a luta de classes por meio da destruição das máquinas, enquanto a classe operária do século XIX o fez através de greves e reivindicações de aumentos de salário. Nisso se observa, sem dúvida, um progresso da cultura operária, mas é também inegável que em ambos os casos fica patente, em dada sociedade e em dado tempo, uma reação às diferentes formas de trabalho.[25]

Com efeito, o desenvolvimento da cultura operária não se deu de maneira uniforme, tendo alguns setores atingido um grau superior de instrução mais rapidamente que outros, porém o problema da uniformização e da homogeneização da cultura social logo foi colocado. O fato de a burguesia tê-lo chamado de "desenvolvimento de uma cultura nacional" não altera muito a essência desse problema. Atrás do termo "nacional" se ocultava a essência social da questão, isto é, que o aumento do grau de instrução da classe operária significava também o aumento da riqueza ou do valor da nação como um todo. Os países mais ricos da esfera capitalista apresentavam um maior grau de especialização do trabalho porque a própria classe operária possuía um nível cultural mais alto. A extensão desse mesmo grau de desenvolvimento para as trabalhadoras representou um incremento ainda maior da riqueza nacional.

A questão da cultura operária encontra-se, portanto, estreitamente vinculada ao nível de democracia que uma sociedade é capaz de atingir. Mais cultura significa maior participação democrática dos trabalhadores na gestão da sociedade. Lukács reconhece que esse aspecto constituiu um dos maiores problemas da era stalinista:

> No tocante a essa questão da cultura operária, uma questão sumamente importante, creio que não devamos esquecer jamais aquilo que para nós representa uma terrível herança da era stalinista. Na verdade, apesar de a indústria ter nivelado a produção dos operários por meio do emprego das máquinas, o capitalismo conferiu uma enorme e inegável importância ao fato de um sujeito ser um bom ou um mau operário, pois só os espíritos tecnocráticos podem supor que na cabeça de um técnico os operários se convertam em simples entes mecânicos, iguais a máquinas e instrumentos. Qualquer um de nós que já tenha conhecido uma fábrica e o trabalho que nela é feito sabe muito bem que as coisas não funcionam assim; mesmo com a técnica mais perfeita na atividade operária [...], existe uma grande distância entre o trabalho bem e o mal realizado.[26]

---

[25] Ibidem, p. 68.
[26] Idem.

Julgo oportuno seguirmos passo a passo a análise lukacsiana para compreender bem tanto os elementos de sua crítica ao stalinismo quanto, principalmente, a importância do conceito de trabalho no próprio desenvolvimento da democracia. No trecho citado, Lukács apresenta duas questões relevantes: a incapacidade dos técnicos de compreender todos os aspectos das máquinas que eles mesmos projetaram e o critério do trabalho bem-feito.

O desenvolvimento capitalista passou a prestar atenção à cultura operária apenas no início do processo de industrialização, e de forma muito limitada. A divisão do trabalho constituiu também uma divisão entre trabalho manual e trabalho intelectual. Os engenheiros desenvolveram um conhecimento próprio da tecnologia no sentido prático-teórico, deixando de lado o conhecimento prático da tecnologia que os trabalhadores haviam desenvolvido ao longo de sua milenar experiência cotidiana. O desenvolvimento tecnológico seguiu um caminho de especialização cada vez maior, sobretudo com vistas a diminuir a força de trabalho requerida. Na prática, o grau de avanço tecnológico de uma máquina é calculado também por meio da quantidade de força de trabalho manual que ela é capaz de substituir e, portanto, expelir do processo produtivo. A complexidade da tecnologia tende a escapar à capacidade de compreensão do trabalhador. O trabalhador torna-se sempre mais alheio ao processo produtivo, ao passo que seu trabalho se torna cada vez mais mecânico. O "macaco amestrado" de Taylor vira o modelo a ser seguido e perseguido. Naturalmente, o alheamento do trabalhador e a mecanização do trabalho diminuíram muito a iniciativa operária tanto no sentido da luta de classes quanto no desenvolvimento intelectual dos trabalhadores. Um operário que compreenda melhor o processo produtivo no qual está inserido é um operário mais inteligente e, portanto, mais distante do modelo do "macaco amestrado".

Lukács apresenta a questão da utilidade ou não da experiência acumulada pelos operários no trabalho na indústria. Diante da concentração do saber tecnológico nas mãos dos empreendedores e de seus técnicos, os engenheiros, Lukács afirma:

> São muitos anos de experiência em relação à escolha do instrumento ou da máquina a ser instalada em uma fábrica; há uma grande quantidade de instâncias entre o desenho e o trabalho realmente ótimo. Acredito que um bom operário reconheça mais rapidamente essas instâncias que um bom engenheiro. Naturalmente, o operário não pode ter a iniciativa de expor suas opiniões sobre que máquinas devem produzir as fábricas de máquinas; entretanto, tenho certeza de que, no que diz respeito às máquinas mais delicadas, os bons operários talvez sejam capazes de avaliar melhor que os engenheiros algumas possibilidades para seu máximo aproveitamento.[27]

Uma colaboração, ou até mesmo uma crítica dos operários ao trabalho dos engenheiros, poderia permitir uma exploração mais racional das máquinas e, portanto,

---

[27] Ibidem, p. 79.

um aumento da produtividade do trabalho. O trabalho não pode se desenvolver plenamente se a técnica prática continua inteiramente estanque da teoria e se esta última domina a primeira sem levar em conta que pela prática passa o saber empírico, que, por sua vez, encontra-se na base da própria técnica teórica.

A proposta de Lukács é muito clara e incisiva:

> O grau de expansão da capacidade e da atividade do operário é algo que depende inteiramente de nós. Podemos organizar uma fábrica de modo que o operário não tenha nela qualquer voz ativa nem se importe com ganhar um pouco mais ou um pouco menos – ou, ao contrário, podemos organizar a fábrica de outra maneira. Não instalando máquinas e perguntando aos operários se tais máquinas são boas ou más, porque os operários obviamente nada dirão, mas sim criando uma cultura na qual o operário tenha direito a participar de uma crítica produtiva a respeito das máquinas instaladas. Nessa situação, abrir-se-á espaço para uma crítica operária que, se lograr um resultado – entendo por resultado o alcance de um resultado positivo, de modo que os operários que efetuam a crítica se beneficiem das vantagens por ela geradas –, fará surgir entre os operários a ambição por esse tipo de atitude.[28]

Nesse ponto, a participação operária deve passar por dois momentos políticos: o direito de crítica e a liberdade de expressão. Se faltar algum desses dois pressupostos, a própria produção industrial pode ser prejudicada. Lukács demonstra ter compreendido muito bem a lição capitalista da inseparabilidade entre liberdade econômica e liberdade de expressão – tão bem a ponto de desejar pô-la em prática no local de trabalho, onde a liberdade de expressão se converte em direito de crítica, estimulada também por vantagens econômicas, de modo a tornar-se um fator relevante da própria produção de riqueza, na medida em que se constitui um fator do processo produtivo. O controle operário se faz presente não apenas na defesa dos direitos dos trabalhadores, mas também no posterior estímulo à produção[29]. O controle centralizado do saber técnico e da organização produtiva se vê superado pela maior colaboração entre saber técnico teórico e saber técnico prático. Naturalmente, os sindicatos devem desempenhar o papel de garantidores, estimulando a crítica e garantindo, ao mesmo tempo, o direito a ela. Lukács fala abertamente sobre a necessidade de uma "democracia sindical" também nas realidades social e política dos países comunistas.

A proposta política do Lukács maduro, desde o trabalho bem-feito até o surgimento da cultura operária e de sua intervenção crítica sobre o processo produtivo, reconfigura o problema da estreita relação entre cultura e democracia. Um maior conhecimento dos nexos problemáticos do processo de produção por parte do operário implica uma intervenção crítica e um controle operário sobre o próprio processo

---

[28] Ibidem, p. 79-80.

[29] "Existe um desenvolvimento democrático no país que dá voz aos operários em determinadas questões produtivas; isto, sem dúvida, aumentará o interesse dos operários pelas questões tecnológicas relacionadas à produção e pelas questões econômicas", ibidem, p. 78.

produtivo, de modo que o trabalhador controle seu próprio processo laboral e as condições nas quais se dá seu trabalho; esse controle não se limita apenas à atividade dentro da fábrica, mas envolve também a atividade do trabalhador fora dela. Uma cultura operária nasce no local de trabalho, porém depois se expande para o resto da sociedade, uma vez que o trabalhador dissemina sua própria experiência laboral e a pratica na própria participação na vida comunitária. Assim, caem as barreiras entre trabalho e comunidade, e mesmo entre trabalhador e cidadão – ambos encontram-se em uma relação recíproca de crescimento e progresso. O partido comunista deve favorecer esse intercâmbio, sem limitá-lo ou direcioná-lo para fins e metas convenientes apenas para a instância política, conforme ocorria no stalinismo. Esse continua a ser um dos problemas centrais do socialismo realizado, mesmo após a morte de Stalin, em virtude do que Lukács tem toda a razão ao afirmar que, na realidade, o stalinismo jamais teve fim nos países da Europa central e oriental.

Em sua crítica ao stalinismo, Lukács torna a utilizar as categorias que vimos desenvolver-se na concepção ontológica do trabalho. Ele sustenta que, no stalinismo, a *quantidade* de produção do trabalho era anteposta a qualquer outra categoria, tornando-se uma verdadeira e própria substância do trabalho, da qual se originou o stacanovismo e toda a ossatura ideológica que o sustentava. Lukács lamenta que

> tenha caído em desuso o conceito do trabalho bem-feito; a honra do bom trabalho diminuiu na fábrica em relação a antes. Com isso, estamos diante de uma questão particularmente complicada, que formulo precisamente do ponto de vista socialista. Marx costumava falar muito sucintamente do desenvolvimento socialista futuro, porém considerava que um dos critérios do desenvolvimento socialista era que o trabalho imposto por obrigação se transformasse em uma necessidade vital para o homem. Arrisco-me a dizer que somente o bom trabalho pode se converter em uma necessidade social, justamente em oposição à simples necessidade vital econômica, uma vez que, naturalmente, qualquer trabalho realizado pelo homem é a manifestação de uma necessidade vital. Entretanto, por paradoxal que pareça, o homem considera apenas o trabalho bem-feito como parte orgânica de seu próprio desenvolvimento. Só o bom trabalho confere ao operário dignidade, autoestima etc.[30]

Aqui, encontramo-nos diante de uma categoria que aparece pela primeira e única vez na concepção lukacsiana do trabalho: o bom trabalho ou o trabalho bem-feito. É evidente que a *qualidade* constitui a categoria central, mas essa não é substância, embora seja inerente à substância – mais especificamente, uma relação da substância consigo mesma. Com efeito, o operário representa a substância, ou o sujeito, e seu juízo ou seu autojuízo sobre o trabalho feito se torna a categoria de interpretação do próprio lugar na comunidade. Ter perdido a centralidade do operário e, por conseguinte, seu autojuízo sobre o próprio trabalho, foi o maior erro do stalinismo no tocante à sociedade civil dos países comunistas.

---

[30] Ibidem, p. 68.

Lukács recupera também a herança marxista ao falar de "trabalho bem-feito" como necessidade vital do homem, capaz de restituir a dignidade ao trabalho e ao trabalhador. Sua crítica é uma crítica socialista aos regimes socialistas, mas não somente a eles, uma vez que mesmo hoje, apesar de o socialismo não ser mais uma realidade vital, o problema do trabalho permanece nos países capitalistas, nos quais é ainda menor a preocupação com a dignidade do trabalhador. O toyotismo se ocupa das qualidades morais dos trabalhadores na atividade laboral apenas na aparência; na realidade, ele limita-se a explorá-los para tornar o trabalho mais produtivo, não aceitando críticas que provenham da classe-que-vive-do-trabalho, como deveríamos mais justamente chamar a classe trabalhadora na era da globalização[31]. A crítica marxista do socialismo realizado não teve qualquer consequência sobre a realidade política e cultural dos países ex-comunistas, mas isso não impede que seja substituída por uma crítica à atual globalização. Na verdade, tornar a desenvolver uma crítica marxista à globalização pode oferecer uma série de categorias, como justamente aquela do "trabalho bem-feito", que são ainda válidas para a compreensão do nível de indiferença a que se reduziu hoje a produção de riqueza e, com ela, a troca orgânica do ser social.

O "trabalho bem-feito", segundo Lukács, representa um verdadeiro e próprio critério de juízo no que diz respeito à realidade política. Em seu *Testamento político*, o filósofo narra algumas anedotas para explicar como os operários chegaram a usar a categoria do "trabalho bem-feito" para julgar os políticos[32]. Não me deterei em tais anedotas porque ultrapassam a matéria aqui tratada; não obstante, é oportuno acompanhar a análise de Lukács sobre o "trabalho bem-feito":

> Tanto no capitalismo quanto no socialismo, existem diferenças entre um trabalho bem-feito e outro malfeito; entretanto, se os homens fizerem esse julgamento partindo da indiferença atual, não se darão conta de que em qualquer tipo de trabalho existe essa hierarquia. [...] Se desejarmos um desenvolvimento socialista, isso significa que do bom trabalho poderá surgir a noção de trabalho como necessidade vital. Naturalmente, para que o trabalho se converta em uma necessidade vital, são necessárias algumas reformas socialistas que reduzam e enfraqueçam o caráter tirano do trabalho e a condução tirana da vida. Na realidade, o trabalhador deve acabar com a concepção de trabalho como trabalho forçado, isto é, aquele que deve fazer por obrigação, para não morrer de fome. Se isso mudar com o socialismo – e isso realmente pode mudar em um regime socialista –, então haverá consequências *socialistas* quando entre os operários, dentro da fábrica, existir apenas *essa* hierarquia.[33]

---

[31] Cf. Ricardo Antunes, *Addio al lavoro?* (Pisa, BFS, 2002) [ed. bras.: *Adeus ao trabalho? Ensaios sobre as metamorfoses*, São Paulo, Cortez, 2010].
[32] Cf. G. Lukács, *Politikai végrendelete*, cit., p. 69.
[33] Idem.

O caráter tirano do trabalho é cada vez mais reforçado nos dias de hoje; assim, a proposta de Lukács continua atual, apesar de os sistemas de manipulação das consciências nos iludirem afirmando que o trabalho nas fábricas diminuiu a tal ponto que alguns sociólogos, antes marxistas, começarem a falar em "fim do trabalho". O trabalho não está de modo algum prestes a extinguir-se; basta ir a uma fábrica do Terceiro Mundo para perceber que sobretudo a forma mais alienante e tirana do trabalho apenas se deslocou geograficamente, porém seu aspecto desumano é sempre o mesmo, ou melhor, é ainda mais desumano, justamente porque nesses países as defesas sindicais são ainda mais frágeis.

O "trabalho bem-feito", que se torna uma necessidade vital do ser humano, representa uma questão central do desenvolvimento da sociedade humana. A qualidade do trabalho é uma categoria não apenas da mercadoria, mas também da própria produção e mesmo do que lhe é externo. Um bom trabalho deve constituir uma categoria da vida cotidiana da sociedade civil, de cada indivíduo nela inserido, da comunidade como um todo. Para Lukács, trata-se de um problema que envolve também a questão de uma nova cultura social, na acepção mais ampla do termo "cultura". O que está em jogo aqui é a relação do homem consigo próprio, são as relações entre os homens, é a vida em seu sentido mais lato; aqui, a cultura se torna uma dimensão espiritual.

> Creio existir uma forte ligação entre o trabalho bem-feito e a cultura do operário. Aquele que faz seu trabalho de forma meramente mecânica volta para casa e não se preocupa mais. Já aquele que percebe [...] quais são os defeitos e as virtudes de determinada máquina pode mais facilmente se interessar por mecânica e assim por diante. O interesse dos operários é determinado por seu trabalho. No fim, eles se dão conta de que seus conhecimentos são precários; conheci vários trabalhadores dos tempos antigos que, através desse processo, tornaram-se homens mais capazes. Uns de uma maneira; outros, de modo diverso. Alguns desenvolveram a parte técnica; outros, a parte matemática; outros ainda, a parte econômica. De qualquer modo, só é possível desenvolver e se desenvolver a partir de um bom trabalho, porque entram em relação diferentes fenômenos, dos quais se extraem claramente a cultura do trabalho e o círculo de interesses que transcendem a classe operária.[34]

O ser social, o sentir-se parte de uma comunidade, forma-se com o trabalho, e o trecho precedente é uma das melhores explicações dos mecanismos internos que envolvem o ser social em uma relação com a comunidade. O desenvolvimento social é desenvolvimento do homem singular e envolve esferas sempre mais amplas, de modo dependente da categoria da tendência ao melhor. O homem se aprimora porque deseja compreender *bem* a situação em que se encontra, onde atua e com qual comunidade interage.

---

[34] Ibidem, p. 70.

A concepção lukacsiana do trabalho mantém óbvias e estreitas relações com a política, como já foi sugerido anteriormente. A questão do "trabalho bem-feito" se liga à cultura e às categorias éticas que guiam o desenvolvimento humano autodirigido dos homens. Além disso, "a democracia guarda um estreitíssimo vínculo com a cultura"[35]. Democracia significa naturalmente liberdade; os dois conceitos não são separáveis – mais ainda, podem ser considerados como um único conceito. Lukács não se furta a exprimir também o seu conceito de liberdade:

> Se a distribuição do trabalho é geral e se torna social, surgem, por sua vez, novas liberdades e novas restrições; sob esse ponto de vista, seria ridículo dizer que existe um desenvolvimento claro e linear em direção à liberdade, pois é evidente que tanto o capitalismo quanto a transformação da economia capitalista em economia socialista separam a liberdade de muitas questões que, cem anos atrás, dependiam de uma decisão livre. Por outro lado, ao mesmo tempo, uma vez que o homem se vê livre das amarras do trabalho primitivo, surge um terreno de liberdade cada vez maior. Desse modo, não julgo correto falar de liberdade no singular, mas apenas no plural, para que se possa ver quantas formas de liberdade existem para o homem nos diferentes campos de sua atividade; naturalmente, isso varia bastante de acordo com as épocas consideradas.[36]

Lukács enxerga a liberdade como libertação da dependência do trabalho humano em relação à natureza; quanto mais o ser social afasta a própria troca orgânica da natureza, maior é o grau de liberdade de que pode desfrutar. Poder-se-ia traduzir esse conceito da seguinte forma: quanto mais a troca orgânica se dá com a sociedade, e não com a natureza, mais livre é o homem. Por essa razão, dever-se-ia falar de liberdade no plural, e não no singular, já que esse último tipo de liberdade é a do padrão hegeliano, que acaba por ser escravo de seu escravo. Naturalmente, o socialismo faz aumentar o grau de liberdade porque diminui o grau de exploração capitalista (social) do trabalho, mas Lukács não fala de liberdade no socialismo. O processo de libertação, como se descreve acima, é um processo infinito, que não se pode jamais considerar concluído em momento algum da história, a menos que se recaia na estúpida afirmação de um "fim da história".

Lukács é muito claro: "Não se deve falar de liberdade, uma vez que tal liberdade não existe. Deve-se, sim, falar de que nexos e de que formas de liberdade surgem vinculadas à atividade do homem e da relação entre essas formas de liberdade, analisando o que é útil e o que é prejudicial à cultura do homem"[37]. A liberdade é um resultado da atividade humana. Esta última não é um conceito abstrato, separado da práxis humana, mas, sim, uma conquista do ser social; portanto, deve-se saber com

---

[35] Ibidem, p. 78.
[36] Ibidem, p. 81.
[37] Idem.

clareza a origem dessa liberdade, como foi necessário agir para obtê-la, o que estamos dispostos a fazer para defendê-la.

A liberdade política é um estágio sumamente alto e importante da liberdade social, que tematiza a questão da ordem legal da liberdade social, já que em uma democracia civil a ordem legal é um argumento parlamentar. Ao contrário, onde surge a liberdade, surge também a limitação da liberdade na sociedade civil; por exemplo, no âmbito do capitalismo, quando se estabelece uma liberdade formal de primeira ordem, na realidade pode-se dizer que não existe, de fato, qualquer liberdade. [...] A questão da liberdade e de sua ausência deve ser reconhecida em uma experiência social concreta, sem a qual – e nisso reside o calcanhar-de-aquiles de todas as argumentações capitalistas – toda liberdade civil perde o sentido, tornando-se uma liberdade absoluta que, na realidade, corresponde a um grau nulo ou mínimo da verdadeira liberdade.[38]

Estamos diante do clássico problema de liberdade formal capitalista *versus* liberdade substancial socialista. Com base na experiência histórica que estamos vivendo nesta época de globalização, a democracia formal poderia surgir apenas após a realização de uma democracia substancial, ou seja, apenas depois que os seres humanos tenham se libertado de sua dependência da troca orgânica com a natureza, sendo assim capazes de reproduzir sua vida em uma relação harmoniosa com a sociedade. Só então o problema da liberdade política será posto como o único problema da liberdade. Hoje ainda estamos em condições de dizer que grande parte da humanidade ainda deve conquistar a liberdade substancial de poder reproduzir a própria vida com um projeto factível. A maior parte da humanidade sofre pela reprodução da própria vida orgânica, pela satisfação das próprias necessidades animais (comer, beber, morar, reproduzir-se sexualmente). Quando a liberdade substancial é garantida, porém, a luta se volta para a liberdade política formal, ou seja, tem início a luta pela satisfação das necessidades humanas (relações espirituais, culturais, intelectuais, prazeres estéticos, vida plena de sentido).

Lukács mostra-se muito consciente do problema do valor e da importância da liberdade formal ou legal, e enfatiza o problema da quantidade de liberdade que diferencia um Estado de outro, ou ainda, dentro de um mesmo Estado, uma região de outra. Sem dúvida, nas regiões menos desenvolvidas do planeta as liberdades legais são inferiores, tanto pela presença de organizações criminosas muito poderosas quanto pelas dificuldades econômicas em que se encontra a sociedade civil daquela região, para não falar do menor peso das respectivas sociedades políticas em relação às sociedades das regiões mais desenvolvidas. Na prática, a liberdade legal é diretamente proporcional às concessões feitas pela classe dominante:

---
[38] Idem.

A liberdade sempre se organiza de acordo com as necessidades de um determinado estrato social ou de dada classe dominante. Esta logo poderá ser abertamente contestada pela luta de classes. Devemos apenas estar cientes de que, apesar de ser inevitável económica ou socialmente que a classe dominante decida constantemente sobre essa liberdade, é igualmente possível que a classe dominante, negligenciando os próprios interesses, decida *incorretamente* em relação a essa liberdade.[39]

O termo "classe dominante" deve ser compreendido em um sentido bem amplo, isto é, abarcando a classe política, a classe empreendedora e até mesmo organizações criminosas.

Entretanto, Lukács é bastante claro sobre um ponto:

> Não há diferença entre o direito socialista e o capitalista; melhor ainda, nem falarei em direito socialista, remetendo-me aqui a Marx. Em sua *Crítica ao programa de Gotha**, Marx afirma claramente que o direito dominante no socialismo é ainda o direito civil, excetuando a questão da propriedade privada, uma vez que esse lado formal do direito foi desenvolvido pela sociedade capitalista, permanecendo sem dúvida no socialismo enquanto direito. É evidente que não existe um direito socialista, apesar de o desenvolvimento do socialismo no sentido do comunismo tencionar criar um Estado em que haverá a necessidade do direito, de modo que não creio que sob esses pontos de vista se possa falar de um direito socialista especial.[40]

Na prática, o direito é civil *tout court*; entretanto, devem-se alterar as relações de produção, excluindo as formas de exploração – se isso não ocorrer, juntamente com o direito civil se reproduzem as formas de exploração. Mas o que se deve fazer quando as relações de produção permanecem inalteradas? Defender as formas do direito que concedam espaços de liberdade para os trabalhadores, ou melhor, conquistar maiores espaços para melhorar as condições de trabalho e de vida. Nesse combate, os trabalhadores, e de modo mais geral os explorados, poderão reduzir a exclusão e, na prática democrática, preparar-se para a gestão da sociedade civil, transformando-se em sociedade política. A tomada do poder político é uma via para estabelecer o socialismo, constituindo a libertação da exploração por parte do homem. Infelizmente, com grande frequência a história do movimento operário presenciou o combate às formas civis do direito sem a eliminação das relações de produção; o resultado foi a barbárie. Ou, ainda pior, como ocorreu nos países de socialismo real, as relações de produção foram transformadas sem que se acabasse com a exploração, e foram suspensos os direitos civis. O resultado foi a barbárie organizada, ou melhor, a "barbárie real".

---

[39] Ibidem, p. 82.
* São Paulo, Boitempo, 2012. (N. E.)
[40] Idem

ÉTICA E TRABALHO

A morte levou Lukács em 4 de junho de 1971, quando ele se preparava para escrever a última obra sistemática que completaria a reflexão iniciada na *Estética* e continuada na *Ontologia do ser social*. Essa obra seria uma *Ética*. Dessa obra restaram apenas algumas notas, que foram publicadas em 1994[41]. O estado dessas notas é tão fragmentário que torna difícil extrair delas qualquer concepção orgânica. Não obstante, vale a pena o esforço para tentar compreender o que Lukács pretendia dizer a respeito da relação entre ética e trabalho.

Antes de mais nada, é preciso ter em mente que Lukács não pretendia desenvolver uma ética do trabalho, que por sinal constitui uma tarefa do sistema de produção capitalista desde seu surgimento. Não se deve esquecer a valorização weberiana da ética protestante do trabalho, em contraposição à condenação grega ao trabalho físico, como demonstração do fato de que o ser social tende a libertar-se do trabalho mais alienante, mais cansativo, mais duro, ao passo que prefere o trabalho criativo. A ética protestante acostumou o homem a aceitar o trabalho alienante para ganhar na terra os sinais da graça divina, obtendo o respeito da opinião comum mesmo em detrimento do peso comum (*communio sponsio*), isto é, da responsabilidade em relação aos outros, da própria conduta moral. Em uma nota, Lukács escreve: "*Economia e moral* (falsa economicamente, correta no plano da história universal). Engels Miséria IX/X"[42]. Pode-se julgar que Lukács sustenta que a relação entre moral e economia seja incorreta do ponto de vista econômico; entretanto, é correto examinar a questão da relação entre ambas contra o pano de fundo da história universal do gênero humano. Na economia capitalista, as questões éticas podem não interessar à esfera econômica, porém no socialismo essa divisão rígida pode e deve ser superada, como de resto o próprio Marx sustentava no slogan "A cada um de acordo com as próprias necessidades, de cada um de acordo com as próprias habilidades". Necessidades e habilidades não são categorias econômicas, mas, sim, categorias morais e sobretudo corpóreas, uma vez que se encontram ligadas à esfera da corporeidade humana e de sua reprodução biológica. A citação de Lukács é respaldada por uma citação de Engels extraída da introdução à *Miséria da filosofia*: "Limitamo-nos a afirmar que tal fato econômico encontra-se em contradição com nosso senso moral [...]. *Entretanto, algo formalmente falso para a economia pode ser exato para a história universal*"[43]. Infelizmente, os

---

[41] G. Lukács, *Versuche zu einer Ethik* (Budapeste, Akadémiai Kiadó, 1994), p. 245. Peço desculpas ao leitor pelas longas citações que virão a seguir, porém trata-se de um texto praticamente desconhecido de Lukács e de difícil compreensão que deve ser apresentado ao leitor da forma mais completa possível, tanto em minhas traduções quanto na língua original.

[42] "Oekonomie u[nd] Moral *(oekonomisch falsch – weltgeschichtlich richtig). Engels Elend IX/X*", ibidem, anotação O/179, p. 45-6. Em negrito estão os grifos da edição original e, em itálico, a frase original em alemão. Neste caso, os parênteses são meus (A.I.), assim como a tradução.

[43] Friedrich Engels, Prefácio à primeira edição alemã de Karl Marx, *Miseria della filosofia*. A citação foi retirada da edição italiana do livro, *Miseria della filosofia* (Roma, Editori Riuniti, 1976), p. 13. O grifo é de Lukács, na edição original de *Versuche zu einer Ethik*, cit., p. 46.

marxistas com frequência se esqueceram de que o que se considera normal na economia capitalista não é moralmente correto; foi precisamente essa indignação moral que *impulsionou** Marx a rejeitar a economia capitalista, ainda que seu juízo negativo sobre o capitalismo baseie-se sempre no conhecimento da dinâmica econômica do modo de produção capitalista, e não no juízo moral. Isso não significa que o juízo sobre o capitalismo por parte dos marxistas deva ser amoral, cínico, ou, pior ainda, imoral.

A questão das relações entre moral e economia é, no fundo, a questão da relação entre indivíduo e comunidade, entre ser social e gênero humano. Em um ensaio inédito intitulado "A responsabilidade social do filósofo", encontrado entre os papéis de Lukács e muito provavelmente datado de 1950, ou seja, do momento em que as temáticas ontológicas amadureciam na reflexão de Lukács, o filósofo húngaro enfrenta com clareza o problema da origem da relação entre o indivíduo e o gênero. O fundamento da unidade entre indivíduo e gênero é o trabalho[44]. A origem concreta da relação indivíduo/gênero no trabalho torna completamente supérfluo o recurso a uma origem transcendente dessa relação: "O trabalho, através do qual o homem se torna homem, fazendo de si próprio um homem, pode adquirir um significado universal apenas quando é tomado ao pé da letra como trabalho físico (que é ao mesmo tempo espiritual, o demiurgo da espiritualidade), quando desaparece da ontologia do homem toda transcendência sobre-humana"[45]. Lukács exclui, assim, toda forma de recurso à existência de uma entidade divina criadora do indivíduo em particular e do gênero humano como um todo, sem todavia incorrer no erro feuerbachiano de inverter os termos de modo a fazer com que o homem crie o próprio deus. Em verdade Lukács, como bom marxista, considera totalmente supérfluo recorrer à presumida existência de um deus para explicar aquilo que se encontra nas possibilidades concretas do homem: passar da animalidade à humanidade e, assim, constituir-se como sujeito que se autocria como indivíduo e como gênero.

Mesmo considerando a imediata reprodução do ser humano individual, para Lukács sempre existe a questão da superação da singularidade em prol da genericidade. Ao falar em interesse, que poderíamos entender como valor, Lukács identifica uma forma de dialética entre interesse imediato e mediado ou universal, e acrescenta: "Aqui também: modelo: trabalho no qual é posta esta contradição: ou seja, *deslizar* o trabalho entre o desejo e a realização imediata. Superação do imediatismo por intermédio dessa mediação-superação (conduzir a um nível superior!)"[46]. Lukács reafirma o papel do trabalho no que diz respeito a toda forma de práxis humana deixando entender que este se insere casualmente entre necessidade e satisfação desta necessidade. Desta

---

* No original, o autor grifa a palavra *"spinse"*, que significa "empurrou", "impulsionou". (N. R. T.).

[44] Cf. G. Lukács, "La responsabilità sociale del filosofo", *La responsabilità sociale del filosofo* (Lucca, Pacini Fazzi, 1989), p. 69.

[45] Ibidem, p. 68.

[46] *"Auch hier: Modell: Arbeit in der dieser Gegensatz gesetzt ist: nämlich Dazwischenschieben d. Arbeit zwischen Begierde u unmittelbar"*, G. Lukács, *Versuch zu einer Ethik*, cit., T/2, p. 50.

maneira efetiva-se uma superação da imediaticidade que eleva a ação a um grau superior, ou seja, ao grau da genericidade, e com isto ao grau da ética. A superação consiste precisamente na mediação realizada pelo trabalho entre necessidade e satisfação, portanto cada forma de satisfação consiste em um plano de interesses e de valores que não são mais individualmente subjetivos, mas que se tornam genéricos, já que onde um homem pode satisfazer suas necessidades, outros homens também o podem fazer. Essa superação põe o problema do valor e origina também o plano da universalidade, ou seja, da ciência, da arte, da ação social: "Teleológico (modelo: trabalho – Variações). Novamente diferença: meio: arte-ciência-trabalho-ação social: *problema do valor*"[47].

De maneira que se estabelece uma "dialética entre os interesses *imediatos e os interesses colocados em perspectiva* (Lenin) pelo *trabalho*. Socialmente: justamente trabalho – não imediatamente. Na produção: imediatamente para o consumo ou meios de produção. Assim sucessivamente (mas: modelo, porque animal – essencialmente – em forma imediata, no máximo provisões) *a princípio trabalho sobre a imediaticidade*"[48]. O trabalho põe em marcha uma dialética social entre os interesses imediatos do ser humano individual e, em longo prazo, os interesses do gênero humano. Essa dialética social surge no trabalho, mas não de forma imediata, porque é sempre resultado do ato de um ser humano individual que, em seu ato de trabalho individual, pode manifestar sua animalidade se limitar-se à simples colheita de provisões, mas que, ao elaborar uma forma mais complexa de transformação da realidade, já se abre à genericidade, mesmo mantendo-se ainda ao nível da imediaticidade. Lukács define a imediaticidade como "objetividade dos processos (mediados pelas coisas)"[49]. O caráter de objetividade é dado pela prevalência das coisas imediatas, as quais são adquiridas no processo de trabalho pelo valor imediato de uso que apresentam ao ser humano. Estamos ainda no plano de uma ética fundada sobre a objetividade.

A ética fundada sobre a subjetividade inicia a mostrar-se na práxis. Lukács escreve: "Primazia da razão prática; eticamente: não sabem, mas fazem"[50]. Com isto, salienta-se o fato de que os homens sempre agem no plano ético, quando sua ação alcança o plano da genericidade, ainda que esta ação seja inconsciente para os próprios atores que a realizam. Poder-se-ia afirmar uma superioridade da ação, além da inconsciência, assim como acontece na hegeliana astúcia da razão. Com efeito, Lukács acrescenta:

---

[47] "*Teleologische (Modell: Arbeit – Variationen) Wieder Unterschied: Medium: Kunst – Wissenschaft – Arbeit – gesellsch. Handeln:* Wertproblem", ibidem, T/26, p. 47.

[48] "*Dialektik der* unmittelbaren und 'perspektivischen' *Interessen (Lenin) mit Arbeit gesetzt. Gesellschaftlich: eben Arbeit – nicht unmittelbar. In Produktion: unmittelbar für Konsumation oder Produktionsmittel. So weiter (Arbeit: Modell. weil Tier – wesentlich- unmittelbar, höchstens Vorrat) erst Arbeit über Unmittelbar*", ibidem, O/127, p. 50-1.

[49] *Gegenständlichkeit der (durch Dinge vermitteln)* Processe", ibidem, O/310, p. 51.

[50] "*Primat d. praktischen Vernunft; ethisch: sie wissen es nicht, aber sie tun es*", ibidem, T/9, p. 51.

Astúcia da razão e trabalho em Hegel. Instrumentos: astúcia entre eu e coisidade exterior (Filosofia do espírito jenense, II, 198 Explicado. Meio como médio (superior ao fim imediatamente posto) V 220. Lenin 109 (Concretizar) Nisto: possibilidade sobre a vontade consciente na posição do fim (com relação ao trabalho e às forças naturais Razão na história 61/2 "similarmente" paixões na sociedade (ibidem 62. Mostrar diferença na analogia: o mito em germe): especialmente claro Particular: "lutar contra si mesmos" Universal ideia não "em contradição e luta", perigo etc. (ibidem 83). Mas Bem: atos – já vida cotidiana – diferente do desejado (ibidem 66/7) Grandeza do homem: fins particulares contêm o substancial ibidem 68 (Cesar 67/8 Relação não dialética do particular e do universal. Confrontar o que foi dito sobre universal-particular.[51]

Mais uma vez Hegel fornece categorias e temáticas. Existe uma relação de astúcia da razão entre o eu e a realidade genérica exterior (*Dingheit*), em que o instrumento torna-se mediaticidade e, portanto, a primeira relação com a exterioridade. Efetivamente o instrumento é produto da atividade de trabalho, o mesmo instrumento de mediação, para ser produzido, demanda um ato de mediação e, portanto, é superior ao fim que se deve realizar mediante o próprio instrumento. A vontade, que age, põe uma forma de mediação oferecida pela natureza e pelo conhecimento das leis naturais.

A mesma relação existe no âmbito da sociedade, em que as paixões devem ser mediadas por uma disciplina interior para que não se manifestem através da forma natural em que se mostram. Um homem não se acasala sexualmente como os animais, mas pondo em ato estratégias voltadas à sedução para alcançar a meta do acasalamento sexual. No plano do universal as ideias não estão em contradição e em luta contra o indivíduo, na sociedade contemporânea ninguém luta contra a liberdade, sobretudo contra sua própria liberdade; se for o caso, luta-se para defender ideias diferentes de liberdade. A liberdade, ou outras ideias universais, constituem o património comum da humanidade, ao ponto de lutar para suas diferentes formas, ou ainda, a luta se dá entre indivíduos que têm interesses divergentes. Uma ideia universal típica, como a ideia do Bem, manifesta-se como protelamento daquilo que se deseja, alcançando-se o universal apenas quando o fim particular contém o fim substancial. Efetivamente o trabalho impõe um autocontrole ao homem sobre seus próprios atos[52]. Nestas ocasiões surgem os grandes personagens da história, como o César de Hegel, que sempre esta-

---

[51] "*List der Vernunft u Arbeit b H. Werkzeug: List zwischen Ich u äußerer Dingheit (Realphilosophie II 198 Ausgeführt. Mittel als Mitte (höher als unmittelbar gesetzter Zweck) V 220. Lenin 109 (Konkretisieren) Darin: Möglichkeit über bewusstes Wollen um Zwecksetzen hinaus (Dabei bezüglich Arbeit u Naturkräfte Vernunft in Geschichte 61/2) 'Ähnlich' Leidenschaften in Gesellschaft (ebd 62. Differenz aufzeigen, die in Analogie: Mythisieren im Keim): besonders deutlich Besondere 'sich aneinander abkämpfi' Allgemeine Idee nicht 'in Gegensatz u Kampf', Gefahr etc. (ebd. 83) Aber Gut: Handlungen –schon Alltag- anders als das Gewollte (ebd 66/7) Großer Mensch: 'partikulare Zwecke' das Substantielle enthalten ebd 68 (Caesar 67/8) Verhältnis von Partikular u Allgemein undialktisch. Vergl oben allegemein--besondere*", ibidem. P/1, p. 53-4.

[52] Vittoria Franco lembra que a liberdade também é autodominação do homem sobre si mesmo; ver seu "Riflessioni sull'etica di Lukács" [Reflexões sobre a ética de Lukács], *La Politica*, Milão, n. 3-4, 1985, p. 40.

belecem uma relação não dialética, mas transitória, entre o particular e o universal, uma vez que o universal deve ser contido no particular e não pode ser o derrubamento ou a negação do particular. Lukács pode sustentar, desta maneira, que "a 'astúcia da razão' determina um horizonte – historicamente diversificado – porém sempre amplamente definido, em cujo âmbito pode-se falar de responsabilidade em sentido ético"[53]. A astúcia da razão põe também o problema da responsabilidade ética e, no campo da segunda natureza – a sociedade –, propõe de novo o problema da relação entre o indivíduo, seja este cósmico-histórico, seja simplesmente ser humano singular, e o *Weltgeist*, espírito do mundo, ou o gênero humano, a humanidade inteira que está contida em cada indivíduo singular (*Gattungswesen*).

Percebe-se que a leitura hegeliana de Lukács é sempre acompanhada por uma interpretação leninista da história, por isto procura-se sempre uma passagem do ser individual ao gênero humano, que se realiza porque todos os seus membros realizam sua humanidade não contra um indivíduo ou contra uma classe social ou ainda contra um grupo de homens, mas por meio dos homens, os indivíduos cósmico-históricos de Hegel. A astúcia da razão ética, como diria Lukács, realiza-se por meio dos homens, mas se apresenta como realização da humanidade. Esta realização acontece no campo da atividade prática, a partir do trabalho. Por isto Lukács pode chegar à conclusão, em continuidade com Marx: "Práxis como critério da teoria"[54]. E logo explica:

> Essência da teleologia do trabalho: processo causal direto que, em si, em nada é diferente do normal. Mas concretamente muda o mundo. Imediatamente em forma natural somente mediante a causalidade pura – todavia, troca somente a partir da condição de ser-dirigido, pelo espelhamento transformado em prática. Assim – *sub espécie* de natureza – nenhuma diferença entre causalidades; *sub espécie* de "segunda natureza" (de sua ontologia) mais resolutamente: como o espelhamento (reflexo) resolve-se ontologicamente em realidade puramente transformada.[55]

O trabalho como forma de práxis teleologicamente posta e direta constitui modelo da atividade humana e, portanto, antes de tudo é uma posição de escopos a realizar. O pôr escopos é possível à condição de apreender a causalidade natural e transformá-la numa causalidade posta pelo homem. Eis por que Lukács pode falar em causalidade no plural (*Kausalitäten*), ou seja, uma dupla causalidade, a natural e aquela colocada pelo homem que é resultado do processo de espelhamento da primeira na mente humana. O homem, em sua mente, recriou a realidade exterior, apreendendo

---

[53] G. Lukács, "La responsabilità sociale del filosofo", cit., p. 63.
[54] "*Praxis als Kriterium d. Theorie*" in G. Lukács, *Versuche zu einer Ethik*, cit., O/287, p. 52.
[55] "*Wesen der Arbeitsteleologie: gelenkter Kausalprozeß, an sich vom normalen in nichts unterschieden. Aber konkret verändert er die Welt. Unmittelbar natürlich nur durch reine Kausalität –aber Veränderung doch aus dem Gelenktsein, aus der in Praxis umgesetzten Widerspiegelung. Also –sub specie Natur- kein Unterschied zwischen beiden Kausalitäten; sub specie 'zweiter Natur' (ihrer Ontologie) entscheidender: wie sich Widerspiegelung (Reflex) in Wirklichkeit umsetzt Rein ontologischen lösen*", ibidem, O/186, p. 52.

os aspectos que poderiam estar subordinados aos seus atos, e por isto pôde, pelo espelhamento, antecipar o ato futuro, calcular seu alcance e assumir a responsabilidade por este ato. Esta é a condição para o homem transformar o mundo exterior. Na realidade o espelhamento também transformou o mundo interior do homem, porque o induziu a disciplinar sua própria interioridade, a fim de disciplinar a ação voltada à exterioridade. Somente sob esta condição o homem pode dirigir sua ação para o exterior, porque, basicamente, age sobre uma realidade que já é efeito de sua ação de reflexão, portanto sua capacidade de transformação do mundo está potencializada por dois aspectos: por um lado, ele pode prever com antecedência quais serão as consequências de seu ato; por outro lado, age sobre a realidade exterior, sobretudo sobre a realidade social, a "segunda natureza", que já é resultado de seu ato precedente, mais exatamente, o agir do gênero humano constituído em sociedade.

Lukács coloca mais algumas ulteriores condições para esta atividade transformadora do homem: "a) sem consciência impossível mudança teleológica da causalidade (proprietários de mercadorias na troca); b) apenas ontologicamente é relevante colocar um fim efetivamente realizado; motivos etc., indiferentes"[56]. A consciência desenvolve um papel primário na transformação do mundo quando a atividade está voltada para a exterioridade, portanto a consciência não é mera reprodução mecânica da realidade, como querem os maus interpretes de Marx e do marxismo. Além disto, somente um fim que pode ser realizado assume um papel ontologicamente relevante, ou seja, um fim que seja concreto e não puramente abstrato ou utópico, e que incida, portanto, sobre a categoria da possibilidade concreta. A possibilidade concreta, no fundo, deriva de fins já realizados.

Lukács prossegue em sua dedução sobre as condições da ação moral a partir do trabalho: "*Fins próximos e distantes* – Os últimos – ontologicamente – dados por instrumentos e consequências sociais (colocar um fim depois e em forma secundária): epistemologicamente compreensível apenas a posteriori. Por isto: heterogeneidade por toda parte. Esta cresce tanto mais quanto mais mediado for o fim mais distante; mas cresce também em conexão com o trabalho. Por isto: bifurcação de práxis e manipulação. Na imediaticidade do trabalho ainda inseparavelmente ligada"[57]. Os fins – cuja realização se dá na longa duração e requer uma complexa ação de realização – tornam-se compreensíveis apenas *post festum*, segundo a famosa concepção marxiana para a qual "a anatomia do homem é chave para a anatomia do macaco". Esta situação ocasiona uma heterogeneidade e uma heteronomia de atos práticos que aumenta à medida que o fim a ser realizado no ato prático é mediato por outros fins, demandan-

---

[56] "*a) ohne Bewußtsein teleologische Wendung der Kausalität unmöglich (Warenbesitzer bei Tausch Kap. I 50 f) b) ontologisch nur tatsächlich verwiklichtes Zielsetzen relevant; Motive etc. gleichgultig*", ibidem, O/255, p. 52

[57] "*Nahe u weite Ziele Letztere –ontologisch- durch Werkzeug u gesellschaftliche Folgen gegeben (Zielsetzen später u sekundär): nur nachträglich erkenntnismäßig erfassbar. Darum: überall Heterogeneität. Diese wächst je weiter vermittelt das weitere Ziel ist; aber auch in Verbindung mit Arbeit. Daher: Verzweigung von Praxis und Manipulation. In Unmittelbarkeit der Arbeit noch unzertrennlich verbunden*", ibidem, T/30, p. 53.

do, portanto, uma intervenção manipuladora nas consciências ou nos atos dos outros. A estrutura teleológica do trabalho e da manipulação das consciências é a mesma, mas no trabalho o grau de imediaticidade é superior ao processo de manipulação. Aliás, quanto mais mediada a ação, tanto mais influente será a ação teleológica:

> *Fins próximos e distantes* (2) Problemas da "falsa consciência" Importância "Limites da negação" (novamente: na alternativa originária, o qualitativo contido em germe. Intensificação no crescimento das mediações – função positiva da falsidade (jacobinos) – Quanto mais distante o fim, mais há causalidades no complexo (indiferente se simplesmente causal ou teleologicamente causal – melhor: quanto mais mediado, tanto mais importante o elemento teleológico contido nelas) Desta forma: posição do fim distante frequentemente heterogênea em relação com a originária. (Lenin sobre a espontaneidade e consciência).[58]

A complexidade do ato teleológico é determinada pelo envolvimento de mais atos de outros, o que obriga o escopo teleológico principal a uma posição de domínio e de controle, requerendo também a intervenção de uma ideologia ou "falsa consciência" que permite o melhor domínio da situação. Neste sentido, a negação, enquanto ocultação, torna-se central e com isto mostra também os limites do ato de negação de outras determinações, que pressionam para entrar na complexidade do ato. A consciência deve ter a capacidade de apreender toda a causalidade do complexo em que deve agir: "Para a fundação do pôr teleológico no conhecimento da causalidade (política, sociologia, história)"[59]. O conhecimento da sociologia, da história, da política de uma sociedade torna-se fundamental para pôr escopos a ser realizados e a ser deixados para que outros homens os realizem.

Neste ponto a ideologia começa a desenvolver um papel dominante na ação prática: "Prioridade ontológica do econômico (movimento predominante)"[60]. A mesma estrutura do trabalho com respeito ao processo de humanização é aqui repetida, no sentido de que o momento predominante assumido pelo trabalho com relação ao ser social, é assumido pelo econômico com relação à ação prática, uma vez que os valores são gerados no trabalho para depois tornarem-se elementos fundamentais da ação prática. O paralelo entre trabalho-gênese do ser social de um lado, e economia-moral, do outro, também se repete a propósito da relação ideologia-sociedade: "Gênese da falsa ideologia na realidade V271/2 Autonomizaçao: divisão do trabalho. Direito desenvolvido"[61]. O direito é

---

[58] *"Nahe u weite Ziele (2) Probleme des 'falschen Bewusstsein' Wichtigkeit 'Grenze des Nein' (Wieder: in ursprünglicher Alternative keimhaft enthalten Qualitative Steigerung bei Wachsen der Vermittlungen – positive Rolle bei Falschheit (Jacobiner) – Je weiter das Ziel, desto mehr Kausalitäten in Komplex (einerlei ob rein kausal oder teleologisch kausal – besser: je vermittelter desto wichtiger teleologischer Element in ihnen) So: weite Zielsetzung vielfach heterogen zur ursprünglichen (Lenin über Spontaneität u Bewusstheit)"*, ibidem, T/31, p. 53

[59] *"Nach Fundiertsein der teleologischen Setzung in Erkenntnis der Kausalität (Politik. Soziologie, Geschichte)"*, ibidem, O/284, p. 50.

[60] *"Ontologische Priorität des Oekonomischen (Übergreifendes Moment)"*, ibidem, O/196, p. 47.

[61] *"Entstehung der falschen Ideologie in Wirklichkeit V 271/2 Verselbstständigung: Arbeitsteilung. Weiterentwickelt Recht"*, ibidem, O/181, p. 46.

gerado pela ideologia da classe dominante, que funda seu domínio sobre a divisão social do trabalho e impõe o direito como meio de consolidação e de defesa do *status quo*. O direito, sucessivamente, pode até tomar uma existência própria, relativamente autônoma da estrutura de domínio imposta pela classe dominante, inclusive em dimensões bastante amplas, como acontece em algumas sociedades democráticas.

Porém esta autonomia do direito não apaga por inteiro a estrutura de dominação; se for o caso, pode paradoxalmente fortalecê-la, porque impele os membros da comunidade, que estão em posição de exclusão ou de marginalização, a aceitar parcialmente a estrutura de dominação, no momento em que lhe concede espaços de autonomia que seria impossível de obter de outra forma. Ao invés, os membros da estrutura de dominação em posição de privilégio podem conseguir desenvolver uma verdadeira ideologia da autonomia do direito com respeito à divisão do trabalho. Não estamos aqui interessados em desenvolver uma análise da estrutura de dominação, limitando-nos a estas genéricas considerações que ressaltam o papel de princípio-fundamento do trabalho também em relação à ação prática.

Para concluir, enfrentaremos o problema central da denúncia marxista do modo de produção capitalista, ou seja, a recusa do trabalho alienado e estranhado. Como é sabido, Lukács retoma a distinção hegeliana e marxiana entre *Entäußerung* (alienação) e *Entfremdung* (estranhamento), segundo a qual a alienação seria a exteriorização da essência subjetiva e o estranhamento seria, ao contrário, uma coisificação do trabalho ou sua redução a atividade mecânica independentemente da vontade do trabalhador, elementos fundamentais da produção capitalista. A recusa ao estranhamento fez a fortuna de *História e consciência de classe* e tornou esta obra uma referência essencial para todos os sucessivos críticos marxistas do capitalismo. Na *Ética* não poderiam faltar referências a este nó problemático:

> Trabalho: *objetivação* (na base de: desobjetivação (meios de trabalho, matéria-prima) Daqui – em determinado nível: *alienação* (divisão social do trabalho devida ao desenvolvimento das forças produtivas) já no comunismo primitivo (artesão no povo etc.) Mostrar como – por causa do desenvolvimento das forças produtivas: de alienação: estranhamento (desenvolvimento de direito e moral, também religião como princípio de regulação) Local da Ética. Socialismo como reassunção do estranhamento (no desenvolvimento de objetivação e alienação): Ética.[62]

---

[62] "*Arbeit: Vergegenständlichung (Auf Grundlage: Entgegenständlichung (Arbeitsmittel, Rohmaterial) Daraus –auf bestimmter Stufe:* Entäußerung *(Gesellschaftliche Arbeitsteilung infolge Entwicklung d. Produktivkräfte) schon im Urkommunismus (Handwerk im Dorf etc) Zu zeigen wie –infolge Entwicklung d. Produktivkräfte: aus Entäußerung:* Entfremdung *(Entwicklung von Recht u Moral, auch Religion als Prinzipen d. Regelung) Stelle der Ethik. Sozialismus als Rücknahme der Entfremdung (bei Entwicklung von Vergegenständlichung u Entäußerung) Ethik*", ibidem, O/133, p. 47. Na *Ética* poderíamos encontrar a resposta de Lukács à crítica de Tertulian: que na *Estética* ou na *Ontologia* encontra "a dissociação de dois momentos distintos: a objetivação (*Vergegenstänlichung*) e a exteriorização (*Entäußerung*) em cada ato, o que permite mostrar a coexistência do gênero (*Gattung* resultado da objetivação) e da individuação (resultado da exteriorização) nas multíplices atividades teleológicas", Nicolas Tertulian, "Sul metodo ontologico-genetico in filosofia" [Sobre o método ontológico-genético em filosofia], *Marxismo Oggi*, Milão, n. 2, maio-ago. 2003, p. 71. Tertulian volta a esta questão também em "Le grand project de l'*Ethique*", *Actuel Marx*. Paris, n. 10, 1991, Paris, p. 88.

Lukács esclarece que o trabalho é uma forma de objetivação da essência subjetiva na realidade, que precisa, para realizar-se, de elementos não subjetivos, como as ferramentas de trabalho ou a matéria-prima. Por isto toda forma desenvolvida de trabalho demanda um nível de alienação, que está nos fundamentos da divisão social do trabalho e, portanto, de algumas formas alienadas de moral, como o direito e a religião que, como vimos, constituem formas de regulamentação da divisão social do trabalho e da estrutura de dominação que daqui surge. A alienação se transforma em estranhamento, que mantém algum rastro desta alienação/objetivação e por esta razão, como já vimos, algumas formas autônomas de direito ou de religião podem aparecer aos membros de uma comunidade como formas de libertação da estrutura de dominação. Este é o local da ética para Lukács. O socialismo será a reassunção do estranhamento no sujeito por meio do desenvolvimento da objetivação e da alienação, no sentido de que um amplo progresso social negará as formas de estranhamento mais desumanas.

Lukács volta a tratar da relação alienação-estranhamento para ressaltar a precisão do uso terminológico da dupla de opostos: "*Terminologicamente* correto: alienação (objetivação) e estranhamento; com mudanças e viragens dialéticas"[63]; "A isto pertence o complexo de problemas do estranhamento socialmente necessário a) necessário para toda a sociedade (regulamentação em geral) b) analisar para determinadas classes: até onde a superação é possível e desejável"[64]. Lukács levanta a questão acerca de toda forma de socialismo que se torna sistema político: até que ponto é possível superar o estranhamento de algumas formas institucionais. Em qualquer sistema humano de convívio civil são necessárias magistratura, polícia, instituições religiosas, burocracia etc. O verdadeiro problema está no controle destas formas de estranhamento socialmente necessárias, de tal forma que não sejam elas a controlar os membros da comunidade.

Elementos típicos da moral também surgem do trabalho: "*Exercício* (adaptação, objetividade) de reflexos condicionados já no trabalho inevitavelmente: condicionamento (e amiúde: inibição) do progresso. *Onde* o reflexo condicionado torna-se estranhamento? (a princípio independentemente de sua realização)[65]. O hábito, ou a adaptação às condições de existência e às regras morais ou de comportamento têm origens no exercício do trabalho. O hábito, como Lenin afirmava, é um elemento indispensável ao progresso, porque é, de alguma maneira, seu fundamento, uma vez que os homens vão à procura do novo somente a partir daquilo que estão acostumados a ter. Os reflexos condicionados desenvolvem uma função essencial na formação do há-

---

[63] "Terminologisch *genau: Entäußerung (Vergegensändlichung) und Entfremdung: mit dialektischen Übergängen und Umschlägen*", G. Lukács, *Versuche zu einer Ethik*, cit., T/13, p. 48.

[64] "*Dazu gehört Problemkomplex von* gesellschaftlich notwendiger Entfremdung *a) für ganze Gesellschaft notwendig (Regulierung überhaupt) b) für bestimmte Klassen Analysieren: wie weit Überwindung möglich u wünschenswert*", ibidem, T/14, p. 48.

[65] "*Einübung (Gewöhnung, Objektivität) v bedingten Reflexen schon bei Arbeit unvermeidlich; Bedingung (und oft: Hemmung) des Fortschritts. Wo schlägt bedingter Reflex in Entfremdung um? (zuerst unabhängig v deren Einschiebung)*", ibidem, T/28, p. 48.

bito e da adaptação. Lukács justamente coloca para si a questão da transformação do reflexo condicionado em estranhamento, sabendo que o estranhamento nasce no trabalho, para tornar-se em seguida estrutura de deformação da personalidade humana.

"*Estranhamento* regulamentação tradicional da vida cotidiana (e para além dela) não necessariamente estranhamento: elemento de um ir além dos homens particulares (Esparta) Anteriormente quando regulamentação – manipulação do homem particular (hoje) aparece estranhamento. Quanto mais avançar a manipulação (arte etc.) tanto mais (de novo: 'regra' não necessariamente estranha em toda arte].".[66] Lukács retorna sobre o caráter não necessariamente *in toto* negativo do estranhamento, realçando sua função de regulamentação da vida cotidiana. Pensemos nas proibições religiosas de alimentos ou da atividade sexual, ou ainda às prescrições religiosas com relação ao modo de se vestir, ou no campo do direito às regulamentações em diversas atividades humanas, como a circulação dos carros ou a navegação. Todas estas formas, ainda que digam respeito aos homens particulares, ultrapassam suas particularidades e referem-se à genericidade humana, transformando-se de preceitos morais em regras éticas. O desenvolvimento espiritual e intelectual da humanidade mostra claramente aos homens o caráter estranhador da manipulação das consciências, que tende a transformar-se continuamente em regra ou norma.

O progresso humano é composto por um entrelaçamento estreitíssimo de estranhamento, alienação e objetivação, que não necessariamente produz um resultado negativo: "*Estranhamento* demonstrar, onde necessário e justificado (Romanticismo: imediaticidade) por isto: sujeito (a mesma situação objetiva *pode* (somente pode) ser alienada e não alienada. Reação (*Sagrada família*, III, 206) Porém este não puramente subjetivo (nem psicológico nem moral) Interação de subjetividade e objetividade"[67]. Lukács propunha-se o objetivo de explicar na *Ética* em que circunstâncias o estranhamento é justificado ou necessário, como, por exemplo, no Romantismo em sua imediata reação negativa ao estranhamento ditado pela divisão social do trabalho, conforme veremos no capítulo sobre a *Estética*. Os românticos apreenderam apenas as características negativas do progresso que o capitalismo impôs à sociedade civil e não compreenderam, ao contrário, os aspectos positivos. Existe a possibilidade de que uma situação objetiva não se mostre estranhante mesmo se o sujeito que agir nesta situação a perceba assim. Lukács insiste sobre o caráter de possibilidade concreta dessas situações. A avaliação dessas situações não deve ser puramente subjetiva, porque pode ser determinada por condições psicológicas ou morais que, como sabemos, por sua vez, estão

---

[66] "Entfremdung *Traditionelle Regelung des Alltags (und darüber hinaus) nicht notwendig Entfremdung: Element eines Hinausgehens über partikularen Menschen (Sparta) Erst wenn Regelung –Manipulation des partikularen Menschen (heute) tritt Entfremdung auf. Je höher Manipulation reicht (Kunst etc) desto mehr (Wieder: 'Regel' in aller Kunst nicht notwendig entfremdet)*", ibidem, O/139, p. 48.

[67] "Entfremdung *Aufzeigen, wo notwendig u berechtigt (Romantik: Unmittelbarkeit) Darum: Subjekt (dieselbe objektive Lage* kann *(nur: kann) entfremdet u nicht entfremdet sein. Reaktion (Heilige Familie III 206) Dies aber nicht rein subjektiv (weder psychologisch noch moralisch) Wechselwirkung v Subjektivität u Objektivität*", ibidem, O/130, p. 49.

determinadas por regras estranhas ao próprio sujeito. Cada situação é, portanto, resultado de uma interação entre subjetividade e objetividade.

O próprio progresso está determinado por esta interação de subjetividade e objetividade. Lukács sintetiza nos seguintes trechos os elementos que constituem o progresso:

> *Desenvolvimento* (Progresso) e estranhamento a) processo cego, não teleológico b) objetivação cada vez mais social (mais genérica) c) alienação (segundo a possibilidade) sempre menor. Aqui separam-se em si e para si da genericidade d) classe de oposição [...] ali dentro da socialização (objetivamente) não absolutamente (Destruidores de máquinas. Ponto de vista voltado às precedentes revoluções. Bem: A. France sobre a igualdade e – não obstante – *interesse* como motivo subjetivo do progresso no em si. De novo: cego em si, voltado somente para a teleologia atual (Lenin!).[68]

O progresso nasce de um processo cego, não teleológico, de desenvolvimento, dentro do qual cada objetivação humana torna-se cada vez mais social, de modo que aumenta o crescimento do grau de participação ao gênero de cada gesto de objetivação humana; dentro deste processo de desenvolvimento a alienação torna-se sempre menor. O nível de progresso mede-se pelo grau de objetivação genérica e pela diminuição da alienação de cada ato prático do ser humano. O em si e o para si separam-se da genericidade que constitui o momento de sua união em uma nova forma de em-si-e-para-si. O progresso permite o surgimento de oponentes ao sistema dominante, os quais, em um primeiro momento, ficarão paralisados numa posição de vazia negatividade ao sistema, como os ludistas, mas que, em seguida, identificarão um interesse subjetivo no processo de desenvolvimento. Neste momento o progresso estender-se-á também aos antagonistas do sistema dominante, e retornar-se-á a uma situação de um processo de desenvolvimento cego em si, dirigido pela teleologia já em ato. Não há um processo de zeramento do progresso, mas o estágio de progresso alcançado funciona como grau zero do desenvolvimento sucessivo.

Pelo que citamos até agora, parece-me confirmada a hipótese de que a *Ontologia*, junto a todas as outras obras cronologicamente próximas dela, represente, fundamentalmente, uma teoria da história mais que uma filosofia da história. Lukács quis descrever os nexos fundamentais do desenvolvimento histórico, mostrando que o socialismo não representa uma inelutável conclusão da história, mas apenas uma sua possibilidade concreta. Uma forma superior de libertação para os homens e uma maneira de integrá-los todos à humanidade, ao gênero a que eles pertencem. A liber-

---

[68] "Entwicklung *(Fortschritt) u* Entfremdung *a) 'blinder', nicht teleologischer Proceß b) Vergegenständlichung immer gesellschaftlicher (gattungsmäßiger) c) Entäußerung (der Möglichkeit nach) immer weniger. Hier treten Ansich u. Fürsich der Gattungsmäßigkeit auseinander d) Art des Gegensatzes* [...] *da* innerhalb *Vergesellschaftung (objektiv) nie absolut (Maschinenstürmer. Gesichtspunkt zu früheren Revolutionen.) Gut: A. France über Gleichheit –und trotzdem-* Interesse *als subjektives Motiv des Fortschritt im Ansich. Wieder: an sich blind, nur auf aktuelle Teleologie gerichtet (Lenin!)*", ibidem, O/156, p. 49.

tação é possível porque, diferentemente da ética burguesa, a ética de Lukács ultrapassa o ato ético individual[69]: procura fundar a relação entre indivíduo e gênero humano a partir de seu princípio/fundamento, ou seja, o trabalho. O último Lukács quis explicar os nexos fundamentais de uma estrutura complexa – a estrutura do ser social –, pondo assim seu trabalho na mesma perspectiva da crítica da economia política de Marx. Porém, esta explicação obrigou-o a definir uma nova ontologia, uma forma específica de ontologia que é a ontologia do ser social. Somente após ter definido o sujeito que age, o sujeito ético, foi possível definir uma ética. Ontologia e ética constituem partes de uma metafísica da história que permite a compreensão do campo fenomênico dos acontecimentos históricos e dos atos dos sujeitos históricos. Não há uma ética normativa, não há uma ética prescritiva; no último Lukács, há apenas uma gigantesca tentativa de compreensão da realidade histórica a partir de seus nexos fundamentais. O trabalho nesta compreensão joga um papel de "metáfora da relação sujeito-objeto"[70], este é um valor eterno do ser social, sendo seu princípio-fundamento.

---

[69] Cf. G. Lukács, "La responsabilità sociale del filosofo", cit., p. 56s.

[70] Vittoria Franco, "Riflessioni sull'etica di G. Lukács", cit., e também seu artigo "Etica e ontologia in Lukács", *Crítica Marxista*, Roma, n. 4, jul.-ago. 1986, p. 138. Franco, porém, refere-se ao trabalho na *Ontologia*, uma vez que em 1985 a *Ética* encontrava-se indisponível a *Ética*, mas ressalta, justamente, que a ética de Lukács é sempre uma ética substancial.

Capítulo 3

TRABALHO E ARTE

Na Hungria socialista dos anos de 1949 e 1950, Lukács foi envolvido no chamado *Lukács vita* (Debate Lukács), um instrumento usado pela dirigência do Partido Comunista Húngaro para isolar o intelectual mais prestigioso que a cultura húngara já teve em sua milenária história – mas também o mais impertinente e independente das linhas do regime stalinista de Rákosi. Em diversos escritos autobiográficos, Lukács recorda esse debate e também o perigo que sua vida correu em tais circunstâncias. Limito-me aqui a lembrar que exatamente em 1949 preparava-se em Budapeste o processo contra Rajk, então ministro das Relações Exteriores, que se concluiu com o enforcamento do prestigioso líder comunista húngaro. Lukács temeu sofrer um destino parecido como o de Rajk. Por isso demonstrou disponibilidade a escrever uma autocrítica, a retirar-se para a vida privada e a abandonar o ensino universitário. Ele tinha então 65 anos, uma idade justa para se aposentar. Contudo, havia uma razão mais científica: "Os ataques dos anos 1949-1950, e minha 'autocrítica' sumariamente diplomática, permitiram que eu me retirasse da atividade pública e me dedicasse exclusivamente a trabalhos teóricos. Isto me permitiu terminar meus escritos mais extensos sobre estética"[1]. Portanto, Lukács aceitou a autocrítica com a condição de obter permissão de retomar seus trabalhos sobre a estética, os quais havia iniciado desde o começo de sua atividade intelectual. Os trabalhos teóricos sobre a estética aos quais Lukács se refere foram inseridos na gigantesca *Estética*, publicada em 1963, e em outros escritos de crítica literária ou atinentes, de alguma maneira, à *Estética*. Lembro que já em sua juventude Lukács havia se proposto compor uma estética, embora no caótico e precipitado momento em que, por conta do recrutamento, deixava a Alemanha em 1918, quando guardou dois consistentes esboços, já sistematizados, desta

---

[1] G. Lukács, "Über Stalin hinaus" (1969), em Frank Benseler (org.), *Revolutinäres Denken. Eine Einführung in Leben und Werk* (Darmstadt/Neuwied, Luchterhand, 1984), p. 94. A tradução é minha. Ainda em 1957, em carta a János Kádár, secretário do Partido Socialista Operário Húngaro, na qual pedia permissão para, após a Revolução Húngara de 1956, retornar do exílio na Romênia, Lukács refere-se ao fato de estar trabalhando na *Estética*. Aliás, usa novamente essa motivação para justificar o retorno. Ver G. Lukács, "Lukács György politikai végrendelete", *Társadalmi Szemle*, n. 4, abr. 1990, p. 86. O trabalho terminou em 1960 e o livro veio à luz em 1963.

Estética num banco de Heidelberg[2]. Em comparação com a experiência juvenil, Lukács reconhece na *Estética* da maturidade um papel particularmente importante ao trabalho que está na origem da criação artística. Por esta razão podemos considerar também a *Estética* parte integrante da reflexão ontológica de Lukács sobre o trabalho – aliás, qualquer ulterior análise da reflexão lukacsiana sobre o trabalho resultaria, na prática, amputada se não compreendesse também a produção artística.

Trabalho e ποίησις

Em sua reflexão estética Lukács começa analisando a objetivação: "Sem objetivação a vida do homem, o seu pensar e sua reflexão, são absolutamente inconcebíveis. Prescindindo do fato de todas as objetivações, no sentido estrito de seu significado, terem uma parte importante na vida cotidiana dos homens, também as formas fundamentais da vida especificamente humana, o trabalho, a linguagem, sob diversos pontos de observação, já possuem, em substância, o caráter de objetivações"[3]. O trabalho, portanto, aparece na *Estética* como "forma fundamental" (*Grundform*), ou seja, concebido como princípio originário que gera outras formas de objetivação (*Objektivation*). É importante ressaltar que o caráter de trabalho enquanto princípio não é explícito, mas implícito, tornando-se claramente compreensível somente à luz do que já vimos a propósito do trabalho na *Ontologia*. Com efeito, não se explica explicitamente que o trabalho é o princípio da linguagem[4], como vimos na *Ontologia*, embora esteja claro o fato de o trabalho ser uma forma de objetivação. Naturalmente, a objetivação em uma teoria estética desenvolve um papel absolutamente central, porque a arte é expressão plena e madura da ciência e da consciência humana. Lukács afirmará que o artista, na obra de arte, deve objetivar não apenas sua própria e particular essência humana, como também a essência humana genérica, isto é, que pertence ao gênero (*Gattungmässigkeit*)[5]. O caráter universal e genérico da objetivação artística resulta da objetivação na atividade de trabalho, quando o homem objetiva sua particularidade como representante da espécie humana.

---

[2] Em 1947, com a ajuda de Horkheimer, Lukács tentou recuperar esses esboços, mas sem sucesso. Ambos somente saíram dos cofres do banco após a morte de Lukács, quando um eficiente funcionário, sabendo do falecimento, lembrou-se da presença, nos cofres do banco, de uma caixa com os dizeres "*Von Lukács*" e enviou-a caixa para o endereço de Lukács em Budapeste, pensando que pertencesse aos herdeiros. De fato, nessa caixa foram encontrados dois esboços, publicados com o título *Filosofia da arte* e *estética de Heidelberg*, além do *Manuscrito Dostoevskij*, segunda parte da *Teoria do romance*, um diário de 1910-1911 e centenas de cartas, já publicadas em diversos epistolários sobre o filósofo, em diferentes idiomas.

[3] G. Lukács, *Estetica* (trad. Anna Marietti Solmi, Turim, Einaudi, 1970), v. I, p. 8-9. Para a edição original alemã, ver a da editora Aufbau (Berlim/Weimar), de 1987, em dois volumes.

[4] Sobre o papel da linguagem na *Estética* de Lukács, ver J. Kelemen, "Lukács's Ideas on Language", em F. Kiefer (org.), *Hungarian General Linguistics* (Amsterdam/Philadelphia, John Benjamin, 1982), p. 245-68.

[5] Cf. G. Lukács, *Estetica*, cit., p. 542.

Com relação à particularidade, porém, é necessário observar que no trabalho, sobretudo no trabalho integrado na sociedade industrial, ocorre uma generalização que representa o cancelamento da particularidade e da singularidade do processo de trabalho. O trabalhador individual, em sua condição de ser livre, pode ser subsumido ao capital, que por sua vez cancela completamente, na produção do trabalho, sua particular especificidade[6]. É explícito o uso de conceitos e categorias que provêm do pensamento do Marx dos *Manuscritos econômico-filosóficos**, embora seja necessário frisar que na arte o processo de universalização é originado pela particularidade e, assim, adquire sentido a ideia de Lukács de que a arte é expressão da consciência-de-si da humanidade. A obra de arte é possível, portanto, com a condição de que a particularidade desenvolva uma dupla função: "A particularidade como categoria central da estética, por um lado, determina uma universalização da pura singularidade imediata dos fenômenos da vida, mas, por outro, supera em si toda universalidade; uma universalidade não superada que transcendesse a particularidade romperia justamente a unidade artística da obra"[7]. A particularidade do artista determina a forma universal da obra de arte, mas, ao mesmo tempo, a universalidade da obra deve ser superada na particularidade do fruidor, que, portanto, reconstitui uma nova forma de universalidade. Lukács aborda uma questão central da história da filosofia, isto é, a relação entre particularidade e universalidade. É o mesmo problema abordado por Kant na *Crítica da faculdade do juízo** com relação aos juízos teleológicos e estéticos. Segundo Lukács, na obra de arte deve expressar-se o universal; caso contrário, não é obra de arte, porque não encontra o gosto do público. O consenso de quem frui da obra do artista representa o momento em que o particular do artista se torna universal, de todos; o particular consegue expressar a essência genérica da humanidade.

Sobre a particularidade, Lukács põe uma dupla questão: de um lado, critica a incapacidade de Hegel de colher uma coincidência entre vida real e vida do espírito, ou seja, entre natureza e arte, que para o filósofo alemão permanecem claramente separadas, a ponto de ser errado afirmar, segundo Lukács, que, "na construção da *Lógica*, a vida vem depois da teleologia (o trabalho), embora seja evidente que na sucessão lógica, e na generalização histórica, seu lugar sempre venha, sem dúvida, *antes* da teleologia"[8]; de outro lado, ele coloca o problema da técnica artística, ou seja, o problema da objetivação na arte. A técnica artística pode ser apreendida, assim como acontece com o trabalho. Contudo, o mero aprendizado de dada técnica artística não permite que qualquer pessoa torne-se artista, porque se requer que saiba expressar a universalidade do gênero na particularidade de sua obra: "A técnica artística é apenas

---

[6] Cf. idem, *Prolegomeni a un'estetica marxista: sulla categoria della particolarità* [Prolegômenos a uma estética marxista: sobre a categoria da particularidade] (trad. F. Codino e M. Montinari, Roma, Editori Riuniti, 1971), p. 88.
* São Paulo, Boitempo, 2004. (N. E.)
[7] Ibidem, p. 169.
* São Paulo, Forense Universitária, 2005. (N. E.)
[8] Ibidem, p. 52.

um meio para exprimir com a máxima perfeição possível a reprodução criativa da realidade que resumimos no princípio da forma como forma de um conteúdo determinado"[9]. Portanto, a técnica constitui apenas um meio de expressão da particularidade, e todas as outras qualidades da técnica devem estar subordinadas a este fim; de outra maneira, representariam um obstáculo para a expressão artística.

Tal concepção, contudo, coloca mais uma questão, a saber, a originalidade da técnica artística, e Lukács é perfeitamente ciente disto, tanto que explica:

> Daí a necessidade de que a cada obra autêntica a técnica seja recriada, em vista dessa particular perspectiva pela qual a realidade reproduzida é organizada esteticamente. Isto não exclui, de maneira alguma, que haja desenvolvimento na técnica, mas torna a influência recíproca entre técnica e criação um processo complicado que deve ser novamente resolvido em cada obra individual. Ainda que, em geral, as maiores obras de arte também alcancem, tecnicamente, o máximo nível técnico de seu período, a perfeição artística não se identifica, em teorica, com a perfeição técnica, e um desenvolvimento técnico superior nada tolhe à perfeição estética de obras que pertencem a uma fase tecnicamente inferior.[10]

É verdade, contudo, que o artista que possui unicamente a técnica não produz necessariamente obra de arte. Assim como o desenvolvimento técnico não torna obsoletas as obras que virão depois, pensemos na arte *naif*. Na citação precedente com a expressão "obra autêntica" (*echten Werk*) deve-se entender "obra genuína", ou seja, uma genuinidade que se torna originalidade, porque uma nova técnica torna a obra original tão logo é criada, e sua autenticidade consiste no uso de uma genuína técnica artística. Entenda-se, também, com a expressão "processo complicado" (*komplizierten Prozeß*), "processo complexo", no sentido que o termo "complexo" recebe na *Ontologia*. A obra de arte é, efetivamente, um complexo enquanto obra de um processo produtivo parecido com o processo de trabalho. Somente lendo os *Prolegômenos a uma estética marxista* depois da *Ontologia* podemos compreender o fato de que Lukács esteja se referindo à complexidade da obra de arte, e não à uma "complicação", ou seja, estava amadurecendo em Lukács uma concepção ontológica da arte derivada do trabalho.

Com uma ulterior ambiguidade linguística, Lukács usa dois termos para apontar a particularidade: *Besonderheit*, nos *Prolegômenos a uma estética marxista* (1957), e *Eingenart*, na grande *Estética* (1963). *Besonderheit* indica a particularidade no sentido de "peculiaridade", "especialidade", "singularidade", "individualidade", "característica", enquanto *Eigenart* indica a particularidade no sentido de "caráter particular", "índole", "natureza", "originalidade", "tipo". Trata-se de dois sinônimos que, todavia, têm alguma nuance de significado diferente. Devemos tentar entender por que Lukács quis mudar o termo de particularidade de *Besonderheit* para *Eigenart*. Acredito que a particularida-

---

[9] Ibidem. p. 170.
[10] Ibidem, p. 171-2. O texto original em alemão consultado é G. Lukács, *Über di Besonderheit als Kategorie des Ästhetik* (Berlim/Weimar, Aufbau 1985), p. 164-5.

de nos *Prolegômenos* indique o nexo indissolúvel entre particular e universal que se apresenta na particularidade, exatamente como Hegel havia ilustrado em sua *Lógica*, isto é, um nexo entre universal (*Allgemein*) e singular (*Einzeln*), ao passo que na *Estética* Lukács explica a natureza específica da arte, sua originalidade com relação às outras atividades do homem. De fato, na objetivação do trabalho existem substanciais diferenças em comparação com a objetivação da arte, uma vez que no trabalho sempre se mantém "um caráter relativamente mutável e fluido em comparação com a fixidez muito mais sólida das formas criadas pela arte ou pela ciência"[11]. Essa afirmação não exclui que o novo possa surgir para além da rigidez das formas artísticas ou científicas. Como sabemos, Lukács considerava a arte também do ponto de vista de seu fruidor, que é sempre chocado pelo novo artístico, ainda que nem sempre o aceite de bom grado. A rigidez das formas de objetivação da ciência funda o desenvolvimento científico, ainda que o progresso científico aconteça, justamente, através da ruptura das formas de objetivação científica e das propostas de novos paradigmas científicos.

A relação sujeito/objeto na arte é objetivada de forma mais impactante* em comparação com o que ocorre no trabalho; neste caso, quem desfruta do objeto, da mercadoria, considera-o apenas do ponto de vista de sua utilidade. Um objeto estético torna-se arte quando suscita em quem desfruta dela uma emoção ou um sentimento, um instrumento para aprofundar sua experiência interna e suas faculdades. Dessa maneira, a obra torna-se parte do mundo do usuário, até o ponto de o espelhamento estético de quem desfruta dela entrar em sintonia com a obra, dando lugar a um fenômeno de catarse artística. A relação sujeito/objeto é, na esfera estética, completamente diferente daquilo que uma concepção materialista poderia aceitar. Lukács é bastante claro quanto a essa questão: "A afirmação 'não há objeto sem sujeito', que gnoseologicamente possui caráter puramente idealista, é fundamental para a relação sujeito-objeto na esfera estética"[12]. A obra de arte resulta da unidade entre subjetividade e objetividade, entre artista e espelhamento da realidade. A obra de arte traz

---

[11] G. Lukács, *Estetica*, cit., p. 10.

* A palavra usada pelo autor no original é "*scolvongente*". Em italiano, esse termo pode assumir diversos significados, mas o mais importante deles é aquilo que condensa uma forte emoção, que causa impacto, podendo, portanto, ser traduzido como "impressionante", "espantoso", "assombroso", "emocionante", "chocante". A objetivação artística tem seu momento predominante na subjetividade (seja do artista, seja do fruidor), e esse é um dos motivos de ela ser mais carregada de sentido, no sentido humanista, do que a objetivação laboral – daí seu aspecto mais "impactante". (N. R. T.)

[12] Ibidem, p. 517. Essa relação com o idealismo filosófico foi duramente criticado por Henri Arvon em seu artigo "L'Estethétique de Lukács est-elle marxiste?", *Revue Internationale de Philosophie*, Bruxelas, ano 27, n. 106, fasc. 4, 1976, p. 457-73, no qual fala da "necrofilia literária" de Lukács (p. 465), e de uma estética que "*n'a pas ancore coupé le cordon ombilical qui l'unit à l'esthétique idéaliste allemande*" [ainda não cortou o cordão umbilical que a unia à estética idealista alemã] (p. 466). Cabe aqui lembrar que Nicolas Tertulian lembrou que outros aspectos – como, por exemplo, a antropogênese do homem pelo trabalho – não fazem parte da concepção idealista da filosofia; ver Nicolas Tertulian, *Etapes de sa pensée esthétique* (Paris, Le Sycomore, 1980), p. 200. Não quero de modo algum afirmar que exista uma concepção idealista da filosofia em Lukács; ao contrário, trata-se de uma interpretação particularmente livre da filosofia dentro da concepção marxista, em plena sintonia com o pensamento do próprio Marx.

consigo, na identidade de forma e conteúdo que exprime, duas formas de relação: a relação entre obra e realidade objetiva, como totalidade, e a relação entre obra e quem frui da obra[13]. O sujeito que frui da obra, que constitui uma segunda subjetividade em jogo, é parte integrante da obra; o problema está em descobrir em que medida está em jogo, ou seja, se o artista previu o usuário a quem se dirige, ou se o artista dirigiu-se ao gênero humano como um todo, de modo que em sua objetivação artística se reencontra com sua própria generalidade. Efetivamente o artista pode inserir na obra de arte uma subjetividade presumível – a do possível usuário –, tornando mais fácil, para o indivíduo particular que desfruta da obra, o reconhecimento, nela, de sua própria subjetividade individual. Um *verdadeiro* artista, pelo contrário, aliena livremente sua subjetividade, tanto particular como genérica, no objeto; quando essa subjetividade, sobretudo genérica, é recuperada por parte de quem frui do objeto, então a subjetividade particular eleva-se ao grau do gênero, sem algum compromisso com o existente. Apenas então teremos uma nova forma artística de ser e estaremos diante de um *grande* artista.

Assim como na *Ontologia*, também na *Estética* o trabalho é o princípio do desenvolvimento humano, o momento de fratura entre homem e animal e também o princípio tanto do progresso científico quanto da produção artística e estética[14]. Uma das características do desenvolvimento humano está no fato de que as categorias científicas, no trabalho, assumem sempre maior centralidade, com a diferença, já apontada, de que a ciência precisa de maior rigidez em suas objetivações, a fim de facilitar a troca comunicativa de ideias. Se as objetivações científicas apresentassem um excessivo caráter individual, então seria quase impossível a comunicação e, com ela, o progresso da ciência. No trabalho, ao contrário, a comunicação está baseada no conceito de valor, que por essa razão é insuprimível. O produtor cede sua obra por um valor de troca, e o comprador a adquire porque enxerga nela um valor de uso; portanto, por meio do conceito de valor, tanto o produtor como o comprador estão na mesma sintonia. O valor surge do trabalho e representa um problema não secundário na produção de objetos e na objetivação – que é fundamento da comunicação, uma vez que o valor individual deve encontrar o conceito de valor do outro indivíduo para possibilitar a troca de mercadorias. Somente assim o valor torna-se universal. Todos os valores éticos têm um momento originário dentro do processo produtivo, ou melhor, dentro do processo de objetivação.

O valor marca também as fases evolutivas do trabalho, pois é por meio do trabalho animal – que realiza a satisfação imediata das necessidades – que se passa à troca de mercadorias, na qual prevalece o valor de uso, até chegar ao trabalho capitalista. Aqui, toda a atividade produtiva está submetida ao domínio prevalecente do valor de troca e da ciência, que determina de forma imediata o processo de trabalho, enquanto os trabalhadores empregam instrumentos de elevado grau tecnológico sem

---

[13] Cf. G. Lukács, *Estetica*, cit., cap. X, § 2, p. 772.
[14] Este aspecto foi retomado por Nicolas Tertulian em seu *Georges Lukács*, cit., p. 189.

conhecer todas as questões científicas ligadas a esta tecnologia. Esse grau de desenvolvimento do trabalho envolve uma menor influência das capacidades laborais e intelectuais do trabalhador, além de um maior grau de intervenção das capacidades intelectuais do cientista que determinou o desenvolvimento tecnológico. De maneira que se coloca aqui a questão do papel do trabalho intelectual na esfera do trabalho manual. Para Lukács, a centralidade dessa questão aparece claramente também na análise do fenômeno estético, exatamente porque é nela que se dá seu surgimento, no momento em que as escolhas e os gostos do artista condicionam os comportamentos, os sentimentos, as emoções, o mundo ideal e, portanto, o mundo dos valores dos que fruem da obra de arte[15]. Existe, nesse nível, uma troca comunicativa unidirecional entre o sábio e o fruidor da sabedoria, que não cria obstáculos à comunicação entre ambos, porque no momento originário – ou seja, no trabalho – sempre há uma necessária observação materialista:

> O homem da vida cotidiana sempre reage aos objetos de seu ambiente com espontâneo materialismo, independentemente da interpretação que o sujeito da práxis pode dar, em em retrospectiva, à sua própria reação. Isto já está implícito na essência mesma do trabalho. Todo trabalho pressupõe um complexo de objetos, de leis que o determinam em seus modos, em seus movimentos necessários, em suas objetivações etc. e que são tratados espontaneamente, como se existissem e agissem independentemente da consciência humana. A essência do trabalho consiste exatamente nisto, na observação deste ser e vir a ser.[16]

Mais adiante, Lukács continuará analisando o "materialismo espontâneo" apontado aqui e realçará a situação, aparentemente paradoxal, segundo a qual com o desenvolver-se da religião aumenta o grau de materialismo espontâneo contido no trabalho, embora não consiga alcançar uma concepção de mundo orgânica e coerente[17]. Na realidade, Lukács reconhece que existe uma acentuada diferença entre o caráter religioso e o caráter mágico das concepções de mundo. Tal diferença se observa no caráter mais objetivo da religião em comparação com a magia, pela maior desantropomorfização da religião em comparação com a maior antropomorfização da magia. Efetivamente, a magia distingue-se por um fator subjetivo mais desenvolvido[18] com relação ao mais objetivo do conhecimento da realidade material. Ambos os fatores,

---

[15] Ver Hans Heinz Holz, "Il ruolo della mimesi nell'estetica di Lukács" [O papel da mimese na estética de Lukács], em Domenico Losurdo, Pacuale Salvucci, Livio Sichirollo (orgs.), *György Lukács nel centenario della nascita, 1885-1985* (Urbino, Quattro Venti, 1986), p. 247-60. Na p. 255, Holz fala em "identificação" com a obra do artista por parte de quem frui dela.

[16] G. Lukács, *Estetica*, cit., p. 15.

[17] Cf. ibidem, p. 80.

[18] Cf. ibidem, p. 70. Sobre a magia na *Estética*, o ensaio mais exaustivo é o de C. Salizzoni, "Lukács e la magia. Arte della magia e magia dell'arte" [Lukács e a magia. Arte da magia e magia da arte], *Rivista di Estetica*, Turim, n. 2, 1979, p. 27-41. O autor realça a escassez documentária do uso lukacsiano da magia, crítica que poderia ser reproposta, por sua vez, para sustentar paleoantropologicamente a função do trabalho como motor do processo de hominização do homem.

subjetivo e objetivo, estão presentes no trabalho: o primeiro evidencia-se na posição de escopo; o segundo, no conhecimento da realidade material que permite a realização do escopo subjetivo.

A magia privilegia o primeiro sobre o segundo, ao passo que a religião aumenta o fator objetivo-materialista, embora não chegue a um verdadeiro conhecimento objetivo da realidade material, conhecimento este que pode ser alcançado através do espelhamento. Todavia, já se podem notar elementos de um progresso a partir de um materialismo espontâneo para um materialismo mais consciente, porque através do trabalho sempre chegam impulsos e tendências voltadas à redução do desconhecido, que é a substância mesma da religião[19].

Entre artista e fruidor existe uma natural relação comunicativa constituída por analogias e semelhanças e fundada sobre a atividade laboral do fruidor, que se reproduz em um nível mais elevado na produção artística. Quem frui da obra de arte encontra nela uma solução para suas necessidades da vida cotidiana, assim como na ciência encontrou a solução tecnológica aos problemas que surgiam em sua atividade laboral:

> A diferenciação – e, com ela, a (relativa) independência dos métodos científicos com relação às necessidades imediatas da vida de todos os dias, sua absoluta separação dos hábitos de pensamento próprios desta última – surge exatamente para servir a estas necessidades, melhor de que uma imediata identidade de métodos poderia fazer. A diferença entre arte e cotidiano, sua relação mútua, análoga ao que se passa entre vida cotidiana e ciência, está também a serviço dessas necessidades sociais.[20]

Essa situação representa o ideal que, porém, se contrapõe a uma situação frequentemente real, a uma consequência da divisão do trabalho, a divisão entre trabalho manual e trabalho intelectual, ou ainda a divisão entre momento prático e momento ideal, que se torna um momento de discriminação ideal e de diferença social, porque fortalece as tendências idealistas dos detentores do saber, que tendem a conservar seu privilégio de casta: eles podem pôr escopos de forma mais adequada e correta. É verdadeiro afirmar que, dessa maneira, se fortalece a tendência antropomórfica do conhecimento do mundo, mas aumenta-se também a distância entre sábio e homem comum, entre cientista e trabalhador, entre artista e quem frui da obra. Lukács dedica particular atenção ao desequilíbrio entre essas duas esferas da atividade prática do homem. Trata-se de temas abordados, no devido momento, pela esquerda hegeliana em sua polêmica contra a direita hegeliana, que justamente defendia tal divisão do trabalho. Temas, enfim, que Lukács abordou exatamente nos anos em que escrevia a *Estética*, em polêmica contra os herdeiros do stalinismo[21], verdadeira casta de tecnocratas que

---

[19] Cf. G. Lukács, *Estetica*, cit., p. 86.
[20] Ibidem, p. 15.
[21] Não faltaram resenhas críticas da *Estética* de Lukács por parte do meio cultural stalinista; cito aqui apenas uma, entre todas as outras, a de J. Sailer, "Georg Lukács und die Frage nach der Spezifik des Ästhetischen", *Deutsche Zeitschrift für Philosophie*, Berlim, ano 33, n. 4, 1985, p. 306-13.

excluíam os trabalhadores e os cidadãos da participação política da gestão da coisa pública nos países do socialismo real.

Arte e ciência são formas superiores da objetivação, não possuem o caráter de fundamentalidade que o trabalho tem e de fato surgem, em um primeiro momento, como epifenômenos, mas, como vimos nas duas citações de Lukács, assumem rapidamente um papel que não é mais epifenomênico com respeito ao trabalho e à vida cotidiana. Arte e ciência nascem de formas de espelhamento da realidade em que o homem se põe a agir, quando, por meio do "espelhamento, superando a imediaticidade das simples percepções, elabora uma dialética de fenômeno e essência [...] e se aproxima de seus nexos, verdadeiros e objetivos, de uma forma melhor da que seria possível em uma simples recepção passiva do mundo externo"[22]. Lukács entende o espelhamento artístico e científico como postura ativa para com a realidade, e não como sua mera reprodução fotográfica. Todo espelhamento da realidade concentra-se no objeto, a diferença entre espelhamento científico e espelhamento estético consiste no fato de que no primeiro demanda-se uma concentração sobre a realidade em si da forma mais pura possível, tendo assim um processo de desantropomorfização da realidade; no segundo, o complexo dos objetos está em relação com a subjetividade, dando lugar a um processo de antropomorfização[23].

A vida cotidiana, com a qual o trabalho interage, é fortemente determinada pela arte e pela ciência, a ponto de ambas poderem se tornar uma necessidade indispensável à vida cotidiana: a ciência por causa do nível cada vez maior de tecnologização da vida cotidiana, e a arte porque "toda obra [de arte] reproduz uma concreta conexão vital, um processo vital concreto, em seu caráter peculiar, em que o conteúdo decide o que deve valer nela como necessário, e o que, ao contrário, é casual"[24]. Quanto mais elevado for o caráter civil e avançado da vida cotidiana, maior será a influência da ciência e da arte em seu interior. O grau de presença de ciência e arte na vida cotidiana é um índice do grau de civilização e de desenvolvimento alcançado por uma sociedade. De fato, "em uma economia escravagista, o emprego de máquinas (ou seja, de uma racionalização científica do trabalho) é economicamente impossível"[25]. Arte e ciência influenciam esferas sempre mais amplas da vida cotidiana, como, além do trabalho, o esporte, o lazer, a sociabilidade sem escopos, a política.

A presença da arte e da ciência na vida cotidiana está destinada, assim, a tornar-se critério de diferenciação, e Lukács sugere utilizar uma distinção entre "homem inteiro" (*Ganz Mensch*) e "homem inteiramente engajado" (*Menschen ganz*) que explica da seguinte forma:

---

[22] G. Lukács, *Estetica*, cit., p. 331. Holz fala em superação da aparência e de um descobrimento do plano da essência; ver Hans Heinz Holz, "Il ruolo della mimesi nell'estetica di Lukács", p. 249.

[23] G. Lukács, *Estetica*, cit., p. 523.

[24] Ibidem, p. 724.

[25] Ibidem, p. 110.

Já que a função do *medium* na objetivação é justamente de ser portador de uma totalidade de sensações, de pensamentos, de nexos objetivos etc., a adaptação do comportamento subjetivo a esta objetivação também deve ser necessariamente uma síntese de tais elementos. É sempre o homem inteiro, portanto, a exprimir-se também em um grau de extrema especialização, mas com uma diferença bastante importante de caráter dinâmico-estrutural [...], porque suas qualidades estão todas mobilizadas em previsão de um único escopo e se concentram e apontam, por assim dizer, em direção da objetivação intencionada. Quando deveremos falar [...] deste comportamento, falaremos do homem, 'inteiramente engajado' (com relação a uma determinada objetivação) contrapondo-o ao homem inteiro da vida cotidiana que, usando uma imagem, dirige-se à realidade com toda a superfície de sua existência.[26]

O homem inteiramente engajado é, portanto, o artista ou o cientista, e não o homem da vida cotidiana que mantém uma identidade própria diversificada e multiforme e que sai e entra dos papéis que sua atividade cotidiana lhe impõe sem perder sua própria identidade, enquanto por outro lado o homem inteiramente engajado está voltado à realização de um escopo e de uma objetivação determinada. A realização do homem total [*Alleseitigen Menschen*] deve permanecer como um ideal a ser seguido contínua e constantemente, de modo que "a transformação do homem inteiro da vida cotidiana no homem inteiramente engajado na recepção de uma obra de arte representa sempre [...] um passo à frente em direção à universalidade do homem"[27].

O desenvolvimento da arte e da ciência demanda um tempo livre do trabalho reprodutivo da vida. O homem deve livrar-se das exigências de uma atividade continuada de reprodução da vida para ter os necessários tempo e desapego das coisas para refletir sobre a natureza do ambiente e dos elementos presentes nele a fim de poder discipliná-los sob seu domínio. Além disto, o desenvolvimento da ciência e da arte impôs uma divisão do trabalho para tornar ainda mais intenso o processo de reflexão e especulação, além de aumentar a faculdade produtiva de bens necessários para a reprodução da vida. A divisão social do trabalho é também divisão do trabalho dos sentidos, ou seja, a divisão social do trabalho obriga o homem a especializar também seu próprio corpo, privilegiando um ou outro de seus sentidos, com base no trabalho que desenvolve[28]. Esta especialização faz surgir novas formas de arte, segundo o sentido ou os sentidos envolvidos na produção artística. Surge assim uma apuração do *medium* estético e a autono-

---

[26] Ibidem, p. 41.

[27] Ibidem, p. 774. Não estou de acordo, portanto, com György Poszler, que fala de um homem como "ser concha" (p. 501) fechado em si mesmo, em seu "The Invisible Center: The Place of the Work of Art in *Die Eigenart des Ästhetischen*", em Laszlo Illés, Farkas József, Miklós Szabolcsi e István Szerdahelyi (orgs.), *Hungarian Studies on György Lukács* (Budapeste, Akadémiai Kiadó, 1993), p. 498-509.

[28] Lukács sustenta que a divisão capitalista do trabalho foi ao centro da teoria do jogo de Schiller, que pretendia desenvolver "a crítica da divisão do trabalho capitalista, com sua ameaça contínua e sempre mais grave para a integridade do homem", G. Lukács, *Estetica*, cit., p. 313. Portanto, o jogo devia restaurar uma situação originária preexistente à então incipiente divisão capitalista do trabalho, uma dimensão em que ainda vigorava a integridade da humanidade. Esta é uma tese lukacsiana que rencontraremos nos escritos de crítica literária.

mia entre as diversas artes se fortalece[29]. Trata-se, portanto, de um ulterior enriquecimento da natureza humana e de suas faculdades. O homem não é o único animal que funda a reprodução da própria vida na divisão do trabalho, entretanto é o animal que permite à divisão do trabalho alcançar um grau de complexidade tão elevado a ponto de lograr transformá-lo numa nova forma de ser. O trabalho educa o homem, o transforma em outro ser humano, sempre mais evoluído e complexo.

O artista está em relação com a natureza para obter dela matéria e forma para sua produção, mas essa relação é apenas aparentemente imediata. Ela se inicia mediante o espelhamento científico e o trabalho, mas age de forma diferente. Na arte o particular é elevado a típico, e esta é a forma de universalização da arte, enquanto na ciência o particular é imediatamente conexo com uma lei universal. Lukács conclui que:

> Isto significa, para nosso problema atual, que na obra de arte a totalidade extensiva de seu objeto último nunca pode aparecer diretamente; expressar-se-á em sua totalidade intensiva, somente através de mediações [...]. Além disto, deriva que o fundamento real, a sociedade em sua troca orgânica com a natureza, que está na base de todo o espelhamento, pode manifestar-se somente no modo mediado-imediato que indicamos agora.[30]

A sociedade pode se exprimir somente através do artista, do indivíduo singular e da obra de arte singular, e não na genericidade do ser humano, como acontece no trabalho. Esta situação afasta o espelhamento estético do trabalho, mostra sua especificidade e autonomia diante do princípio fundamental e do momento originário. Sua especificidade, porém, permite ao espelhamento estético e à arte apreender aspectos do objeto que não haviam sido capturados no espelhamento científico, ou que para ele eram inessenciais ou secundários. Entre arte e ciência pode haver uma troca de experiência e de conclusões e de fato isto aconteceu regularmente até certo momento da história, grosso modo, aproximadamente até o Renascimento, a partir de quando a ciência especializou-se cada vez mais e a arte deixou de ser bem-sucedida no oferecimento dos frutos de seus próprios experimentos.

A distinção mais profunda entre trabalho e arte tem sua origem no escopo que os dirige. O trabalho responde à categoria teleológica da utilidade, a arte não. Lukács não o diz, mas substancialmente repropõe uma distinção entre arte e trabalho, parecida substancialmente com a distinção de Croce entre útil e belo[31]. A arte estaria

---

[29] Cf. ibidem, p. 194-5.

[30] Ibidem, p. 199.

[31] Lembro apenas, entre os tantos trabalhos de Tertulian sobre a relação entre Lukács e Croce, o artigo "Tra Croce e Heidegger" [Entre Croce e Heidegger], *Rinascita*, Roma, n. 50, 18 dez. 1981, p. 45-7, e o artigo "Croce et Lukács a propos du probleme esthétique", *Rivista di Studi Crociati*, Nápoles, ano 11, n. 1, jan.-mar., 1974, p. 1-13. Nicolas Tertulian, em seu artigo "A *Estética* de Lukács trinta anos depois", em Maria Orlanda Pinassi e Sergio Lessa (orgs.), *Lukács e a atualidade do marxismo* (São Paulo, Boitempo, 2002), p. 13-26, desmente uma referência de Lukács a Croce na *Estética* (p. 13). Dario Faucci, ao contrário, encontrou relações entre a *Estética* de Lukács e a de Gentile; ver Dario Faucci, "Intorno all'estetica di Lukács" [Acerca da estética de Lukács], *Rivista di Estetica*, Pádua, ano 12, n. 2, maio-ago. 1967, p. 289-303.

direcionada ao belo e o trabalho, ao útil. É verdade que algumas artes, como a arquitetura, devem responder à categoria do útil; isto todavia não exclui que as construções também sejam belas[32]. A utilidade é um aspecto desantropomorfizador da realidade e, também por este motivo, de diferença com relação à arte, onde emerge, ao contrário, uma subjetividade livre do condicionamento de sua própria reprodução e, portanto, da seleção de objetos e ações com base no critério da utilidade. Apesar desta distinção e da diferença entre arte e ciência, as formas específicas de espelhamento estético não carecem de imanência, ao contrário, assumem formas e significados particulares. Efetivamente, o espelhamento estético e as produções artísticas sempre se referem ao destino da espécie humana[33], uma vez que a arte é consciência-de-si da humanidade. Aliás, a arte representa os indivíduos humanos em uma forma de imediaticidade sensível que a ciência não consegue alcançar. A vivacidade das representações artísticas e a imanência nelas da tipicidade humana representam um modelo para o espelhamento científico, uma verdadeira inversão de papéis entre o princípio fundamental e sua consequência. "A arte não fixa, simplesmente, uma situação de fato existente em si, como a ciência, mas eterniza um momento do desenvolvimento histórico do gênero humano. O permanecer da individualidade na tipicidade, da tomada de posição no fato objetivo etc., representam os momentos desta historicidade. A verdade artística enquanto tal é, portanto, uma verdade histórica."[34] Se o trabalho produziu a arte e a história, também a arte colabora com o desenvolvimento histórico e está resumida na mesma substância histórica junto ao trabalho[35], porque "a dialética objetiva do mundo real produz necessariamente, na consciência humana, uma espontânea dialética subjetiva [...]. Mas este processo de espelhamento não somente é dialético em seu conteúdo e em sua forma, mas também seu desenvolvimento e seu desdobramento são igualmente determinados pela dialética da história"[36].

---

[32] Bonta fez algumas críticas à concepção arquitetônica de Lukács, afirmando que a beleza da arquitetura está vinculada ao complexo ambiental artístico, por sua vez, produto da grande indústria de massas; ver János Bonta, "Die Grenzen des Ästhetischen. Bemerkungen zur Ästhetik von Georg Lukács", *Acta Technica Academiae Scientiarum Hungaricae*, Budapeste, t. 88, 1-4, 1979, p. 3-23 (p. 19).

[33] Cf. G. Lukács, *Estetica*, cit., p. 209.

[34] Ibidem, p. 210.

[35] O crociano ortodoxo Raffaello Franchini não apreciou mesmo a retomada do historicismo hegeliano por parte de Lukács; ver seu "La monumentale estetica di Giorgio Lukács" [A monumental estética de György Lukács], *Rivista di Studi Crociati*, Nápoles, ano 2, v. 2, n. 3, 1965, p. 263-81 (p. 268). Claramente, Franchini privilegia "a possibilidade de eliminar, no mesmo âmbito do idealismo que se tornou historicismo absoluto, a arbitrária dicotomia de um plano ideal de desenvolvimento, e de um plano real de atuação do desenvolvimento" (idem). Não se poderia alcançar maior incompreensão da estética de Lukács. Outro exemplo de leitura intencionalmente forçada da *Estética* pertence a outro crociano N. Petruzzelis, que distingue uma "partiticidade" da arte na *Estética* em seu artigo "L'estetica del Lukács" [A estética de Lukács], *Rassegna di Scienze Filosofiche*, Nápoles, ano 29, n. 4, parte 2, out.-dez. 1976, p. 317-42 (p. 321-6).

[36] G. Lukács, *Estetica*, cit., p. 326.

Arte e humanidade

Também com respeito à arte Lukács usa seu método histórico-genético[37], ou seja, inicia sua análise do fenômeno artístico a partir de sua origem, pois está convencido de que somente reconstruindo o desenvolvimento histórico-social é possível compreender o novo[38]. Lukács identifica a origem da arte no sistema de comunicação, pois, enquanto os animais comunicam imediatamente suas emoções, os homens o fazem mediante palavras e sinais – e comunicam palavras e sinais. Por sua vez, o sistema de comunicação tem suas origens no trabalho, princípio constitutivo da relação sujeito--objeto. Lukács retoma a concepção de Ernst Fischer[39], para o qual o homem, antes de constituir-se como sujeito no trabalho, enxerga a natureza como objeto e, portanto, no ato do trabalho nasce a relação sujeito/objeto. A relação sujeito/objeto é fundamento de toda forma de consciência e de toda forma de conceitualização e generalização ideal. O conceito, por sua vez, demanda um grau elevado de comunicação linguística, um verdadeiro sistema de signos linguísticos e também gestuais, que permite a universalização do mesmo conceito. Lukács afirma claramente que o papel da linguagem de modo algum é passivo:

> Na evolução da linguagem [...] não se trata absolutamente de uma mera reflexão passiva, e que a evolução da linguagem tem uma parte ativa neste processo. Esta atividade funda--se sobre a inseparabilidade de linguagem e pensamento; a fixação linguística das generalizações das experiências que têm lugar no processo de trabalho é bastante importante não somente para conservar estas experiências, mas também [...] para seu ulterior desenvolvimento e aperfeiçoamento.[40]

Percebe-se o progresso pela perda da imediaticidade originária dos objetos e na assunção por parte do homem, inicialmente nas representações dos objetos e depois nos conceitos que se referem a eles, de um grau cada vez maior de peculiaridade e de especificidade dos mesmos objetos. O homem aprende a diferenciar os objetos na base de suas características, mas apreende desta maneira conceitos fundamentais do pensamento abstrato como diferença, analogia, identidade etc. O primeiro reconhecimento da realidade objetiva em si existe no trabalho, porque o homem se põe o problema da relação entre o essencial e o não essencial para ele[41], como dissemos anteriormente,

---

[37] Agnes Heller também afirma que a *Estética* de Lukács está fundada sobre um método histórico-genético, em "Lukács's Aesthetics", *New Hungarian Quarterly*, Budapeste, n. 7, 1966, p. 84-94. O artigo foi traduzido para o italiano por M. D'Ascenzo. "Carattere ed autonomia dell'estetica in Lukács" [Caráter e autonomia da estética em Lukács], *Trimestre*, Pescara, n. 3-4, set.-dez. 1968, p. 177-86; há também a nova tradução italiana em Guido Oldrini (org.), *Lukács* (Milão, Isedi, 1979), p. 237-50.

[38] Cf. G. Lukács, "Prefazione" [Prefácio], *Estetica*, cit., p. xxi.

[39] Cf. idem, *Estetica*, cit., p. 53-4.

[40] Ibidem, p. 54.

[41] Cf. ibidem, p. 317.

entre útil e inútil. O primeiro critério de verdade, antes do próprio desenvolvimento das categorias, foi a práxis do trabalho. Após este momento originário o homem passou, portanto, desde a simples adaptação ao ambiente até um domínio crescente sobre este, porque adquiriu uma consciência de sua própria capacidade de manipular a realidade objetiva, uma vez que se tornou capaz de reproduzir essa realidade em forma de símbolos e palavras, e depois de representações e conceitos, que se tornam instrumentos indispensáveis da manipulabilidade prática da realidade[42]. No trabalho a subjetividade do homem encontra-se com a objetividade do em-si dos objetos. Este encontro anima os objetos sobretudo quando estes se transformam em instrumentos de trabalho. A subjetividade dá aos objetos uma nova forma de ser, que nos objetos era potencialmente realizável em si, anima-os, engloba-os no mundo humano, mas também se aliena neles. Na transformação do objeto em instrumento, em sua generalização em instrumento de trabalho, produz-se o estranhamento da subjetividade humana. Na esfera estética, porém, a alienação e sua recuperação, a subsunção na subjetividade, apresentam-se estreitamente conexas[43].

O conhecimento dos objetos requer uma capacidade de generalização que opera uma radical transformação do objeto, de objeto em si a objeto para nós. Lukács exprime-se usando o condicional: "Poder-se-ia dizer (*Man könnte sagen*) que a generalização é presente em si, como necessidade ainda inconsciente, e que 'somente' deve ser transformada em um 'para-nós' (*Füruns*) claramente reconhecido"[44]. Em realidade a generalização não é apenas uma necessidade inconsciente que se transforma no curso do tempo em uma nova categoria, o "para-nós", mas demanda outros processos não somente mentais. O sujeito no ato da generalização constitui-se como membro da genericidade, realiza um ato que estabelece um pertencer ao gênero (*Gattungmässigkeit*), põe o mesmo gênero como sujeito da generalização. Efetivamente se a generalização não pode ser comunicada a outro membro, não estamos diante de generalização alguma. A generalização somente é possível se um membro individual do gênero torna sua generalização um patrimônio do inteiro gênero. De tal maneira coloca-se o problema do valor: a generalização torna-se ainda mais rapidamente patrimônio do gênero se possuir um valor universal. Esta universalidade é possível quando qualquer ato de um sujeito individual não é mais acidental ou casual, mas se torna causal e necessário. A primeira experiência pode ainda ter o caráter da casualidade, enquanto a repetição do ato já requer o reconhecimento dos nexos causais e de seu caráter de necessidade. Trata-se de momentos de fundação do inteiro gênero humano consciente, porque se realiza aqui a essência típica do gênero humano: uma contínua superação das formas de ser existentes, um pôr consciente das novas formas de ser a partir das precedentemente

---

[42] Cf. ibidem, p. 56.
[43] Cf. ibidem, cap. VII, p. 523-4.
[44] Ibidem, cap. I, p. 53. As citações em alemão estão na p. 76 da já citada edição alemã. Sobre a evidente herança hegeliana das categorias lukacsianas, ver Manon Maren-Grisebach, "Hegel als Autorität: Dargestellt an der Kunsttheorie von Georg Lukács", em Wilhelm Raimund Beyer (org.), *Hegel-Jahrbuch, 1972* (Anton Hain, Meisenheim, 1972), p. 87-95.

existentes. Lukács define este progresso nestes termos: "A união do indissolúvel laço histórico-social com o terreno de origem, e da superação – inverossímil, embora imediatamente convincente, que está presente em toda arte autêntica – do nível mental e sentimental do mundo cotidiano que representa o terreno que a originou"[45]. A consciência, como motor da superação mental e sentimental, não é uma simples superestrutura passiva e mecanicamente impulsionada pela estrutura econômica, e sim exerce um papel ativo e determina a direção de deslocamento da inteira substância histórica[46]. A obra de arte se concretiza como substância e representa relações causais, de modo a revelar a substância no desenvolvimento da própria obra. A consciência do gênero humano é uma consequência direta da generalização que o fruidor exerce na contemplação da obra de arte. A arte é o mundo do homem, porque é um momento fundamental do processo de humanização.

O trabalho é o princípio constitutivo do gênero humano também com respeito à consciência humana da realidade. Filósofos gregos, como Platão ou Plotino, possuíam tão elevada consciência desta fundação do gênero humano no trabalho, que exageraram em sua teorização, até o ponto de confundir qualquer forma de produção natural com a produção originada pelo trabalho. Plotino hipostasiou as possibilidades que a matéria apresenta aos olhos de qualquer trabalhador. Platão separou rigidamente as ideias e as coisas. Em geral, "para o idealismo objetivo da antiguidade, que partia do mundo das ideias, da essência separada e tornada independente do mundo fenomênico, como 'fundamento real' da realidade, somente restava a possibilidade de conceber esta causação de forma antropomórfica e mitologizante, como 'processo de trabalho' da gênese, do ser e do vir a ser do mundo, neutralizando, assim, tudo que a filosofia precedente havia realizado no sentido da desantropologização do conhecimento e de sua fundação como ciência"[47]. Ulterior consequência desta concepção de mundo é considerar desprezível o trabalho manual (βαναυσία) e colocá-lo hierarquicamente abaixo entre as atividades humanas, enquanto o princípio e a atividade criadora (ποίησις) ocupam posições destacadas. Postura típica do desprezo grego para com o trabalho.

Lukács usa corretamente o trabalho como critério historiográfico para uma melhor compreensão da história da filosofia. Digo "corretamente" porque, sendo o trabalho o princípio fundamental da história humana, deve sê-lo também na reconstrução e compreensão da história da filosofia. Efetivamente, Lukács identifica em Espinoza e Hobbes uma tendência desantropomorfizadora que se funda na aplicação da causalidade para explicar o comportamento interior do homem[48]. A causalidade que surge do trabalho está na origem do nascimento da liberdade, como capacidade do homem de compreender os nexos naturais, utilizá-los para fins laborais e, de tal

---

[45] G. Lukács, *Estetica*, cit., cap. VI, p. 426.
[46] Lukács polemiza com a filosofia contemporânea que perde o senso da substância e, junto com esta, da inerência, que é uma forma de relação; ver ibidem, cap. IX, p. 707.
[47] Ibidem, cap. II, p. 118-9.
[48] Ibidem, cap. II, p. 138.

maneira, dominá-los. A desantropomorfização poderia, à primeira vista, aparecer como um empobrecimento das faculdades humanas, porque acarreta uma redução da subjetividade, que não é mais o modelo a que o homem se refere. Pelo contrário, justamente o abandono do excesso de subjetividade e a compreensão dos nexos naturais, se não em si mesmos ao menos para si mesmos, fundam a postura científica do homem e o enriquecem. "O trabalho e a mais elevada forma de comportamento consciente que dele brota, a ciência, não é, portanto, um simples instrumento de domínio do mundo objetivo, mas é também, indissoluvelmente desta função, uma forma indireta de enriquecer o homem, porque a descoberta de uma realidade mais rica torna-o por sua vez mais humano do que poderia ser de outro modo"[49]. Somente um alto grau de precisão no espelhamento permite ao homem exprimir motivos estéticos agradáveis. Portanto, somente um alto grau de desenvolvimento técnico e mental permite ao homem expressar a própria essência humana genérica na arte.

Lukács cita a obra de Arnold Gehlen, *Der Mensch*[50], e desta apreende um novo significado de simbolismo: "O conceito e a expressão de 'simbolismo' não indicam absolutamente um 'acréscimo' do sujeito à forma em que os objetos objetivamente se apresentam, mas um desenvolvimento, uma elaboração, um aprimoramento de seu espelhamento"[51]. Com esta especificação Lukács quer sustentar que o espelhamento é o fundamento da produção artística, já que se o homem não conseguisse reproduzir em sua mente os elementos do ambiente em que vive, não poderia produzir algum objeto estético ou obra de arte. Portanto, a arte é parte orgânica do desenvolvimento do trabalho, sendo o espelhamento também o elemento fundador da atividade de trabalho, elemento da evolução do homem mediante o trabalho. A produção artística aparece no homem como consequência de seu desenvolvimento, ou seja, quando o espelhamento transforma os objetos de em si a para nós, separando-os de sua muda objetividade e inserindo-os no mundo do homem, dando a eles uma nova forma de ser enquanto elementos do ambiente humano. Sua natureza originária, substancialmente, não mudou, mas mudou sua colocação no mundo. Eles se tornaram objetos estéticos ou artísticos porque o homem imprimiu neles sua essência genérica. Lukács reconhece um aspecto importante da produção artística, confessando, de alguma maneira, sua origem filosófica: "O que para qualquer outro campo da vida humana seria idealismo filosófico – ou seja, que não pode existir objeto sem sujeito –, no campo estético é uma característica fundamental de sua objetividade específica"[52]. Seria demorado retomar aqui o fio do raciocínio da origem filosófica de Lukács, contudo é necessário lembrar que justamente a reflexão estética originou sua aproximação à filosofia, e que esta matriz estética, intrinsecamente idealista, permaneceu presente no inteiro desenvolvimento de seu pensamento, tornando-o um caso único mas

---

[49] Ibidem, p. 122.
[50] Arnold Gehlen, *L'Uomo: la sua natura e il suo posto nel mondo* (Milão, Feltrinelli, 1983), p. 460.
[51] G. Lukács, *Estetica*, cit., cap. III, p. 172-3.
[52] Ibidem, cap. III, p. 190.

fecundíssimo dentro da filosofia marxista. Naturalmente Lukács atribuiu o aspecto idealista à mesma atividade estética e artística, mas podemos constatar que todo pensamento filosófico deve ter necessariamente uma matriz idealista, por tratar-se de abstração da realidade. Deste ponto de vista, entre arte, ciência e filosofia, não é possível traçar diferenças substanciais.

No trabalho, a unidade de sociedade e natureza, de indivíduo e gênero humano, deve ser continuamente rompida e reconstruída, porque a sociedade sempre descobre na natureza novas leis que permitem um grau de exploração sempre mais elevado. De tal maneira, um indivíduo desenvolve-se subjetivamente para poder desenvolver objetivamente o inteiro gênero humano[53]. O existente, porém, sempre deve ser desconstruído para ser reconstruído sobre uma nova forma de ser. A unidade entre indivíduo e gênero é dinâmica, está em contínuo processo de constituição deslocando sempre mais à frente dos elementos que compõem o *in-dividuum*. Na arte, esta unidade dinâmica, que se constitui incessantemente, está em um movimento ainda mais rápido, porque às mediações que o homem instaura com a natureza no trabalho e na ciência acrescentam-se as mediações específicas da arte. Além disto, o artista sempre está em dialética e dinâmica relação com a sociedade pelo fato de estar constantemente à procura do novo, de novas formas estéticas, e, por meio delas, à procura do consenso da sociedade a que estas formas artísticas se dirigem.

Algumas atividades artísticas, sobretudo as mais primitivas, nascem diretamente do trabalho, já que na época primordial da história da humanidade a importância do espelhamento ou do gesto imitativo era mais forte do que foi em época sucessiva, quando prevaleceram, ao contrário, a técnica e o conteúdo tecnológico da vida cotidiana, ou seja, quando a troca orgânica com a natureza e a mesma cotidianidade da vida humana foram dominadas pela técnica. Lukács afirma que toda produção artística, mesmo a mais primitiva, demanda um alto grau técnico e um amplo domínio sobre o mundo externo. Uma destas atividades artísticas primitivas, talvez a mais primitiva por estar ligada ao momento originário, é o ritmo[54]. O ritmo é uma forma de produção artística primitiva enquanto tem no corpo humano seu próprio instrumento, e não necessita de instrumentos externos, mas consegue produzir efeitos esté-

---

[53] Matteo Gallerani colheu corretamente este nexo indivíduo-gênero: "No que diz respeito à individualidade, é necessário ressaltar que esta, para Lukács, em seu manifestar-se imediato, contém em si todas as determinações de seu ser específico e identificado e todas as suas concreções com outras individualidades, mas de uma forma não desdobrada, fechada em si mesma"; ver seu artigo "La categoria della particolarità nella riflessione estetica di Lukács" [A categoria de particularidade na reflexão estética de Lukács], *Acme*, Milão, v. 31, n. 1, jan.-abr. 1978, p. 107-34 (p. 107).

[54] Nicolas Tertulian especificou pontualmente ao definição de ritmo: "*Nous sommes sur le plan de la pure activité utilitaire et rien ne nous permet encore d'y déchiffrer l'anticipation d'un processus esthétique. Mais le regard de l'esthéticien est forcément attiré par le enchaînements du processus qui permet le passage du plan de l'activité utilitaire, qui est celui de la vie quotidienne, au plan de l'activité esthétique proprement dite*" ["Estamos no plano da pura atividade utilitária e nada nos permite ainda decifrar a antecipação de um processo estético. Mas o olhar do estetólogo está fortemente atraído pela concatenação do processo que permite a passagem do plano da atividade utilitária – que é a vida cotidiana – ao plano da atividade estética propriamente dita"], Nicolas Tertulian, *Georges Lukács*, cit., p. 204.

ticos. Por meio do ritmo, natureza e homem entram em uma relação de simbiose, de total identidade. O ritmo nasce da troca orgânica da sociedade com a natureza, porque se origina no mesmo gesto do trabalho. Os movimentos do homem no trabalho não são naturais, mas artificiais, e seu caráter de artificialidade cresce à proporção que estes se tornam tecnicamente mais evoluídos. O ritmo nasce do automatismo do gesto do trabalho, mas indica também sua exata gestualidade, a justa proporção entre ação e efeito conseguido. Em grego ρυθμός, ritmo, é "justa medida", "harmonia", "proporção", justamente para indicar o nexo correto entre o gesto e o som que se percebe como consequência do gesto. O ritmo do trabalho, com seu regular som, constrói uma situação de mutualidade e coletividade do trabalho. O trabalho ritmado é um trabalho que se torna mais leve, porque através do ritmo se pode calcular o esforço e programar a duração. É uma forma mediada entre conhecimento da atividade dirigida de fora e da atividade interna do sujeito que trabalha, é uma forma de consciência-de-si[55].

Lukács definiu a consciência-de-si desta maneira: "A palavra consciência-de-si possui, em sua linguagem comum, um duplo significado [...] de um lado, a estabilidade, a autonomia do homem solidamente plantado ao centro de seu ambiente concreto, e de outro lado, o clareamento de uma consciência [...] por parte da própria força mental direcionada e concentrada sobre esta"[56]. Hegel, por seu turno, já havia sustentado que a consciência-de-si depende da consciência do mundo externo, e não somente da consciência interior. O ritmo é manifestação desta consciência-de-si enquanto síntese de consciência do mundo externo e consciência do mundo interior. A relação entre interioridade e exterioridade, que está à origem da humanidade, teve uma forte relação com a magia e, por meio dela, com a consciência-de-si. A relação entre interioridade e exterioridade está à base do espelhamento, que não é uma reprodução passiva, mas ativa, da realidade externa[57]; caso contrário, nunca surgiria a magia, que é uma tentativa, ainda que ineficaz, de modificar a realidade. O ritmo, que torna mais ligeiro o trabalho, facilita também a expressão de sentimentos de leve autorreferencialidade, como a felicidade. Lukács lembra os cantos de trabalho que permitiam aos trabalhadores exprimirem suas emoções, além de aliviar o ritmo do trabalho. O ritmo não somente é sonoro e temporal, mas também espacial, geométrico, enquanto exata medida que supera a distinção típica do pensamento burguês entre espaço e tempo. Do ritmo espacial nasce o ornamento; do ritmo temporal nasce a dança, demonstração de que o espelhamento estético nasce do trabalho. Contudo, por meio do ritmo, também se fortalecem o senso da simetria e da proporção, que já estavam

---

[55] Cf. G. Lukács, *Estetica*, cit., cap. IV, p. 221.

[56] Ibidem, cap. III, p. 202.

[57] Lukács afirma que a lembrança, apesar de poder aparentar uma forma de atividade mental passiva, é uma forma de reapropriação da exterioridade na interioridade, ainda que a substância permaneça fora do sujeito. Em alemão "lembrança" é *Erinnerung*, que significa também "interiorização", e, de fato, Lukács escreve usando duas letras maiúsculas *Er* e *Innerung*, justamente para ressaltar o caráter dessa passagem da exterioridade à interioridade que caracteriza a lembrança; ver ibidem, cit., cap. VII, p. 563.

presentes no homem no momento produtivo dos primeiros instrumentos de trabalho, mas que agora envolvem o movimento geral do corpo humano. Além de gerar o ritmo, e com este a arte, o trabalho também interage com sua difusão na inteira sociedade, com efeito, "a crescente universalidade do trabalho cria a possibilidade real, ontológica, de aplicar as regras da ordem rítmica, da simetria e da proporção também à reprodução mimética dos objetos e das relações objetivas reais"[58].

A universalidade e suas regras que surgem da arte representam elementos constitutivos de uma forma de consciência-de-si do ser humano. A consciência-de-si, uma vez que se torna autônoma do gesto do trabalho, pode ser aplicada também nas atividades extratrabalho. Cada forma de consciência-de-si está voltada, por natureza, a separar-se da atividade de trabalho, a tornar-se autônoma do princípio fundamental, a pôr em ato um processo de abstração. Uma vez concluída a produção, de trabalho ou de arte, o homem volta à sua existência normal. A êxtase e a ascese, indispensáveis para produção, mais marcadamente na produção artística que na produção de trabalho, tendem a separar o homem da realidade, tornam-no um ente projetado para fora do mundo, até o ponto de criar um mundo paralelo àquele em que o homem efetivamente está. Este é o risco que corre a arte, de criar um mundo fictício em que o homem inteiramente engajado se esconda para fugir da alienação que domina a cotidianidade do mundo capitalista. Lukács coloca-se a favor de uma luta contínua para que este mundo encantado, que é a arte, produza não somente homens inteiramente engajados, mas possa, ao contrário, ser instrumento para que os homens sejam inteiros, habitantes de um mundo concreto, o mundo de sua vida cotidiana. Em outra obra, contemporânea à redação da *Estética*, Lukács afirma que uma das tarefas do socialismo é justamente manter um elevado grau de atenção dos homens para seu trabalho para o mundo do trabalho, em geral, a fim de fugir do ascetismo e de suas aberrações[59]. O trabalho aparece a Lukács como o mundo das coisas reais, dos verdadeiros valores do homem, ao ponto de poder oferecer instrumentos para evitar a fuga da realidade que é típica do ascetismo e da êxtase que, por sua vez, são típicas do mundo burguês.

A CRÍTICA DA DIVISÃO CAPITALISTA DO TRABALHO

Em seus escritos de crítica literária, precedentes ou contemporâneos à redação da *Estética*, Lukács lembrou, em mais de uma ocasião, o problema do trabalho através

---

[58] Ibidem, cap. VI, p. 453. Sobre a possibilidade de uma aplicação das categorias ontológicas e epistemológicas à arte, Jozsef Szili expressou dúvidas em seu artigo "Two Contending Principles in *Die Eigenart des Ästhetischen*: An Epistemological Critique of Lukács's *Aesthetics*", em Laszlo Illés, Farkas József, Miklós Szabolcsi e István Szerdahelyi (orgs.), *Hungarian Studies on György Lukács*, cit., p. 510-32. Ver, na mesma publicação, a totalmente oposta defesa da *Estética* feita pelo aluno de Lukács Dénes Zoltai, no artigo de título "The Reconstructible Chief Work: Notes on Lukács's Late Aesthetics Synthesis", nas p. 533-43.

[59] Ver G. Lukács, "Il significato attuale del realismo critico" [O significado atual do realismo crítico], em *Scritti sul realismo* (org. Andrea Casalegno, Turim, Einaudi, 1978), v. I, p. 989.

da denúncia da divisão capitalista do trabalho e da procura de sua superação. Idealmente, esses ensaios estão estreitamente vinculados à *História e consciência de classe*, mais do que à *Ontologia*, embora sempre façam parte da análise ampla e variada que Lukács dedicou ao trabalho[60]. Ressalto que, dentre esses ensaios, diversos foram elaborados no período da permanência moscovita de Lukács, sendo, portanto, contemporâneos à redação do livro sobre o jovem Hegel e influenciados por algumas temáticas desenvolvidas naquele volume. Assim como o livro, esses ensaios também são substancialmente estranhos ao enfoque stalinista da crítica literária. Lukács dedicou-se, ou, mais exatamente, resgatou o interesse juvenil pela crítica literária por duas razões: a primeira era a contingência política; a outra, a amizade com Lifsic. O panorama político na União Soviétivca da década de 1930 era dominado pelo stalinismo, que fixava regras de comportamento e linhas de pensamento, cujo desrespeito podia custar anos de brutal reclusão ou até mesmo a vida. Lukács preferiu afastar-se da atividade política tanto por causa da derrota de sua linha política de aliança com os social-democratas, expressa nas famosas "Teses de Blum", como para evitar um choque com a linha ideológica do stalinismo, distantíssima da dele. Efetivamente, segundo a crítica literária stalinista, a única forma correta de realismo era o realismo socialista. Lukács, ao contrário, sustentava que o verdadeiro realismo era o realismo burguês, por ser capaz de expressar justamente a desolação do mundo burguês, por conta da divisão capitalista do trabalho. Esse ato de Lukács não deve ser considerado um gesto de coragem, mas de sobrevivência a uma situação concreta; não uma reconciliação com a realidade, mas uma desesperadora e feliz tentativa de "deixar a poeira baixar". Refugiando-se no olimpo dos estudos literários, Lukács evitou, de um lado, um confronto direto com o zdanovismo e, do outro, algum humilhante compromisso com o regime. Os amigáveis encontros com Lifsic repre-

---

[60] Não faltam acenos a uma ontologia do ser social que está para perfilar-se no pensamento de Lukács. Veja-se, por exemplo, este trecho de "Il significato attuale del realismo critico": "Enquanto a possibilidade abstrata pode esgotar-se no puro sujeito, a possibilidade concreta tem como pressuposto a interação com os fatos e com as forças objetivas da vida. Todavia, estes sempre possuem, necessariamente, um caráter histórico-social objetivo. Isto quer dizer que a representação literária da possibilidade concreta sempre pressupõe uma representação concreta de homens concretos em relações concretas com o mundo externo. Somente em uma viva e concreta interação entre homens e ambiente, a possibilidade concreta de um homem pode sair da má infinidade das possibilidades abstratas e demonstrar-se como a possibilidade concreta e determinante *deste* homem *nesta* fase de seu desenvolvimento. Este é o único princípio de seleção do concreto, da multidão das abstrações. A ontologia que está na base da concepção do homem na literatura decadente, exclui *a priori* um assim delineado princípio seletivo", ibidem, p. 869. A possibilidade concreta é uma categoria de *História e consciência de classe*, mas Lukács faz explícita referência a uma ontologia que é fundamento de uma concepção do homem, além de desenvolver em forma ontológica toda uma série de relações concretas entre homem e ambiente. Pode-se compreender a hostilidade que este ensaio encontrou nos ambientes culturais stalinistas na época em que foi publicado (1955) e ao mesmo tempo a estranheza que um pensamento dessa profundeza suscitou no Ocidente. É imprescindível lembrar que justamente a relação entre realismo e ontologismo foi violentamente atacada por Theodor Adorno, em "La conciliazione forzata: Lukács e l'equivoco realista" [A conciliação forçada: Lukács e o equívoco realista], *Tempo Presente*, Roma, ano IV, n. 3, mar. 1959, p. 178-92.

sentavam para ele uma espécie de oásis no deserto ideológico da Rússia stalinista[61], um oásis que compreendia a filosofia clássica, em particular Hegel, o marxismo – a então incipiente teoria estética marxista – e a crítica literária. Nessas discussões, Lukács aprimorou e fortaleceu suas convicções sobre a estética marxista e a concepção do realismo, em particular do realismo burguês.

Como se sabe, Lukács considerava o realismo burguês, ao lado do pensamento hegeliano, o ponto mais alto da produção espiritual da classe dominante. Contudo, enxergava fases alternadas no pensamento burguês que correspondiam ao papel ora revolucionário ora conservador da burguesia. A burguesia revolucionária havia manifestado uma ideologia e posto em prática uma política de superação das contradições sociais que se produziram na passagem da economia feudal à economia capitalista. As grandes correntes intelectuais da burguesia empenharam-se justamente na superação dessas contradições, segundo as quais tanto o iluminismo quanto o classicismo

> lutaram contra o pequeno burguês alemão, mas esta luta constituía somente parte integrante de uma polêmica mais ampla. Seus esforços estavam voltados a despertar a Alemanha, a educar os homens capazes de cultivar a si mesmos e de transmitir aos outros, no meio da miséria alemã e dos efeitos degradantes da divisão capitalista do trabalho, os grandes ideais humanísticos, o modelo de homem harmonicamente desenvolvido em cada aspecto seu.[62]

Encontramos alguns temas já presentes na *Estética*, como o homem inteiro e harmonicamente desenvolvido e a educação da humanidade aos grandes ideais do homem, mas, além disto, aparece também a crítica da divisão social do trabalho. Essa crítica não se manifesta nas obras de crítica da economia política, mas nas literárias, revelando tanto a aversão da grande cultura à situação existente quanto a vontade de superar as contradições do desenvolvimento econômico e social capitalista. Efetivamente, "a crítica humanística da sociedade não está voltada somente contra a divisão capitalista do trabalho, mas também contra a pauperização e a deformação da natureza humana geradas pelos preconceitos de classe"[63]. Dessa maneira, a crítica humanística é capaz de colher o homem como totalidade, ou seja, como ente não somente espiritual, mas também integrado em uma sociedade, em relação econômica com os

---

[61] Lifsic lembrou esse período num ensaio em *Filosofskie Nauki*, Moscou, n. 12, 1988, publicado em italiano como "Dialoghi moscoviti con Lukács" [Diálogos moscovitas com Lukács], Giovanni Mastroianni (org.), *Belfagor*, Florença, ano 45, n. 5, 30 set. 1990, p. 544-53.

[62] G. Lukács, "Progresso e reazione nella letteratura tedesca" [Progresso e reação na literatura alemã] (1945), em *Breve storia della letteratura tedesca dal Settecento ad oggi* (Turim, Einaudi, 1956), obra inclusa em *Scritti sul realismo*, cit., p. 52.

[63] Idem, "Gli anni di noviziato di Wilhelm Meister" [Os anos de aprendizado de Wilhelm Meister] (1939), em *Goethe e il suo tempo* (Verona, Arnoldo Mondadori, 1949), obra inclusa em *Scritti sul realismo*, cit., p. 214.

outros homens que determinam seu senso de pertencimento à própria sociedade. Isto constitui o aspecto realista da cultura burguesa que Lukács aprecia e valoriza.

A burguesia revolucionária encontra-se em meio a uma contradição entre os próprios ideais humanistas e a divisão capitalista do trabalho, que, por sua vez, torna insuperável a contradição entre os escopos individuais e as leis sociais e econômicas, a ponto de a procura individual por lucro crescente contrastar com a lei universal da taxa de lucro, que tende a uma queda contínua e constante, sendo que a ação do indivíduo acelera este processo de queda tendencial. O modo de produção capitalista abala uma lei ontológica do ser humano, ou seja, a antecipação mental do ato laboral do ser humano singular, e desencadeia o contraste entre indivíduo e coletividade. Naturalmente, os intelectuais respondem a essa contradição com os meios intelectuais de que dispõem, mas é quase unânime a denúncia de seu mal-estar com relação a tal situação histórico-social.

Lukács põe uma clara distinção entre divisão social do trabalho e divisão capitalista do trabalho: "A divisão social do trabalho é mais antiga que a sociedade capitalista, mas, após a extensão crescente assumida pelo domínio da relação-mercadoria, suas repercussões adquirem uma difusão e uma profundidade que marcam uma transposição da quantidade à qualidade. O elemento fundamental da divisão social do trabalho é a separação entre cidade e campo"[64]. Portanto, entre divisão social do trabalho, que é uma óbvia condição para qualquer progresso social humano, e divisão do trabalho na produção capitalista das mercadorias, existe um grau distinto de intensidade e de amplitude, de modo que cada aspecto da atividade social está envolto pela prevalência da categoria da quantidade sobre a qualidade. A divisão capitalista do trabalho separa elementos da estrutura do trabalho que, em seu momento originário, encontravam-se fortemente unidos, como o trabalho físico e o trabalho espiritual. "Acrescente-se que o desenvolvimento do capitalismo diferencia ulteriormente o trabalho espiritual em diversos campos separados, que assumem interesses particulares, materiais e espirituais, em concorrência entre eles, criando uma subespécie de especialistas."[65] À diferença entre trabalho físico e trabalho espiritual soma-se a divisão entre intelecto e emocional[66]. Esses temas são retomados em *História e consciência de classe*, de modo que Lukács cita novamente, mas de modo polêmico, seu mestre da juventude: Max Weber[67]. Lukács procura fazer compreender a amplitude e a profun-

---

[64] G. Lukács, "Marx e il problema della decadenza ideologica" [Marx e o problema da decadência ideológica] (1938), em *Il marxismo e la critica letteraria* (Turim, Einaudi, 1977), p. 161.

[65] Ibidem, p. 161-2.

[66] Ibidem, p. 166.

[67] O juízo de Lukács sobre Weber é cortante: "Em uma conferência, Max Weber 'confuta' a economia socialista alegando que o 'direito ao pleno rendimento do trabalho' é uma utopia irrealizável. Este erudito, que morreria de vergonha se lhe escapasse um erro de data sobre a história da China antiga, evidentemente, ignorou a refutação dessa teoria lassaliana por Marx", idem. Os erros de erudição não são permitidos aos intelectuais orgânicos do sistema burguês, ao passo que a ignorância dos críticos do sistema é perfeitamente tolerada.

didade da divisão capitalista do trabalho que é o verdadeiro problema da época moderna, a ponto de não poupar sequer a classe dirigente[68]. A alma de cada ser humano que vive na sociedade capitalista está envolvida nessa separação, nessa cisão interna, tanto assumindo o aspecto de deformação ideológica[69] como – acrescento eu – no aspecto da doença do século passado e do que acabou de iniciar: a depressão. A depressão, aliás, marca a continuidade entre os dois séculos, sendo a demonstração em si da insuperabilidade do problema da divisão capitalista do trabalho e da cisão da subjetividade moderna.

Os românticos encontraram uma solução fácil para o problema, rejeitada por Lukács, na mitologização de uma humanidade pré-capitalista não especializada, oposta à inevitável especialização da época moderna. Da mesma forma encontram-na nossos psicólogos contemporâneos, os quais se surpreendem se alguém escapar da depressão: este é o destino inelutável da humanidade moderna. Ainda hoje se acredita no álibi da inevitabilidade da especialização das ciências por causa do enorme crescimento da enciclopédia do saber[70], mas ao aceitar esse álibi não se leva em conta o fato de que a mesma enciclopédia tem sua razão de existir na facilidade de sua consulta. Essa justificativa, por sua vez, depende de outra, superior, que consiste na incapacidade de apreender a totalidade, a genericidade e a inteireza do gênero humano em qualquer atividade em que isto se desenvolva, ou em qualquer indivíduo em que se encarne. "Marx, analisando a subordinação do homem à divisão capitalista do trabalho, realça justamente o caráter angustiante e animalesco dessa subordinação."[71] Lukács recorda que a divisão capitalista do trabalho provoca um verdadeiro atraso da humanidade a um estágio precedente até mesmo ao momento originário do homem, que é o trabalho. O homem dentro da esfera da divisão capitalista do trabalho é reduzido a simples meio, a apêndice da máquina, a mero instrumento da realização de objetivos de outros que lhe são estranhos. É difícil encontrar uma alternativa a esta situação animalesca: "A burocratização que deriva da divisão capitalista do trabalho e a espontaneidade 'imanente' de seus campos particulares constituem a mais segura proteção dos interesses gerais da burguesia"[72]. Essa referência à burocratização é uma clara polêmica com o stalinismo, que como vimos, foi considerado pelo Lukács maduro como manifestação distorcida do espírito burguês. Mas a revolta "espontânea", a pretensão de se separar da produção capitalista, acaba reproduzindo as relações alienadas da divisão capitalista do trabalho. Efetivamente, "no capitalismo, o funcionamento normal da sociedade requer uma dependência de todos os homens aos lugares que lhe foram dados pela espontaneidade da divisão do trabalho", uma

---

[68] G. Lukács, "Marx e il problema della decadenza ideologica", cit., p.162.

[69] Idem.

[70] Ibidem, p. 163.

[71] Ibidem, p. 168.

[72] G. Lukács, "Tribuno del popolo o burocrate?" [Tribuno do povo ou burocrata?] (1940), em *Il marxismo e la critica letteraria*, cit., p. 230.

dependência aos deveres e ao desenvolver-se do processo social geral[73]. Acrescento que a espontaneidade é tal que até a revolta "espontânea" contra a divisão do trabalho, sem análise, resulta englobada na reprodução do próprio sistema; por este motivo, o intelectual, o escritor podem indicar um caminho de alternativa efetiva ao sistema: "O escritor especializado na arte de criar a tensão e o interesse, de inebriar e tranquilizar, é produto da divisão capitalista do trabalho [...]. Engels mostrou que a grandeza de um Leonardo ou de um Michelangelo derivava justamente do fato de ambos não estarem submetidos à divisão capitalista do trabalho"[74].

Lukács não esconde o fato de que a resistência contra a divisão capitalista do trabalho por parte dos grandes representantes da literatura "está geralmente fadada ao fracasso", mas, ao menos, tal resistência mostra "a transformação da relação do grande artista com a cultura de seu tempo e com as bases sociais e a orientação desta cultura"[75]. Na prática, a resistência dos grandes literatos é necessária para desvelar o arcano da divisão capitalista do trabalho e sua artificial distorção das relações humanas, de modo que esta não apareça como um fato natural, como o destino inevitável do gênero humano. Resta, no fundo, o exemplo de quem resiste, de sua força em rejeitar o sistema. Uma possível forma de resistência revela que agora a luta se coloca no plano da relação arte e vida, como o era para o jovem Lukács. Já desde então, ainda que inconscientemente, Lukács era um "tribuno do povo", com a vocação a oferecer "dedicação, profundeza ideológica e artística, solidez nos vínculos que estão radicados nos desejos e nas esperanças, nas felicidades e nas dores do povo trabalhador"[76]. Os críticos literários não conseguem compreender a profundidade do fenômeno de época, "eles oferecem um reflexo caricatural de certos fenômenos superficiais da divisão capitalista do trabalho, tratando a literatura como um território em si, fechado em si, completamente autônomo, de que se pode sair, para entrar em contato com a vida, somente através da porta demasiado estreita da biografia psicológica dos singulares escritores"[77]. Enquanto, por outro lado, a "tendência à objetividade, embebida pela sede de uma vida e de uma arte ricas de experiências, distingue claramente a atividade crítica dos mais notáveis escritores, dependendo se eles sucumbiram ou não à divisão capitalista do trabalho"[78].

Lukács faz, então, da crítica da divisão capitalista do trabalho um verdadeiro paradigma da crítica literária, em perfeita sintonia com o que Marx e Engels solicitaram aos intelectuais militantes das fileiras do movimento operário: "Marx e Engels pediam aos escritores de seus tempos para tomar posição, através de seus personagens, contra a degradação e a desagregação produzida pela divisão capitalista do trabalho, e

---

[73] Idem.
[74] ibidem, p. 233.
[75] ibidem, p. 237.
[76] Ibidem, p. 238. A tradução, aqui, é apenas levemente modificada.
[77] G. Lukács, "Lo scrittore e il critico" [O escritor e o crítico] (1939), em *Il marxismo e la critica letteraria*, cit., p. 425.
[78] Ibidem, p. 437.

de captar o homem em sua essência e em sua totalidade"[79]. Em seus ensaios críticos Lukács utiliza constantemente este paradigma para julgar a capacidade de um escritor colher e expressar corretamente a essência da época moderna, a evolução do capitalismo. Naturalmente não se espera que os escritores consigam chegar a uma crítica da economia política, mas que possam ao menos apreender a essência da história. A essência da história para Lukács é dada materialisticamente pela luta de classes. Logo, se o escritor não é capaz de apreender a situação de sua própria classe, é porque a divisão capitalista do trabalho o desvia da compreensão das relações de classes, enquadrando-o na fossilização e no isolamento da literatura em relação ao desenvolvimento histórico da sociedade humana, causando, eventualmente, o nascimento das correntes literárias da *art pour l'art* e da literatura *"a tesi"* (engajada)[80].

Lukács é mais crítico para com os escritores ou intelectuais marxistas, ou próximos do marxismo, que não souberam colher no pensamento de Marx e Engels esta essência do capitalismo que o tornava, aos seus olhos, inaceitável. Mehring, por exemplo, foi duramente criticado porque "a atividade humana, a práxis, não é apreendida em sua forma real, objetiva, em seu estar voltada à produção material e à modificação da sociedade, mas em seu reflexo deformado, em sua 'viragem' ideológica (como 'moral')"[81]. Contra o Mehring kantiano e iluminista, Lukács cita o exemplo de Willi Bredel para o qual "as várias etapas da luta de classes" são representadas como se se tratasse de momentos "particulares da vida cotidiana dos trabalhadores"[82], ou ainda, pelos seus romances os quais fazem conhecer às camadas sociais "a vida real dos trabalhadores na Alemanha de hoje"[83]. Lukács esperava dos intelectuais marxistas uma maior capacidade de compreensão da sociedade e de sua troca orgânica e, ao contrário, depara-se com um tipo de intelectual moralista e iluminista, mais kantiano do que marxista, mais vinculado à sociedade burguesa do que um efetivo e eficiente crítico dela.

Esta crítica, apenas aparente, da sociedade burguesa é a consequência da interiorização dos valores burgueses no espírito dos intelectuais. A mesma organização do saber está fortemente permeada pelo espírito burguês: "A ciência da sociedade, em conformidade com as leis da divisão do trabalho, especializa-se, 'liberta-se' dos vínculos com a história e com a economia, dirige-se a abstrações formais e vazias,

---

[79] G. Lukács, "Introduzione agli scritti di estetica di Marx ed Engels" (1945), em *Scritti di sociologia della letteratura* (Milão, Mondadori, 1976), p. 154. Existem outras duas traduções italianas desse ensaio, uma de C. Cases (em G. Lukács, *Il marxismo e la critica letteraria*, cit., 1977, p. 27-58) e de E. Picco (em G. Lukács, *Contributi alla storia dell'estetica*, Milão, Feltrinelli, 1975, p. 220-48). Usamos aqui a tradução de Giovanni Piana, porque as outras duas estavam completamente desprovidas de notas.

[80] Cf. G. Lukács, "Friedrich Engels, teorico e critico della letteratura" [Friedrich Engels, teórico e crítico da literatura] (1935), em *Marxismo e critica letteraria*, cit., p. 143.

[81] Idem, "Letteratura di tendenza o letteratura di partito?" [Literatura de tendência ou literatura de partido?] (1932), em *Scritti di sociologia della letteratura*, cit., p. 58.

[82] Idem, "I romanzi di Willi Bredel" [Os romances de Willi Bredel] (1931), em *Scritti di sociologia della letteratura*, cit., p. 228.

[83] Ibidem, p. 233.

distantes da realidade da vida"[84]. São os mesmos temas que Lukács havia enfrentado no período juvenil de sua primeira crítica literária, mas também são os primeiros temas de *História e consciência de classe*, ligados ao anseio para a totalidade, cuja compreensão escapa aos críticos e aos escritores que ficam fascinados pelo particular e não colhem a essência da história. "No capitalismo, a divisão do trabalho 'abre-se' à ideologia, também no que concerne aos singulares campos da produção"[85]. Os intelectuais vinculados à concepção burguesa da vida não compreendem absolutamente o momento reprodutivo da vida: "Para todos os intelectuais não diretamente ligados à produção material, a reificação exprime-se geralmente no fato de que a realidade lhe aparece 'mecânica', 'não espiritual', dominada por leis 'estranhas', uma ideia em que se apresentam, segundo o grau de desenvolvimento (nunca conscientemente percebido) da produção capitalista, todas as possíveis nuances entre uma normatividade 'absurda' e o 'caos'"[86]. A realidade da sociedade moderna escapa aos intelectuais que não possuam as categorias de reprodução da vida, na desordem da sociedade, no caos do mundo, desvendando, assim, toda a sua superficialidade de reflexão e de compreensão do mundo. Somente esta superficialidade garante a eles um lugar enquanto intelectuais orgânicos do sistema de domínio capitalista e da concepção burguesa do mundo.

A estes intelectuais, orgânicos, fundamentalmente, ao sistema capitalista de produção ou à concepção burguesa do mundo, Lukács prefere a crítica de Marx e Engels, que não é somente crítica da economia política capitalista, mas também crítica das formas culturais burguesas. Antes de tudo, Lukács apreende pela crítica de Marx e Engels uma diferença entre divisão social do trabalho e divisão capitalista do trabalho. Cada sociedade desenvolvida precisa, para seu próprio desenvolvimento, de indivíduos especializados em determinadas atividades, que sejam ou não produtivas, enquanto o sistema de produção capitalista esclerosa, fossiliza, congela a divisão do trabalho, reduzindo os indivíduos a autômatos mecânicos que sempre devem realizar sua atividade segundo a velocidade programada e formas previsíveis. Essa divisão capitalista do trabalho penetra também na arte e produz formas de imobilismo cultural que Lukács sempre recusou radicalmente e que, como se deduz da última citação, tendem aparentemente a tornar absoluta a relativa autonomia da atividade espiritual do homem. A atividade espiritual do homem, segundo Lukács, que retoma a concepção de Marx e Engels, diz respeito apenas à divisão social do trabalho[87]. A tendência capitalista à absolutização da autonomia da atividade espiritual aparece a Lukács como uma verdadeira negação para a arte, uma vez que requer um esmagamento do homem. Para fundamentar sua condenação da arte burguesa,

---

[84] Idem, "Lo scrittore e il critico" [O escritor e o crítico], em *Scritti di sociologia della letteratura*, cit., p. 139.

[85] Idem, "Reportage o rappresentazione?" [Reportagem ou representação?] (1932), em *Scritti di sociologia della letteratura*, cit., p. 68.

[86] Idem.

[87] Cf. idem, "Introduzione agli scritti estetici di Marx ed Engels" [Introdução aos escritos estéticos de Marx e Engels], em *Scritti di sociologia della letteratura*, cit., p. 149.

Lukács cita a avaliação positiva de Engels sobre arte renascentista porque substancialmente precedente à divisão capitalista do trabalho[88]. Podemos acrescentar que a arte na sociedade capitalista contemporânea se transformou em um ramo produtivo de mercadorias. A liberdade da arte, através da divisão social do trabalho, transforma-se em mercantilização e o artista torna-se produtor de mercadorias sem alguma substancial diferença em relação a um trabalhador da linha de montagem. A arte na sociedade capitalista não compreende plenamente o caráter criativo da produção humana, porque, diversamente de Marx e Engels, não compreende que o homem é um ser que se autoreproduz[89].

Apesar do limite representado pela ausência de uma crítica da economia política, Lukács encontra em Goethe uma capacidade de colher nexos reais[90], embora camuflados debaixo do destino dos personagens de seus romances, de seus poemas ou de suas tragédias:

> A divisão capitalista do trabalho, fundamento do desenvolvimento das forças produtivas que constituem a base material da personalidade desenvolvida, submete a si o homem, esmaga a personalidade em uma especialização sem vida. O jovem Goethe, naturalmente, não podia compreender estes nexos econômicos, e por isto, sua genialidade poética em representar a dialética real deste desenvolvimento no destino humano de seus personagens, é ainda maior.[91]

Na prática, a falta de uma crítica da economia política foi suprida pelo gênio de Goethe através de sua capacidade de apreender nos personagens específicos o destino do inteiro gênero humano, expressando realisticamente aquelas que se tornarão as relações concretas dos homens, se não em sua geração, ao menos nas gerações que virão.

A relação de Lukács com Goethe é bastante peculiar: no grande poeta alemão Lukács identifica o protótipo do intelectual burguês, revolucionário além de suas próprias intenções. Lukács colocava Goethe quase no mesmo plano em que colocava o jovem Hegel em sua capacidade de análise das contradições da sociedade burguesa. Ele encontra no autor de *Fausto* uma tendência ao máximo desenvolvimento das capacidades humanas e a harmonia interior destas faculdades contra a divisão capitalis-

---

[88] Ibidem, p. 153.

[89] "A função criativa do sujeito se revela justamente no fato de que o homem se faz a si mesmo, humaniza-se mediante seu trabalho — mesmo que, naturalmente, o gênero, as condições de possibilidade, o grau de desenvolvimento etc., do trabalho humano estejam determinados por circunstâncias objetivas de caráter natural e social", ibidem, p. 148.

[90] No que se refere a Lukács, Ehrhard Bahr fala em "modelo Goethe": "Georg Lukács's 'Goethianism': it's Relevance for his Literary Theory", em Judith Marcus e Zoltan Tarr (orgs.), *Georg Lukács: Theory, Culture, and Politics* (New Brunswick/Oxford, Transaction Publishers, 1988), p. 89-96.

[91] G. Lukács, "I dolori del giovane Werther" [Os sofrimentos do jovem Werther] (1936), em *Goethe e il suo tempo*, cit., inclusa em *Scritti sul realismo*, cit., p. 200.

ta do trabalho[92]. Com efeito, Goethe conseguiu colher seu próprio povo no trabalho, no momento reprodutivo de sua própria vida. Embora Goethe tenha sido transformado em objeto de culto acadêmico, sempre é possível encontrar em seus epígonos algum lampejo de realismo, justamente em razão do realismo contido no próprio modelo, isto é, Goethe[93]. Lukács estendeu a Goethe o juízo que Marx expressava sobre Hegel, ou seja, a capacidade do filósofo alemão de conceber o homem objetivo como resultado do próprio processo de trabalho. Doutro lado, Marx em seus *Manuscritos econômico-filosóficos* de 1844 citava explicitamente *Fausto* e a grande faculdade de Mefistófeles em conceder a Fausto o poder de dominar o mundo, assim como o dinheiro permite, a quem o possui, ter todo o poder que desejar. Mefistófeles é, portanto, a essência diabólica do dinheiro. O *Fausto* e a *Fenomenologia do espírito* conseguem exprimir esta concepção e por isto formam a dupla da grande cultura progressista alemã da primeira metade do século XIX.

Lukács transforma a denúncia e a vontade de superar as contradições do capitalismo em uma categoria de juízo das obras da cultura alemã do período da afirmação da burguesia nacional, isto é, o Romantismo. Assim, Novalis, por diversos aspectos o representante mais maduro do Romantismo alemão, é contrário à descrição da natureza econômica das relações humanas presente em *Wilhelm Meister* de Goethe[94]. Novalis não via poesia na descrição goethiana, e na verdade rejeitava a própria denúncia iluminista e classicista da divisão social do trabalho. Como típico expoente do Romantismo, Novalis não pretendia reduzir o homem à sua troca orgânica com a natureza, mas ao proceder assim acabava transformando o homem em um ente abstrato, sem relação alguma com a realidade, e isto apesar de Novalis ser, enquanto romântico, um anticapitalista. Lukács é fortemente contrário a esta abstração excessiva do anticapitalismo romântico:

> Se antes afirmamos a importância central da aspiração à totalidade e à integridade do homem como necessidade social universal, devemos agora distinguir claramente nossa posição [...] da crítica anticapitalista romântica à divisão do trabalho. Porque tal crítica enxerga apenas o aspecto negativo, a fragmentação e o tornar-se estéril do homem, sem considerar o fato de que não se trata apenas de uma fase inevitável na evolução do gênero humano, mas que a mesma divisão do trabalho – apesar de todas as formas destrutivas e degradantes que esta assume no capitalismo para o homem – suscita, todavia, conti-

---

[92] Ver idem, "Studi sul *Faust*" [Estudos sobre *Fausto*] (1940), em *Goethe e il suo tempo*, cit., inclusa em *Scritti sul realismo*, cit., p. 392. Croce recusou resolutamente a possibilidade de que em Goethe existiriam os elementos de uma reivindicação social da divisão capitalista do trabalho. O grande crítico e filósofo italiano observa: "Não interessa ao senhor Lukács o fato de Goethe nunca ter falado em 'plebeu'. Benedetto Croce, resenha a G. Lukács, *Goethe und seine Zeit*, *Quaderni della Critica*, Bari, n. 14, jul. 1949, p. 110-2. O método de Croce é exatamente aquele típico dos dogmáticos que se limitam a observar somente o existente, no objetivo de alcançar assim resultados que podem alimentar seu preconceito.

[93] Ver G. Lukács, "Progresso e reazione nella letteratura tedesca", cit., p. 87.

[94] Ver ibidem p. 53.

nuamente e, aliás, conduz à maturação, no próprio homem, de propriedades, capacidades etc., que ampliam e enriquecem seu conceito em sua totalidade.[95]

Schiller, ao contrário, com sua poesia ingênua – que no fundo é uma forma de realismo, de cópia artística da realidade, ainda que rigidamente mantida – exprime uma das contradições do idealismo, ou seja, a representação indireta do ideal[96]. Uma forma de espelhamento excessivo, fotográfico, embora substancialmente correto. Resta, porém, em Schiller, a autêntica tendência à superação das contradições da sociedade capitalista e de sua divisão do trabalho em uma forma de "civilização estética [que] tem a tarefa de eliminar a dilaceração e o esmagamento do homem pela divisão do trabalho, de restaurar a integridade e a totalidade do homem"[97]. Existe ainda em Schiller uma perspectiva de superação da divisão capitalista do trabalho, mas essa superação é pensável desde que se considere a divisão capitalista do trabalho em forma abstrata e idealista, não realista, sem sofrimento e dramaticidade. Já os pensadores iluministas colheram de modo mais realista a divisão capitalista do trabalho, mas em Schiller esta aparece sob a forma de mera abstração. Não se apreende o processo de crescimento dessa divisão, a laceração entre razão e sensibilidade, e este dualismo torna-se uma forma imediata da realidade. Há em Schiller um núcleo de correta análise da situação, mas esta análise está escondida, camuflada, oculta sob uma superficialidade idealista, em que é impossível uma real compreensão da realidade. Lukács deduziu duas conclusões negativas sobre a postura de Schiller: "Desta maneira todas as relações resultam invertidas; Schiller [...] procura obter o ser pela consciência, a base pela superestrutura, as causas pelos efeitos"[98], e Schiller abre o caminho para a *Fenomenologia do espírito* de Hegel[99], em que encontraremos estas relações viradas pelo avesso e, apesar de oferecerem os instrumentos teóricos para a compreensão da situação real, acabam por ocultá-la debaixo de uma camuflagem idealista e, portanto, não trágica. Enquanto em Hölderlin "há uma aversão romântica pela divisão capitalista do trabalho, mas o ponto essencial da degradação que é preciso combater, aos seus olhos, é a perda da liberdade"[100]. Doutro lado, as histórias pessoais de Schiller e de Hölderlin são profundamente diferentes e em Schiller não encontramos um período jacobino como em Hölderlin, com a consequente exaltação mística da liberdade. Estas tendências permanecem também nos poetas alemães pós-românticos como

---

[95] Ibidem, p. 494.
[96] Ver idem, "La teoria schilleriana della letteratura moderna" [A teoria schilleriana da literatura moderna] (1937), em *Goethe e il suo tempo*, cit., inclusa em *Scritti sul realismo*, cit., p. 290.
[97] Idem, "Sull'estetica di Schiller" [Sobre a estética de Schiller] (1935), em *Contributi alla storia dell'estetica* (Milão, Feltrinelli, 1975), p. 37.
[98] Ibidem, p. 38.
[99] Ver ibidem, p. 39.
[100] Idem, "L'*Iperione* di Hölderlin"[O *Hyperion* de Hölderlin], em *Goethe e il suo tempo*, cit., inclusa em *Scritti sul realismo*, cit., p. 313.

Fontane, que descreve o empobrecimento da vida humana burguesa causado pela divisão do trabalho[101]. Diante desta postura idealista, Lukács identifica algumas tendências mais positivas no socialismo utópico de Fourier: "Em Fourier encontra-se já um pressentimento do fato de que a divisão do trabalho do socialismo – nele utópico – fará do *mesmo trabalho* o meio da extensão das multíplices faculdades do homem"[102]. O valor libertador do trabalho é discernível também dentro da divisão capitalista do trabalho, somente se se tem confiança na capacidade emancipadora do homem que trabalha.

A reação negativa do romantismo alemão contra a divisão social do trabalho do capitalismo é também fruto do desenvolvimento econômico, social e cultural do país. Determinadas formas de reação parecem a Lukács primitivas e grosseiras, porque o capitalismo alemão e a burguesia alemã não desenvolveram plenamente todas as possibilidades produtivas capitalistas, como, ao invés, aconteceu na Inglaterra e na França. Existe, por conseguinte, uma diferença entre a denúncia, por parte dos poetas e escritores, e uma recepção social passiva do modo de produção capitalista. De novo Lukács propõe, no campo estético, a teoria do desenvolvimento desigual de Marx, segundo a qual a cultura alemã estaria mais evoluída e madura que sua base social. Essa teoria demonstra ulteriormente que as relações entre estrutura e superestrutura não possuem o caráter mecânico sustentado pelos marxistas positivistas da II Internacional e pelos stalinistas dogmáticos da III Internacional.

Como consequência da falta de maturidade social temos no anticapitalismo romântico "uma exagerada deformação dos problemas, [e] chega-se ao ponto de a justa crítica converter-se em uma falsidade social. Assim a descoberta das contradições da divisão capitalista do trabalho converte-se em uma exaltação acrítica das condições sociais que ainda não conheciam esta divisão do trabalho; esta é a causa do entusiasmo pela idade média"[103]. A crítica anticapitalista romântica confunde o presente com um utópico passado, escapa-lhe a condição efetiva do trabalho, renega toda forma de trabalho humano em nome da recusa do trabalho no sistema capitalista, exalta o ócio como o verdadeiro sentido da vida. Lukács recusa com desprezo esta cultura do não trabalho, que teve depois, na segunda metade do século XX e até os nossos dias

---

[101] Idem, "Il vecchio Fontane" [O velho Fontane] (1950), em *Realisti tedeschi dell'Ottocento*, inclusa em *Scritti sul realismo*, cit., p. 709.

[102] G. Lukács, "Sull'estetica di Schiller", cit., p. 91. Infelizmente, a grande confiança na força emancipadora do trabalho, o Lukács da primeira metade da década de 1930 não consegue colher o caráter desumanizador do trabalho stakanovista: "A importância histórica do movimento stakanovista deriva essencialmente do fato de que a relação entre homem e trabalho é radicalmente mudada, que o trabalho, em vez de representar um obstáculo ao múltiplo estender-se das faculdades humanas, promove justamente essa versátil multiplicidade, derrubando, diga-se de passagem, o muro que aparta o trabalho físico do trabalho espiritual, o trabalho parcial, necessariamente limitado, da perspectiva de conjunto, própria de quem dirige", ibidem, p. 92.

[103] G. Lukács, "Eichendorff" (1940), em *Realisti tedeschi dell'Ottocento*, cit., inclusa em *Scritti sul realismo*, cit., p. 479.

um renovado interesse e também alguma forma de reproposição política e social. Assim, Lukács julga ambígua e contraditória a obra de Eichendorff, *Da vida de um preguiçoso**, porque nela "a absoluta ausência de clareza ideológica possa unir-se a um justo instinto humano e poético"[104].

A clara e unívoca recusa deste anticapitalismo romântico é uma espécie de autocrítica de Lukács, talvez a única verdadeira autocrítica de sua vida. O anticapitalismo romântico – típico dos primeiros anos de sua produção intelectual e mantido, em seguida, nos primeiros anos de sua adesão ao comunismo, ou seja, 1918-1921 – é definitivamente abandonado. Desde *História e consciência de classe* em diante, a crítica, a avaliação objetiva do mundo capitalista, o induzirá a compreender a verdadeira essência, deixando de lado posições consideradas excessivamente negativas[105], em direção a uma compreensão da substância histórica. O Lukács da maturidade passou através da consideração de dois escritores, que desenvolveram papéis profundamente diferentes na história do século XX, mas que se encontram reunidos no marco do realismo. O primeiro é Thomas Mann, que lhe pôs sob os olhos a moral burguesa de "conduta" que descende da "laboriosidade"[106], mas que, ao contrário, é falsa conduta, pois a conduta não salva da catástrofe social. O outro escritor é Maksim Gorki, capaz de mostrar que a destruição do homem moderno "é causada essencialmente por uma falsa postura para com o trabalho e pelo fechamento do homem no individualismo pequeno-burguês"[107] e, "cada vez que ele fala em inteligência, força, trabalho, paixão e bondade e de seus opostos, suas palavras sempre têm um conteúdo social concreto"[108]. Gorki soube tirar proveito, e com ele também seu leitor, da lição de Lenin que procurava despertar e consolidar nos trabalhadores o interesse para seu trabalho[109], para que este se tornasse sua "primeira necessidade vital", segundo a melhor lição ética que

---

* No original em alemão, "*Aus dem Leben eines Taugenichts*"; no original italiano, "*Il fannullone*". Tanto *Taugenichts* quanto *fannullone* remetem a "imprestável", aquele que "não faz nada", "não serve para nada" e, por consequência, que é "preguiçoso". (N. T.)

[104] Ibidem, p. 480.

[105] Por esse motivo, também se torna compreensível a recusa das obras da maturidade pelos estudiosos do jovem Lukács. Ver, por exemplo, a avaliação do mais cultuado dentre esses estudiosos, o franco-brasileiro Michael Löwy, *Per una sociologia degli intellettuali rivoluzionari. L'evoluzione politica di 1909-1929* (Milão, La Salamandra, 1978), p. 338, ou ainda outros de seus ensaios menores, como "Lukács e il romanticismo anti-capitalistico", em Rosario Musillami (org.), *Filosofia e prassi. Attualità e rilettura critica di György e Ernst Bloch* (Milão, Diffusioni, 1989), p. 135-50; "Die revolutionäre Romantik von Bloch und Lukács", em Michael Löwy, Arno Münster e Nicolas Tertulian (orgs.), *Verdinglichung und Utopie. Ernst Bloch und Georg Lukács* (Frankfurt, Sendler, 1987), p. 17-29.

[106] Veja-se G. Lukács, "Alla ricerca del borghese" [À procura do burguês], em *Thomas Mann*, obra inclusa em *Scritti sul realismo*, cit., p. 745-6.

[107] G. Lukács, "Maxim Gorkij: la 'Commedia umana' della Russia preriveluzionaria" [Maksim Gorki: a "Comédia humana" da Rússia pré-revolucionária] (1936), em *Scritti di sociologia della letteratura*, cit., p. 317.

[108] Idem.

[109] Cf. idem, *Il significato attuale del realismo critico*, cit., p. 988.

Marx nos deixou. Thomas Mann e Maksim Gorki são dois grandes realistas, nunca se entregaram perante a divisão capitalista do trabalho. Como os grandes realistas, nunca esconderam a verdade da realidade, até a mais crua das verdades: "A crescente divisão do trabalho entre cidade e campo, a crescente importância social da cidade, fazem com que o lugar da ação seja cada vez mais a cidade, aliás, a metrópole moderna. E não existe uma fantasia poética que seja capaz, nestas cidades, de inventar relações homéricas entre homem e natureza, entre homem e homem, entre homem e objetos tornados mercadorias"[110]. Como se sabe, Thomas Mann e Gorki, de forma profundamente diferente, descreveram respectivamente a vida burguesa nas cidades alemãs e o processo de urbanização na Rússia do incipiente capitalismo.

Esta observação de Lukács pode ser estendida também, e, sobretudo, a Tolstoi, outro grande representante do realismo burguês. Em Tolstoi, Lukács aprende a degradação do homem à máquina, seu total sujeitar-se à divisão capitalista do trabalho: "A divisão capitalista do trabalho, como forma de vida e como fator determinante do pensamento e da sensibilidade, penetra cada vez mais profundamente nas relações humanas e Tolstoi ilustra, com uma ironia cada vez mais amargurada e fundamentada sobre observações cada vez mais profundas, como os homens deste mundo se tornam gradualmente muitas máquinas que dividem o trabalho"[111]. Tolstoi é capaz de colher na divisão capitalista do trabalho um fator de opressão e exploração das massas e, ao mesmo tempo, de desumanização dos mesmos opressores: "Ele desvela a dialética e põe em evidência que a divisão do trabalho da burocracia capitalista desumaniza não somente os oprimidos, mas também os opressores, tornando-os meros autômatos e, ainda por cima, autômatos perversos"[112]. Tolstoi desenvolve um papel parecido ao que o jovem Hegel desenvolveu na compreensão da desumanização do trabalho mecânico. Lukács vê no realismo burguês um equivalente do idealismo alemão, que chegou à correta compreensão das relações de classes, mas não conseguiu transformar esta compreensão em projeto de transformação do mundo; Lukács não divisou nos grandes realistas burgueses e nos filósofos do idealismo alemão a mola da indignação ética contra a degradação do gênero humano.

Trabalho e obra

Geralmente os críticos de Lukács traçam uma linha divisória entre o pensamento do jovem e do velho Lukács, entendendo por jovem Lukács o Lukács pré-marxista. De tal maneira, eles podem tratar o jovem Lukács como se fosse um autor completamente diferente do autor da idade avançada ou, mais claramente, do Lukács marxista, que

---

[110] Idem, "Tolstoj e l'evoluzione del realismo" [Tolstoi e a evolução do realismo] (1935), em *Saggi sul realismo* (Turim, Einaudi, 1976), p. 211.
[111] Ibidem, p. 218.
[112] Idem.

para estes críticos imuniza o jovem Lukács de leituras políticas ou ideológicas[113]. Esses críticos autolibertaram-se da compreensão da filosofia na forma clássica de pensamento, ou seja, o momento em que a política assume a forma de filosofia. Eles tentam pôr uma fratura onde há continuidade, não querem aceitar a ideia de que o jovem Lukács encontrou no marxismo a solução definitiva às questões teóricas que seu pensamento existencialista lhe punha. Não existe alguma fratura no pensamento de Lukács; sempre há uma evolução. O mesmo Lukács afirma isto explicitamente: "Esta evolução, continuação, de qualquer maneira, do que precede"[114]. Todavia, seus críticos não querem acreditar nas palavras de quem eles estudam, também para não explicar o motivo de sua recusa. Trata-se sem dúvida de uma forma bizarra de conduzir uma pesquisa científica, mas agora, em época de hermenêutica, cada leitor desconstrói seu próprio texto e o pensamento do autor do texto.

Nas obras juvenis também podem se encontrar sinais da reflexão lukacsiana sobre o trabalho, que obviamente não se apresenta nas mesmas formas idênticas da maturidade e da velhice, mas que revelam *arqueologicamente* a origem e o primeiro desenvolvimento de sua ideia de um nexo entre sujeito e objeto, entre universal e particular, entre ideal e real. São sinais indeléveis, espalhados em mil riachos e trilhos, e é possível

---

[113] Um dos últimos exemplos é de Michele Cometa que, comentando sua (em certos aspectos excelente) tradução italiana do manuscrito lukacsiano sobre Dostoiévski (G. Lukács, *Doestvskij*, Milão, SE, 2000, p. 164, que, como é sabido, representa a leitura ética do jovem Lukács sobre os problemas da época – Lukács refere-se continuamente a uma "primeira ética" e a uma "segunda ética"), não faz menção alguma da sucessiva publicação *Versuch zu einer Ethik*, como se ela não representasse uma conclusão ideal da pesquisa ética da juventude. Cometa não desconhece a posterior fase marxista de Lukács (depois da redação dos apontamentos sobre Dostoiévski) porque comenta sarcasticamente sobre o capítulo dedicado a Kierkegaard na *Destruição da razão*, quando Lukács se detém sobre o ateísmo religioso em Dostoiévski: "Quem sabe se *este* Lukács lembrava ter já esclarecido a questão em seu estudo juvenil!" (o grifo e o ponto de exclamação são originais). Naturalmente, Cometa não pode admitir que um marxista fosse capaz de encontrar uma solução para o ateísmo religioso na participação ao movimento de libertação dos trabalhadores e da humanidade. No apêndice ao manuscrito sobre Dostoiévski, quando Lukács escreve "II. Jeová / O cristianismo / O socialismo – A solidão – Tudo é permitido: problema do terrorismo (Judite: ir além) / O homem natural: impossibilidade do amor para o próximo / O idealismo abstrato: linha Schiller-Dostoiévski / O problema da realidade" (o signo/indica o salto de linha), Cometa comenta: "Essa posição intermédia e, portanto, superada, do socialismo na sistemática de Lukács trai sua insatisfação com a grande utopia do século XIX" (p. 132). Cometa não leva em conta, absolutamente, o fato de que ao colocar "o socialismo" após "Jeová" e "o cristianismo" faz dele um pensador que, naquele momento (entre 1915 e 1916) é profundamente influenciado por Hegel; ver G. Lukács, "La mia via al marxismo", em *Marxismo e politica culturale* (Turim, Einaudi, 1968), p. 13. Isto é, Lukács entende o socialismo como o momento dialético da *Aufhebung*, ou seja, a superação ou a subsunção do judaísmo e do cristianismo ao socialismo. Cometa consegue assim escavar uma fratura onde na realidade se apresenta uma solução à questão do ateísmo religioso. Ao contrário, é digno de menção o belo livro de Stefano Catucci, *Per una filosofia povera. La Grande Guerra, l'esperienza, il senso: a partire da Lukács* [Para uma filosofia pobre. A Grande Guerra, a experiência, o sentido: a partir de Lukács] (Turim, Bollati Boringhieri, 2003), p. 255, em que a solução política às questões teóricas emerge com clareza.

[114] G. Lukács, *Pensiero vissuto. Autobiografia in forma di dialogo* (org. I. Eörsi, Roma, Editori Riuniti, 1983), p. 202.

encontrá-los somente a partir de um ponto exato; caso contrário, eles escapam à vontade do observador. Trata-se de investigar no pensamento de um jovem intelectual que não sabe direito aonde irá parar; sabe somente o que está pensando, não tem uma perspectiva, tem uma forte denúncia a ser gritada. Não obstante, o percurso existe e terminará com a adesão ao movimento de libertação dos trabalhadores.

A primeira grande obra de Lukács é *O drama moderno*, que constitui o primeiro volume da obra sistemática *O desenvolvimento histórico do drama moderno*. A obra apareceu em 1909 e foi escrita originalmente em húngaro, e isto é um elemento importante, como veremos mais adiante. O quadro geral da obra é ditado pela identificação de "o mundo do drama está no mundo da vida"[115]. Lukács já mostra uma abordagem que é ao mesmo tempo dramática e existencialista, no estilo igualmente decadente da época. Todavia, emerge com uma clareza impressionante a raiz crítica de sua leitura do mundo moderno, em perfeita linha evolutiva com aquilo que mostrei a respeito de seus ensaios de crítica literária:

> Na sociedade moderna a divisão do trabalho, vista pelo lado do indivíduo, tende, talvez por sua própria essência, a desvincular o trabalho das capacidades efetivas do trabalhador [...] e a reduzi-las a normas objetivas que se situam de fora de sua personalidade e não se encontram em alguma relação com esta. A tendência econômica fundamental do capitalismo é também do mesmo tipo: objetivação da produção, ou seja, seu desengate da personalidade do produtor.[116]

É verdade que se fala genericamente de divisão do trabalho, mas não há dúvida de que esta análise pode estar ao lado daquelas dos anos 1930. O Lukács não marxista compreendeu corretamente a essência do capitalismo, de seu estranhamento, da divisão entre trabalhador e produto do trabalhador, da cisão da personalidade que deriva disto.

Por outro lado, idealiza-se o mundo pré-capitalista, em que o artesão transmite ao seu ajudante o segredo de sua técnica e de sua habilidade, após tê-lo preparado com um longo e duro trabalho de aprendizado[117]. Mas, afinal de contas, trata-se sempre de uma dimensão perdida em comparação com a impessoalidade da técnica moderna. O trabalho moderno cada vez menos permite a passagem da personalidade do trabalhador ao objeto trabalhado e "o trabalho adquire uma própria vida particular, objetiva, diante da individualidade do indivíduo, de modo que esta é obrigada a expressar-se alhures e não naquilo que faz"[118]. A humanidade é expulsa do mundo do trabalho e deve se expressar alhures, o trabalho é completamente desumanizado, na mesma me-

---

[115] Idem, *Il dramma moderno* [O drama moderno] (Milão, Sugar, 1967), cap. I, p. 32.
[116] Ibidem, cap. II, p. 122.
[117] Harry Liebersohn afirma que, por seu rigor, a análise de Lukács sobre o trabalho artesão supera a de Tönnies; ver Harry Liebersohn, "Lukács and the Concept of Work in German Sociology", em Judith Marcus e Zoltan Tarr, *Georg Lukács. Theory, Culture, and Politics*, cit., p. 66.
[118] G. Lukács, *Il dramma moderno*, cit., cap. II, p. 123.

dida em que desumaniza. O trabalho despersonalizado constitui-se perante o trabalhador como seu grande inimigo. A conclusão é uma antecipação de *História e consciência de classe*: o sistema burguês vive e evolui segundo o princípio da coisificação e da despersonalização. Apresenta-se, portanto, um contraste entre vida e trabalho, mais exatamente entre vida e trabalho produtivo. Lukács retomou estes temas de Simmel[119], que ele cita e cuja *Filosofia do dinheiro* teve uma profunda influência sobre sua formação intelectual[120], mas que também representam ecos distantes de temáticas hegelianas, naturalmente dentro de um quadro marxiano.

A obra que tornou Lukács reconhecido em toda a cultura europeia de início de século XX foi *A alma e as formas*. Esta obra também foi escrita inicialmente em húngaro e depois em alemão, como o mesmo Lukács lembra: "Escrevi tanto em húngaro como em alemão. Primeiro escrevi em húngaro e depois, entre 1910 e 1911, traduzi para o alemão"[121]. *A alma e as formas* foi considerada a obra fundadora do existencialismo do século XX, porque os temas kierkegaardianos desenvolvem nela um papel central. Todavia não faltam alusões ao trabalho e à obra.

A primeira alusão feita diz respeito à semelhança, que lembra o problema do espelhamento. Lukács antecipa os temas da técnica artística, em particular pictórica, que no retrato se esforça em reproduzir a vida da pessoa retratada e toda a técnica tende à reprodução mimética da pessoa e de seu caráter, de seu mundo da vida. Também no ensaio, mediante a prosa ensaística, é possível reproduzir a vida, mas isto "apenas depende da intensidade do trabalho e da visão"[122], do esforço de quem produz a obra. A arte é portanto imitação da vida, na medida em que na obra de arte o artista consegue reproduzir e imitar a vida. Ou melhor, acrescenta em outros ensaios que compõem *A alma e as formas*, para o poeta, para o artista, a vida é matéria-prima, e sua natural potência extrai dessa matéria-prima formas e multiplicidade[123], como se o artista fosse um artesão ou um homem que trabalha a matéria para extrair objetos dela.

---

[119] Conferir as boas análises de Antonio De Simone, *Lukács e Rimmel. Il disincanto della modernità e le antinomie della ragione dialettica* (Lecce, Milella, 1985), p. 101; Harry Liebersohn, "Lukács and the Concept of Work in German Sociology", cit., p. 63-74; Silvie Rücker, "Totalität als ethisches und ästhetisches Problem", *Text+Kritik*, Munique, n. 39-40, out. 1973, p. 52-64; Paul Honigsheim, "Zur Hegel-Renaissance im Vorkriegs-Heidelberg", *Hegel-Studien*, Bonn, n. 2, 1963, p. 291-301.

[120] "A *Filosofia do dinheiro* de Simmel e os escritos sobre o protestantismo de Weber foram meus modelos para uma 'sociologia da literatura' na qual os elementos oriundos de Marx já estavam presentes – mas de forma tão sutil e pálida que eram apenas reconhecíveis", G. Lukács, "La mia via al marxismo", cit. p. 12.

[121] Idem, *Pensiero vissuto*, cit., p. 40.

[122] Idem, "Essenza e forma del saggio: una lettera a Leo Popper" [Essência e forma do ensaio: uma carta a Leo Popper], em *L'anima e le forme* (Milão, SE, 1991), p. 28. Na realidade, o texto original em húngaro é ligeiramente diferente, apresentando-se assim: "*a látás és a munka intenzív erejétől fog csak függeni*". A tradução literal é: "somente dependerá da força intensiva do trabalho e da visão". Na tradução italiana extraída do alemão, perdeu-se a ação desenvolvida no futuro e o conceito de "força", que torna a ação mais parecida com uma ação prática.

[123] Ver G. Lukács, "Quando la forma si frange sugli scogli dell'esistenza: Søren Kierkegaard e Regina Olsen" [Quando a forma frange no rochedo da existência: Søren Kierkegaard e Regina Olsen], em *L'anima e le forme*, cit., p. 71.

A obra de arte, portanto, se transforma em instrumento de formação espiritual[124]. A semelhança com as temáticas do espelhamento estético são evidentes, portanto enganam-se os que falam em adesão de Lukács à teoria do espelhamento somente com sua passagem ao marxismo, quando, ao contrário, é evidente que o espelhamento e a mimese estavam presentes em seu pensamento já desde antes da adesão ao marxismo.

Os temas da ética burguesa do trabalho aparecem explicitamente na obra: "Nos tipos puros, trabalho e vida coincidem ou, mais exatamente: em sua vida vale, considere-se isto atentamente, somente aquilo que pode ter referência com o trabalho. A vida é nada, a obra é tudo, a vida é casualidade, a obra é necessidade"[125]. No original húngaro a palavra "trabalho" aparece como *munka*, que significa seja "trabalho" seja "obra", praticamente como em alemão o termo *Werk*; mas em húngaro não há outro termo, como em alemão *Arbeit*, que indica a atividade de trabalho. O único termo húngaro para indicar a atividade de trabalho e o produto dessa atividade é *munka*, enquanto existe um termo para indicar a obra de arte, *mű*. Vimos que *A alma e as formas* foi escrita por Lukács em ambos os idiomas, portanto não se pode pôr em discussão sua intenção de exprimir com exatidão seu pensamento, mas escolhendo os termos *munka* e *Werk* ele quis justamente deixar o leitor compreender que não entendia distinguir entre a atividade do trabalho e o produto desta e, portanto, autoriza a entender que **o trabalho é tudo, o trabalho é necessidade** em comparação com a vida que é nada ou casualidade. Lukács está aqui repetindo a concepção hegeliana que, como vimos, no período da maturidade foi criticava no filósofo alemão, segundo a qual a vida nasce do trabalho. De acordo com Lukács, Hegel, em sua *Lógica*, não reconhece a primazia da vida sobre o trabalho. Mas em *A alma e as formas* encontramos uma concepção do trabalho como **princípio/fundamento**, ou como **momento predominante**, exatamente como na *Ontologia*, em perfeita continuidade com a concepção de trabalho que desenvolveu em todo o seu desenvolvimento de pensamento. Doutro lado, se se olhará, a partir da *Ontologia*, **arqueologicamente**, para as obras juvenis, poder-se-á reconhecer o método ontológico-genético de que já se discutiu e que impulsionou Lukács a remontar da obra até o trabalho, à procura de uma origem, de um princípio da mesma obra. Somente a perspectiva do trabalho como princípio/fundamento permite compreender a complexidade da obra, tanto como obra de arte quanto obra da vida cotidiana.

As temáticas do trabalho em *A alma e as formas* antecipam amplamente momentos teóricos da concepção ontológica do trabalho, como o valor comunitário do trabalho, quando sustenta que a comunidade requer uma perfeição do trabalho[126].

---

[124] Ver Idem, "Sulla filosofia romantica dell'esistenza: Novalis" [Sobre a filosofia romântica da existência: Novalis], em *L'anima e le forme*, cit., p. 81-2.

[125] Idem, "Platonismo, poesia e le forme: Rudolf Kassner" [Platonismo, poesia e as formas: Rudolf Kassner], em *L'anima e le forme*, cit., p. 44.

[126] Ver G. Lukács, "La borghesia e *l'art pour l'art*: Storm" [A burguesia e *l'art pour l'art*: Storm], em *L'anima e le forme*, cit., p. 93. Liebersohn afirma que no ensaio sobre Storm a antítese entre *Bürger* e burguês equivale à antítese weberiana entre luterano e calvinista, ver Harry Liebersohn, "Lukács and the Concept of Work in German Sociology", cit., p. 70.

Trata-se, na prática, do conceito de valor de uso do trabalho, para que se possa permitir um valor de troca. Também não faltam alusões polêmicas à divisão capitalista do trabalho: "O estilo burguês de vida torna-se aqui trabalho forçado, odiada escravidão; constrição contra a qual insurgem todos os instintos vitais, domados somente a custo de um terrível esforço, para talvez fazer com que a solicitação estática desta luta provoque a exaltação extrema necessária para realizar um trabalho. [...] Esta existência burguesa é o açoite que obriga a um trabalho constante os que negam a vida"[127]. Encontramos aqui de novo a constrição do trabalho, mas também a autodisciplina para realizar um trabalho bem-feito. Em Philippe, Lukács encontra a educação ao trabalho, porque "o trabalho é a única coisa que oferece força e salvação na vida"[128]. As temáticas apresentam-se unidas em uma concepção não sistemática, de marco kirkegaardiano, mas, de qualquer maneira, sua presença é inegável.

O jovem Lukács critica uma forma de existência burguesa que marca a primazia da ética na vida, uma existência que se funda sobre a aniquilação da genialidade no trabalho burguês, uma existência que oculta a autenticidade da vida atrás da habilidade: "Em uma vida em que somente a produtividade é baseada no talento, que torna o homem importante exteriormente e o sustenta internamente, o centro de gravidade da existência é deslocado para o talento. A vida existe para o trabalho e o trabalho sempre é algo incerto, algo que exalta o sentido da vida até os topos da êxtase e que pode ser puxado, às vezes, com uma tensão histérica das energias, até a um limite em que a exaltação deve ser paga com as mais assustadoras das depressões nervosas e da alma. A obra se torna escopo e sentido da vida"[129]. Comparando o texto alemão com o húngaro, nota-se que falta uma parte na última frase, "*Az élet van a munkáért*", que significa "a vida é para o trabalho" e que em italiano foi traduzida do alemão como "a vida existe para o trabalho". Lukács eliminou na edição alemã esta espécie de *refrain*, de repetição retórica, que fortalece sua crítica da vida autêntica que é aniquilada no "trabalho prosaico", na segurança da vida burguesa, em sua solidez e tranquilidade, em seus valores constantes e repetitivos, mas que permitira colher ainda mais claramente a centralidade do trabalho em sua crítica à sociedade burguesa. Escapa a este trabalho a verdadeira totalidade do homem, sua original autenticidade, enquanto se exaltam os valores de suas habilidades técnicas, até o ponto de criar-lhe depressões ou

---

[127] G. Lukács, "La borghesia e *l'art pour l'art*: Storm", cit., p. 94. Com razão, Asor Rosa afirma: "Ao redor desta [*A alma e as formas*] sentimos o vazio do ato e da práxis, as quais somente podem originar a alta cultura burguesa", Alberto Asor Rosa, "Il giovane Lukács, teorico dell'arte borghese", *Contropiano*, Florença, n. 1, 1968, p. 67. Asor Rosa compreende o Lukács crítico da cultura burguesa que vê na obra de arte a alternativa a uma vida desprovida de sentido, e somente as grandes obras burguesas podem manifestar o vazio de sentido da vida burguesa.

[128] G. Lukács, "Anelito e forma: Charles-Louis Philippe", em *L'anima e le forme*, cit., p. 159.

[129] Ibidem, p. 96. Markus afirma: "*L'oeuvre signifie pour Lukács cette catégorie de l'objectif, du permanent, qui ne dure pas par l'inertie de la 'simple existence' mais reste en vigueur comme valeur et comme signification*" [A obra significa por Lukács esta categoria do objetivo, que não permanece em função da inércia da 'simples existência', mas vigora como valor e significado], (György Markus, "L'âme et la vie: le jeune Lukács et le problème de la 'culture'", *L'Homme et la Société*, Paris, n. 43-44, jan.-jun. 1977, p. 111.

cisões interiores. Notam-se os temas da época, do surgir da crise da subjetividade por causa da vida moderna e da imposição burguesa de valores considerados inautênticos e falsos. Retorna pontualmente a exaltação lukacsiana de uma existência pré-burguesa, que vimos em outras obras de sua produção juvenil: o trabalho artesanal. Lukács fala em Kelle e em seu entusiasmo romântico com o artesanato, em que o que vale é a atividade de trabalho, e não seu resultado, a obra[130]. A propósito da obra, Lukács antecipa a diferença entre a obra de arte e a obra científica que vimos na *Estética*, ou seja, a obra de arte é aberta, infinita e constitui o fim em si, enquanto a obra científica é fechada, finita e constitui o meio[131], para a transformação da natureza segundo os escopos postos pelo homem.

O ano de publicação de *A alma e as formas* em alemão, 1911, é também um dos mais dramáticos da vida de Lukács, quando sua vida cruzou duas existências trágicas: Irma Seidler e Leo Popper. A primeira era uma jovem mulher, pintora, com quem Lukács teve um relacionamento *sui generis*[132]. Conheceram-se em 1907 e, em maio do ano seguinte, Irma foi sua companheira de viagem até a Itália. A ela é dedicado *A alma e as formas*. O relacionamento entre eles não se desenvolve segundo os cânones que o "bom senso comum" pregava; ao contrário, tem períodos oscilantes, e durante um destes momentos, Irma rompe o relacionamento com Lukács e se casa; fracassado o casamento, volta a procurá-lo, mas Lukács prefere o trabalho intelectual à moça. Em maio de 1911, Irma inicia um breve relacionamento com Bela Balász, amigo íntimo de Lukács e que, justamente em nome da amizade entre ambos, depois de uma noite de amor, rompe com Irma. Ela, na manhã seguinte, suicida-se. Lukács toma conhecimento da notícia da morte de Irma em Florença e fica tão abalado que chega a pensar em suicídio. Inicia um período de profundo tormento intelectual e moral, funestado pela notícia, em outubro do mesmo ano, da morte do amigo íntimo Leo Popper. Esta notícia sacudiu Lukács de seu torpor intelectual e moral em que a morte de Irma o havia deixado; no entanto, seu amigo Ernst Bloch, que o encontra em Florença, estimula-o a voltar a Heidelberg para completar os estudos de filosofia que havia iniciado em Budapeste. Lukács deixou um diário sobre esse ano, precioso testemunho de seu tormento entre obra e vida.

Durante a viagem à Itália, em 1908, nesta breve mas intensa viagem de amor com Irma, Lukács compreendeu que a vida cotidiana era para ele somente uma dimensão temporal a ser atravessada, um simples correr do tempo; que, ao contrário, um envolvimento na vida cotidiana, como um relacionamento amoroso, representava

---

[130] Ver ibidem, p. 102.

[131] Ver ibidem, p. 118.

[132] Sobre o relacionamento amoroso entre Lukács e Irma Seidler, ver dois ensaios de Agnes Heller "Quando la vita si schianta nella forma: György Lukács e Irma Seidler" e "Sulla povertà di spirito. Un dialogo del giovane Lukács", em Ferenc Feher, Agnes Heller, György Márkus, Sandor Radnóti, *La Scuola di Budapest e sul giovane Lukács* (Florença, La Nuova Italia, 1978), p. 1-46 e 47-58. Além destes, há o belíssimo romance-ensaio de András Nagy, *Kedves Lukács* [Caro Lukács] (Budapeste, Magvető, 1982), p. 281, que constitui a mais relevante contribuição à compreensão desse episódio.

um afastamento da obra, do trabalho intelectual. Sua verdadeira dimensão temporal era o ritmo da obra, da reflexão, o tempo escandido pelo pensamento: *uma verdadeira alienação da vida no pensamento*. Mesmo que a alienação represente um termo do Lukács marxista, com esta categoria podemos compreender a concepção de vida do jovem Lukács: o pensamento deveria submeter a si a vida e transformá-la em uma espécie de laboratório experimental das mesmas categorias teoréticas[133]. Lukács saiu fortalecido por esta escolha, descobriu um elemento essencial de seu modo de ser, a inadequação à normal *rotina* burguesa cotidiana, mas a decisão tomada ainda é objeto de reflexão, demanda alguma renúncia, parece consolidar-se com o passar do tempo. Efetivamente, mesmo meditando em alguns momentos o suicídio, não o tenta. O suicídio também, de fato, é somente um fato teorético e não existencial, à maneira de Schopenhauer. Neste já estável decorrer das coisas, chega inesperadamente a tragédia: em maio de 1911, Lukács toma conhecimento por um jornal húngaro da notícia do suicídio de Irma, suicídio verdadeiro e não teorético.

Agora Lukács sente que o preço da escolha tomada foi muito alto, a vida vingou-se terrível e tragicamente da obra; o homem sofreu dores tão fortes ao ponto de nem mesmo o filósofo encontrar mais a força para continuar a viver. O suicídio aparece como uma salvação da trágica situação. Os dias passam na reflexão de quanto ocorreu, no repensar da escolha não bem ponderada: "Meu antigo grito 'trabalho! trabalho!' agora não faz sentido. O intelecto arruinou-me: por demasiado tempo, de maneira demasiado exclusiva, a realidade puramente intelectual e a embriaguez do trabalho substituíram todo o restante. [...] Tornei-me inapto para o trabalho"[134]. Mas há também por parte de Lukács uma crítica assunção de responsabilidade, enxergada como uma punição: "Tenho a impressão de ter sido punido por minha soberbia, por minha confiança na obra e no trabalho"[135]. Depois chega a notícia da morte de Leo Popper, e Lukács, curiosamente, encontra forças para voltar atrás ao longo do curso de suas reflexões e de reafirmar seu consequente drama interior, a escolha para a obra; assim, encontra de novo o mais autêntico de si. A crise já está no fim, ocorrerá apenas o tempo necessário para sanar as feridas do espírito. Agora ao significado ético se acrescenta a escolha para a obra: o preço é alto, assim como foi intenso o tormento: mais uma vez o sentimento e a personalidade exterior devem ser sacrificados ao pensamento mais íntimo e profundo. Para mim, este grito de angustia que evoca o trabalho, considerado impossível, é o momento mais significativo da inteira vida do filósofo.

---

[133] Em um trecho do diário, em 1º de outubro de 1910, Lukács, após refletir sobre os acontecimentos de sua vida, fecha com chave kantiana ao afirmar que a filosofia deve primeiro ser vivida e depois compreendida: "Não deveria ser possível passar um dia sem ter lido algumas páginas de um grande filósofo. Tenho em mãos agora Maine de Biran: e liquidei (sem crise) estes últimos meses: perdi-me, vivi entre as pessoas, imergi-me em coisas fúteis – não se deve, ainda não é tempo para isto. Talvez, quando já se tenha agarrado completamente algo, será possível; mas a razão prática somente pode vir após a razão pura", G. Lukács, *Diario 1910-1911* (org. Gabriella Caramore, Milão, Adelphi, 1983), p. 46.

[134] Ibidem, 25 nov. 1911, p. 63.

[135] Ibidem, 22 out. 1911, p. 50.

Um Lukács desesperado, mas já certo da escolha existencial, chega em 1912 a Heidelberg para frequentar o seminário de Max Weber e concluir os estudos de filosofia. Levou-o ali Ernst Bloch, conhecido em um precedente período durante uma estada em Berlim, e a que o ligava um estilo clássico de filosofar e por uma completa simbiose intelectual. Nestes anos, para conseguir a habilitação ao ensino nas universidades alemãs, Lukács escreveu uma estética que deixou em duas versões. Somente após a morte de Lukács estas reapareceram. Também nessas duas estéticas Lukács enfrenta temas cuja origem pode ser identificada com sua concepção de trabalho, ainda que do ponto de vista da obra, e não da atividade laboral; doutro lado, a volta à vida após a experiência trágica com Irma Seidler havia sido caraterizada justamente pelo retorno à obra. Todavia é considerável o fato de na *Filosofia da arte* aparecer a relação entre homem inteiro e homem inteiramente engajado que vimos na *Estética* da velhice.

Lukács coloca esta diferença entre homem inteiro e homem inteiramente engajado: "Todo comportamento normativo renuncia ao homem inteiro, se dirige à capacidade, que lhe se adequa, e pretende que seja esta a realizar o homem 'todo', o homem inteiramente engajado; a instintiva inclinação do homem, ao contrário, para o lado de suas possibilidades, investido pela experiência intensa, contém o homem 'inteiro'"[136]. Notam-se ainda as críticas de *A alma e as formas* ao modo de vida burguês e à sua moral de tipo kantiano. O mesmo Lukács reconhece que se deveria conduzir uma análise ética dos dois tipos de homem que podem surgir da recepção da obra de arte, que é captada não pelo homem inteiro, mas pelos seus órgãos de sentido que conseguem apreender a organização da obra. A organização da obra de arte é uma *harmonia praestabilita (pré-estabelecida)*, uma união de forma e conteúdo como determina a vontade do artista e sua teleologia consciente. Somente à condição de que o homem inteiramente engajado consiga apreender esta *harmonia praestabilita* poder-se-á ter uma comunicação entre artista e utilizador e então acontecerá uma transformação do homem inteiramente engajado em homem inteiro. A obra, portanto, se apresenta como meio de comunicação, como forma objetiva da forma subjetiva, que é a *harmonia praestabilita*, e instrumento de emancipação humana. Neste sentido, a obra é substancialmente autônoma, porque é o médium entre duas subjetividades, entre artista e utilizador da obra. A autonomia da obra de arte é tal que a expressão que esta contém pode até não restituir claramente a vontade do artista. O artista pode assumir também uma posição contraditória para com a própria visão da obra. Na realidade trata-se de uma contradição aparente, porque não existe antítese entre a visão da obra e a atividade de trabalho consciente para realizá-la. A visão é parte desta atividade, enquanto consiste em uma espécie de fim a ser realizado, aliás, esta funciona como verdadeiro paradigma. "A visão, ao contrário, é companheira assídua da criação, e não somente no sentido de que corrige o trabalho do artista porque constitui o ideal constantemente presente, mas também no sentido de que, justamente durante o trabalho e por meio dele, acorda-se à verdadeira vida e cresce até realizar-se em toda sua ampli-

---

[136] Idem, *Filosofia dell'arte* [Filosofia da arte] (Milão, Sugar, 1973), p. 73.

tude, riqueza e plenitude"[137]. Aqui põe-se a questão da técnica, ou seja, da capacidade de realização da visão, que porém não deve ser um fim em si, caso contrário, acabaria transformando-se em um obstáculo do processo criativo da obra de arte. Ressalto ulteriormente que se trata dos mesmos temas que vimos nos *Prolegômenos a uma estética marxista* e na *Estética*.

Na *Estética de Heidelberg* Lukács retoma esses temas, acentuando o caráter do reconhecimento do *Erleben*, da experiência, que se comunica do artista ao receptor, que deve ser capaz de colher, na obra, a experiência do artista. O artista procura o reconhecimento de sua experiência por parte de quem frui da obra. Constitui-se assim uma relação entre duas consciências-de-si, à maneira da hegeliana luta para o reconhecimento entre escravo e senhor. Efetivamente, mais do que diante de duas consciências, estamos diante de duas consciências-de-si; isto em função do processo de consciência que o artista sem dúvida já conduziu em relação à própria experiência representada na obra, enquanto quem frui da obra passa a ter consciência de sua própria experiência quando reconhece uma experiência análoga à dele representada na obra de arte, chegando, desta maneira, ao plano da consciência-de-si. As raízes hegelianas que Lukács repropõe, de maneira disfarçada, revelam-se também na concepção da obra como objetivação: "O objeto, tendo sido posto como significado 'objetivado' da experiência, está diante daquele grau do ser em que se realiza o *Erleben*, ou seja o 'homem inteiro' da realidade da experiência" e, portanto, "o objeto nada mais é do que a 'objetivação'"[138]. E exatamente na objetivação a experiência do artista encontra a do utilizador, mas a objetivação, como veremos em *História e consciência de classe*, é hegelianamente uma forma de alienação.

Ainda em 1918, poucos meses antes de sua adesão ao marxismo, que acontece "entre um domingo e outro", em dezembro de 1918, Lukács expressa claramente seu conceito de trabalho com relação à objetivação: "Enquanto na esfera contemplativa o objeto tem prioridade [...] e o sujeito que lhe se refere somente pode ambicionar à apreensão adequada dele, que fica inalterado, cada intenção prática ambiciona, no fundo, à transformação do objeto ou, de qualquer maneira, do sujeito transformado em objeto para seu próprio uso e em função de seus próprios fins"[139]. A temática está fortemente impregnada pelos temas éticos característicos da fase lukacsiana de adesão ao comunismo, embora seja evidente a emergência dos temas do valor de uso e da teleologia que caracterizaram o pensamento do Lukács maduro sobre o trabalho, confirmando quanto sustentado no curso deste livro, ou seja, o fato de a temática do trabalho, ainda que disfarçadamente, estar sempre presente no pensamento lukacsiano.

---

[137] Ibidem, p. 182-3.
[138] Idem, *Estetica di Heidelberg* (Milão, Sugar, 1974), p. 59-60.
[139] Idem, "Discussione sull'idealismo conservatore e progressista" [Discussão sobre o idealismo conservador e progressista], em Furio Cerutti, Detlev Claussen, Hans Jürgen Krahl, Oskar Negt, Alfred Schmidt (orgs.), *Storia e coscienza di classe oggi. Con scritti inediti di Lukács (1918-1920)* [História e consciência de classe hoje. Com escritos inéditos de Lukács (1918-1920)] (Florença, La Nuova Italia, 1977), p. 102-3.

Capítulo 4
A HERANÇA HISTÓRICO-FILOSÓFICA DA CATEGORIA TRABALHO: *O JOVEM HEGEL*

A obra de Lukács que contém a herança hegeliana da categoria trabalho é *O jovem Hegel e os problemas da sociedade capitalista*[1]. Este capítulo é dedicado à análise da reconstrução lukacsiana da categoria trabalho em Hegel, com o objetivo teórico da própria tentativa de renovar o marxismo e de compor um sistema filosófico próprio e verdadeiro.

O jovem Hegel ocupa um espaço relevante na produção filosófica de Lukács. Pode-se considerar essa obra como o fruto maduro da "fulguração no caminho de Damasco"[2], ou seja, da descoberta em 1930, em Moscou, onde ficou por um ano, dos *Manuscritos econômico-filosóficos de 1884* de Marx e da forma com que o fundador do materialismo histórico resolve a "questão Hegel"[3]. Em 1934, assim que voltou da União Soviética, em seguida à súbita saída da Alemanha por causa da ascensão ao poder de Hitler, Lukács havia escrito dois ensaios, *Wie ist die faschistische Philosophie in Deutschland entstanden?* (Como a filosofia fascista surgiu na Alemanha?) e *Wie ist Deutschland zum Zentrum der reaktionären Ideologie geworden?* (Como a Alemanha se tornou o centro da ideologia reacionária?), com os quais ele iniciava sua batalha filosófico-ideológica contra o nazismo. Esses dois ensaios confluíram, sucessivamente, em *A destruição da razão*, publicado em 1954. *O jovem Hegel* foi finalizado em 1938, no momento de máxima afirmação do stalinismo, quando o pensamento de Hegel também era condenado porque considerado idealista e reacionário. Os dois termos eram sinônimos, de acordo com a crítica filosó-

---

[1] Lembro-me de que o título original em alemão é ligeiramente diferente da tradução italiana, isto é, *Der Junge Hegel. Über die Beziehungen von Dialetik und Ökonomie* [O jovem Hegel: sobre as relações entre dialética e economia]. Foi justamente por ocasião da publicação da tradução italiana que Lukács aderiu à proposta do tradutor Renato Solmi de modificar o subtítulo em *O jovem Hegel e os problemas da sociedade capitalista*.

[2] Veja-se István Eörsi, "The Story of a Posthoumus Work", *The New Hungarian Quarterly*, Budapeste, n. 58, v. 16, 1975, p. 106-8. Agnes Heller também cita a afirmação pessoal do Lukács sobre o impacto que a leitura dos ineditos de Marx exerceu sobre o filósofo, em Moscou em 1930; ver Agnes Heller, "Lukács' Later Philosophy", em Agnes Heller (org.), *Lukács Revalued* (Oxford, Basil Blackwell, 1983), p. 177-90).

[3] István Hermann afirma ser verdadeiro o contrário, ou seja, sem uma perspectiva sobre Hegel seria impossível para Lukács compreender Marx; ver István Hermann, *Die Gedankenwelt von Georg Lukács* (Budapeste, Akadémiai Kiadó, 1978), p. 231.

fica stalinista, porque, segundo as diretrizes de Zdanov, Hegel tinha que ser considerado a expressão da Restauração feudal prussiana após a Revolução Francesa[4].

Em 1932, concomitante à publicação na União Soviética dos *Grundrisse* de Marx, foram publicadas as obras inéditas de Hegel do período de Jena, e Lukács se aproveitou dessa ocasião para trabalhar em seu livro. No ano precedente, 1931, Lukács havia iniciado um ensaio sobre Hegel, segundo ele afirma em uma carta a Lifsic[5]. Aproveitando da publicação das novas obras de Hegel, pretendia desmentir justamente a interpretação zdanovista e stalinista, ressaltando o valor da filosofia hegeliana, pelo menos até a *Fenomenologia do Espírito*, que, como se sabe, pertence ao período de Jena de Hegel[6]. Além disto, as fecundas críticas de Marx referem-se ao período de Jena, em particular à *Fenomenologia*. Em seguida Lukács escreveu outro livro, *Goethe e a dialética*, de que se conservou um fragmento, e que lhe foi sequestrado, quando estava quase acabado, em 1941, em ocasião de sua detenção por parte da NKVD, a polícia política soviética. Neste período Lukács estava trabalhando também nos seus ensaios de estética e de crítica literária.

O livro foi publicado dez anos depois do fim de sua redação e não se pode excluir a hipótese de que, no curso desses dez anos, tenha sido inclusive modificado em algum trecho[7]. Além disto, após a publicação na Suíça em 1948, pela editora Europa, o autor foi obrigado a rever e a republicar o livro por causa dos inúmeros erros de impressão[8]. A publicação do livro suscitou uma onda de polémicas e reconhecimentos[9], característica de todas as obras de Lukács.

---

[4] Já no fim de sua vida (1948), Zdanov lamentava o fato de que ainda existiam intelectuais comunistas que não queriam aceitar suas teses – e provavelmente ele se referia justamente a Lukács. Ver Andrei Zdanov, *Politica e ideologia* (Roma, Rinascita, 1950).

[5] "Por azar, acabo de receber o encargo de escrever, às pressas, uma grande obra por ocasião do jubileu hegeliano. Publicaremos um volume sobre o centenário de Hegel. O ensaio estará pronto para o início de outubro. Tentarei recuperar agora a questão termidoriana, no mar dos meus apontamentos, mas se pode imaginar que perfilar um trabalho deste tipo é impossível já de *per si*, no limite de tempo de duas, três semanas para tais argumentos de trabalho", carta de Lukács a M. Lifsic, de 20 set. 1931, citada por Laszlo Sziklai, *Lukács és a fazismus kora* (Budapeste, Magvetö, 1981), p. 119; ver também Nicolas Tertulian, "Nicht diese Töne", *Metaphorein*, Nápoles, ano 3, n. 8, nov. 1979-ago. 1980, p. 141.

[6] "Este livro claramente dirigia-se contra toda a linha oficial, porque Zdanov afirmava que Hegel era um crítico romântico da Revolução Francesa", G. Lukács, *Pensiero vissuto* (org. István Eörsi, Roma, Editori Riuniti, 1983), p. 112.

[7] Ver László Sziklai, *Lukács és a fazismus kora*, cit., p. 136.

[8] Conferir a resenha de F. Hagen a *Der junge Hegel*, publicada na *Deutsche Zeitschrift für Philosophie*, Berlim, ano 3, n. 5, 1955, p. 640-1.

[9] Limito-me a lembrar somente alguns críticos que, por diferentes motivos, foram muito hostis, tais como Benedetto Croce (*Indagine su Hegel e schiarimenti filosofici*, Bari, Laterza, 1952, p. 72), Adrian Peperzak (*Le jeune Hegel et la vision moral du monde*, Paris, La Haye, 1960, p. 26) e Rudolf Otto Gruppe ("Die mzrxistische dialektische Methode una ihr Gegensatz zur idealistischen Dialektik Hegels", *Deutsche Zeitschrift für Philosophie*, Berlim, ano 11, n. 1, 1954, p. 69-112). Ligeiramente crítico de aspectos específicos da análise de Lukács é Ernst Bloch (*Soggetto-Oggetto. Commento a Hegel*, Bolonha, Il Mulino, 1975); frio mas substancialmente benevolente é o juízo de Jean Hyppolite ("Alienazione e oggettivazione: a proposito di Lukács sul giovane Hegel", em *Saggi su Marx ed Hegel*, Milão, Bompiani, 1965, p. 84-113); além do entusiasta Iring Fetscher (resenha de *Der junge Hegel*, *Philosophische Literaturanzeiger*, n. 11, 1950, p. 56-61), que tenta estabelecer um paralelo entre Lukács e Kojeve (p. 61).

A história da fortuna do livro acabou coincidindo com a mesma fortuna da *Hegel--Renaissance* (Renascimento hegeliano) da década de 1930. Efetivamente o livro pertence e é influenciado por esta época e pelo clima intelectual de então. Além do clima geral europeu, queria brevemente acenar, citando o próprio Lukács, a influência sobre as escolhas de Lukács provocada pela hostilidade a Hegel que dominava o ambiente cultural húngaro:

> Sei que me torno culpável de anacronismo citando um tardio poema de Ady, mas nele, desde o início, está presente o estado de ânimo do "eu não me deixo comandar", do "Ugocsa non coronat"; que para mim sempre foi o acompanhamento da *Fenomenologia* e da *Lógica* de Hegel [...].
> Mas não se esqueça de que o profundo desprezo ideológico dos escritores húngaros contra mim estava dirigido muito mais contra Hegel do que contra Marx. Segundo a opinião comum do período precedente à ditadura [do proletariado] é bastante característico – e agora não me refiro nem sequer a um escritor, mas a Polanyi – o fato de Polanyi, vejam só, uma vez, durante um seminário em que eu estava presente, ler trechos da *Fenomenologia do Espírito* como se estivesse lendo algo humorístico. Leu um longo trecho e seguiu uma gigantesca risada, depois leu de novo outro longo trecho e de novo seguiu uma grande risada.[10]

Hegel, portanto, sempre influenciou o pensamento de Lukács, inclusive em períodos não hegelianos; assim, podemos falar em um período neokantiano de seu pensamento, em que, porém, a questão central era a mediação entre Sujeito e Objeto. Seu hegelianismo, contudo, precisava de um método para aproximar-se do próprio Hegel. A "viragem" de Marx era aquilo de que Lukács sentia necessidade; uma vez que o descobriu foi fácil mediar os excessos idealistas de seu pensamento e fundamentar novamente todas as questões de maneira nova, ontológica. Para iniciar a grande operação de definição do marxismo em termos de uma nova ontologia era necessário resolver o problema Hegel, ou seja, reapresentar o aspecto concreto *versus* aquele abstrato e místico. É o que Lukács realiza em *O jovem Hegel*, mas a guerra e o stalinismo o impediram de publicá-lo.

Há outro motivo que, a meu ver, impulsiona Lukács a reconstruir o desenvolvimento juvenil de Hegel: trata-se de um motivo autobiográfico. *A primeira verdadeira autobiografia lukacsiana é O jovem Hegel*. N. Tertulian foi claro sobre este argumento:

> Põe-se o problema que diz respeito à biografia intelectual do próprio Lukács: o modo em que ele reconstrói o itinerário político e filosófico de Hegel, os escritos inspirados inicialmente

---

[10] G. Lukács, *Pensiero vissuto*, cit., p. 46 e 80. "Ugocsa non coronat" era a frase pronunciada pelos representantes da cidade de Ugocsa que recusavam constantemente a aprovação da eleição do rei da Hungria, ou seja, do imperador da casa de Habsburgo. A diversidade de Lukács com respeito à própria cultura nacional sempre foi um elemento não apenas característico como também trágico, pelas consequências que assumiu. Limito-me a recordar aqui as polêmicas dos apoiadores da cultura nacional húngara durante o *Lukács-vita* (debate Lukács) dos anos 1949-1950, que causou o voluntário afastamento de Lukács da vida política e cultural húngara.

pelo ideal republicano e revolucionário até ao 'sóbrio realismo' que vem à tona a partir dos escritos de Jena; a particular compreensão testemunhada a respeito do assentimento hegeliano da sociedade pós-revolucionária como realidade irreversível, não representariam talvez uma expressão camuflada atrás da biografia do jovem Hegel, de seu próprio percurso intelectual, do messianismo e do voluntarismo utópico dos escritos juvenis do período de *História e consciência de classe* até a apologia incondicional do *realismo* nos escritos da maturidade?[11]

Efetivamente os paralelos entre Hegel e Lukács existem. Ambos atravessam um período místico na juventude, depois chegam a estudar a filosofia prática, e finalmente alcançam uma "reconciliação com a realidade"[12]. Todavia a diferença entre os dois está em Marx, e isto não é pouco. Portanto é possível usar a biografia intelectual de Hegel somente como paradigma metafórico para a biografia intelectual de Lukács. É importante notar o que Lukács escreveu sobre Hegel:

> Esta última [a realidade objetiva] é para ele também um mundo externo que está diante da consciência moral, como algo estranho, objetivo e morto em comparação com sua vivente subjetividade [...].
> O problema histórico do jovem Hegel é de perfilar concretamente, na antiguidade, o subjetivismo democrático da sociedade em sua forma mais alta e desenvolvida, e descrever depois com tintas cinzentas o fim deste mundo, a origem do período morto, despótico e inumano da religião positiva, para reobter por este contraste a perspectiva da libertação futura [...].
> Nós sabemos que a "conciliação" com a realidade é o ponto fundamental da filosofia da história mais tardia de Hegel.[13]

---

[11] Nicolas Tertulian, "Appunti su Lukács, Adorno e la filosofia classica tedesca" [Apontamentos sobre Lukács, Adorno e a filosofia clássica alemã], em Guido Oldrini (org.), *Il marxismo della maturità di Lukács* (Nápoles, Prismi, 1983), p. 195. Mas Tertulian não é o único a sustentar a identificação de *O jovem Hegel* como autobiografia do mesmo Lukács. Tertulian cita Goldmann e Cases, que defendem teses bastante parecidas com a dele. László Sziklai também defendeu uma tese semelhante à de Goldmann e Cases, que afirma que entre o período napoleónico e o stalinista existem concordâncias de condições históricas, que tornam possível traçar um paralelo entre o modo de ver de Hegel e o de Lukács. István Hermann, finalmente, fala em "reconciliação com a realidade" no que diz respeito a *O jovem Hegel*, mas isto constitui antes uma reconciliação consigo mesmo do que com a história; ver István Hermann, *Die Gedankenwelt von Georg Lukács* (Budapeste, Akadémiai Kiadó, 1978), p. 248. Sobre a reconciliação retorna também László Sziklai, em seu *Lukács és a fazismus kora*, cit., p. 135. Uma interpretação que se aproxima destes é expressa também por Vittorio Ancarani, "Forme della soggettività e processo lavorativo in G. Lukács" [Formas da subjetividade e processo de trabalho em G. Lukács], *Aut Aut*, Florença, n. 157-158, jan.-abr. 1977, p. 209.

[12] Uso essa definição em termos metafóricos no que diz respeito a Lukács, porque em uma carta de 8 de junho de 1957, enviada a Cases em seu retorno à Hungria, depois da reclusão na Roménia e da sucessiva participação da Revolução Húngara de 1956, Lukács recusa-se explicitamente a tomar uma posição de "reconciliação com a realidade", como o velho Hegel; ver G. Lukács, *Testamento politico* (orgs. Miguel Vedda e Antonino Infranca, Buenos Aires, Herramienta, 2003), p. 111-2. Apesar da afirmação de Lukács, houve sem dúvida uma aproximação do Partido Comunista Húngaro com as posições do filósofo nos anos sucessivos a 1956, portanto seria mais correto falar em *reconciliação da realidade com o pensamento*, em vez de uma reconciliação do pensamento com a realidade.

[13] G. Lukács, *Il giovane Hegel*, cit., p. 55, 67 e 117.

Estas frases podem com certeza ser indicativas não somente do desenvolvimento do pensamento de Hegel, mas também do próprio Lukács.

A estes problemas biográficos cabe acrescentar os problemas políticos. Lembrei como o zdanovismo estendeu sua interpretação a Hegel, e que era preciso confrontar-se com esta realidade política. Em seu livro Lukács retorna sobre determinadas afirmações típicas de *História e consciência de classe* para deixar mais clara sua posição em relação a Hegel e, ao mesmo tempo, deixar emergir as contradições do período pós-revolucionário[14].

Todavia, a interpretação de Hegel fornecida pela II Internacional também é recusada por Lukács, de forma obviamente mais aberta do que a para com Zdanov[15]. Outra corrente interpretativa de Hegel fortemente criticada por Lukács é a irracionalista. De fato, já no Prefácio, Lukács afirma que o livro nasce exatamente com o objetivo de impedir a representação de Hegel como um filósofo da vida. Mas em um trecho do Prefácio o juízo de Lukács sobre esta corrente é bastante oscilante:

> Nos estudos hegelianos em questão, podia-se observar claramente e pela primeira vez com positividade, o porquê de a filosofia hegeliana ter sido justamente a grande adversária dos irracionalistas de sua época, já que estes haviam identificado e combatido Hegel – com razão – enquanto o mais brilhante representante do desenvolvimento filosófico burguês de seu tempo, e ao mesmo tempo podia-se ver porque aqueles irracionalistas puderam encontrar nos limites e erros do idealismo hegeliano um real pretexto e ponto de apoio para criticar o historicismo dialético, se tornando capazes de efetuar um ataque que acerta, relativamente, o alvo.[16]*

---

[14] Ver László Sziklai, "Lukács e l'età del socialismo. Contributi alla storia della genesi di *Der junge Hegel*" [Lukács e a idade do socialismo. Contribuições à história da gênese de *Der Junge Hegel*], em Mario Valente (org.), *Lukács e il suo tempo* (Nápoles, Pironti, 1984), p. 55. Sziklai afirma também que tal posição de Lukács é consequência de sua proximidade ideológica com M. Lifsic, que por sua vez muito contribuiu com o trabalho de Lukács.

[15] A crítica ao marxismo da II Internacional é mais evidente nos trabalhos preparatórios de *O jovem Hegel*; ver, por exemplo, o parágrafo "Kant löst Lassalle ab", em G. Lukács, *Wie ist faschistische Philosophie in Deutschland entstanden?* (org. László Sziklai, Budapeste, Akadémiai Kiadó, 1982), p. 169-71.

[16] G. Lukács, *Der junge Hegel* (Neuwied/Berlin, Luchterhand, 1967), p. 9-10.

* Infranca traduziu este trecho do livro de Lukács por: "*la loro critica della dialettica dello storicismo poteva imbattersi negli errori idealistici di Hegel e trovare un reale punto di appoggio, un pretesto per una -relativa- critica di forte impatto*". O trecho final, "pretexto para uma relativa crítica de forte impacto", é traduzido literalmente na edição espanhola por: "*una argumentación que da relativamente en el blanco*", isto é, "uma argumentação que acerta relativamente o alvo", e na edição inglesa encontramos a expressão: "*and enable them to mount a relatively accurate attack upon it*". Infelizmente não tive acesso ao original em alemão, que poderia esclarecer essas variações na tradução de um trecho importante, na medida em que toca diretamente no âmbito do juízo de Lukács, autor de *A destruição da razão*, acerca do irracionalismo. Creio que a "oscilação" ("*abbastanza altalenante*"), notada por Infranca no juízo de Lukács nesse trecho do Prefácio, talvez represente apenas o justo reconhecimento, por parte de Lukács, de que os irracionalistas, ainda que tenham errado grosseiramente ao puxar o pêndulo da razão extrema hegeliana para o outro extremo da irrazão, ou seja, embora tenham criticado impiedosamente a filosofia da história hegeliana e preferido a defesa de uma total falta de sentido na história, acabaram acertando, em alguma medida, o alvo – ou seja, os excessos teleológicos do idealismo objetivo hegeliano. (N. R. T.)

Neste capítulo mostrarei o esforço de Lukács em reconstruir a categoria do trabalho dentro do desenvolvimento geral do pensamento de Hegel, com o objetivo de utilizá-la como fundamento teórico da própria tentativa de renovar o marxismo e de levar a cabo um verdadeiro sistema filosófico, tarefa a que dedicou os anos que seguiram a publicação do livro.

Neste capítulo, limito-me a tratar do momento da gênese do projeto ontológico de Lukács. Em *História e consciência de classe* também já está presente um importante esforço analítico sobre o papel do trabalho como propulsor do movimento social, e também nas obras juvenis pré-marxistas é possível encontrar elementos que induzem a pensar que o trabalho já estava ao centro de seus interesses filosóficos, ainda que através de formas modificadas com respeito às obras da maturidade – refiro-me ao *Werk* de que se fala no *Diário*[17]. Todavia, faltam, nestas obras, uma conceitualização do trabalho, que ele herdará de Hegel e Marx, e uma definição em termos ontológicos, como ele mesmo reconheceu: "cada singular ato de produção industrial, além de ser a síntese de atos laborais teleológicos, é também ao mesmo tempo e exatamente nesta síntese, um ato teleológico, e portanto prático. Estas estruturas repercutem no fato de que, analisando os fenômenos econômicos, *História e consciência de classe* não procura seu ponto de partida no trabalho, mas somente nas estruturas mais complexas da economia mercantil desenvolvida"[18]. Neste quadro *O jovem Hegel* ocupa um papel de destaque. Pode ser considerado como o fruto maduro da "fulguração". Isto marca também o ponto de passagem para as grandes obras da maturidade, constituindo, aliás, seu primeiro momento, em forma de introdução histórico-filosófica. Doutro lado, Lukács sempre deixava as análises histórico-filosóficas precederem suas obras sistemáticas, como, por exemplo, *Teoria do romance* e *Ontologia do ser social*. No livro o trabalho já é concebido teoricamente como categoria que funda a totalidade e historicamente como momento propulsor do humanizar-se do homem. No trabalho e mediante o trabalho, a relação Sujeito-Objeto alcança este grau de mediações abstrato-concretas que representa a solução para qualquer possível contraste entre sujeito e objeto. Portanto o trabalho como categoria é utilizado por Lukács em duas direções, que testemunham a herança clássica da ontologia de Lukács. Em primeiro lugar o trabalho é duplo instrumento de produção e compreensão da realidade histórica. Com efeito, por meio do trabalho o homem transforma a natureza, e para satisfazer suas necessidades e melhorar e potencializar esta satisfação passa a fazer parte de comunidades cada vez mais amplas de homens. Desta maneira cria-se um processo histórico de contínua e constante humanização, em que o homem funciona como sujeito, utilizando um instrumento, a práxis do trabalho, para a produção de objetos que influenciam, de alguma maneira, a inteira sociedade. Sucessivamente, o processo de trabalho, escandido em seus componentes teleológicos de finalidades postas, investigação do meio e escopo realizado, torna-se modelo teórico de todos os atos humanos. Radicalizando o discurso lukacsiano, podemos então afirmar

---

[17] Cf. G. Lukács, *Diario 1910-1911* (org. Gabriella Caramore, Milão, Adelphi, 1983), p. 50.
[18] Idem, Prefácio (1967), *Storia e coscienza di classe* (Milão, Sugar, 1978), p. xx-xxi.

que o trabalho é o meio de compreensão da realidade histórica, porque constitui seu instrumento de produção. A herança aristotélico-platônica deste modo de conceber a técnica e o trabalho, como categoria ontológica da práxis e do conhecimento, é clara e visível e o peso desta herança é tal que permite afirmar que a *ontologia de Lukács é, na realidade, uma metafísica do processo histórico*. Esta intenção lukacsiana, nunca admitida por óbvias razões ideológicas e políticas, começa a tornar-se clara exatamente a partir da análise e da assunção das categorias filosóficas do jovem Hegel. *O jovem Hegel* remete aos dois capítulos dedicados a Hegel presentes na primeira parte da *Ontologia do ser social*, que em alguns aspectos é a finalização daquele livro, uma vez que devido às mudanças da situação política e ideológica o velho Lukács pôde então dedicar-se ao estudo das obras do Hegel maduro – ou seja, o Hegel do período de Berlim.

O TRABALHO EM *O JOVEM HEGEL*

Entre as duas experiências revolucionárias da segunda metade do século XVIII – Revolução Industrial e Revolução Francesa – e os nossos dias, a relação entre filosofia e sociedade desenvolveu-se segundo formas teóricas diferentes. Se devemos, porém, dar crédito ao que Lukács quis indicar no subtítulo de *O jovem Hegel* – "Relações entre dialética e economia" – o campo, no qual se tecem as relações entre filosofia e sociedade, é exatamente o mesmo que é delimitado pela dialética e pela economia.

Segundo Lukács, representante de uma corrente hermenêutica da história da filosofia moderna, isto é, o marxismo, em Hegel descreveu-se pela primeira vez um tipo de relação entre dialética e economia, que depois influenciou profundamente todos os pensadores sucessivos a partir da esquerda hegeliana, desenvolvendo o papel de origem filosófica do novo modo de conceber as relações entre filosofia e sociedade. O mesmo Marx inseriu-se de alguma maneira entre estes pensadores pós-hegelianos, mesmo "virando pelo avesso" as categorias filosóficas hegelianas. Lukács, ainda que filho de outro século, desde suas primeiras aproximações marxistas[19] manifestou a pretensão de confrontar-se justamente com esta origem filosófica. Esta pretensão manifestou-se de forma tanto original que induziu a pensar que a "viragem" marxiana aparecesse a Lukács em alguns aspectos insuficiente e, em outros, excessiva. A posição que Lukács tomou em relação a Marx, pode-se identificar, a meu ver, com a imagem de um colega da comum escola hegeliana. Para compreender profundamente esta interpretação, todavia, é necessário levar em conta as histórias pessoais do filósofo

---

[19] "Não é à toa o fato de que nos debates comunistas ele referia-se com tanta frequência assim ao jovem Marx – dentro do inteiro *pathos* do movimento estava solidamente o *pathos* de Marx, que esperou a redenção social da unidade entre filosofia e proletariado", G. Lukács, "Elöszo" [Introdução], em Erich Frigyes Podach e György Vertes, *A tarsadalmi fejlödés iránya* [A direção do desenvolvimento social] (3. ed., Budapeste, Lantos, 1919), p. 5. Lembro-me também de que para G. H. Parkinson parece significativo o fato de Lukács falar em conexão entre filosofia e economia ao invés de conexão entre estrutura e superestrutura, veja-se G. H. R. Parkinson, *George Lukács* (Londres/Boston, Routledge and Kegan, 1977), p. 58.

húngaro e a história atormentada dos intelectuais marxistas do século XX. O ponto inicial de minha análise são as notas autobiográficas do último Lukács:

> Em 1930 [...] fui colaborador científico do Instituto Marx-Engels de Moscou. Fui favorecido por dois inesperados golpes de sorte: tive a possibilidade de ler o texto, já completamente decifrado, dos *Manuscritos econômico-filosóficos* e tive a oportunidade de conhecer M. Lifsic, e isto marcou o início de uma amizade destinada a durar a vida inteira. Na literatura (sic!) de Marx caíram de vez os preconceitos idealistas de *História e consciência de classe*. Certamente é verdadeiro o fato de que poderia também ter encontrado nos textos marxianos lidos precedentemente o que me sacudiu no plano teórico nesta circunstância. Todavia, isto não aconteceu evidentemente porque desde o início li estas obras segundo uma interpretação hegeliana, e tal choque pôde ser exercido somente por um texto completamente novo [...]. De qualquer maneira, ainda hoje lembro da impressão surpreendente que tiveram para mim as palavras de Marx sobre a objetividade enquanto atividade primária de todas as coisas e de todas as relações.[20]

Essa espécie de "fulguração no caminho de Damasco" revolucionou o modo com que Lukács, até este momento, havia interpretado a relação Hegel-Marx. Desde então, abriu-se ao filósofo húngaro a visão de toda uma constelação de categorias filosóficas em que ao centro está a relação dialética-economia, lida novamente à luz desta nova aparição. A categoria ontológica do trabalho é colocada como ponto de encontro entre dialética e economia e funciona como novo ponto de partida para a refundação tanto do materialismo dialético como do materialismo histórico. A primeira e imediata consequência deste novo modo de conceber o nexo dialética-economia foi o abandono de algumas posições características de *História e consciência de classe*: a remoção das ressalvas expressas sobre o materialismo dialético e o papel social da ciência.

Depois desta "fulguração", Lukács começou a interpretar o marxismo em termos de uma ontologia do ser social e das relações entre dialética e economia:

> No imediato: em primeiro plano gênese social como tendência à explicação de essência e valor – significado da mimese neste contexto; pôr teleológico como seu pressuposto // sentido de partiticidade na mimese (cotidianidade) //. Na passagem a campos ulteriores (início *O jovem Hegel*) a questão // formalmente // ainda "cientificamente" delimitada: mostrar que as mais sutis reações intelectuais da filosofia ao mundo têm origem – em última instância – na adequada generalização das reações de vida primárias (no âmbito econômico objetivo). Portanto, já em Hegel em primeiro plano como método geral exigência da gênese na história do pensamento (gênese mais do que mero surgir, mais do que primeira consciência).

---

[20] G. Lukács, Prefácio (1967), cit., p. xl. Note-se que em *Pensiero vissuto* é ausente qualquer referência a esta famosa "fulguração". Fica evidente o refuso de "literatura" no lugar de "leitura", como aparece na redação do texto originário "Marx-Lektüre", em G. Lukács, *Geschichte und Klassenbewußtsein* (Nuewied/Darmstadt, Luchterhand, 1983), p. 42.

Depois, Lukács esclarece e aprofunda quanto disse até aqui:

> Questão da génese: para além da literatura: ideologia geral: Hegel e a revolução francesa (mais concretamente e a economia capitalista). Verdadeira teoria das ideologias: ideologia (determinação marxiana): culminação do agir (antitético) da economia sobre a vida, sobre o modo de agir sobre a consciência dos homens: processo histórico unitário: verdade do fazer: unificação interna entre desenvolvimento individual e histórico do homem. Significado do período Goethe-Hegel.[21]

Dentro desta nova concepção das relações dialética-economia, o trabalho desenvolve o papel de categoria central e de "modelo de cada forma de práxis humana", assim como na *Ontologia do ser social*. Para o Lukács da década de 1930, a função do trabalho como categoria central de uma releitura do marxismo em termos ontológicos estava estreitamente ligada à relação com Hegel e com Marx. Era necessário, portanto, reconstruir as relações teóricas que unem os dois filósofos alemães. O esforço do Lukács do período moscovita consiste então em sistematizar as categorias usadas por Hegel dentro de uma concepção inovadora do marxismo e de seguir as várias etapas do desenvolvimento do conceito de trabalho.

O reconhecimento teórico por parte de Lukács do conceito hegeliano de trabalho se inicia pelas mesmas categorias que informam a análise do livro todo: o diferenciar-se de Hegel em relação aos outros filósofos de seu tempo, porque ser um bom conhecedor da economia política inglesa e atento observador dos fenômenos políticos e históricos que o circundavam[22]. Acompanharemos as várias etapas do desenvolvimento da concepção hegeliana do trabalho paralelamente com as análises de Lukács, porque somente através das observações analíticas de Lukács é possível reconstruir seu conceito de trabalho.

Segundo Lukács o período em que começam a aparecer em Hegel os primeiros elementos de uma concepção orgânica do trabalho é o período de estada em Frankfurt[23]. Mas ainda nos anos precedentes Hegel tinha se interessado por problemas ligados à sociabilidade, sem porém chegar a uma real visão dos problemas econômicos que se escondem atrás das contradições sociais. Lukács lembra que o problema da positividade, tratado por Hegel nos anos que ele passou em Berna, tem um profundo enraizamento em contrastes sociais[24], porém prevalecem outras influências filosóficas que o levam a dedicar-se a questões éticas.

Em Berna Hegel enfrentou o problema de contrapor uma nova ética do indivíduo à concepção moral kantiana, que era dominante. A ética de Hegel esforça-se por

---

[21] G. Lukács, *Pensiero vissuto*, cit., p. 220.
[22] Ver G. Lukács, *O jovem Hegel*, cit., p. 13s. A prolixidade de Lukács faz com que ele repita continuamente essas afirmações, mas também o faz evidenciar ao leitor a diferença entre sua interpretação e as interpretações correntes ao tempo da redação e da publicação do livro.
[23] Ver ibidem, cap. II, p. 152.
[24] Ver idem.

mediar as exigências do indivíduo e aquelas da coletividade, e busca deslocar para o plano social o ponto inicial e o campo de comparação da ação do indivíduo. A estes acenos críticos a Kant, Hegel une uma crítica à positividade da religião cristã. Lukács reconhece nas posições tomadas pelo jovem Hegel a influência da crítica de Schiller à divisão do trabalho. O estudo das obras de Schiller teria levado Hegel a ler Ferguson introduzindo-o, portanto, à análise do trabalho que o iluminista inglês havia conduzido[25]. Trata-se dos primeiros sinais, segundo Lukács, de um interesse de Hegel para o trabalho; o juízo definitivo é quase uma antecipação da forma com que Lukács interpretará as contradições do conceito hegeliano de trabalho: "O caráter ilusório de sua filosofia da história revela-se também no fato de que ele idealiza a insuficiência da divisão do trabalho na antiguidade e espera da revolução democrática também o retorno deste aspecto da sociedade antiga"[26]. Segundo Lukács, em Hegel começa a aparecer claramente um elemento que o impulsiona a contrapor-se a Kant: a consciência da origem do individualismo da divisão do trabalho[27]. Apesar da acuidade desta análise e da contínua insistência de Lukács sobre a crítica hegeliana da moral kantiana, não há, no livro inteiro, uma análise, por mais que mínima, da diferença entre as estruturas histórico-sociais do período de florescimento de Kant e o de Hegel. Lukács não faz referência, em nenhum trecho do livro, ao fato de que a redação das obras mais importantes de Kant antecede ou é contemporânea à Revolução Francesa, evento que, doutro lado, influenciou profundamente a evolução intelectual de Hegel. Portanto, quando Lukács afirma que a "metodologia da moral reflete bastante claramente a forma com que os singulares filósofos representaram-se a estrutura da sociedade burguesa"[28], é preciso perguntar-se sobre que período da sociedade burguesa eles refletem e a que momento histórico se refere sua reflexão.

Em Frankfurt aparecem, na reflexão hegeliana sobre o trabalho, algumas categorias, sobretudo jurídicas, como a propriedade privada, que terão um lugar relevante no período berlinense de Hegel. Neste período Hegel reconhece na propriedade privada um meio de satisfação pessoal. Mais uma vez, à reflexão sobre as categorias jurídicas fundamentais da sociedade burguesa, Hegel acrescenta a exigência de uma superação da positividade social. Diferentemente do período de Berna, em Frankfurt ele exprime o reconhecimento de uma forma de superação de tal positividade: Hegel identifica no agir humano o caminho que conduz à unidade entre Sujeito e Objeto.

---

[25] Ver ibidem, cap. I, p. 81. Sobre essa questão, Fetscher está de acordo com Lukács no que diz respeito ao conceito de positividade, ver a resenha de I. Fetscher a *Der junge Hegel*, cit., p. 56-61.

[26] G. Lukács, *Il giovane Hegel*, cit., p. 81. De qualquer maneira, ele distingue Hegel dos críticos românticos sobre a divisão do trabalho, os quais contrapõem ao prosaico espírito capitalista, uma exaltação estética do trabalho artesanal e pré-capitalista.

[27] Em um escrito contemporâneo à redação de *O jovem Hegel*, Lukács afirma que determinados contrastes sociais eram apreendidos pelos humanistas alemães, de forma mais clara, quando exprimidos na forma de contrastes religiosos, morais ou artísticos; ver G. Lukács, *Wie ist Deutschland zum Zentrum der reäktionaren Ideologie geworden?*, cit., p. 77-8.

[28] G. Lukács, *Il giovane Hegel*, cit., cap. II, p. 230.

O juízo de Lukács volta-se à procura de quanto exista de "verdadeiro" e de quanto exista de "falso" na concepção hegeliana de trabalho e de sociedade: "Aqui permanece, por toda sua vida, um limite, que deriva evidentemente do fato de que a oposição [...] entre capital e trabalho surge para ele, todavia, somente do conhecimento das relações econômicas internacionais, ao invés da experiência real, do conhecimento efetivo do capitalismo na própria vida e que isto é também o limite de Hegel, é um reflexo teórico do atraso capitalista da Alemanha"[29].

Estão aqui presentes todos os elementos para entender o método com que Lukács enfrenta o problema Hegel e em particular a concepção hegeliana do trabalho. O pensamento hegeliano foi observado minuciosamente em todos os seus aspectos e Lukács extrapolou os elementos que mais lhe pareciam atinentes à sua reflexão sobre a relação dialética-economia; em torno deste núcleo central articula todo o sistema de categorias do pensamento hegeliano. De tal maneira, o nexo entre dialética e economia é usado para explicar a evolução do pensamento hegeliano, sua posição crítica com respeito à ética kantiana e a positividade do cristianismo, além dos problemas da identidade sujeito-objeto e da definição de uma nova filosofia da história. Tudo isto confirma que a categoria central do método lukacsiano é a contradição. Lukács não somente ressalta as contradições históricas examinadas por Hegel, como também as entre o seu próprio ser histórico e a sua própria reflexão. Hegel, assim como Lukács o apresenta, é um intelectual fortemente problemático, nele confrontam-se a história de um século já passado – o século XVIII – e antecipam-se importantes movimentos sociais do século que viria – o século XIX –. O pensamento do jovem Hegel aparece caracterizado, portanto, pelo contraste entre ciência e ideologia, por conseguinte – estando sempre ligados à categoria central do nexo dialética-economia, ou seja, o trabalho – às profundas análises dos problemas sociais reais sempre se une a incompreensão de uma efetiva solução própria: ao reconhecimento do trabalho como relação permanente de universal e particular, contrapõe-se a limitação de tal relação ao campo da positividade religiosa, que todavia não pode separar os dois componentes. Lukács necessariamente antecipa ao período de Frankfurt determinadas conclusões que, ao contrário, se referem mais exatamente ao período sucessivo de Jena. Portanto, sempre se limitando ao trabalho, Lukács extrapola algumas categorias do período de Frankfurt, como, por exemplo, a propriedade e a alienação para colocá-las na perspectiva de seu desenvolvimento maduro, acontecido justamente em Jena[30]. Lukács justifica-se:

---

[29] Ibidem, p. 258.

[30] Sobre o fundamento do Estado, o princípio de propriedade privada e a relativa análise de Lukács, limitadamente ao período de Frankfurt, Nicolas Tertulian não escondeu a fraqueza do método de análise de Lukács: "Uma leitura atenta do texto mostra que Hegel apontava a corrigir a unilateralidade culpável de um Estado fundado sob o princípio do ter [...] por meio da ação de um poder espiritual fundado sobre a ideia do homem integral. Lukác leva ao pé da letra este programa hegeliano de síntese entre Estado e Igreja estigmatizando-o de forma extremamente drástica", Nicolas Tertulian, "Appunti su Lukács, Adorno e la filosofia classica tedesca", cit., p. 198.

Escusado será dizer que estes passos mais tarde não possam fornecer a prova conclusiva da tese de que no estudo e na elaboração destas relações é preciso decifrar pelo menos uma das fontes principais da gênese da forma especificamente hegeliana de dialética [...] a corrente principal deste desenvolvimento dirige-se à *Fenomenologia*, em que esta autor-reprodução do homem mediante sua atividade constitui o princípio fundamental.[31]

Este ponto extrapola os limites que este ensaio colocou, analisar se em Hegel se pode identificar ou não tal desenvolvimento. O que é importante ressaltar *é a importância de tal operação na economia do pensamento de Lukács* em comparação com o pensamento de Hegel. Este modo de proceder tanto na leitura em perspectiva de determinadas categorias, como em antecipar análises de períodos históricos sucessivos do desenvolvimento hegeliano a momentos precedentes, mostra o esforço de Lukács em querer demonstrar como as primeiras reflexões de Hegel sobre a história de seu tempo se sustentaram em categorias filosóficas já maduras. Compreende-se, então, porque, já no período de Frankfurt, ele enxergue os primeiros momentos da concepção hegeliana do trabalho. Esta operação justificaria, segundo Lukács, aos olhos do marxismo dogmático e stalinista, sua operação de recuperação das temáticas hegelianas, centradas sobre o nexo entre dialética e economia. É como se Lukács procurasse fazer compreender ao burocrata de turno o fato de que a sucessiva "reconciliação com a realidade" de Hegel representava o conhecimento do fracasso dos ideais revolucionários, mais do que o fruto de uma modificação do próprio pensamento hegeliano[32]. Para Lukács era necessário isolar, de alguma maneira, a categoria do trabalho, para poder obter dela todas as implicações da relação Sujeito-Objeto e Indivíduo-História. Se considerarmos esta operação na perspectiva do pensamento lukacsiano, esta assume sua própria legitimidade, embora demande um contínuo trabalho de averiguação no prosseguimento da análise do conceito hegeliano de trabalho.

A contradição de Hegel entre o caráter progressivo de seu método dialético e o atraso de seu confronto com a história, aparecem a Lukács como um dos aspectos mais interessantes de Hegel, embora tal contradição requeira necessariamente uma viragem materialista[33]. Exatamente nesta viragem Marx reconhece a importância da categoria trabalho na dialética hegeliana e na própria concepção da história. Embora revirada, a contradição, enquanto categoria do vir a ser histórico e social, é elemento indispensável e central para Marx e Lukács, ambos cuidadosos intérpretes da dialética hegeliana do trabalho.

Aparentemente, porém, Lukács teve mais sorte do que Marx, porque ele pôde conhecer os primeiros escritos em que Hegel enfrentava sistematicamente a proble-

---

[31] G. Lukács, *Il giovane Hegel*, cit., cap. II, p. 319-20.

[32] Tal forma de sustentar teses insustentáveis torna compreensível o motivo pelo qual a obra não foi publicada na União Soviética, a não ser algumas breves partes. O único trecho publicado recebeu o título de "Ekonomiceske Vzgljady Gegelja v Jenskvj Period" [Aspectos econômicos de Hegel no período de Jena], *Voprosy Filosofy*, n. 10, 1956, p. 151-62. O ano de publicação é significativo por si só.

[33] Ver G. Lukács, *Il giovane Hegel*, cit., cap. III, p. 391.

mática do trabalho. Veremos mais adiante como o fato de conhecer a gênese do conceito hegeliano de trabalho não privilegia de maneira determinante a leitura lukacsiana sobre a leitura marxiana, e sim, no máximo, desloca para trás algumas afirmações que serão mais amplamente desenvolvidas em *Fenomenologia do Espírito*, obra com que Marx se confronta.

O primeiro escrito em que Hegel enfrenta de forma sistemática o trabalho como categoria da sociabilidade é o *Sistema da vida ética*. Já mostrei como Lukács foi obrigado a antecipar algumas análises desta obra inserindo-a na investigação do período de Frankfurt.

Segundo Lukács e outros exegetas hegelianos, entre Frankfurt e Jena, Hegel teria abordado o estudo da economia clássica inglesa, em particular Adam Smith e Steuart. Esse estudo teria lhe possibilitado a aquisição de novas ideias sobre as leis econômicas e a sistematizar suas próprias reflexões dialéticas sobre o trabalho. Consequentemente, o trabalho mostra-se desde já claramente em forma conceitual e como identidade de Sujeito-Objeto e como atividade do homem que lhe permite reproduzir a si mesmo. Ao mesmo tempo, o estudo da economia smithiana torna Hegel consciente de que o desenvolvimento das forças produtivas deve passar pela divisão do trabalho.

Em *Sistema da vida ética* Hegel concebe o trabalho como desenvolvimento dialético e identifica com clareza os momentos constitutivos dessa dialética. A necessidade é a mola que põe em movimento o processo de trabalho, justamente voltado a satisfazer a necessidade. A presença da necessidade é percebida como limitação interna do sujeito e separação externa do objeto que o satisfaz. O caráter dialético emerge quando se contrapõe a este momento a supressão da separação, ou seja o prazer, que nega a necessidade e despoja a diferença interna. A inteira fundamentação hegeliana da análise do trabalho está baseada sobre a relação entre diferença e indiferença, de modo que a necessidade é inicialmente uma diferença interna ao sujeito, uma imperiosa falta que por sua vez coloca duas diferenças: uma externa entre sujeito e objeto, e outra entre objeto e sua determinação ideal como objeto de satisfação da necessidade. Finalmente a satisfação é o despojar desta diferença e o retorno à indiferença[34]. Nesta relação entre diferença e indiferença estão contidos os diversos momentos que juntos compõem a dialética do trabalho. Antes de tudo, já desde esta obra o trabalho é entendido como mediador entre necessidade e prazer e, sobretudo, entre Sujeito e Objeto. A presença de uma atividade de trabalho implica necessariamente um protelamento do prazer, um ser absorvido dentro da esfera ideal. Mas a relação de diferença entre ideal e real é despojada do produto do trabalho, que se apresenta como realização do trabalho, que é realização da idealidade do prazer através da natureza própria do objeto. O trabalho deve ser considerado como totalidade e igualdade de opostos.

Mediante a necessidade e o prazer, Hegel definiu pela primeira vez a relação senhor-escravo, expondo a íntima necessidade: "Se o trabalho não pode ter alguma relação com a necessidade e esta, todavia, não pode ser satisfeita sem trabalho, então é necessário que

---

[34] Ver G. W. F. Hegel, *Il sistema dell'eticità* [O sistema da vida ética], em *Scritti di Filosofia del diritto* (org. Antonio Negri, Bari, Laterza, 1971), p. 170s.

o trabalho seja realizado por outras camadas, e que se forneça à necessidade o que para esta foi preparado e organizado, e a esta somente resta a imediata anulação no uso"[35]. Atrás dessa necessidade que deve ser satisfeita e separada do trabalho esconde-se o senhor com que o escravo se confronta como um indivíduo singular[36]. Lukács ressalta, forçando um pouco o texto hegeliano, o fato de que em *Sistema da vida ética* o trabalho é definido como destruição do objeto conforme o escopo, destruição que, porém, é substituição do objeto por outro objeto, fruto da ação humana e capaz de satisfazer à necessidade do sujeito. Lukács justifica sua interpretação forçada afirmando:

> Falta aqui certamente, na definição, a palavra *zweckmässig* (conforme o escopo), mas se acompanharmos com atenção os desdobramentos de Hegel nesta obra e se percebermos como ele passa do trabalho ao instrumento e do instrumento à máquina é claro que aqui falta somente a palavra e não o pensamento, e que a palavra foi omitida somente porque, neste contexto, já se entende. A conexão entre finalidade e trabalho será, doutro lado, daqui em diante, um conceito fundamental da dialética hegeliana.[37]

Mais uma vez Lukács usa a antecipação para explicar o desenvolvimento do pensamento hegeliano.

De qualquer maneira, aceitando o ponto de vista lukacsiano de investigação sobre o nexo dialética-economia, o momento da análise hegeliana que resulta mais voltado a um esforço de compreensão dos problemas da sociabilidade é a dedução da dialética da realidade social das relações entre os sistemas de governo e os governados. Através desta relação, Hegel é obrigado a enfrentar a espinhosa questão das carências necessárias; antes de tudo, inicia pelo fato de que o trabalho do indivíduo inserido dentro da dinâmica social não garante per si a satisfação da necessidade. Com efeito, na sociedade, o valor da própria superabundância ou superprodução e o valor da necessidade estão fixados em relação à sociedade inteira. Seguindo este fundamento de análise, Hegel utiliza justamente o estudo da economia smithiana e tal uso valoriza a seguinte conclusão de Lukács – que extraí, porém, de um texto contemporâneo de *O jovem Hegel*: "assim o jovem Hegel assume da economia inglesa a justa concepção da sociedade capitalista, conhecida, todavia, em sua contraditoriedade, que para Adam Smith devem permanecer necessariamente ocultas"[38]. Exatamente por causa das leis econômicas capitalistas, o elemento externo fixa o valor interno e coloca a diferença que divide o sujeito entre si e si. Hegel, então, sente a exigência de investigar dentro desta relação e de fixar um campo em que a necessidade tenha um valor em si. Valor e necessidade "devem estar determinados (a partir) da intuição, do conjunto daquilo de que o homem necessariamente precisa, e isto em parte é identificável (exatamente)

---

[35] Ibidem, p. 260.
[36] Ver ibidem, p. 258.
[37] Ver G. Lukács, *Il giovane Hegel*, cit., cap. II, p. 255-6.
[38] Idem, *Wie ist Deutschland zum zentrum der reaktionären Ideologie geworden?*, cit. p. 79.

na natureza bruta, segundo os diversos climas, em parte da que já é formada, aquilo (isto é) que mediamente em um povo é considerado necessário para a existência"[39]. Portanto para Hegel cria-se uma imediata linha de continuidade entre necessidade natural que, quando satisfeita em qualquer sociedade, transforma-se em necessidade social, e o Estado. Com efeito, em presença de desequilíbrios causados por "empíricas acidentalidades", ou "diminuição dos preços", o governo deve intervir para manter o equilíbrio e não perder a confiança do povo[40]. É notável o esforço hegeliano em fixar um ponto firme para poder chegar a uma proposta social e a uma base de análise das concretas diferenças sociais e de suas consequências[41]. Porém, o ponto de vista burguês não permite a Hegel confrontar-se mais corretamente com os verdadeiros problemas sociais ligados ao trabalho. Ele fica preso dentro daquilo que a economia política clássica – que ele amplamente estudou – fixou como uma lei de natureza: "a desigualdade da riqueza é em si e por si necessária"[42].

Sem dúvida, o momento mais indicativo alcançado pela especulação hegeliana neste escrito é a indicação do instrumento como meio do processo do trabalho e como expressão da racionalidade deste processo: "No instrumento o sujeito produz um meio entre si e o objeto e esta mediação é a real racionalidade do trabalho"[43]. Torna-se portanto compreensível a recuperação desta categoria dentro da concepção do trabalho do Lukács tardio. A posição do instrumento como meio entre sujeito e objeto permite a Hegel pôr em paralelo o trabalho com outras formas de interação entre sujeito e objeto, como direito e linguagem[44]. A família e a palavra desenvolvem a mesma função do instrumento no âmbito do direito e da linguagem. A estrutura lógico-silogística[45] de seu sistema permite a Hegel compreender a mediação, ou seja, o instrumento como momento superior ao trabalhar e ao objeto trabalhado, enquanto neste está presente uma idealidade que faz desvanecer a realidade dos extremos[46]. A análise do trabalho

---

[39] G.W.F. Hegel, *Sistema dell'eticità*, cit., p. 286.

[40] Ver ibidem, p. 287.

[41] Mario Rossi realçou o fato de que a análise de Hegel esteja baseada sobre a identificação do mundo da economicidade com a esfera da eticidade relativa e com a política das figuras sociais nela incluídas, que acaba por esgotar em si a determinação social; ver o seu *Da Hegel a Marx: La formazione del pensiero politico di Hegel* [De Hegel a Marx: A formação do pensamento político de Hegel] (Milão, Feltrinelli, 1976), v. 1, p. 324-6.

[42] G. W. F. Hegel, *Il sistema dell'eticità*, cit., p. 289, ainda que mais adiante ele afirme: "Em sua forma mais elevada, o governo deve operar contra tal desigualdade e contra a própria e universal destruição" (p. 290-1).

[43] Ibidem, p. 187. Ancarani criticou a exaltação lukacsiana do papel do instrumento em Hegel; ver Vittorio Ancarani, "Forme della soggettività e processo lavorativo in Lukács" [Formas da subjetividade e processo de trabalho em Lukács], *Aut Aut*, Florença, n. 157-158, jan.-abr. 1977, p. 223.

[44] Estou de acordo com Rossi quando ele afirma que em *Sistema da vida ética*, por meio da análise do trabalho, Hegel procura colher as origens e o sentido metafísico da sociabilidade; ver Mario Rossi, *Da Hegel a Marx*, cit., p. 317.

[45] Sobre o caráter silogístico da concepção hegeliana do trabalho, ver Antonio Negri, *Filosofia del lavoro* [Filosofia do trabalho] (Milão, Marçorati, 1981), v. 3, p. 588.

[46] Ver G. W. F. Hegel, *Sistema dell'eticità*, cit., p. 188.

que estranha o indivíduo também é antecipada neste escrito. O elemento percebido por Hegel é a exclusão da multiplicidade e do estranhamento do trabalho do indivíduo singular em relação à totalidade do processo de trabalho. Esta análise, assim como a da relação entre necessidade e prazer, evidencia por parte de Hegel uma capacidade de perspicácia analítica sobre os problemas efetivamente concretos da época. Nesta análise emergem em primeiro plano os problemas intrínsecos à dialética do trabalho em si, que a mecanização envolve. Não há, portanto, dúvida do fato de que Hegel em *Sistema da vida ética* deduza, de uma correta análise da realidade social de seu tempo, elementos tais que lhe permitem fundar uma relação entre Sujeito e Objeto que abre uma perspectiva para a compreensão do surgimento da sociedade civil. Com isto confirma-se, a meu ver, a interpretação de Lukács.

Emergem também outras categorias que nas obras sucessivas sofrerão uma mais radical elaboração, por exemplo, a categoria de posse, em um primeiro momento em relação com a superabundância produzida pela mecanização do trabalho, depois em relação com a perspectiva do reconhecimento. No primeiro caso a posse está ligada ao uso, ou melhor, a uma possibilidade geral do uso do produto, enquanto no segundo caso o reconhecimento, embora ideal, liga a dialética do trabalho ao universal[47] e ao direito como reconhecimento desta relação uso-necessidade.

Apesar das limitações ideológicas, o *Sistema da vida ética* parece a Lukács um escrito importante para a evolução do pensamento hegeliano não somente porque pela primeira vez o trabalho é objeto da reflexão hegeliana, mas porque esta reflexão se concentra sobre os problemas concretos da dialética do trabalho. Vimos a forma com que corretamente se desenha uma dialética do ato do trabalho, a forma com que se investigam problemas específicos do trabalho inserido em uma dinâmica social, a forma de emergência de categorias sucessivamente aprofundadas e, finalmente, a forma com que se enfrentam questões centrais para uma correta compreensão das relações trabalho-sociedade civil e, em sentido mais amplo, as relações dialética-economia. Tudo isto torna *Sistema da vida ética* uma obra central para toda consideração das questões filosóficas concernentes ao trabalho em Hegel, embora o trabalho seja concebido como momento de fundação da eticidade. Esta característica, que apareceu aqui na primeira definição do conceito de trabalho em Hegel, é a característica fundamental de todo seu desenvolvimento.

Na estrutura de *O jovem Hegel*, o *Sistema da vida ética* exerce uma função de antecipação da concepção do trabalho em comparação com as *Lições de 1803-1804 e 1805-1806*. Sobre estes temas Lukács reconhece o maior esforço hegeliano de investigar as categorias dialéticas que sustentam os movimentos econômicos. Lukács também ressalta o fato de Hegel considerar a economia como campo de atividade humana, mais primitivo e imediato, e como campo dentro do qual mais facilmente é possível compreender as categorias; a economia, todavia, não representa o campo em que Hegel quer trabalhar. Seu fim sempre é o da polêmica com os filósofos que o prece-

---

[47] Ver ibidem, p. 287.

deram: "Hegel quer superar o dualismo kantiano-fichtiano de subjetividade e objetividade, de interno e externo, de moralidade e legalidade, quer conceber o homem real, indivíduo socializado, na totalidade concreta de sua atividade social"[48]. Baseado nisto, Lukács explica o porquê de Hegel ter usado a economia somente como parte de suas concepções de filosofia da sociedade.

A concepção hegeliana do trabalho também, segundo Lukács, deve ser considerada dentro desta filosofia prática. O instrumento, em particular, é concebido por Hegel em uma dupla função, como manifestação da vontade humana e como elemento de fundação da totalidade concreta da atividade social do homem. Deste ponto inicial Hegel reconstrói os singulares aspectos da divisão social do trabalho e reconhece o caráter alienante do trabalho na fábrica. Consequentemente, Lukács percebe que algumas categorias da economia smithiana são apreendidas dialeticamente[49]. A análise lukacsiana da concepção hegeliana do trabalho, presente nas *Lições* de Jena, origina-se do nexo forma-conteúdo do projeto de trabalho. A práxis do trabalho deixa inalterado o objeto natural; limita-se apenas a transformá-lo, a torná-lo outro em relação com sua precedente objetividade, mas seu conteúdo não resulta minimamente alterado. Lukács enfoca sua atenção em particular sobre este ponto, em que justamente reconhece os elementos fundamentais da dialética do trabalho.

Estreitamente vinculado à transformação do objeto natural, segundo as leis que lhe pertencem, é o conceito de *astúcia*, que Hegel trata no segundo curso de *Lições* e que é oportuno analisar de forma mais aprofundada.

A abordagem da *astúcia*, ausente no primeiro curso de *Lições de 1803-1804*, permite, no segundo curso, esclarecer as relações entre sujeito e natureza, entre necessidade e prazer[50]. Além disto, sua presença proporciona a Hegel a possibilidade de ressaltar definitiva e explicitamente o papel do elemento tipicamente humano em relação com a natureza. Somente através da astúcia Hegel se torna ciente da potência do homem em transformar a natureza, é a vitória sobre o material não somente externo como também interno[51]: a astúcia força o impulso a disciplinar-se e depois disciplina a natureza, tudo isto por meio de um ato de pura vontade[52]. A vontade conduz à consciência e à sabedoria; todo o desenvolvimento do espírito mostra-se, portanto, quase que completo: "O espírito afina-se da bruta confiança e do trabalho até saber de si mesmo e do espírito absoluto"[53]. A astúcia é o momento em que o sujeito se disciplina e, com isto, toma consciência de seus impulsos e de suas relações com a

---

[48] G. Lukács, *Il giovane Hegel*, cit., cap. III, p. 451.
[49] Ver ibidem, p. 452.
[50] Ver G. W. F. Hegel, *Filosofia dello spirito jenense* [Filosofia do espírito de Jena] (org. G. Cantillo, Bari, Laterza, 1971), p. 126.
[51] Conferir também Vittorio Ancarani, "Forme della soggettività e processo lavorativo in Lukács", cit., p. 222s., que realçou também o caráter abstrato de astúcia em Hegel.
[52] Ver G. W. F. Hegel, *Filosofia dello spirito jenense*, cit., p. 193.
[53] Idem.

natureza. No ato de formar a consciência torna-se ciente da própria certeza e, portanto, na produção do objeto, a consciência se autoproduz.

Lukács, significativamente, não segue Hegel neste caminho: *a Lukács não interessa ressaltar a potência do saber e do espírito*. Seu plano é o sujeito trabalhador, a subjetividade, apreendida porém em estreita relação com a objetividade: "A esta dialética no objeto corresponde uma dialética no sujeito"[54].

A condenação marxiana do trabalho alienante retorna na concepção lukacsiana do trabalho por meio de uma leitura original do texto hegeliano. Lukács realça o fato de que para Hegel no trabalho o próprio homem se transforma em coisa, e com isto o homem entra no universal, participa da sociabilidade, no sentido de abandonar sua própria impulsividade. A consequência que Lukács deduz disto é que o trabalho se contrapõe à individualidade através dos mesmos desejos do indivíduo. Aqui Lukács chega às primeiras conclusões sobre a análise da dialética hegeliana do trabalho: a necessidade não é a primeira mola para o desenvolvimento humano, porque sua satisfação é repetitiva. O trabalho torna-se motor do desenvolvimento humano "somente ao passo que o homem inserir o trabalho entre seu desejo e sua satisfação, somente enquanto romper com a imediação natural, *torna-se*, segundo Hegel, homem"[55]. Este é o trecho em que Lukács exprime, pela primeira vez, suas importantes considerações sobre a concepção hegeliana do trabalho. Com efeito, desconsiderando o que Hegel afirma acerca da astúcia da razão e de sua relevância no surgimento da potência do espírito, Lukács interpreta a dialética do trabalho como momento originário do ser humano. Em Hegel o trabalho é, ao contrário, momento originário, mas é também forma do espírito, e Lukács reconhece em Hegel a independência e a superioridade do espírito sobre o trabalho. Hegel usa a linguagem como o trabalho, como instrumento de mediação entre homem e natureza. É oportuno, portanto, analisar brevemente a importância da linguagem para a reflexão do Hegel jenense.

Ao realçar o fato de a linguagem e o trabalho terem uma única estrutura formal, Hegel conclui que as duas formas de práxis permitem a passagem da teoria à práxis:

> a consciência existe em um primeiro momento como *memória* e seu produto, a *linguagem* e, através do intelecto, enquanto ser do conceito determinado, torna-se o simples conceito absoluto, a absoluta reflexão em si mesma, o vazio da faculdade formal e da abstração absoluta; e a relação de oposição se transforma em um despojar termos em si reciprocamente diferentes. O processo teórico passa ao processo *prático*, em que a consciência torna-se igualmente totalidade, adquire uma existência real oposta à precedente que era apenas ideal, enquanto no *trabalho* torna-se o médio do *instrumento*.[56]

---

[54] G. Lukács, *Il giovane Hegel*, cit., cap. III, p. 455. Vittorio Ancarani identifica, com efeito, a subjetividade como ponto central de retorno de Lukács a Hegel; ver seu ensaio "Forme della soggettività e processo lavorativo in Lukács", cit., p. 207.

[55] Idem.

[56] G.W.F. Hegel, *Filosofia dello spirito jenense*, cit., p. 47-8.

Habermas enfatizou o fato de que a concepção hegeliana do espírito pode ser interpretada como resultado do processo dialético: "Não é o espírito que, no movimento absoluto da autorreflexão se manifesta, diga-se de passagem, na linguagem, no trabalho e na relação ética, mas é a relação dialética entre simbolização linguística, trabalho e interação a determinar o conceito de espírito"[57]. Estou de acordo com Habermas em sustentar que a linguagem e o trabalho representem formas diversas da mesma construção. Ambos, efetivamente, mostram-se como mediações entre homem e natureza. A diversidade entre as duas formas, no limite, consiste no fato de a interação homem-natureza na linguagem ser formal, enquanto no trabalho é prática. Enquanto no trabalho a mediação se dá entre homem e natureza, na linguagem o homem comunica com o outro homem tendo a natureza como objeto da comunicação. Ao contrário, no caso das linguagens da ciência, a mediação é igual à do trabalho, diretamente prática, porque acontece uma efetiva transformação da realidade natural[58], portanto considero a ciência uma atividade prático-formal, e não puramente formal.

Tendo presente, porém, o que Hegel afirma em relação à existência da consciência como linguagem, é possível notar que efetivamente a interação linguística é por sua vez retomada dentro da dialética do trabalho como seu momento constitutivo, porque a relação prática requer uma interação concreta entre necessidade e prazer[59]. Linguagem e trabalho tem uma relação de igualdade estrutural lógico-formal, mas ambos podem ser considerados no mesmo plano somente se não levarmos em conta o fato de que um, a linguagem, está contido no outro, o trabalho, e se os considerarmos apenas como formas de interação entre homem e natureza. Observando-os apenas do ponto de vista das estruturas que fundam ambos, sem levar em consideração a função do trabalho como momento originário do ser humano enquanto tal.

Segundo Lukács, Hegel aprofundou de tal maneira o estudo da economia clássica, que conseguiu chegar a idênticas conclusões a que Marx chegou, embora sem a visão total e crítica da sociedade e da história, que marca a diferença entre

---

[57] Jürgen Habermas, *Lavoro e interazione: osservazioni sulla "Filosofia dello spirito" jenense di Hegel* [Trabalho e interação: observações sobre a "Filosofia do espírito" de Hegel de Jena] (Milão, Feltrinelli, 1975), p. 22-3.

[58] RichardWinfield, partindo desse pressuposto, considera um fracasso a concepção lukacsiana do trabalho em *O jovem Hegel*, porque não determina a especificação interativa do trabalho: "The Young Hegel *ultimately fails in this important attempt because its own inadequate conception of dialectic determination finally indetermines the sought-after interactive specification of labour*" [*O jovem Hegel* fracassa nesta importante tentativa em razão de sua inadequada concepção de determinação dialética que, no fundo, não determina a específica interação usada pelo trabalho], Richard Winfield, "*The Young Hegel* and the Dialectic of Social Production", *Telos*, St. Louis, n. 26, 1976, p. 186.

[59] De tal maneira, se pode aplicar à linguagem o mesmo procedimento que Karl Löwith usou para a relação trabalho-cultura (*Bildung*) e que suscitou as críticas de Habermas: "Doutro lado o trabalho pode educar o homem somente pelo fato de este possuir — enquanto atividade formadora e plasmadora — uma natureza espiritual e tem a possibilidade de abstrair", Karl Löwith, *Da Hegel a Nietzsche* (Turim, Einaudi, 1979), p. 403.

os dois. De qualquer forma, as conclusões hegelianas aparecem a Lukács bastante corretas: Hegel consegue compreender que as determinações sociais do trabalho conduzem a uma divisão do trabalho cada vez maior e a uma crescente especialização que causa, por sua vez, o afastamento da satisfação da necessidade do indivíduo. A máquina é o instrumento de trabalho, sua introdução no processo do trabalho acelera este crescimento. Como observa Lukács, Hegel consegue, em razão de seus estudos de economia, descrever a separação entre homem e natureza que o trabalho mecânico impõe e, ao mesmo tempo, captar a universalidade deste, ou seja, a necessidade de que o produto do trabalho das máquinas esteja apto à satisfação das necessidades de todos. Esta universalidade impõe uma troca entre produtos e, portanto, a introdução de categorias econômicas como a troca e o uso. Além disto, a universalidade surgida pelo trabalho mecânico introduz uma substancial consequência dentro do mesmo processo de produção, a divisão do trabalho. Imediata consequência disto é a deterioração do valor do trabalho, porque a divisão do trabalho aumenta a quantidade dos produtos. Além disso, o trabalho especializa-se de modo a satisfazer uma única necessidade; para satisfazer a totalidade de suas necessidades, torna-se necessária a troca entre produtos e torna-se, portanto, absolutamente urgente a presença de um equivalente universal, o dinheiro, e de uma estrutura social das trocas, o comércio. A perspectiva da eticidade permite colher também o caráter de embotamento das qualidades espirituais que o trabalho mecânico impõe ao operário.

Dessa forma antecipam-se as considerações de Marx sobre a alienação no contexto do processo produtivo, mas não há continuidade entre as duas perspectivas, porque Hegel não colhe o caráter alienante da inteira sociedade burguesa. Ao contrário, Hegel conclui as análises afirmando que a relação de recíproca dependência entre trabalho e necessidade encontra sua quieta explicação na posse e depois na propriedade, enquanto posse universal; "A posse, da mesma forma que na inteira posse de um povo, torna-se, em sua singularidade, um universal; a posse permanece a posse deste singular indivíduo, porém, na medida em que esta é assim colocada mediante a consciência universal, ou na medida em que todos a possuem como algo seu; ou seja, torna-se propriedade"[60].

Para Lukács nesta análise o conceito hegeliano de alienação alcança uma dimensão de concretude. A alienação torna-se para Hegel um elemento de recíproca dependência entre indivíduos[61], em razão do fato de que o trabalho mecânico como tal, portanto também o trabalho alienante, consegue satisfazer às necessidades de muitos. O trabalho e a necessidade ascendem a universalidade que se torna também sistema de comunicação e de troca. Segundo Lukács, a alienação em Hegel mantém um duplo caráter: de um lado é estranhamento do mundo humano; do outro, o mundo da economia é produto

---

[60] G.W.F. Hegel, *Filosofia dello spirito jenense*, cit., p. 100.
[61] Ver Vittorio Ancarani, "Forme della soggettività e processo lavorativo in Lukács", cit., p. 220s. Conferir também Jürgen Habermas, *Lavoro e interazione*, cit.

da atividade humana[62]. Considerando-se a função da alienação no pensamento hegeliano, sua reassunção somente acontece em termos genéricos no sujeito. Tal genericidade é o elemento que distingue Marx de Hegel: este último não compreende quanto estreita seja a relação entre mercadoria e troca, entre trabalho mecânico e exploração. Hegel entende o valor como simples igualdade, enquanto Marx introduz um novo modo de conceber a produção de valor. O estudo da economia clássica em Hegel encontra um limite insuperável em sua formação ideológica burguesa e não se transforma em crítica, enquanto isto é o que acontece no desenvolvimento do pensamento de Marx.

Nesta análise do pensamento hegeliano, Lukács reconhece que "nestes problemas ele [Hegel] é ligado quase exclusivamente ao seu conhecimento literário da Inglaterra e da economia inglesa. O que ele acrescenta de seu é exatamente a elevação da dialética encontrada nos objetos econômicos a um grau filosófico consciente"[63]. Portanto para Lukács o uso do método dialético permite a Hegel compreender os efeitos destrutivos que a divisão capitalista do trabalho produz sobre o homem. Marx, além de um completo domínio da dialética, desfruta de um maior conhecimento da economia clássica e de um conhecimento direto das condições da classe operária inglesa. Hegel compreende a alienação como necessidade, enquanto com o aumento da produtividade o indivíduo particular consegue satisfazer as necessidades dos outros, e de tal maneira contribui ao progresso da universalidade do trabalho. A consequência mais importante que Lukács percebe no discurso hegeliano do trabalho é que, por meio do instrumento e da máquina, o homem se universaliza, ainda que este processo cause uma alienação do operário. Hegel e Lukács, com diversas motivações ideológicas e políticas, estão cientes disto.

O que diferencia Hegel e Lukács, e qualquer outro marxista, é a solução que ele encontra para esta situação: o Estado apresenta-se como garantidor da ordem social e da salvaguarda dos interesses do indivíduo. Lukács percebe nisto a herança hobbesiana da concepção hegeliana de sociedade civil[64], ou seja, da teoria política burguesa. Para Hegel o Estado não é somente expressão da totalidade social, mas também organismo em que essa totalidade se reconhece. Essa totalidade é também totalidade das necessidades de seus membros e, portanto, a satisfação dessas necessidades é assentada no equilíbrio interno desta totalidade. Lukács ressalta o fato de que a concepção social de Hegel é claramente burguesa, nela o progresso humano é perfeitamente regulado, ainda que no momento histórico em que Hegel escreveu as contradições não estavam

---

[62] Ver G. Lukács, *Il giovane Hegel*, cit., cap. III, p. 466. Parece-me oportuno citar o texto original em alemão para evitar a confusão entre os termos *Entaüsserung* e *Entfremdung*: "Die Arbeit macht bei Hegel nicht nur den Menschen zum Menshen, sie lässt nicht nur die Gesellschaft in ihrer unübersehbaren Mannigfaltigkeit und einheitlichen Systematik entstehen, sondern sie macht zugleich die Welt des Menschen zu einer ihm 'entäussertn' 'entfremdeten' Welt" [Não somente o trabalho, em Hegel, constitui o homem a homem, não somente faz surgir a sociedade em sua múltiplice imperscrutável e sistematicidade unitária, como ao mesmo tempo faz do mundo do homem um mundo 'alienado' e 'estranhhado' a ele], G. Lukács, *Der Junge Hegel*, em *Werke* (Berlim/Neuwied, Luchterhand, 1967), n. 8, p. 415. Lukács continua usando *Entaüsserung* como "alienação".

[63] G. Lukács, *Il giovane Hegel*, cit., cap. III, p. 460.

[64] Ver ibidem, p. 456.

resolvidas, mas serão resolvidas assim que o novo Estado civil for fundado. Este se fundará sobre o reconhecimento de sua função e de sua potência por parte dos cidadãos, assim como sobre o reconhecimento recíproco por parte dos singulares indivíduos.

O reconhecimento é uma categoria que desenvolve um papel central na dialética do trabalho, assim como se apresenta em *A fenomenologia do espírito*. O reconhecimento é a categoria que funciona como mediação entre o trabalho em sua acepção natural e o trabalho em sua acepção de elemento social[65]. Esta categoria já emergiu em *Sistema da vida ética* e volta em forma temática nas *Lições de 1805-1806*. O reconhecimento funciona como ligação entre o desenvolvimento do trabalho e o seu uso dentro do sistema social[66]. Esta função que Hegel lhe atribuiu demonstra a centralidade que o reconhecimento desenvolve mediando entre trabalho e sociedade: "O universal é o valor, o movimento, enquanto a troca é sensível. Esta universalidade é mediação na propriedade, enquanto movimento consciente, portanto, o imediato ter, que é mediado pelo ser reconhecido, ou seja, o seu existir é a essência espiritual[67].

O ser reconhecido é intuição da própria pessoa. O reconhecimento como figura jurídica possibilita estabelecer a propriedade dos meios para a satisfação das necessidades por meio de contratos[68]. A lacuna que se percebia ao fim das *Lições de 1803-1804*, quando se passava sem aparente mediação da posse dos produtos do trabalho à propriedade deles, está assim preenchida.

Reconhecimento e alienação voltam sistematicamente na concepção hegeliana do trabalho, assim como é formulada em *Fenomenologia do espírito*, e acompanharemos também a análise de Lukács desta obra. Não deve ser esquecida, porém, em sede histórico-filosófica, uma importante conjuntura. Ao analisar *Fenomenologia do espírito* Lukács pôde dispor das críticas de Marx à obra, a única obra do jovem Hegel que Marx pôde conhecer e em que se enfrenta a questão do trabalho. Exatamente estas críticas constituem a já lembrada "fulguração". Apesar disto, devemos questionar se as críticas de Marx à *Fenomenologia* podem ser consideradas válidas para o inteiro desenvolvimento da concepção hegeliana juvenil do trabalho ou não. Ressaltei precedentemente que existem importantes diferenças não somente entre o *Sistema da vida ética* e as *Lições*, mas também entre as *Lições*, entre o curso de 1803-1804 e o de 1805-1806. Estas diferenças são mais

---

[65] Giuliana de Cecchi entende a categoria do reconhecimento como ponto prospectivo para a superação da dimensão especulativa do conceito hegeliano do trabalho; ver seu artigo "Lavoro, valore, scambio nello Hegel di Jena" [Trabalho, valor, troca no Hegel de Jena], *Aut Aut*, Florença, n. 152-153, mar.-jun. 1976, p. 217.

[66] Estou de acordo com Mario Rossi quando afirma que a análise do trabalho no primeiro curso de *Realphilosophie* abriu à concepção de sociedade civil; ver seu *Da Hegel a Marx*, cit., p. 340.

[67] G. Hegel, *Filosofia dello spirito jenense*, cit., p. 149.

[68] Mauro Fornaro sustenta a tese de que "nas obras de Jena, ao contrário, o nexo entre propriedade e trabalho está mais presente tanto como êxito quanto como condição do mesmo. Evidencia-se assim globalmente em Hegel, olhando para o arcabouço de toda a sua produção juvenil que precedeu o período jenense, uma progressiva justificativa do direito de propriedade como uma conquista da época moderna conexa ao descobrimento do significado da pessoa individual", Mauro Fornaro, *Il lavoro negli scritti jenensi di Hegel* [O trabalho nos escritos de Jena de Hegel] (Milão, Vita e Pensiero, 1978), p. 9.

marcadas na *Fenomenologia* pelo deslocamento da perspectiva idealista hegeliana em direção à fenomenologia. Exatamente em contradição com a *Fenomenologia* surge em Marx a ideia da viragem. O método lukacsiano de reconstrução do conceito hegeliano do trabalho demonstra que a aplicação da viragem inclusive às obras que Marx não conheceu, é a prova da capacidade de Marx de apreender na concepção hegeliana do trabalho presente na *Fenomenologia* o resultado da reflexão hegeliana sobre o trabalho que se encontra em *Sistema da vida ética* e nas *Lições*. É como se Marx, analisando a *Fenomenologia*, pudesse reconstruir o inteiro percurso do jovem Hegel.

Trabalho e alienação em *Fenomenologia do espírito*

O último parágrafo de *O jovem Hegel* é intitulado "A alienação como conceito filosófico central da *Fenomenologia do espírito*", mas é suficiente uma rápida leitura de seu conteúdo para compreender que a alienação faz referência por sua vez ao trabalho, mais exatamente ao agir. Nos últimos apontamentos de Lukács sobre a *Fenomenologia do espírito* – conservados junto ao Lukács Archivum de Budapeste –, é possível notar a atenção que ele presta em ressaltar, dentro da obra toda, a importância da categoria do trabalho. Lukács, ao analisar a obra, além de compreender sua estrutura geral, esforçou-se em fixar os pontos em que se notava uma, embora marginal, presença da categoria trabalho. Onde a presença do trabalho é temática, por exemplo, na dialética escravo-senhor, esta operação é fácil. Nesse caso, Lukács observa de forma lapidária mas significativa: "H. e Robinson"[69].

---

[69] Ver G. Lukács, "Appunti sulla *Fenomenologia dello spirito*" [Apontamentos sobre *Fenomenologia do espírito*], manuscrito inédito, fl. 6, Lukács Archivum, Budapeste. Refiro-me aqui à folha 15. O leitor ficará surpreso pelo fato de as citações estarem em italiano, mas quando estudei no Lukács Archivum, entre 1984 e 1986, estava expressamente proibido reproduzir, mesmo parcialmente, os textos de Lukács, podendo-se apenas lê-los e estudá-los. Por sorte ninguém conhecia o italiano e assim pude traduzi-los para o meu idioma. Tratava-se de trechos da *Fenomenologia* e de breves e escassos apontamentos de Lukács. Na realidade, era um texto de pouca importância para os pesquisadores do Arquivo, e por esta razão tive acesso a ele, ao passo que estava absolutamente vedada a consulta às cartas, em particular as endereçadas aos dirigentes do Partido comunista húngaro, como, por exemplo, János Kádár. A importância estava no fato de que esses textos poderiam confirmar aquilo que já se conhecia pelas obras publicadas, como se fosse possível entrar no *laboratório intelectual* de Lukács. Foi nesse sentido que usei os tais apontamentos, que me revelaram o texto da *Fenomenologia* usado uma única vez por Lukács, após insistentes pedidos. Tratava-se de uma edição da *Fenomenologia* do editor Meiner, de Leipzig, de 1909 – em *O jovem Hegel*, contudo, Lukács citou a primeira edição das obras de Hegel, de 1832, de Berlim. A edição de 1909 estava entre os livros de Lukács em Moscou e, portanto, é bastante provável que ele tenha estudado a *Fenomenologia* e, mais tarde, confrontado, por uma questão de propriedade filológica, as citações com a edição de 1832. Por sorte Lukács anotava em seus apontamentos o número dos parágrafos, que eu marquei rigorosamente. Por um ulterior puro acaso encontrei a mesma edição da *Fenomenologia* na Biblioteca do Instituto de Filosofia na Universidade de Palermo, onde ainda estudava, e pude assim reconstruir esses apontamentos de Lukács com exatidão, de modo que posso afirmar que o texto que aqui cito, ainda que na tradução italiana, corresponde precisamente ao conservado no Arquivo. Estou convencido de que as condições de trabalho mudaram com a virada no clima político na Hungria e que hoje encontram-se abertos e acessíveis todos os fundos e textos presentes no Arquivo para os pesquisadores. Sinceramente, o Arquivo Lukács foi o único lugar em que encontrei tais restrições e tamanho clima de controle e censura política e ideológica. Isto à parte, tinha-se a impressão de se estar num país em tudo parecido com qualquer outro país democrático do mundo. Por destino, estive na Hungria quando o regime comunista caiu, e sobre esta experiência escrevi um ensaio, "Como cae un régimen y se construye uno nuevo: Hungria, octubre de 1989", publicado na revista *Herramienta*, n. 12, Buenos Aires, 1999, p. 51-70.

Robinson é Robinson Crusoé. Mais difícil identificar a presença da categoria do trabalho nos locais em que esta não aparece de forma direta, como em "Espírito", quando Hegel se detém sobre a "Utilidade" [70]. Lukács observa em um de seus raríssimos apontamentos extratextuais: "A mercadoria!"[71]; e na margem da folha escreve: "Metafísica da mercadoria". E ainda, quando na "Religião" Hegel se refere à criação[72], Lukács afirma: "(Portanto para H. é a 'criação do mundo' uma *mitológica expressão para a alienação do espírito*". Antes da frase de Hegel: "O existir imediato transforma-se em pensamento"[73], Lukács observa: "Com isto o trabalho característico XXX a animalidade"[74].

Lukács portanto usa trabalho e alienação como conceitos complementares capazes de explicar a inteira estrutura da *Fenomenologia*. Se no que diz respeito à alienação este método é correto, para o trabalho é necessário entender o mesmo trabalho como um processo para o qual a alienação do sujeito é recuperada pelo mesmo sujeito, enquanto a objetividade é moldada pela subjetividade, e a diferença entre as duas é posta em segundo plano. O trabalho torna-se, então, uma espécie de *modelo* da alienação. A alienação é parte estrutural da ação do indivíduo, ou seja, a consciência individual na *Fenomenologia* atua em um mundo alienado criado pela própria atividade humana e, através do processo de conhecimento e de experiência, volta a apropriar-se deste mundo. O saber é o momento de remoção da alienação e de reapropriação da substância no sujeito. Toda a *Fenomenologia* representa para Lukács o progresso da consciência através de conflitos sempre mais profundos com a realidade alienada, até a transformação do espírito em si a espírito que se reconhece enquanto tal. As conclusões, que Lukács deduz desta construção ideal, expressam um juízo histórico-social e ontológico sobre a *Fenomenologia*:

> Quando Hegel considera sua época como o ponto de evolução do espírito em que este pode retomar em si a alienação já cumprida, atrás desta construção idealista [...] se esconde o pensamento historicamente correto de que a moderna sociedade capitalista produziu, do ponto de vista social objetivo, o máximo de alienação em relação a todas as sociedades precedentes. E a forma trágica que os choques entre consciência individual e consciência em si objetiva assumem no final desta parte, exprime, esta também, uma tendência efetivamente presente da evolução da sociedade: a individualidade humana no nosso sentido atual já não é, na realidade, um produto natural, mas o resultado de uma multimilenária evolução social, de que a moderna burguesia representa o ponto culminante.[75]

---

[70] Cf. G. W. F. Hegel, *Fenomenologia dello spirito* (Florença, La Nuova Italia, 1976), VI, 2/b, § 143, v. II, p. 121.
[71] G. Lukács, apontamentos inéditos, f. 23.
[72] G.W.F. Hegel, *Fenomenologia dello spirito*, cit., VII, C, § 103, p. 271.
[73] Ibidem, VII, B, § 75, p. 251.
[74] G. Lukács, apontamentos inéditos, f. 34.
[75] Idem, *Il giovane Hegel*, cit., cap. IV, § III, p. 661-2.

O progresso da consciência acontece para Lukács mediante o trabalho do escravo, e não pela ação do senhor, mas a análise hegeliana aparece a Lukács demasiado abstrata[76]. Efetivamente a concepção hegeliana do trabalho na *Fenomenologia* é profundamente diferente da apresentada nas *Lições*, porque agora é colocada dentro do processo de formação da consciência. Também na dialética escravo-senhor a categoria central é o reconhecimento, ou melhor, a luta para o reconhecimento emerge em um estágio sucessivo, mas ocupa uma centralidade maior no discurso hegeliano. O reconhecimento não é o fim último da relação escravo-senhor, mas enquanto reconhecimento é o primeiro estágio do surgimento da consciência[77].

Na *Fenomenologia* o reconhecimento não é investigado a partir de uma análise da realidade social, mas pela transfiguração das categorias da realidade em metáforas da realidade mesma, em figuras essencialmente lógicas. A luta para o reconhecimento se resolve na consciência-de-si[78].

A relação entre homem e natureza torna-se relação entre duas consciências, entre o ser-para-si do senhor em relação com o ser-para-outro do escravo. Justamente como ser-para-outro, o escravo se coloca como meio entre necessidade e satisfação da necessidade, entre dono e coisa. Enquanto meio, este é a verdade da relação, ao ponto de Hegel, olhando a relação pelo lado do senhor, afirmar: "Embora o temor do senhor seja o início da sabedoria, a consciência aqui é para ela mesma, mas não é para-si; porém por meio do trabalho encontra-se a si mesma"[79]. A consciência servil também, no ato do trabalho, põe-se como existente e nisto reencontra o sentido próprio[80]. Mas o temor advertido na relação com o senhor não permite ao escravo chegar até às radicais consequências de seu estado de não livre. A consciência servil refugia-se, então, no único mundo que lhe é disponível: a liberdade da consciência-de-si[81] e, sucessivamente, no estoicismo. O temor de perder a vida se apresenta como obstáculo ao desenvolvimento consequente da consciência servil e

---

[76] Ver ibidem, p. 663.

[77] M. Fornaro afirma: "Essa necessidade que um tem do outro através do trabalho e o consequente reconhecimento recíproco atribuem ao trabalho significado social; o trabalho assim posto comporta uma primeira rudimentar definição de relações jurídicas, por mais desiguais que sejam", *Il lavoro negli scritti jenensi di Hegel*, cit., p. 96.

[78] Cito, nesse sentido, o entendimento de Mario Rossi: "Deve-se notar [na *Fenomenologia*]: 1) o abandono da análise econômico-social e a representação das figuras em função de um processo que afirma com a máxima força seu caráter ideal; 2) a estrutura rigorosamente dialética, em sentido hegeliano, de movimento, porque esta produz o feliz momento da 'revanche do servo' [...]; 3) o caráter extremamente fenomenológico desta dialética", *Da Hegel a Marx*, cit., p. 374.

[79] G.W.F. Hegel, *Fenomenologia dello spirito*, cit., IV, A, § 80, v. I, p. 162.

[80] "Somente por este seu ser reconhecível, ou seja, pelo seu poder ser readmitido no movimento da autoconsciência, o trabalho é 'revalorizado' por Hegel", Mario Rossi, *Da Hegel a Marx*, cit., p. 370.

[81] Cf. Giannino Di Tommaso, "Vita e lavoro nella sezione autocoscienza della *Fenomenologia* hegeliana", *Il Pensiero*, Rieti, n. 1-3, jan.-dez. 1975, v. XX, p. 116.

impõe um deslocamento de perspectiva: a análise de Hegel se desloca de um agir prático a um agir interior[82].

A interpretação de Lukács deste importante trecho da *Fenomenologia* vai além da categoria do reconhecimento lembrando a já citada tendência hobbesiana de Hegel[83] ao *bellum omnium contra omnes*, traduzido nos termos hegelianos de remover sem conservar. Lukács vislumbra a inutilidade do senhor e os motivos de sua superação.

Segundo Lukács, a dialética hegeliana do trabalho alcança aqui o máximo de sua maturidade. O trabalho torna-se o ponto prospectivo para observar a inteira história da humanidade. O processo de trabalho é o ponto de encontro entre homem e natureza e por consequência implica no reconhecimento da independência e da legalidade dos objetos de natureza, e por consequência, força o homem ao seu conhecimento. O senhor, enquanto não satisfaz suas necessidades com seu trabalho, torna-se inútil para o progresso humano. Nas figuras escravo-senhor surge, segundo Hegel, a consciência-de-si real, mas Lukács vislumbra, ao contrário, o universal da imediaticidade natural[84].

A relação escravo-senhor é usada por Lukács como chave de leitura do progredir da consciência e também do processo de socialização, que ele vê descritos na *Fenomenologia*. Isto confirma a centralidade do trabalho na análise lukacsiana da obra. Com efeito, Lukács interpreta o trabalho na *Fenomenologia* como o princípio de conexão do indivíduo com a sociedade. Ainda mais, a atividade é o campo em que os conflitos morais do indivíduo encontram solução. Pela primeira vez Lukács usa o termo tomado em empréstimo de Goethe, e depois usado na *Ontologia do ser social*, "fenômeno originário": "O homem que trabalha é de fato [...] o fenômeno originário do sujeito-objeto idêntico, da substância que se torna objeto, da 'alienação' e da tendência à sua recuperação no sujeito. É no trabalho, na satisfação das necessidades, mediante o trabalho, que a sociabilidade em si de cada práxis humana é objetivamente mais próxima da viragem no ser-para-si"[85].

A satisfação da necessidade mediante a atividade de trabalho de cada indivíduo particular e dos outros funciona como base para o surgimento da sociedade. O indivíduo particular é assumido no universal, enquanto seu trabalho torna-se meio de

---

[82] Jean Hyppolite, em seu monumental comentário à *Fenomenologia*, ressaltou várias vezes como a vida é o campo de confronto entre as duas consciências: "Estão em jogo três termos, duas autoconsciências e o elemento da alteridade, ou seja, a vida como ser da vida, o ser para outro que ainda não é o ser-para-si; convém distinguir esses três termos assim como os observaremos a propósito do senhor e do escravo; com efeito, o senhor e o escravo apenas existem porque existe uma vida animal, uma existência propriamente vital". Hyppolite ressalta com maior ênfase o caráter existencial e vital da relação, embora apreenda, mais para frente, o verdadeiro caráter do trabalho nessa figura, ou seja, o tornar-se pensamento da autoconsciência: "Mas tal pensamento, *pelo qual o trabalho era o primeiro aceno*, ainda é um pensamento abstrato", *Genesi e struttura della* Fenomenologia dello spirito *di Hegel* [Gênese e estrutura da *Fenomenologia do espírito de Hegel*] (Florença, La Nuova Italia, 1977), p. 205 e 380; grifos meus.

[83] Ver G. Lukács, *Il giovane Hegel*, cit., cap. III, § V, p. 457.

[84] Ver ibidem, p. 459.

[85] Ibidem, cap. IV, § III, p. 666-7. Sobre esse uso lukacsiano em função do método interpretativo da *Fenomenologia*, Winfield polemizou ao criticar Lukács a partir de uma posição hegeliana; ver seu "*The Young Hegel* and the Dialectic of Social Production", cit., p. 186-7.

satisfação das necessidades de muitos. Já encontramos estas temáticas nas análises lukacsianas das *Lições* e isto constitui um dos trechos do livro em que Lukács se esforça para mostrar como a *Fenomenologia* representa a saída natural das obras juvenis e de como, portanto, a viragem marxiana constitua um método que deve ser usado corretamente também por estas obras. Esta tentativa respeita, de qualquer maneira, o texto hegeliano, embora com óbvias dificuldades, que mostrarei mais adiante. O que interessa a Lukács, sobretudo em sua reconstrução do conceito hegeliano de trabalho, é manter a sociabilidade do trabalho como base para o surgimento de um ser radicalmente social, de um indivíduo histórico que não seja mais singularidade abstrata e egoística. Lukács fala exatamente em viragem desta singularidade egoística em individualidade social. Tal viragem passa por diversos estágios categoriais, cuja reconstrução por parte de Lukács lembra em forma implícita algumas categorias típicas de *História e consciência de classe*[86]. É preciso levar em conta, porém, o fato de que entre *O jovem Hegel* e *História e consciência de classe* está a "fulguração", como já lembramos várias vezes e, por consequência, a crítica de Marx sobrepõe-se à reconstrução lukacsiana destas categorias, em particular mercadoria e alienação.

Considerando a categoria da mercadoria, Lukács afirma que a alienação se origina da encarnação do trabalho na coisa, ou seja, no momento em que o sujeito traspassa no objeto levando-o para dentro de uma realidade social, transformando-o em objeto social. Apesar de Hegel limitar-se a explicitar somente as premissas da passagem do natural ao social da coisa, Lukács vislumbra, nesta exposição, a descrição de complexas relações entre sujeitos e objetos que compõem a realidade social; tal complexidade ultrapassa a própria intenção dos sujeitos, Lukács recorda assim uma observação feita sobre o conceito de positividade, mas que torna útil na continuidade e organicidade do pensamento do jovem Hegel: "Trata-se aqui de duas tendências do pensamento estreitamente ligadas entre elas, que desenvolverão uma grande função inclusive na ulterior dialética hegeliana. Estas tendências são: 1) que a inteira história humana, com todas as formas de sociedade que surgem e que declinam no curso desta, é um produto da atividade social dos homens; 2) que nesta atividade surge algo de diferente daquilo de que os homens conscientemente se puseram como meta de suas ações; que os produtos da atividade social dos homens ultrapassam os homens, adquirindo, para com eles, um poder independente, uma objetividade específica"[87].

Dentro da realidade social, o indivíduo torna-se trâmite entre as leis da natureza, da coisa transformada pelo trabalho, e as leis sociais. A coisa, efetivamente, torna-se meio para a satisfação das necessidades e, consequentemente, mercadoria que passa a fazer parte "nas mais diferentes relações recíprocas com outros indivíduos e,

---

[86] Lucio Colletti reconhece a relação entre o tratamento dado ao estranhamento em *História e consciência de classe* e em *O jovem Hegel*; Lucio Colletti, *Il marxismo e Hegel* (Bari, Laterza, 1976), p. 354. Vittoria Franco, ao contrário, colhe algumas modificações com relação à obra de 1923; ver seu "Materialismo e dialettica in un intervento di Lukács sul giovane Marx" [Materialismo e dialética em uma intervenção de Lukács sobre o jovem Marx], *Critica Marxista*, Roma, ano XVI, n. 4, 1978, p. 184.

[87] G. Lukács, *Il giovane Hegel*, cit., cap. I, § VI, p. 132.

portanto, com o movimento e a vida de toda a sociedade"[88]. Lukács observa em Hegel, antes do que em Marx[89], as leis da relação capitalista da mercadoria, categoria fundamental da sociedade capitalista, exposta em *História e consciência de classe* e tão autocriticada pelo próprio Lukács. O juízo sobre a função da alienação como fundamento da objetividade social é ligeiramente modificado, ou seja, Lukács recupera um valor estrutural da alienação como elemento indispensável para a instauração de uma relação social entre homens. Mas para isto, torna-se necessário retomar uma distinção que Hegel havia feito, e que somente se tornou explícita pela leitura dos *Manuscritos* de Marx. Ele reconheceu em um ensaio mais tardio sobre o jovem Marx:

> Marx conseguiu criticar de forma materialista-dialética esta falsa identificação de Hegel, ou seja, conseguiu ao mesmo tempo refutá-la e explicá-la em suas profundas causas e motivações sociais somente porque, e depois de que ele, passando aos fatos da vida real, tinha marcado, em suas reflexões sobre a economia, uma clara linha de demarcação entre a objetivação no *trabalho enquanto tal* e a *autoalienação* humana na específica *forma capitalista de trabalho*.[90]

De qualquer maneira, persiste no discurso lukacsiano, que retoma o discurso de Hegel, uma contradição entre a atividade de trabalho, as relações sociais e a satisfação das necessidades.

Outro aspecto da reconstrução de Lukács que lembra *História e consciência de classe* é a comparação autocrítica que ele instaura implicitamente entre sua crítica a Kant, fundador da parcelização social, e a crítica de Hegel a Kant e Fichte. Segundo Lukács, Hegel vislumbra em Kant e Fichte os filósofos que fundaram teoricamente a sociedade capitalista; tudo isto é tachado de idealismo[91]. O alinhar-se de Lukács sobre posições caraterísticas de Hegel com respeito a filósofos que o precederam é um dos limites teoréticos mais relevantes. Lukács, assim como outros marxistas, retomou apoditicamente as críticas hegelianas a Kant, Fichte, Schelling. "O critério para julgar a grandeza e os limites da economia e da filosofia clássica da burguesia, consiste para Marx nisto: se e em que medida estas exprimem abertamente [...] estas contradições, ou se, pelo contrário, tendem a esquivá-las."[92]

---

[88] Ibidem, cap. IV, § III, p. 671. Ver também Lucio Colletti, *Il marxismo e Hegel*, cit., p. 367.

[89] Idem.

[90] G. Lukács, *Il giovane Marx* (org. Angelo Bolaffi, Roma, Editori Riuniti, 1978), p.117.

[91] Esse aspecto foge do escopo deste ensaio, mas queria apenas ressaltar o fato de que Lukács, após sua conversão ao marxismo, apoditicamente assumiu Kant como contraditor negativo. Kant é o opositor ideológico já desde os tempos de *História e consciência de classe*. Tal posição não mudou até pouco antes da morte – em *Prolegômenos para uma ontologia do ser social* está presente algum ajustamento –, quase querendo significar que a crítica hegeliana a Kant, expressa no *Prefácio* à *Fenomenologia*, representasse o único paradigma que o marxismo poderia usar em relação a Kant. Nenhum estudo, até agora, analisou este problema do pensamento hegeliano.

[92] G. Lukács, *Il giovane Marx*, cit., p. 108.

Essas observações de Lukács foram extraídas da análise do paragrafo da *Fenomenologia* "O reino animal do espírito e o engano ou a Coisa em si mesma". Lukács, porém, não se dá conta suficientemente do fato de que, como no caso da dialética escravo-senhor, também no capítulo da "Coisa mesma" é preciso entender a concepção do trabalho presente na *Fenomenologia*, dentro da concepção orgânica geral da obra. No parágrafo em questão, a fundamentação geral da obra regula a função e o significado do trabalho. A consequência imediata desta inclusão do trabalho no quadro geral da *Fenomenologia* é que o trabalho é considerado segundo uma perspectiva que não lhe é própria[93]. Se na dialética escravo-senhor o trabalho era considerado com base na função que desenvolve no contexto da interação entre homens, na "Coisa mesma" emerge em primeiro plano a relação entre homem e natureza, contida *in nuce* na dialética escravo-senhor, e agora se apresenta sob a genérica acepção de agir (*Tun* pode ser também "atividade")[94]. Podemos entender o trabalho como trabalho da consciência que se torna trabalho do espírito somente com o termo "agir": "A obra [*Werk*] é a realidade da consciência; [...] na obra esta se transpôs em geral no elemento da universalidade, no espaço desprovido de determinação, do ser"[95]. Pondo na obra a relação entre consciência e realidade, Hegel tem a possibilidade de identificar sujeito e objeto, pensamento e realidade e, ao mesmo tempo, de pôr o fundamento da passagem ao espírito.

Esta forma de relação sujeito-objeto contém implicitamente o reconhecimento da função do agir e, portanto, do trabalho para o indivíduo: "*Somente no agir* o indivíduo apreende efetivamente a conhecer a essência originária, que deve ser o seu fim; mas para agir deve precedentemente ter o *fim*"[96]. Neste reconhecimento está a inteira concepção hegeliana do trabalho, excepcionalmente resumida e exposta com o grifo hegeliano dos advérbios *somente* e *precedentemente*: *somente trabalhando o homem chegará a conhecer sua essência, o espírito, que existe precedentemente nele*. Hegel reafirma o fato de que somente no confronto com a natureza, com o externo, com o outro, na alienação, o homem pode pôr em movimento sua consciência, ou seja, no esforço de

---

[93] Por outro lado, como lembra Mario Rossi, toda determinação ético-política em Hegel encontra solução em esferas alótricas com respeito à propriedade; ver seu *Da Hegel a Marx*, cit., p. 380.

[94] Maria Moneti chamou a atenção para o significado de "trabalhar" na *Fenomenologia* hegeliana, em Maria Moneti, "Il verbo *arbeiten* e i suoi composti nella prefazione della *Fenomenologia* hegeliana" [O verbo *arbeiten* e seus compostos no Prefácio da *Fenomenologia* hegeliana], *Critica Marxista*, Roma, ano XXIV, n. 6, nov.-dez. 1986, p. 163-9, criticando a interpretação dada por Lukács. Moneti afirma que "trabalho", que vem de *hinausarbeiten* (trabalhar), deve ser entendido como "início da cultura", ou seja, "tornar-se estranhos a si mesmos, a sua própria natureza, tornar-se outros". Perfeitamente alinhada à interpretação lukacsiana, não se compreende então a polêmica de Moneti com Lukács. Com efeito, na *Ontologia*, Lukács tratou o trabalho como o início do processo de humanização do homem e sua saída da condição animal, o hegeliano "reino animal do espírito". Mas também em *O jovem Hegel* Lukács, como mostrei, antecipa claramente alguns aspectos de sua concepção do trabalho, justamente como processo de humanização do homem mediante o trabalho.

[95] G. Hegel, *Fenomenologia dello spirito*, cit., V, C/a, § 175, p. 335.

[96] Ibidem, § 171, p. 332.

trazer a si, de fazer o próprio objeto, antes como objeto de sua consciência e depois como produto de seu trabalho. Somente então o homem estará em relação de identidade com o objeto e ao mesmo tempo terá fundado praticamente o espírito, que já está nele enquanto consciência: "A consciência, então, é o universal em contraposição com a determinação da obra"[97]. Assim se fecha o círculo dialético e se fundamenta o espírito, porque este, ainda sob a forma de consciência, é o protagonista da concepção hegeliana do trabalho, porque à Coisa confia-se a simples função de momento da dialética do espírito: "Com isto a *Coisa mesma* exprime a essencialidade espiritual". Com efeito, ainda não alcançamos o espírito, mas já está colocado seu fundamento, sua essência[98].

Lukács retoma exatamente a concepção hegeliana da alienação, pondo-a como categoria central de sua interpretação da *Fenomenologia*: "A importância filosófica da 'alienação' para Hegel, com efeito, exatamente [...] é que, somente através dela, se pode manifestar a forma peculiar de dialética a que o pensamento de Hegel tem almejado desde os tempos de Frankfurt"[99]. Hegel, portanto, reconhece a função de alienação para a inserção do sujeito nas relações sociais e para o conseguinte reconhecimento de si como sujeito-objeto idêntico da práxis social. Nos estágios primitivos de desdobramento da consciência, a alienação está inconscientemente ligada e não aparece a superação da objetividade. O sujeito se reconhece idêntico à substância. A relação que se cria entre sujeito e objeto em Hegel é concebida por Lukács como movimento da práxis humana, que conduz à viragem da objetividade dos objetos na subjetividade social[100]. A superação da alienação somente acontecerá pelo espírito absoluto, ali a substância será assumida no sujeito e posta por este como própria realidade. O mundo da identidade absoluta de sujeito e objeto será realizado. Lukács reconhece que a supressão da alienação constitui sua dissolução em relações dialéticas limitadas ao processo social[101].

Em síntese, para Lukács, existem três graus no conceito hegeliano de alienação: a) a relação sujeito-objeto ligada a cada atividade de trabalho e que funciona dialeticamente como fundamento da evolução histórica; b) o fetichismo, embora em Hegel esta interpretação da alienação seja pouco clara e frequentemente tenda a confundir-se com o primeiro significado e a assumir um aspecto de necessidade ligada com a atividade produtiva; c) a alienação é concebida como gênese da objetividade mesma. A este ponto, porém, a reconstrução lukacsiana do trabalho em Hegel encontra finalmente seu ponto de origem: a crítica de Marx a Hegel. A relação com Marx tem importantes consequências teóricas começando pelo pressuposto de que

---

[97] Ibidem, § 180, p. 340.

[98] Ver Jean Hyppolite, *Genesi e struttura della* Fenomenologia dello spirito *di Hegel*, cit., p. 364. Naturalmente, o famoso comentador da *Fenomenologia*, de formação existencialista, vislumbra na "coisa mesma" uma primazia da existência sobre a essência.

[99] G. Lukács, *Il giovane Hegel*, cit., cap. IV, § III, p. 687.

[100] Ver ibidem, p. 694.

[101] Ver ibidem, p. 715.

a crítica materialista de Marx ao idealismo de Hegel funda-se portanto sobre a exposição das premissas reais do pensamento humano e da práxis humana, que são opostas à pretensa falta de premissas do idealismo absoluto. Esta antítese revela assim ao mesmo tempo as premissas reais do idealismo absoluto. A dialética materialista é portanto a verdade da dialética do idealismo objetivo também neste sentido, que não somente a destrói criticamente, mas a deduz junto com a necessidade da origem de seus erros, e encontra nesta dedução um caminho para sua efetiva superação.[102]

A perspectiva de Lukács baseia-se na consideração do trabalho enquanto unidade de agir e ser, de trabalho e indivíduo, de sujeito e objeto, e ao mesmo tempo como unidade de querer e cumprir: "O homem faz da sua atividade vital mesma um objeto da sua vontade e da sua consciência"[103]. Conquistando esta perspectiva, Marx pode pôr antes de tudo a diferença entre atividade humana e atividade animal enquanto atividade intrinsecamente livre. Efetivamente Marx coloca na atividade o significado da vida humana e no gênero a essência do homem.

A conquista da identificação do trabalho como essência do homem – porque nele se reproduz o inteiro ser do homem – é realizada por Marx através da condenação, que às vezes assume tons morais, do trabalho estranhado[104]. Marx chega ao reconhecimento do valor do trabalho para o homem por uma análise crítica do existente, ou seja, pela condição histórica em que o trabalho se apresenta na primeira metade do século XIX. Marx demonstra já pela forma em que coloca e trata do argumento, ou seja em forma virada pelo avesso em comparação a Hegel, que compreende o trabalho estranhado como fenômeno inerente ao desenvolvimento necessário do espírito, mas que enfraquece os meios conceituais e conscientes do indivíduo, embora aumente desmesuradamente as capacidades produtivas. Para Marx o fenômeno do trabalho estranhado destorce e confunde a essência do homem, do seu agir. A categoria da alienação de Hegel é revisitada por ser reproposta em sua concreta acepção: o trabalho estranhado.

O conceito marxiano de trabalho, segundo Lukács, está centrado sobre o reconhecimento de Marx de que em Hegel o trabalho é entendido como autoprodução do homem. E, além disso,

> Mas na medida em que Hegel apreendeu a negação da negação – conforme a relação positiva que nela reside, como a única e verdadeiramente positiva, e conforme a relação negativa

---

[102] Ibidem, cap. IV, § IV, p. 765. Jean Hyppolite afirma, ao contrário, que a alteridade, gerada pela alienação ou presente na objetividade, é uma condição insuperável da existência; ver seu artigo "Alienazione e oggettivazione: a proposito del libro di Lukács sul giovane Hegel" [Alienação e objetivação: acerca do livro de Lukács sobre o jovem Hegel], em *Saggi su Marx e Hegel*, cit., p. 102.

[103] Karl Marx, *Manoscritti economico-filosofici del 1844* (Turim, Einaudi, 1978), p. 162 [ed. bras.: *Manuscritos econômico-filosóficos de 1844*, São Paulo, Boitempo, 2004, p. 84]. É interessante, a este propósito, comparar a relação que se cria com a seção "Teleologia", de *Ciência da lógica*, que desenvolve análoga função de abertura ao conceito.

[104] Mario Rossi lembra que, "para Hegel, a verdade não é obra dos homens, mas são os homens obra da verdade", *Da Hegel a Marx*, cit., p. 371.

que nela reside, como o ato unicamente verdadeiro e como o ato de autoacionamento de todo o ser –, ele somente encontrou a expressão *abstrata, lógica, especulativa* para o movimento da história, a história ainda não *efetiva* do homem enquanto um sujeito pressuposto, mas em primeiro lugar ato de *produção, história da geração do homem*.[105]

O reconhecimento une-se à crítica da forma idealista que o pensamento hegeliano contém. Iniciando por este reconhecimento crítico, o juízo marxiano se articula consequentemente. Marx afirma que o caráter idealista do pensamento burguês de Hegel impediu-lhe de colher o caráter concreto do ser humano, para o qual todas as manifestações do ser são transferidas à consciência, do campo da história ao campo do espírito, identificado como essência do homem[106]. Segundo Lukács na crítica à transposição hegeliana do trabalho no espírito está a exatidão do juízo global de Marx sobre o filósofo de Stuttgart. O não descobrimento da dialética real do trabalho incentivou Hegel a não interpretar negativamente determinados aspectos do trabalho alienante[107]. Além disso, a transposição do trabalho na consciência tornou-o uma simples etapa do progresso do espírito[108].

O espírito aparece como resultado de um movimento que se origina da relação Sujeito-Objeto. Marx, ciente disto, pode afirmar: "Hegel se coloca no ponto de vista dos modernos economistas nacionais. Ele apreende o *trabalho* como a *essência*, como a essência do homem que se confirma; ele vê somente o lado positivo do trabalho, não seu [lado] negativo."[109]. O lado positivo seria justamente que o movimento iniciado pelo trabalho conflui no espírito, mas o espírito somente é o pensamento que alcança a si mesmo, mas a priori. Trata-se, portanto, de um trabalho abstratamente espiritual; não se reconhece o caráter alienado do trabalho tornando esta abstração-alienação o fundamento de um sistema filosófico[110]. Trata-se, fundamentalmente, da viragem pelo avesso do sistema hegeliano.

O virar pelo avesso marxiano não se coloca mecanicamente em relação com a temática hegeliana, mas, para Lukács, pode ser reproposto como o resultado do confronto entre duas concepções, das quais a segunda é, em certo sentido, produzida dialeticamente pela primeira. Ao ser concebido como consciência-de-siconsciência-de-si e como entidade espiritual, Marx contrapõe um ser objetivo que cria relações concretas com objetos naturais. Isto não elimina o papel da consciência. Com efeito,

---

[105] Karl Marx, *Manoscritti economico-filosofici del 1844*, cit., p. 78 [ed. bras.: p. 118-9; grifos do original].
[106] Ver ibidem, p. 165-7.
[107] Ver G. Lukács, *Il giovane Hegel*, cit., cap. IV, § IV, p. 762.
[108] Cf. Yvon Blanchard, "Travail et teleologie chez Hegel selon Lukács" [Trabalho e teleologia em Hegel segundo Lukács], *Dialogue*, Toronto, n. 9, 1970, p.179. Blanchard ressalta a falta de reconhecimento histórico do trabalho por parte de Hegel.
[109] Karl Marx, *Manoscritti economico-filosofici del 1844*, cit., p. 168 [ed. bras.: p. 124; grifos no original]. [Aqui, a opção por "economia nacional" em vez de "economia política" é do próprio Marx. (N. E.)]
[110] Ver idem.

uma ampla e correta enunciação do papel da consciência se pode encontrar nas obras da maturidade, contudo, já está antecipada implicitamente nos *Manuscritos*[111].

O modelo de alienação tomado por Marx é parecido com o hegeliano[112] – ou seja, o pôr o outro a partir de um sujeito e as consequências deste pôr sobre o sujeito mesmo – mas está imerso em uma concreta situação histórica que não pressupõe nenhuma outra realidade fora desta[113]. Para Marx não é possível analisar, como ao contrário faz Hegel em *Filosofia do espírito de Jena*, o caráter de estranhamento do trabalho sem chegar às conclusões históricas e políticas de uma sua concreta superação, permanecendo ao nível de uma superação limitada ao espírito[114]. Para Marx a situação histórica atual pode ser superada somente mediante uma situação histórica futura. A situação histórica atual é analisada a partir de uma concepção teórica radical, como se pode notar no seguinte trecho: "O trabalho estranhado faz [...] do *ser genérico do homem*, tanto da natureza quanto da faculdade genérica espiritual dele, um ser *estranho* a ele, um *meio* da sua existência individual"[115]. Com o consequente "estranhamento do homem pelo homem" e de todas as relações históricas. O estranhamento gerado pelo modo de produção capitalista é analisado e conduzido até às extremas consequências: o homem é estranho ao homem, porque a natureza genérica do homem é camuflada pelas diferenças de classe, originadas pelo modo de produção e pelo consequente papel que os homens desenvolvem nele[116]. O homem confronta-se com o homem sob a aparência de operário e capitalista e este confronto, transportado dentro do processo de produção, se concretiza na relação de estranhamento entre operário e produto do trabalho, de modo que a natureza externa, originariamente meio para a satisfação da necessidade torna-se totalmente estranha ao homem. O fato de que Marx ponha uma perspectiva crítica de análise a problemas históricos concretos, como o problema do trabalho estranhado, faz com que ele consiga superar a perspectiva hegeliana, que não vislumbra alguma contradição em uma atividade transportada dentro de uma perspectiva exclusivamente teórica[117]. Lukács lembra que para Marx a hegeliana negação da negação torna-se uma confirmação da alienação, porque postula

---

[111] Efetivamente, em seu escrito mais tardio sobre o jovem Marx, Lukács reafirma a superioridade em Marx do material sobre o espiritual; conferir G. Lukács, *Il giovane Marx*, cit., p. 125.

[112] Segundo Hyppolite, porém, em sentido restritivo: "Mas Hegel dilata um problema que Marx, em função da ação que entendia conduzir, tinha que definir e restringir. Exatamente por isto não pode separar as noções de objetivação e alienação", *Saggi su Marx ed Hegel*, cit., p. 109.

[113] Por esse motivo Mario Dal Pra pode afirmar que Marx expõe uma fenomenologia do trabalho alienado; ver Mario Dal Pra, *La dialettica in Marx* [A dialética em Marx] (Bari, Laterza, 1977), p. 125.

[114] "O conceito hegeliano de trabalho coincide com o fato concreto do trabalho em geral, mas o fato concreto do trabalho, nas condições descritas pela economia política, conduz o trabalhador à completa negação de si", ibidem, p. 118.

[115] Karl Marx, *Manoscritti economico-filosofici del 1844*, cit., p. 79 [ed. bras.: p. 85; grifos do original].

[116] Em *La dialettica in Marx*, cit., Mario Dal Pra deduz o máximo estranhamento do homem pelo homem pela hegeliana relação escravo-senhor (p. 125).

[117] Mario Rossi, *Da Hegel a Marx: v. 3. La scuola hegeliana. Il giovane Marx* (Milão, Feltrinelli, 1974), p. 479.

uma sua supressão espiritual e não determinada historicamente. Desta maneira Hegel mostra os limites de sua concepção social burguesa, e Lukács declara que "os *Manuscritos econômico-filosóficos* de Marx representam, portanto, a superação definitiva tanto do idealismo hegeliano quanto de todos os erros lógicos que derivam do caráter idealista da dialética hegeliana"[118].

O trabalho como meio de satisfação da necessidade permitiu a Marx deduzir o estranhamento do trabalho. O homem que deseja satisfazer suas necessidades é obrigado a vender sua capacidade de trabalho, pondo os pressupostos de seu estranhamento, enquanto o estranhamento pressupõe que o homem seja apreendido como operário e, enquanto operário, esteja despojado de seus meios de sustentação. A propriedade privada, posta por Hegel como fundamento do reconhecimento da pessoa, é posta por Marx como fundamento do estranhamento do ser humano. Hegel e Marx entendem o trabalho como essência da propriedade privada, mas o juízo deles sobre esta categoria econômica é diametralmente oposto, embora baseado sobre um estudo dos mesmos economistas clássicos. O mesmo Lukács ressalta que para Marx virar pelo avesso a concepção hegeliana, foi fundamental o estudo e a crítica da economia política inglesa, mas o contrário também é verdadeiro, ou seja, o pleno domínio da dialética hegeliana permitiu criticar a economia política inglesa[119]. Marx usa palavras de fogo contra os apologistas da propriedade privada. Neles, ele vê a expressão ideológica do autoestranhamento na sociedade capitalista[120]. Enquanto Hegel retoma apenas algumas categorias desta, como a divisão do trabalho, sinalizando as inevitáveis consequências psicológicas, mas passa por cima disto porque segundo ele a dinâmica histórica não se desenvolve no campo econômico, mas no campo espiritual.

É verdade que a propriedade privada, tanto para Marx quanto para Hegel, é uma determinada forma de alienação, mas para Hegel a alienação é eliminada no espírito, quando o indivíduo alcança o cume deste, deixando por trás sua classe, enquanto para Marx esta alienação *ainda deve ser eliminada*. Sua superação e supressão definitiva somente acontecerá no comunismo:

> (...) comunismo na condição de suprassunção (*Aufhebung*) positiva da propriedade privada, enquanto estranhamento-de-si (*Selbstentfremdung*) humano, e por isso enquanto apropriação efetiva da essência humana pelo e para o homem. Por isso, trata-se do retorno pleno, tornado consciente e interior a toda riqueza do desenvolvimento até aqui realizado, retorno do homem para si enquanto homem social, isto é, humano.[121]

A conquista dessa perspectiva libertadora, do comunismo, torna-se imediata consequência teórica, uma perspectiva a partir da qual lançar um olhar sobre o passa-

---

[118] G. Lukács, *Il giovane Marx*, cit., p. 115.
[119] Ver ibidem, p. 107.
[120] Ver ibidem, p. 110.
[121] Karl Marx, *Manoscritti economico-filosofici del 1844*, cit., p. 111 [ed. bras.: p. 105].

do e fundar um modo diferente de interpretar a história: "para o homem socialista, *toda a assim denominada história mundial* nada mais é do que o engendramento do homem mediante o trabalho humano"[122].

No conceito de alienação do trabalho estranhado estava uma concepção do trabalho como meio de explicação da história, assim como a concepção de um ser objetivo posto a sujeito do ato de trabalho estava presente na crítica da filosofia hegeliana, embora esta implicação somente se torne inteligível depois do progresso estar concluído[123]. A fulguração lukacsiana demonstra como sua perspectiva teórica e sua reflexão marxista estavam profundamente maduras. O ponto teórico fundante, alcançado por Marx, é claramente expresso dentro da crítica à dialética hegeliana: "E como tudo que é natural *deve ter uma origem*, assim também o *homem* tem seu ato de origem, a *história* que, todavia é por si um ato de origem, de que ele tem consciência e que, por isto, enquanto ato de origem consciente é um ato de origem que suprime a si mesmo. A história é uma verdadeira história do homem"[124].

A reconstrução do percurso hegeliano do trabalho e sua confluência na crítica de Marx fornece a Lukács um exato quadro de referência para seu desenvolvimento da categoria do trabalho. Mostrei como a reconstrução lukacsiana parece forçar, em alguns pontos, o discurso hegeliano. Este forçar é, porém, originado por uma dupla causa: a aceitação da perspectiva crítica de Marx, ou seja, o comunismo como paradigma para interpretar a filosofia clássica alemã, e a tentativa de definir, ainda em forma de esboço em *O jovem Hegel*, os fundamentos de uma ontologia do ser social, a fim de refundar teoricamente o marxismo, após as nefastas influências do stalinismo e do mecanicismo materialista. É assim que o Lukács do período de Moscou escolhe como seu ponto de referência Hegel, ou seja, o ponto de partida da crítica de Marx, armando sua crítica com sugestões ideológicas, frequentemente em contradição com o autêntico desenvolvimento do pensamento hegeliano, embora nada o obrigasse a respeitar uma ortodoxia hegeliana. Sem dúvida, a identificação do nexo dialética--economia como chave interpretativa do jovem Hegel é fecunda, repetindo de tal maneira aquilo que foi o método do jovem Marx[125].

Mas até que ponto Lukács usa Hegel como ponto de referência? De que forma é possível interpretar sua apodítica radicalização do método marxiano? Finalmente, o que significa reconstrução de uma concepção do trabalho do jovem Hegel para definir

---

[122] Ibidem, p. 125 [ed. bras.: p. 114]. Grifos no original.

[123] Dal Pra reconhece, no método usado por Marx, a inconfundível marca hegeliana: "Note-se, antes de tudo, que o desenvolvimento configurado por Marx, que vai desde o trabalho alienado até a propriedade privada, é por ele indicado como desenvolvimento da propriedade privada; isto significa que o desenvolvimento é indicado pelo seu ponto de chegada, não pelo seu ponto de partida; e isto é exatamente próprio do conceito hegeliano, que é, ao mesmo tempo, ponto de chegada do processo que o constitui e, portanto, última etapa do processo mesmo e o todo do desenvolvimento e de seus momentos", Mario Dal Pra, *La dialettica in Marx*, cit., p. 128.

[124] Karl Marx, *op. cit.*, p. 174.

[125] Ver G. Lukács, *Il giovane Marx*, cit., p. 106.

uma própria concepção ontológica do trabalho? Somente uma leitura aprofundada de algumas categorias de *O jovem Hegel* e de seu desenvolvimento sistemático sucessivo, isto é, a *Ontologia do ser social*, pode responder a estas questões.

Arbeit e Telos

As questões que encerram o primeiro capítulo merecem uma resposta exaustiva que somente pode vir pela análise de determinadas categorias que de Hegel traspassam em Lukács pela mediação de Marx[126].

O trabalho como modelo de toda forma de práxis humana é a categoria central da relação dialética-economia. Lukács reconstruiu o desenvolvimento desta categoria dentro do mais geral desenvolvimento do pensamento do jovem Hegel. O trabalho põe em movimento uma série de categorias colaterais (alienação, teleologia, propriedade, necessidades etc.). Essa estrutura teórica exprime sua concepção fundamental: *o trabalho é um complexo categorial formado por complexos categoriais*. Todas as categorias que compõem a mais geral categoria de trabalho constituem, por sua vez, complexos categoriais. Por exemplo, a alienação contém em si como elementos categoriais a mercadoria, a propriedade, a necessidade, o valor, o instrumento e assim por diante. O único modo para desenhar esta poderosa arquitetura conceitual é considerar o princípio que origina todas as outras, isto é, o trabalho, como modelo para cada forma de práxis e, ao mesmo tempo, o trabalho como atividade que gera o homem enquanto homem e, com ele, a própria sociedade. Todas as outras formas de atividade humana tornam-se autônomas do trabalho tão somente quando este alcança um alto grau de desenvolvimento[127]. Segundo Lukács a concepção hegeliana de trabalho permite considerá-lo como um modelo também para definir as categorias filosóficas, tanto que a contradição vivente "que aparece mais aguçada na atividade humana, no trabalho, foi em todo caso codeterminante para a elaboração da justa concepção da contraditoriedade"[128]. É fácil compreender como a crítica marxiana a Hegel constitui um instrumento que Lukács retoma a fim de deduzir das categorias hegelianas o movimento dialético com o qual poderá construir sua fundamentação categorial[129]. Marx, obviamente, não está relegado apenas ao papel de *trait d'union* com Hegel; de Marx, Lukács retoma a perspectiva filosófica, além do "virar pelo avesso" de Hegel, sem o qual a ontologia de Lukács seria apenas uma enésima estéril oposição de releitura hegeliana, uma operação desligada do significado da história

---

[126] Jean Hyppolite revelou a vontade de Lukács de não distinguir entre Hegel e Marx e, portanto, de não levar em consideração o fato de que ambos expressam juízos diferentes sobre a relação entre político e social; ver Jean Hyppolite, "Les nouveau problemes de la recherche hegelienne" [Os novos problemas da investigação hegeliana], *Bulletin de la Societé Française de Philosophie*, Paris, v. 43, n. 2, 1949, p. 74.

[127] Cf. G. Lukács, *Ontologia dell'essere sociale*, cit., v. I, cap. IV, § 3, p. 330. Richard Winfield recusa esta tese de Lukács em seu *The Young Hegel and the Dialectic of Social Production*, cit., p. 181.

[128] G. Lukács, *Il giovane Hegel*, cit., cap. II, § 7, p. 318.

[129] Idem, *Ontologia dell'essere sociale*, cit., v. I, cap. 4, § 1, p. 264.

e dos problemas atuais. Lukács, ao contrário, esforça-se em manter um constante confronto com seu mundo, embora tal confronto tenha se desenvolvido de forma tão peculiar que toda sua reproposição tenha se tornado problemática. A única forma para reler tal confronto é analisar o complexo de complexos que é o fundamento ontológico a partir de sua gênese, o trabalho, através da minuciosa textura de todos os complexos que o compõem. Lukács têm sempre em conta o confronto histórico entre o materialismo histórico e dialético e o idealismo hegeliano, um confronto que se estende a todas as categorias que compõem o complexo de complexos.

Acompanhemos Lukács em seu próprio procedimento para evitar cair nos mesmos erros de seus críticos, que frequentemente o criticaram a partir de posições ideológicas sem considerar minimamente em quais escopos reais sua investigação se colocava, tampouco a fundamentação categorial que esta investigação usava. De fato, é impossível compreender o complexo de complexos sem estudar todos os complexos que o compõem. Em Lukács tornou-se efetivamente válido o nexo entre universal e particular, em que, porém, o particular é elemento indispensável do universal, mas é, ao mesmo tempo, ele mesmo um universal. Este gênero de construção categorial permite compreender que, definitivamente, ao fim da análise, o que persiste é o método, isto é, a dialética. Uma dialética, porém, que se desenvolve em um mundo concreto, o mundo da economia.

É necessário repetir mais uma vez que Lukács é um dos maiores representantes do marxismo ocidental; ele parte do fato de que "Marx põe em luz, não obstante a áspera e firme crítica ao idealismo, a parte importante e positiva desenvolvida pela economia na formação da dialética hegeliana"[130]. A ortodoxia do marxismo de Lukács é discutível na medida em que se aceita a radicalização deste assunto, ou seja, o aprofundamento da crítica de Marx a Hegel, inclusive onde a crítica de Marx não chegou. Exatamente sobre uma categoria do complexo de categorias que compõe o trabalho é possível averiguar a radicalização da crítica de Lukács. Trata-se da categoria que por alguns aspectos desenvolve um papel central, tanto no pensamento de Lukács quanto no de Hegel: a teleologia.

A efetiva recuperação das temáticas hegelianas por parte de Lukács acontece exatamente no que diz respeito à teleologia[131]. Para Lukács o trabalho como meio de humanização do homem é incindível do papel que a razão desenvolve dentro deste processo, mediante a introdução de uma atividade conforme um escopo. Marx também havia chamado a atenção sobre este aspecto do trabalho, no famoso trecho de *O capital* sobre a abelha e o arquiteto, estendendo o agir teleológico a toda a atividade econômica. Marx não retoma *tout court* a teleologia de Hegel, assim como, ao contrário, faz Lukács. A razão para a qual Lukács se ateve sobre a teleologia hegeliana está no fato de que Hegel esclareceu minuciosamente a conexão de todos os singulares momentos que compõem a teleologia. É a conexão dialética que Lukács retoma de Hegel, porque

---

[130] G. Lukács, *Il giovane Hegel*, cit., cap. II, § 5, p. 248.
[131] Em "Forme della soggettività e processo lavorativo in Lukács", cit., Vittorio Ancarani estende à alienação a centralidade categoria que Lukács retoma de Hegel (p. 200-27).

está ciente de que um confronto com o sistema hegeliano, para quem pretende usá-lo como ponto de referência, é altamente problemático:

> Não é possível, em suma, separar tranquilamente 'o que está vivo' do 'que está morto' em seu sistema; os aspectos corretos e os errados, ao contrário, estão nele entrelaçados e unidos de forma imprescindível, separá-los, mostrar onde seu pensamento move em direção à filosofia do porvir e onde, ao contrário, acaba num beco sem saída daquilo que é atrofiado, é algo que deve ser feito, por assim dizer, isoladamente, sobre cada problema singular importante.[132]

A perspectiva de discernir o "vivo" do "morto", o "falso" do "verdadeiro" em Hegel, é ainda mais válida para com a categoria da teleologia.

O lugar em que Hegel, segundo Lukács, desenvolve de forma mais especulativa a categoria da teleologia do trabalho mediante um movimento silogístico é o homônimo parágrafo da *Ciência da lógica*. Contudo, já nas obras juvenis Hegel havia afirmado o processo em termos silogísticos – o próprio Lukács lembra isso[133]. Também na *Fenomenologia do espírito*, no parágrafo da "Coisa mesma", estão presentes elementos que antecipam o conceito hegeliano da teleologia do trabalho. O trecho que segue pode ser bastante indicativo do modo de Hegel de conceber a unidade de ser e consciência, de agir conforme um escopo: "A verdade consiste somente na unidade da consciência com o agir, e a *obra verdadeira* é somente a unidade do *agir* e do *ser*, do *querer* e do *implementar*"[134]. Contudo, Lukács não leva isso em conta. Mas por quê?

Em seus apontamentos, Lukács deteve sua atenção particularmente a esse trecho da *Fenomenologia*. Nessa análise, esforçou-se em reconstruir todos os momentos particulares que compõem o discurso hegeliano[135]. Uma resposta possa talvez encontrar-se em uma frase que precede a análise da Coisa mesma, exatamente nas folhas relativas ao estoicismo e ao ceticismo. Trata-se da folha n. 12 que apresenta o seguinte cabeçalho: "Fenomenologia (oek. Questões)", Lukács observa:

> Sobre os capítulos Estoicismo A) Posição no sistema; a dissolução dos antigos acontece três vezes a) aqui b) no capítulo do espírito c) [e] na religião. B) Relação

---

[132] G. Lukács, *Ontologia dell'essere sociale*, cit., v. I, cap. III, § 1, p. 177.

[133] G. Lukács, *Il giovane Hegel*, cit., cap. III § 5, p. 453. Sobre a assunção lukacsiana da teleologia da *Lógica*, Winfield afirma: "Lukács *understanding of this relationship, however, has little in common with the determination Hegel gives teleology in the* Logic. *For here* The Young Hegel *rather presents a purposive laboring skin to the process of* techné *which Plato and Aristotle had developed in order account for the imposition of a given form upon some entity*" [A compreensão de Lukács desta relação, de qualquer maneira, pouco tem em comum com a determinação atribuída por Hegel à teleologia na *Lógica*. Por essa razão, *O jovem Hegel* apresenta, ao contrário, um laborioso e intencional invólucro para o processo da *techné* que Platão e Aristóteles desenvolveram com relação à imposição de uma *dada* forma a alguns entes], Richard Winfield, "*The Young Hegel* and the Dialectic of Social Production", cit., p. 187.

[134] G.W.F. Hegel, *Fenomenologia dello spirito*, cit., V, C/a, § 179, p. 339.

[135] G. Lukács, apontamentos inéditos, f. 15.

destas dissoluções ao se tornar jovem. C) problema do *trabalho*. Com isto examinamos, se pelas separações das grandes dissoluções – consciência infeliz e *Bildung*; a dissolução "pré-social" (Problema Bachofen Antígone) outra questão! [J] – diferente conceito de trabalho?

É difícil compreender se Lukács estava se referindo, com seu questionamento, exclusivamente ao trecho em questão, ou à inteira obra ou talvez a uma obra de Bachofen. Porém acredito que Lukács – nas letras que coloquei em maiúsculo para diferencia-las das outras, mas que estavam em minúsculo no texto original – queria referir-se a um desenvolvimento juvenil de Hegel. Por isto se deveria entender o Estoicismo, segundo sua posição no sistema hegeliano, no desenvolvimento do pensamento de Hegel, que sucessivamente passa a confrontar-se com o problema do trabalho. A confirmar esta interpretação está o que Lukács declara em *O jovem Hegel*, texto em que confluíram os apontamentos que citei:

> A todas as consequências filosóficas desta nova concepção da teleologia Hegel chegou somente alguns anos depois, em sua *Lógica* (até que ponto, nestas partes da *Lógica*, foram usados os apontamentos de Jena, não sabemos dizer em particular, mas veremos, nos trechos determinantes da *Lógica*, que suas ideias fundamentais remontam às reflexões de Jena que citamos).[136]

Portanto, Lukács conhecia bem este trecho da *Fenomenologia*, embora ficasse convencido de que a maturação hegeliana do conceito de trabalho aconteceu somente na redação da Lógica. Deve-se, contudo, levar em conta a consideração geral em que Lukács colocava a *Fenomenologia* em relação com a *Lógica* e que ele mesmo assim exprime: "*On peut facilment regarder la* Logique *de Hegel comme le volume second projeté de la* Phenomenologie *de l'esprit. Vous savez que la* Phenomenologie *a paru comme le premier tome d'ouvrage, dont le second thome aurait été ou une logique, ou une sorte d'encyclopedie, c'est-a-dire logique et philosophie de la nature et de l'histoire*"[137]. Compreendemos assim a referência nos apontamentos inéditos à posição no sistema e à passagem de Hegel das obras juvenis às da maturidade e a um novo conceito de trabalho.

A questão de se existem em Hegel diferenças no conceito de trabalho não se pode resolver neste contexto, e é importante ressaltar que Lukács teve esta dúvida. O elemento que o fez propender para uma análise da teleologia na *Lógica* e não na *Fenomenologia* é provavelmente o juízo que Lenin exprimiu sobre a primeira obra[138], destacando o

---

[136] G. Lukács, *Il giovane Hegel*, cit., cap. III, § 6, p. 485-6.

[137] "Pode-se facilmente considerar a *Lógica* de Hegel como o segundo volume projetado da *Fenomenologia do espírito*. Vocês sabem que a *Fenomenologia* apareceu como o primeiro tomo de uma obra, cujo segundo tomo seria uma lógica ou uma espécie de enciclopédia, ou seja lógica e filosofia da natureza e da história", G. Lukács, "Les nouveaux problemes de la recherche hegelienne", cit., p. 64.

[138] Cf. G. Lukács, *Il giovane Hegel*, cit., cap. III, § 6, p. 486; retomado por László Sziklai, *Lukács es a fasizmus kora* (Budapeste, Magvető, 1985), p. 136.

maior grau de maturidade de pensamento na *Lógica* em relação à *Fenomenologia*. Lukács coloca-se na mesma linha de pensamento de Lenin, assumindo programaticamente a famosa observação, para a qual a *Lógica* de Hegel é o instrumento hermenêutico para a compreensão de *O capital* de Marx. Além disso, Lukács retomou de Lenin a colocação do problema da inexaurível investigação das leis naturais e da natureza mesma. E ainda, é preciso lembrar o que Hegel declarou: "A Coisa mesma opõe-se nestes momentos somente enquanto estes devem ser válidos isoladamente; mas essencialmente, enquanto interpenetração da efetividade e da individualidade, é sua unidade; próprio àquele modo ela é um agir e este agir, enquanto agir, é *puro agir* em geral, *é também, por isto mesmo, agir deste indivíduo*; e sendo este agir, como ainda pertencente ao indivíduo em oposição à efetividade, é enquanto fim, assim a Coisa é a passagem desta à determinação oposta, e finalmente é uma *efetividade* que é dada para a *consciência*"[139]. A Coisa, portanto, é para Hegel a Coisa própria do indivíduo. O indivíduo é percebido por Hegel neste trecho da obra como indivíduo particular, que ainda não chegou à sua generalidade – pode-se dizer universalidade, ou seja à individualidade, passagem que se torna possível quando a razão se retira no espírito. Portanto, retomar o pôr teleológico do trabalho da "Coisa mesma", geraria confusão entre o que Lukács entende por indivíduo universal e o ponto específico da *Fenomenologia*, em que o indivíduo ainda não tem superado sua singularidade. Assim, Lukács vê-se obrigado a retomar de Hegel o conceito de teleologia da obra que se fundamenta sobre uma pretensão de universalidade. De maneira que Lukács salva dois pontos fundamentais de sua concepção ontológica: sua correta interpretação de Hegel e sua concepção da *ontologia como fundação do indivíduo*[140]. Entendo com indivíduo uma relação (*Gemeinschaft*, que em alemão significa também "comunidade") entre singularidade e sociabilidade, as quais formam uma totalidade indissolúvel, exatamente um *individuum*, um nexo não divisível, um ser comunitário. Lukács podia pensar a ontologia nesta função de fundação do indivíduo somente por meio de um confronto com Hegel e com Marx, em que os indivíduos singulares se descobrissem produtos do movimento da história, o universal, em que tudo é comum (*Allgemein*, que em alemão significa "universal", mas que literalmente traduz-se por "tudo comum") aos membros da sociedade.

A tese hegeliana de que somente o universal é capaz de atos teleológicos é tomada por Lukács como ponto de partida para sua definição de teleologia. Obviamente é um ponto de partida apreendido como negativo, ou seja, que deve ser superado. Lukács não aceita uma concepção da história à maneira hegeliana, como um processo teleológico direcionado por um fim e caraterizado pela presença de um sujeito transcendental, ao contrário, a história é para Lukács uma totalidade infinita e indivisível de particulares atos individuais, cada um dos quais concretizados com o fim de satisfazer

---

[139] G. W. F. Hegel, *Fenomenologia dello spirito*, cit., V,C/a, § 180, p. 340.

[140] A esse respeito, lembro que, em seu "L'ontologia alternativa di György Lukács", cit., Alberto Scarponi já acenou, ainda que em termos não explícitos, a uma possível definição da ontologia do ser social como teoria fundante do indivíduo.

necessidades, assumindo, portanto, o trabalho como modelo desta mesma concepção[141]. Para Lukács, então, a teleologia do trabalho funciona como modelo para o desenvolvimento histórico, enquanto somente o escopo que se realiza na realidade pode romper o equilíbrio entre homem e natureza, e o desequilíbrio a favor da atividade humana é gerador de novos processos históricos de reequilíbrio. Entre equilíbrio e desequilíbrio da relação homem/natureza o trabalho joga o papel de motor agente e criador do processo histórico e social, ao passo que

> le but est una chose particuliére et individuelle, l'interet de l'individu qui travaille. Mais le moyen avec lequel il travaille, l'outil, la machine, l'instrument de travail, devient quelque chose de général, d'universel, de social, qui va loin, loin, au-dessus de ce petit but particuliêr du travail individuel. Nous avons donc ici cette dialectique que l'on trouve dans la *Philosophie de l'Histoire* et dans l'autres parties du Hegel trés souvent, que le moyen est quelque chose de plus haut, de plus général, de plus universel que les buts qu'avait l'homme[142]

Hegel parte da assunção da necessidade da existência de um conceito *a priori* com respeito ao escopo a realizar: "onde se percebe uma finalidade, supõe-se um intelecto como seu autor, demandando-se portanto para o escopo a verdadeira e própria, a livre existência, do conceito"[143]. Contudo, o mesmo que se apresenta como universal concreto separa-se de si mesmo e autodetermina-se: "A relação do escopo é por isso mais que um juízo; é o silogismo do livre conceito por si próprio que se conecta com si mesmo mediante a objetividade"[144]. O escopo "isto é, o conceito que na objetividade chegou a si mesmo"[145], é também um subjetivo que se exterioriza e nesta exteriorização completa-se na objetividade. A finitude da objetividade funciona como forma

---

[141] Lucio Colletti afirma que, pelo contrário, Lukács assumiu *in toto* a concepção da teleologia de Hegel, cometendo desta maneira um erro, porque a relação entre mecanicismo e quimismo conduz a conclusões opostas às que Lukács se refere; ver seu livro *Il marxismo e Hegel* [O marxismo e Hegel] (Bari, Laterza, 1976), cap. IX, p. 368s. Colletti não considera absolutamente a complexidade do discurso de Lukács, sobretudo na *Ontologia do ser social*, forçando e banalizando sem alguma fundamentação teorética.

[142] "O escopo é uma coisa particular e individual, o interesse do indivíduo que trabalha. Mas o meio com que ele trabalha, o utensílio, a máquina, o instrumento de trabalho devem ser algo geral, universal, social que vai longe, longe, além deste pequeno escopo particular do trabalho individual. Nós temos portanto aqui esta dialética que se encontra com bastante frequência na Filosofia da História e em outras partes de Hegel, para o qual o meio é algo maior, mais geral, mais universal que os escopos que o homem tem", G. Lukács, "Les nouveaux problèmes de la recherche hegelienne", cit., p. 62. Vittorio Ancarani já ressaltou esse ponto em "L'ontologia alternativa di György Lukács", cit., p. 216. Contudo, ele tende, nesse ensaio, a tomar certa distância do excessivo peso atribuído por Lukács ao pôr teleológico.

[143] G.W.F. Hegel, *Scienza della logica*, cit., v. III, seção 2, cap. III, p. 833.

[144] Ibidem, p. 840.

[145] Ibidem, p. 842.

de chamar à totalidade, é, enquanto tal, unidade do objetivo consigo mesmo. O momento do escopo determina por força conceitual o objeto[146].

A passagem da finalidade posta ao objeto gera-se mediante o meio. O meio é, então, na concepção hegeliana o elo do movimento silogístico: ele mesmo é objeto ainda imediato e, ao mesmo tempo, relação extrínseca para com o escopo: O escopo, por sua vez, fornece determinação ao meio, arrancando-o da mera imediaticidade, de objeto mecânico o transforma em instrumento e se autodetermina enquanto subjetividade que é atividade[147]. O silogismo da atividade laboral encontra uma expressão de um lado na objetividade e do outro na subjetividade do escopo, e a mediação de ambos acontece pelo meio. A ação do meio sobre o objeto é para Hegel a reassunção da objetividade no conceito e em si mesma. Assim, também para a estrutura geral do pensamento hegeliano o instrumento é um elemento fundamental e Lukács evidencia exatamente este aspecto, ainda que sinalizando seus limites: "Se Hegel foi o primeiro a compreender corretamente a teleologia do trabalho, contudo, transformou-a também em princípio universal [...] por isto a essência e o significado específico para a ontologia do ser social resultam ofuscados"[148].

A passagem do conceito à realidade, mediante o meio, é também expressão do domínio do homem sobre a natureza e o perdurar de tal domínio no tempo. Este domínio exprime-se em Hegel em termos lógicos e não reais: se o trabalho é o elemento que permite a compreensão da relação homem/natureza, este deve ser porém hipostasiado como agir teleológico, para além de suas concretas determinações reais. Em tal sentido, Lukács fala em "verdadeira" e "falsa" ontologia em Hegel[149]. Ao desconhecimento do real concreto une-se, porém, em Hegel, a compreensão de categorias fundamentais do real abstrato, como a passagem dentro de e mediante o processo de trabalho/teleologia do ser-para-si do conceito ao ser-em-si da objetividade e a consequente manifestação junto a esta última da negatividade do conceito, ou ainda a transformação do conceito na Ideia ao fim do processo teleológico[150]. Lukács reconhece a Hegel o grande mérito de ter trazido de volta o escopo das alturas teóricas em que tinha sido colocado pelas filosofias do passado ao concreto campo do agir humano.

Lukács assume toda a fundamentação hegeliana, procurando discernir o "verdadeiro" do "falso", usando, substancialmente, o "virar pelo avesso" como método de análise, e consequentemente, lendo as categorias abstratas de Hegel como categorias da realidade concreta, embora formuladas ainda em termos de uma abstração meta-científica. À frase: "Pode-se, então, dizer sobre a atividade teleológica que nela o fim

---

[146] Por esse motivo, Lucio Colletti entendeu a teleologia de Hegel como o ingresso de Deus no mundo e a produção do homem como autodesenvolvimento de Deus no mundo; ver Lucio Colletti, *Il marxismo e Hegel*, cit., p. 366-7. Pelas palavras do autor, emerge a imagem de um Hegel escolástico, bastante longínqua da realidade dos fatos.

[147] G. W. F. Hegel, *Scienza della logica*, cit., p. 846.

[148] G. Lukács, *Ontologia dell'essere sociale*, cit., v. I, cap. III, § 2, p. 242.

[149] Ibidem, cap. III, § 1, p. 206.

[150] Cf. G. W. F. Hegel, *Scienza della logica*, cit., p. 855.

é o início"[151], corresponde em Lukács o uso do trabalho como pôr teleológico no sentido-chave de fenômeno originário (*Urphanemon*) da práxis humana e de instrumento para o intercâmbio orgânico do homem com a natureza[152].

Segundo Lukács, os momentos em que a teleologia hegeliana é mais desenvolvida especulativamente são o trabalho e o instrumento[153]. Na *Ontologia do ser social* Lukács acrescenta a esta primeira constatação que somente o descobrimento no trabalho da existência da teleologia permitiu a Hegel superar o contraste entre transcendência e causalidade. Hegel, então, tornou possível a compreensão do nexo dialético entre causalidade e teleologia[154]. A assunção da categoria hegeliana da teleologia acontece mediante uma redefinição radical da atividade humana, que é sempre necessário levar em consideração no sentido de não repetir o erro hegeliano e, para o que nos interessa enquanto intérpretes de Lukács, incluí-lo como somente um dos muitos intérpretes hegelianos. Para tal fim é oportuno citar um trecho da *Ontologia* que parece programático em relação a Hegel:

> No caso já discutido da relação entre causalidade e teleologia, se esta fosse, segundo as palavras de Hegel, "a verdade" do mecanismo e do quimismo, estaríamos caindo de novo na velha metafísica. Quando, ao invés, compreendemos sua teleologia do trabalho como relação válida exclusivamente no quadro do ser social, à que somente pertence, então temos uma autêntica relação de determinações reflexivas, que *forma* a base ontológica daquilo que Marx define como troca orgânica da sociedade com a natureza. Por quanto sejam autônomas, diversas, e inclusive contrapostas para o intelecto, a causalidade e a teleologia, sua relação reflexiva sempre cria no trabalho processos incindíveis nos quais a causalidade espontânea e a teleologia posta resultam dialeticamente associadas. Como o trabalho constitui o protótipo da práxis social, nós encontramos, na concepção hegeliana assim interpretada da teleologia do trabalho, uma determinação fundamental para a ontologia do ser social.[155]

---

[151] Ibidem, p. 850.

[152] Esta concepção já se encontra em *O jovem Hegel*, cit., cap. III, § 6, p. 488s.

[153] Ibidem, p. 480.

[154] "*Le travail est par son essence une activité téléologique; mais cette activité téléologique est inseparable de la categorie de la causalité, parce que s'est seulement si nous connaisons les relations causales des choses, la qualité de la matèriè que nous travaillons, la qualité des instruments avec lesquelles nous travaillons, c'est seulement dans ce sa-là qu'un travail effectif est possible*" [O trabalho é em sua essência uma atividade teleológica; contudo, esta atividade teleológica é inseparável da categoria da causalidade, porque somente conhecendo as relações causais das coisas, a qualidade da matéria que trabalhamos, a qualidade dos instrumentos com que trabalhamos, somente neste existir um trabalho efetivo é possível], G. Lukács, "Les nouveaux problémes de la recherche hegelienne", cit., p. 62.

[155] G. Lukács, *Ontologia dell'essere sociale*, cit., v. I, cap. III, § 2, p. 254-5. As primeiras palavras resultam ligeiramente modificadas. Ver também *Il giovane Hegel*, cit., p. 481. Blanchard afirma que o momento da verdade da teleologia é o processo econômico, em seu artigo "Travail et teleologie chez Hegel selon Lukács", cit., p. 168-80.

A eliminação de um princípio transcendente para a explicação do ato teleológico está contida na práxis do trabalho. Lukács ressalta o fato de que cada homem que trabalha sabe bem que sua ação se torna possível pelo conhecimento e pelo respeito às leis objetivas das coisas. Toda finalidade é, definitivamente, determinada pela objetividade de nexos causais, cujo conhecimento é indispensável para a práxis. Mas Lukács adverte que a relação conhecimento/finalidade é dialética, isto é, o conhecimento determina a finalidade, mas o contrário também é verdadeiro. A finalidade (*Zweckprincip*) coloca-se em relação ao conhecimento na mesma relação silogística de escopo e meio. Entre causalidade e teleologia, então, não existe alguma antonomia, como a análise hegeliana mostrou; sua relação é acima de tudo dialética[156] e circular, no sentido de que a percepção do objeto determina a ideia e esta, traspassando no objeto, respeita sua especificidade e se torna o critério de verdade.

O agir teleológico do trabalho move-se entre as cadeias de alternativas causais. Cada ato singular é também, tipicamente, uma escolha entre as alternativas possíveis, formadas por sua vez pela necessidade e pela causalidade, reciprocamente incindíveis entre elas. A mistura entre causalidade e casualidade representa o limite tanto do conhecimento quanto do agir humano. Lukács tem consciência disto somente na *Ontologia*, enquanto em *O jovem Hegel* não faz referência alguma a problemas de ordem estreitamente gnosiológica. Neste aspecto, a *Ontologia* funciona como esclarecimento e aprofundamento em comparação com *O jovem Hegel*, confirmando o caráter mais especulativo e teórico da obra da maturidade tardia, assim como a problematicidade do argumento:

> Naturalmente uma condição inevitável de todo pôr teleológico dentro do trabalho é que estas propriedades e leis do objeto sejam reconhecidas de maneira adequada. Mas isto não elimina a casualidade na relação entre a pedra e a estátua, entre a madeira e a mesa; pedra e madeira são postas em relação, que em seu ser natural não somente não existem como nem mesmo poderiam existir e, portanto, do ponto de vista de sua datidade natural sempre permanecerão causais, embora o conhecimento de suas importantes propriedades seja condição inevitável preliminar para um trabalho eficiente.[157]

A frase de Lukács, porém, diz respeito, em particular, à relação entre escopo e produto, enquanto uma escolha alternativa já está presente na relação entre escopo e produto. Com efeito, em um primeiro momento o meio também se comporta como produto de uma atividade que pode ser tanto de conhecimento como de trabalho. O meio é ele mesmo um produto da atividade do homem e, por isto, contém uma própria complexidade dialética que respeita a escansão escopo/meio/produto[158].

---

[156] Lukács enfrentou o problema antinomia/contradição dialética no ensaio "Goethe e la dialettica" [Goethe e a dialética], em Marino Freschi (org.), *Lessing e il suo tempo* (Cremona, Quaderni del Convegno, 1972), p. 269 s.

[157] G. Lukács, *Ontologia dell'essere sociale*, cit., v. I, cap. IV, § 3, p. 342.

[158] Ver ibidem, p. 369.

Para concluir esta primeira parte da análise da categoria da teleologia, cabe observar que o uso das categorias hegelianas permite a Lukács esclarecer muitos problemas, sobretudo gnosiológicos, conexos à práxis humana. A relação entre conhecimento/causalidade e casualidade articula-se em Lukács em forma de especulação[159]. Em Marx tal articulação não é facilmente identificável, enquanto é mais evidente nas obras do Engels tardio que Lukács conhece bem. Por exemplo, de Engels ele extrai o problema ontológico do domínio da casualidade, ou seja, da redução ao mínimo possível do acaso e, portanto, do erro para permitir, aquilo que define o "livre movimento no material". Para Lukács Hegel se deteve somente sobre os aspectos gnosiológicos deste problema. Mas, apesar disso, a construção hegeliana oferece a Lukács o fundamento teórico que lhe torna indispensável para a fundação de uma nova ontologia. Tal uso de Hegel, porém, impulsiona-o a procurar na filosofia clássica ulteriores aprofundamentos. Enfrentando o problema da forma, Lukács afirma: "O grande progresso que Hegel enfrentou com sua concepção da forma enquanto determinação reflexiva consiste, antes de tudo, na impossibilidade, agora, de projetar na natureza a concepção da forma que estava condicionada em sentido teleológico pelo trabalho, assim visivelmente presente, por exemplo, na ontologia de Aristóteles"[160]. De qualquer forma, a teleologia hegeliana retomada por Lukács representa o *trait d'union* entre o agir do homem tanto como indivíduo particular quanto como ser histórico e social, isto é, como *in-divíduo*. Justamente no contexto da teleologia histórica as categorias hegelianas mostram ser mais convenientes ao desenho lukacsiano.

TELEOLOGIA E HISTÓRIA

Lukács usa programaticamente a teleologia hegeliana como instrumento de análise do desenvolvimento histórico-social: "A concretização dialética da atividade humana, que se exprime na teleologia hegeliana do trabalho, mostra, ao invés, as mediações que ligam a práxis humana à ideia de progresso social"[161]. Entre ato individual do indivíduo e devir histórico existe uma relação fundamento/desenvolvimento. É a mesma relação que vimos descrita por Hegel em termos de fim que é puro iniciar de algo de outro. Tudo isto acontece além da intenção do indivíduo que no trabalho vislumbra somente uma relação escopo/meio. O progresso social, que surge do ato individual,

---

[159] Ver Yvon Blanchard, "Travail et teleologie chez Hegel selon Lukács", cit., p. 175.

[160] G. Lukács, *Ontologia dell'essere sociale*, cit., v. 1, cap. III, § 2, p. 241. O problema, aqui apenas apontado, mereceria um tratamento à parte, isto é, a relação entre *praxis* e *poiesis*. Pelo que Lukács afirma, fica evidente que sua concepção propende pelo lado da *práxis*, mas continua problemático o fato de Marx, por seu turno, herdar em uma medida maior à de que Lukács lembre o conceito de *poiesis* aristotélico. Limito-me aqui a recordar aquilo que foi afirmado sobre o argumento por Richard Winfield em seu "*The Young Hegel* and the Dialectic of Social Production", cit., p. 187.

[161] G. Lukács, *Il giovane Hegel*, cit., cap. III, § VI, p. 484. A esse propósito, Parkinson afirma que no livro de Lukács o materialismo histórico é usado sem uma sua nova definição; ver George Henry Radcliffe Parkinson, *Georg Lukács* (Londres, Routledge, 1977), p. 62.

transforma-se em princípio universal traduzindo-se no contexto mais geral da reprodução social. Não é um singular indivíduo que se reproduz na relação com a natureza, mas uma inteira sociedade, e nesta relação é transformado de singular em indivíduo, porque é a inteira sociedade que por meio dele interage com a natureza. Tal passagem, porém, pressupõe dois elementos decisivos: a superioridade do instrumento sobre o produto e a consequente capacidade de produzir em excesso em relação com as necessidades do produtor particular. Cada um desses dois elementos pressupõe um conjunto categorial, de modo que forma um complexo lógico fornecido de uma própria validade ontológica. A propriedade do instrumento torna-se o elemento a partir do qual se origina o vir a ser histórico, por meio da luta de classes. A possibilidade que o instrumento oferece ao produtor de produzir em excesso com respeito às suas necessidades transforma-se em valor de troca e, portanto, traspassa no mundo da economia e, ao mesmo tempo, determina o papel que, em relação com o instrumento, os produtores assumem, sejam eles possuidores ou não.

Exatamente a fundamentação dialética implícita que Hegel dá à sua reflexão sobre o nexo filosofia/sociedade, torna-o, aos olhos de Lukács, um precursor do materialismo histórico[162]. Lukács observa como a conexão que Hegel construiu entre finalidade e atividade econômica é de grande relevância não somente para o sistema filosófico hegeliano, mas também para as referências que oferece a Marx[163]. Hegel permitiu a Marx exprimir-se em termos de unidade de teoria e práxis e de instituir uma relação objetiva entre práxis e realidade. Neste sentido, Lukács completa, com as categorias hegelianas, a crítica marxiana da economia política. Cria-se então uma relação entre os dois filósofos, como se Hegel funcionasse como referência para Marx, e para Lukács Hegel completa Marx. O marxismo de Lukács resulta notavelmente enriquecido de categorias especulativas sempre usadas como fundamento em relação com a esfera da economia da sociedade. A passagem da atividade de trabalho à complexidade do mundo econômico-social e vice-versa representa para Lukács o momento dialético que fundamenta a totalidade histórica. Essa relação dialética é fundada a partir da síntese dos dois conceitos de "astúcia da razão" em Hegel[164].

A astúcia da razão presente na *Lógica*, isto é, o pôr a natureza contra si mesma, tem como consequência outro conceito de astúcia da razão, exposto na *Filosofia da história*, para o qual as paixões dos homens põem em movimento um processo histórico que as regulamenta e as disciplina para seus próprios fins. Mas a primeira acepção de astúcia da razão estava presente desde os tempos de Jena, como já mostrei, e, portanto, com tal implícita recondução de um conceito ao outro, Lukács

---

[162] G. Lukács, *Il giovane Hegel*, cit., p. 490.

[163] Cf. ibidem, p. 491. Na *Ontologia do ser social*, Lukács usa o exemplo da queda tendencial da taxa de lucro gerada pelos atos teleológicos que ultrapassam as intenções dos produtores individuais; ver G. Lukács, *Ontologia dell'essere sociale*, cit., v. I, cap. IV, § 2, p. 308s.

[164] Há quem, como Ancarani, tenha criticado a assunção lukacsiana de astúcia da razão de Hegel, porque esta exprimiria os interesses do domínio de classe; ver Vittorio Ancarani, "L'ontologia alternativa di György Lukács", cit., p. 227.

confessa um orgânico desenvolvimento em Hegel entre o pensamento juvenil cripto-revolucionário e o maduro cripto-reacionário. Essa recuperação indica uma notável coragem intelectual, em razão das condições históricas em que foi afirmada e de um completo domínio do discurso hegeliano. As leis do vir a ser histórico são investigadas em seu mesmo nascer, quando o fim é o iniciar, isto é, quando se consegue investigar sobre as consequências que a dialética causa em seus mesmos conceitos fundamentais. Com efeito, a segunda acepção de "astúcia da razão" possui implicitamente duas importantes implicações:

> Vê-se claramente aqui que conflitam em Hegel duas tendências opostas de pensamento, em ambas a teoria da astúcia, a dialética hegeliana de liberdade e necessidade, deveria ser a lei decisiva. De um lado a astúcia do governo em relação com o movimento espontâneo da economia na moderna sociedade civil, do outro, a astúcia da razão que se exprime neste mesmo movimento que regulamenta segundo as leis suas próprias produções, reprodução e desenvolvimento da sociedade capitalista.[165]

Este tipo de legalidade social funciona como elemento transcendental com relação à finalidade do indivíduo singular. A finalidade do indivíduo está ligada às suas necessidades e responde à legalidade de suas necessidades. A forma com que Hegel subordina a personalidade ao processo histórico universal é parcialmente admitida por Lukács, enquanto o sentido objetivo da história e da sociedade ultrapassa os escopos do indivíduo singular[166]. Antes de tudo Lukács recusa a teleologia do inteiro processo histórico, que induz Hegel a exprimir-se em termos da providência[167] que desce no plano da história humana, ou, mais genericamente, do Espírito do mundo. Além disto, Lukács nega toda forma de teleologia do processo histórico-social: "Será suficiente ressaltar que nós aqui negamos toda forma generalizada de teleologia não somente na natureza orgânica e inorgânica, mas também na sociedade, limitando sua validade aos atos individuais do agir humano-social cuja forma mais explícita e cujo modelo é o trabalho"[168].

Contudo, algumas páginas mais adiante, Lukács abranda ligeiramente seu juízo: "Em todo caso, já a este ponto a estrutura fundamental dos processos sociais é clara: eles movem imediatamente a partir de pores teleológicos, determinadas em sentido alternativo, de termos singulares, todavia, em função do decurso causal dos pores teleológicos, estas acabam em um processo causal contraditoriamente unitário dos complexos sociais e de sua totalidade e produzem conexões legais gerais"[169]. A assunção da categoria hegeliana da "teleologia" acontece através de uma distinção

---

[165] G. Lukács, *Il giovane Hegel*, cit., p. 496.

[166] Os exageros da II Internacional quanto à necessidade de anulação do indivíduo pela história, concebida enquanto processo ausente em si e transcendental com respeito ao plano da realidade, são fortemente atacadas e recusadas por Lukács em *Il giovane Hegel*, cit., p. 498.

[167] Cf. G. Lukács, *Ontologia dell'essere sociale*, v. 1, cap. III, § 2, cit., p. 243.

[168] Ibidem, cap. IV, § 3, p. 324.

[169] Ibidem, p. 337.

entre os elementos que a compõem; recusa-se o que Lukács chama de "Espírito do mundo", enquanto se assume a "astúcia da razão". A história é para Lukács, como mostrei, um grande processo teleológico, no sentido de que é composta por singulares atos individuais teleológicos, dominados pela causalidade. De fato, a relação causa/efeito, que entrava marginalmente na teleologia hegeliana, é a lei do movimento do processo histórico. Outra lei que domina, ao contrário, o desenvolvimento histórico e que regula as relações dos indivíduos entre si é o domínio dos meios de produção. Na concepção histórica emerge o autêntico marxismo de Lukács, que não permite duvidar absolutamente da prioridade da esfera econômica sobre as outras e a capacidade desta de regulamentar e dominar todas as relações dos homens entre eles e com a sociedade. Além disto, no campo econômico acontecem os reais progressos da humanidade, a luta constante para a melhora das condições que permitem a satisfação das necessidades e a reprodução da vida. Lukács explica o processo histórico como uma constante e contínua passagem do 'ser-em-si' do homem ao 'ser-para-si' da humanidade, este último traspassa de tal maneira no 'ser-em-si' – que Lukács define como "vida cotidiana" – que constitui um ponto de partida para uma sucessiva passagem ao 'ser-para-si'. Cria-se uma circularidade de passagens entre ser-em-si e ser-para-si, em que cada singular passagem é um momento do processo histórico. Por isto, o desenvolvimento histórico desdobra-se por meio de efetivas transformações práticas da vida cotidiana de cada indivíduo, que se espelham em modificações categoriais, de modo que história e indivíduo estão reunidos em um único complexo dialético, em que uma interage com o outro e vice-versa, sem porém a presença de uma única finalidade posta ou de uma subordinação da ação de um dos dois polos sobre o outro polo.

Com esta especificação o quadro é delineado: o ato do trabalho do indivíduo é o *Prius* no duplo sentido de modelo e fenômeno originário, de princípio e fundamento, do inteiro complexo social. A centralidade do trabalho é reafirmada; seu lugar de complexo de complexos é ulteriormente reconhecido e deve ser aprofundado justamente neste seu caráter.

COMPLEXO DE COMPLEXOS

O ponto de partida para o discernimento do complexo de categorias que compõem o trabalho representa programaticamente a análise lukacsiana da filosofia hegeliana, sobretudo com respeito aos problemas da práxis, a primazia da objetividade em Lukács está radicada na *tendência hegelianizante à objetividade*. De Hegel retoma-se a interação dialética entre sujeito e objeto, entre indivíduo e sociedade, entre conhecimento e práxis, naturalmente sempre reinterpretados à luz do marxiano "virar pelo avesso". Cada uma destas relações representa um degrau não hierárquico, de um lado, para com a crítica às categorias cristalizadas, típicas do pensamento burguês, e, do outro lado, para com a compreensão/legalização da história. A lei constante da história é a luta de classes, mas Lukács vislumbra nela inclusive a palin-gênesis do novo. Neste caso também o trabalho funciona como modelo: o novo que se gera por ele, é produto que entra no complexo social e implica uma mudança de posições dos possuidores em relação com seus meios de produção.

O novo nasce do ato de negação, como uma espécie de superação dialética da fórmula de Spinoza: *omnis determinatio est negatio*, para cada determinação consegue-se uma negação que gera por sua vez novas determinações. A lógica não parece a Lukács, neste caso, elemento idôneo de referência, porque mostra o caráter da transformação mais que o da negação como capacidade objetiva do homem[170], enquanto o vínculo essência-fenômeno, somente se observado em conexão com a práxis, pode revelar novas determinações. Lukács entende neste caso também o trabalho como ato primordial no qual se explica esta dialética. O homem primitivo escolhia as pedras que iria trabalhar com base nas propriedades naturais que reconhecia nelas e tendo em vista os escopos que se propunha a realizar. A propriedade das pedras e os escopos a ser realizados se atualizavam somente através do trabalho humano, que tirava o existir da pedra de sua virtualidade apenas potencial com um ato de negação real[171]. O discurso lukacsiano é bastante influenciado por Aristóteles, cujo pensamento é considerado, porém, como superado de alguma maneira pela sucessiva reflexão hegeliana, como em uma espécie de finalização[172]. Lukács esclarece: "Hegel, embora tenha sido o primeiro a compreender corretamente a teleologia do trabalho, transformou-a porém em princípio universal [...]. Com isto são obscurecidos a essência e o significado para a ontologia do ser social"[173]. De modo que se configura mais claramente a gênese das categorias ontológicas em Lukács. Aristóteles e Hegel trabalham como pais fundadores da ontologia de Lukács enquanto o papel de Marx é de genial tradutor dessa ontologia em termos materialistas.

Lukács herda de Marx o método que lhe permite corrigir e sistematizar materialisticamente a herança da filosofia clássica. O novo que surge do pôr teleológico, assim como Hegel o descreveu, pode ser apreendido se conseguirmos reconstruir todos os individuais momentos pelos quais tem sido composto. Este processo já se realiza no trabalho, enquanto cada particular fase de trabalho comporta uma modificação no objeto e o reaproxima do objeto desejado. A modificação do objeto, finalmente, é o resultado da soma de todas as operações das fases de trabalho. Este processo de acumulação de transformações lembra a passagem da potência ao ato já descrito por Aristóteles, em que a potência é *dynamis* e o ato é *energheia*, isto é energia, ulterior potência de transformações sucessivas, mas somente Marx consegue trazer de volta para as relações históricas esta estrutura teleológica. Para Marx o processo histórico se realiza através da passagem das formas sociais mais atrasadas a formas mais evoluídas; essa passagem se dá mediante a produção de formas novas com respeito ao passado. No desenho histórico marxiano o socialismo ocupa um lugar relevante, último estágio

---

[170] Ver ibidem, cap. III, § 1, p. 200.
[171] Ver ibidem, cap. IV, § 1, p. 281.
[172] Ver idem, *Il giovane Hegel*, p. 491.
[173] G. Lukács, *Ontologia dell'essere sociale*, v. I, cit., cap. III, § 2, p. 242.

do processo social, em que se realizará a definitiva libertação e humanização do homem, mas é também ponto prospectivo, idealmente posto, de onde contemplar e julgar a sociedade burguesa. O trabalho conseguirá libertar a si mesmo das formas de exploração instauradas pela sociedade capitalista.

O fato de Marx ter assumido as temáticas aristotélicas e hegelianas em sua concepção dialética da história expressa sua grande tarefa de revolucionário não somente na sociedade, como também na filosofia. Marx, desta maneira, conseguiu deduzir com exatidão todas as consequências inerentes ao ato do trabalho – em particular, duas fundamentais: o trabalho como gênese da sociedade e do homem e como mediação do sujeito com o objeto.

O complexo de mediação do trabalho entre sujeito e objeto no âmbito da sociedade é formado por categorias que exprimem, para si mesmas, o caráter de mediação, por exemplo, o valor de uso e o valor de troca. Neste campo a influência de Marx sobre Lukács media a assunção das categorias hegelianas. O trabalho é criador de valores e com base nisto influencia toda a estrutura social, também em direção extraeconômica, ao ponto de na categoria de valor confluírem todas as outras categorias, sem que por isto, porém, ponha em dúvida o papel de modelo e de fenômeno originário do trabalho com respeito ao próprio valor[174]. Com efeito, Lukács reafirma que no complexo categorial em que o valor funciona como centro, o fundamento é, porém, constituído pelo trabalho[175]; aliás, sem o trabalho em relação com o valor é impossível falar em ontologia do ser social. Este laço contribui para a transformação do trabalho concreto em trabalho abstrato, assim que o valor, entrando na esfera da troca, cinde-se em valor de uso e valor de troca. A passagem do trabalho de relação homem-natureza a homem-sociedade implica uma transformação ontológica do trabalho e no aparecimento de novas categorias, que contribuem enriquecendo seu complexo categorial.

As duas relações citadas mantêm uma peculiaridade própria, apesar de ser parte de um complexo mais geral. De tal maneira o valor de uso é ligado, sobretudo, à relação homem-natureza, enquanto o valor de troca apresenta caraterísticas substancialmente sociais, sem considerar, de qualquer maneira, essas peculiaridades em forma rigidamente estrutural; estas, com efeito, não são excluídas por outras peculiaridades, de modo que Lukács se exprime nestes termos de "inseparabilidade ontológica de valor de uso e valor de troca exatamente em sua antiteticidade"[176]. Em ambos os casos o valor é imanente ao trabalho mesmo e sua presença se adverte tanto no momento em que o homem realiza um trabalho para si, como quando produz mercadorias a ser trocadas no mercado. Existe forma desdobrada do valor quando entre valor de uso e valor de troca se cria uma relação reflexiva. O valor

---

[174] Também as estruturas políticas e jurídicas originam-se do trabalho; ver G. Lukács, "Les nouveaux problèmes de la recherche hegelienne", cit., p. 64.

[175] Cf. G. Lukács, *Ontologia dell'essere sociale*, v. I, cit., cap. IV, § 2, p. 294.

[176] Ibidem, cap. III, § 1, p. 204.

como tal implica o uso de outra série de categorias, como a definição em termos reais de necessidade socialmente reconhecida, que constitui a base do valor mesmo. Lukács acrescenta que o caráter do valor é também determinado pelo fato de que o produto do trabalho recebe uma existência objetiva como produto da autoatividade do gênero humano[177]. O mesmo valor é concebido como nexo incindível entre atividade do homem e desdobramento de todas as faculdades humanas. O trabalho funciona ainda como base para a contínua humanização do homem, embora não ocupando por isto um lugar eminente em uma hierarquia de valores, afirmada em termos ontológicos; e constitui a esfera particular da atividade humana, em que se apoiam todos os valores. Efetivamente, a diminuição do tempo de trabalho socialmente necessário é causada pelo desdobramento das faculdades humanas, desdobramento que é fundamento das determinações de valor. Para demonstrar isto, Lukács usa uma categoria hegeliana, o ser-outro, pondo-a dentro do complexo categorial, de que até aqui descrevi os momentos. O ser-outro natural recebe uma *nova relacionalidade* assim que é conduzido para dentro da esfera das relações humanas. O tempo de trabalho socialmente necessário, além disto, comporta ulteriormente recuo das barreiras naturais. O valor, finalmente, representa a definitiva transformação do ser-outro em termos de fato social. Por sua vez, o valor, funcionando como lei objetiva da realidade social, põe ulteriores mediações sociais, que põem cadeias de alternativas causais, não restritas ao âmbito econômico. Nenhuma destas categorias apaga completamente o caráter de imediatez natural do ser-outro do objeto, que fica no fundo e que ao mesmo tempo está sempre colocada em evidência por cada momento categorial[178].

Toda essa complexidade categorial é sustentada pelo uso magistral da dialética que Lukács deduz da "verdadeira" e da "falsa" ontologia de Hegel com a intenção de redescobrir os princípios ontológicos fundamentais de Marx[179]. Este uso da dialética é evidente no trecho em que Lukács compara a relação marxiana produção-consumo e as determinações reflexivas hegelianas: "Se agora, levando em conta o que dissemos, tomamos isoladamente a relação produção-consumo, podemos ver que se trata de uma relação muito próxima às determinações reflexivas de Hegel"[180]. A citação revela claramente a intenção de Lukács de confrontar e remeter Marx a Hegel, fazendo, porém, emergir com isto a verdadeira originalidade de Marx. Tudo isto a partir de categorias que são fundamentais no pensamento de Marx. Observemos, com efeito, que esta relação se desenvolve segundo a concepção hegeliana da sociedade burguesa enquanto estágio mais avançado do processo histórico, em que a alienação pode ser reassumida no sujeito. Naturalmente Lukács fica neste último

---

[177] Veer ibidem, cap. IV, § 3, p. 328s.
[178] Ver ibidem, p. 390-1.
[179] Para Vittorio Ancarani a recuperação da dialética hegeliana é apenas exterior em seu "L'ontologia alternativa di György Lukács", cit., p. 211.
[180] G. Lukács, *Ontologia dell'essere sociale*, cit., v. I, cap. IV, § 2, p. 312.

caso com a posição de Marx, para o qual a sociedade burguesa é fundada sobre a alienação, e sua recuperação somente pode acontecer em uma fase sucessiva à fase burguesa do desenvolvimento da sociedade humana, isto é, na sociedade socialista. Mas Lukács, usando a crítica marxiana, identifica duas tendências da filosofia de Hegel: o real e o mistificado, o "verdadeiro" e o "falso", como ele mesmo define. Lukács é induzido a examinar as leis universalizantes do procedimento de Hegel, ou seja, a deduzir o universal através das contradições do particular e a recusar a total subsunção do particular dentro do universal. Mais uma vez o trabalho funciona como modelo deste procedimento e, ao mesmo tempo, estende ao universal social o caráter de estranhamento presente no próprio processo de trabalho. A alienação torna-se um caráter do universal social, que afeta maiormente os elementos individuais do trabalhador.

O estranhamento do produto do trabalho do produtor é consequência, segundo Marx, da divisão social do trabalho e da fragmentação do geral processo produtivo em operações parciais, dedicadas à realização de cada particular porção da produção global. A divisão capitalista do trabalho causa a separação das particulares qualidades e capacidades dos produtores com consequente atrofia de algumas capacidades (*Vermögen*) a favor do desenvolvimento de outras. Essa divisão do trabalho estende-se, assim como o estranhamento, a todo o complexo social e à relação recíproca entre as classes, causando também algumas formas de desenvolvimento social. Lukács retoma esta fundamentação marxiana para que possa emergir em Hegel uma compreensão substancialmente correta da estrutura da sociedade burguesa e de sua origem, a partir da atividade prática dos homens, embora esta compreensão não se torne crítica da mesma sociedade. Embora Hegel concebesse diferentemente a sociedade burguesa, a compreensão do mecanismo social burguês não encontrou em seu pensamento algum limite ideológico por causa de sua origem classista. O fato de ser um pensador do período de afirmação da burguesia, no caso, impediu a Hegel de imaginar a superação da sociedade burguesa e, portanto, de pensar uma sociedade baseada sobre fundamentos teleológicos diferentes dos da sociedade burguesa. Assim, a ideologia confinou a teoria a simples existente e obrigou Hegel a assumir os limites da sociedade burguesa como verdadeiros limites naturais, orgânicos e estruturais de qualquer sociedade humana.

A ideologia burguesa, porém, ao mesmo tempo, não impediu Marx de libertar a teoria de seus vínculos e de usar a estrutura teórica de fundo, não antes de tê-la submetido a uma radical crítica ou ao famoso "virar pelo avesso", que a trouxe de volta com os pés no chão. Lukács reconhece: "Já ressaltamos esta tendência em Hegel, quando ele mostra no trabalho, no produto do trabalho, na troca, no comércio e finalmente no dinheiro, uma hierarquia das formas mais elevadas de alienação"[181]. Com efeito, Lukács lembra que, para Hegel, os conflitos sociais constituem acidentes do curso histórico, facilmente solucionáveis pelo alto, pelo Estado. Povo e Esta-

---

[181] G. Lukács, *Il giovane Hegel*, cit., cap. III, § 7, p. 537.

do são em si os componentes de um sujeito unitário mais geral, cujas necessidades econômicas funcionam como fundamento. No desenho histórico hegeliano os conflitos que movem a História são os conflitos entre os povos. Para Hegel, as classes sociais originam-se e são caraterizadas pelas formas de trabalho, criando correspondências entre o trabalho efetuado em relação com a natureza e com a peculiaridade das classes sociais a que pertencem todos os que desenvolvem o mesmo tipo de trabalho. Assim, os camponeses desenvolvem um trabalho rude e inconsciente, porque estão vinculados ao elemento natural fundamental, a terra. Em razão do assunto da maior ou da menor dependência do trabalho da consciência, Hegel constrói uma hierarquia social, em que no último lugar ele coloca os camponeses, cujo trabalho é o mais desprovido de consciência, e, no lugar mais alto, os funcionários do Estado, cujo trabalho é caraterizado pelo elemento da universalidade, pela perda de sua singularidade a favor do bem comum[182]. Nesta concepção Lukács vislumbra o espelhamento do atraso social alemão do período napoleônico[183], embora distinguindo a diversidade de posição entre o *Sistema da vida ética* e o restante período de Jena[184]. A atenção de Hegel para a categoria dos comerciantes revela sua incapacidade de ultrapassar a relação de troca dinheiro/mais-valia (D-D') para a efetiva compreensão do processo produtivo na criação da riqueza social. Doutro lado é verdadeiro afirmar que Hegel apreende a objetividade do dinheiro e sua essência enquanto relação social dos homens, ao ponto de Lukács vislumbrar nisto uma antecipação da teoria marxiana do fetichismo[185].

O aspecto mais surpreendente de tal concepção está no fato de que Hegel não leva em conta a função desenvolvida pelos indivíduos dentro de toda forma do trabalho[186] e considera as formas do trabalho em sua globalidade e em relação com a satisfação das necessidades primárias[187]. Portanto, para Hegel não há diferença alguma entre proprietário de terra e trabalhador agrícola, porque ambos pertencem à classe dos camponeses, ou ainda entre o industrial e o operário, pois

---

[182] Cf. G. W. F. Hegel, *Filosofia dello spirito jenense: corso del 1805-1806* [Filosofia do espírito jenense: curso de 1805-1806] (org. G. Cantillo, Bari, Laterza, 1971), p. 194-203.

[183] Cf. G. Lukács, *Il giovane Hegel*, cit., p. 532.

[184] "Não se pode considerar como simples exterioridade uma questão formal, que a dedução das camadas proceda nesta obra de cima para baixo, ou seja, que Hegel descenda do estado geral ao da eticidade puramente natural, enquanto o desenho mais maduro da estrutura social de Jena, nas lições de 1805-1806, percorre o caminho oposto, isto é, o da ascensão do 'trabalho concreto' dos camponeses através de graus cada vez mais altos de abstração na burguesia até a universalidade suprema do estado superior", ibidem, p. 519.

[185] Ver ibidem, cap. III, § 5, p. 471.

[186] Veja-se Mauro Fornaro, *Il lavoro negli scritti jenensi di Hegel*, cit., p. 111-3.

[187] Giuliana De Cecchi vislumbra no Hegel de Jena o traço distintivo do uso do conceito de totalidade no que diz respeito à relação trabalho-sociedade; ver seu artigo "Lavoro, valore, scambio nello Hegel di Jena", cit., p. 214.

estes fazem parte da classe industrial[188]. Definitivamente, as formas do trabalho e mais exatamente seu conteúdo espiritual fazem a diferença. Tal concepção é absolutamente diferente da concepção marxiana e se pode considerar totalmente idealista e corporativa, embora seja inegável um esforço especulativo de considerável profundidade teórica e analítica para dar uma fundamentação a mais objetiva possível. Lukács afirma justamente que "em Hegel a estrutura interna da sociedade, sua diferenciação em camadas, não é desenvolvida pela própria economia"[189]. Estes limites "não impedem, todavia, a Hegel de perseguir seriamente em todas as categorias econômicas, a dialética do objetivo e do subjetivo, do universal e do particular"[190].

O caráter idealista do trabalho em Hegel não emerge somente quando ele desenha uma hierarquia social, deduzindo-a pela dialética do trabalho, mas tal caráter é implícito também dentro da mesma dialética. Antes de tudo, estabelece-se um paralelo entre uma categoria real, como o trabalho, e uma categoria ideal, como a linguagem; mesmo assim, doutro lado, a análise hegeliana é atenta em compreender como a linguagem acaba contribuindo com o progresso do trabalho, mesmo que sem reconhecer no trabalho a origem da linguagem, como ao contrário afirma Lukács, para o qual no trabalho e na linguagem, imediaticidade e mediação comportam-se como determinações reflexivas[191]. Além disto, Hegel ressalta continuamente os aspectos mais relevantes do papel da consciência dentro do trabalho, até definir o trabalho como "consciência prática". Lukács também admite que a relação entre indivíduo e gênero humano é mediada por categorias sociais como o trabalho e a linguagem, e que se realiza no plano da consciência genérica. Ao contrário, Hegel, seguindo seu método dialético, acaba sustentando que o trabalho é um "modo do espírito". Somente quando finalmente o trabalho é reassumido dentro do espírito, Hegel pode deduzir, a partir de suas formas, o fundamento da sociedade burguesa. Ele não somente teoriza o processo de abstração do trabalho pela sua originária acepção de meio para a satisfação da necessidade e, portanto, de meio da relação entre homem e natureza, mas acaba assumindo inconscientemente um processo de estranhamento como uma necessidade de ordem conceitual. Tal procedimento é favorecido pelo fato de que desde seu primeiro pôr o trabalho, este não é posto como fundamento da essência humana, mas foi concebido como instrumento teórico para a determinação do conceito de espírito. Efetivamente, Hegel ao definir o trabalho como atividade para a satisfação da necessidade transformou-o em um conceito, explicou seus componentes, mas não o tornou o fundamento do ser social.

---

[188] O pensamento social e econômico hegeliano é um claro exemplo de um pensamento corporativo, torna-se então compreensível a influência do pensamento hegeliano sobre o pensamento de Giovanni Gentile e de Ugo Spirito que foram entre os teóricos do corporativismo na Itália fascista.

[189] G. Lukács, *Il giovane Hegel*, cit., cap. III, § 7, p. 515.

[190] Ibidem, cap. III, § 5, p. 470.

[191] Cf. G. Lukács, *Ontologia dell'essere sociale*, cit., v. I, cap. III, § 2, p. 239.

Tudo isto não diminui a importância do discurso hegeliano que, se considerado pela perspectiva marxiana, ou seja, por uma leitura virada pelo avesso, mostra não ter compreendido a essencialidade do trabalho para o homem. Efetivamente, não estava nas intenções de Hegel tornar o trabalho um momento fundamental da origem do homem, ao contrário, tratava-se de um elemento idôneo à abertura da perspectiva do espírito. Sua perspectiva é deslocada em direção ao espírito e o trabalho; além de desenvolver certo papel fundante na concepção hegeliana, contribui ao surgimento do espírito. Mas ter investigado o caráter idealista do conceito de trabalho no Hegel pré-fenomenológico permite a Lukács colher a matriz idealista presente desde as obras que precedem a *Fenomenologia*. De maneira que é possível estender também às *Lições*, além de ao *Sistema da vida ética*, o juízo marxiano sobre Hegel e aplicar, também a estas obras, o método de "virar pelo avesso", em que é possível usar as temáticas hegelianas dentro de uma concepção materialista. Tal procedimento permite a Lukács diferenciar-se de boa parte da literatura sobre o argumento que considerou, apressadamente, o Hegel pré-fenomenológico como precursor de Marx, sobretudo por causa da condenação, presente nas *Lições*, do trabalho mecânico. Poucos ressaltaram que essa condenação originava-se de uma exigência idealista, embora as conclusões fossem absolutamente corretas, sobretudo se consideradas em relação com esta exigência. Efetivamente, abstraindo o discurso hegeliano de sua perspectiva idealista, acaba-se por considerá-lo como cripto-marxista, fazendo um péssimo serviço, contemporaneamente, tanto a Hegel quanto a Marx. Com efeito, somente mantendo-se atados ao marxiano "virar pelo avesso" do pensamento hegeliano pode-se chegar a um duplo resultado, correto em ambas as conclusões: uma compreensão da diferença da perspectiva materialista de Marx e da perspectiva idealista de Hegel e, portanto, uma compreensão do "virar pelo avesso".

Justamente esta tentativa é a façanha de Lukács: demostrar a validade do "virar pelo avesso" de Marx e isolar, por meio deste, o núcleo dialético-racionalista do pensamento hegeliano. O sucesso dessa tentativa vem de um cuidadoso exame da *Ontologia*, a obra que representa o natural acabamento da operação de enriquecimento do marxismo com as categorias especulativas tomadas de Hegel, iniciada em *O jovem Hegel*.

É oportuno, porém, chamar a atenção sobre um aspecto que está estreitamente vinculado à categoria do trabalho: o motivo faustiano da filosofia de Lukács. O Lukács de Moscou se parece mais com Fausto que com Naphtha[192] – isto é, parece-se mais com quem, para entender o mundo e apreciá-lo, está disposto a vender a alma ao

---

[192] São bastante conhecidas as polêmicas suscitadas pela representação de Lukács no personagem Naphta da *Montanha mágica* de Thomas Mann. Considero, portanto, inútil deter-me sobre esta obra, limito-me aqui a usar a figura de Naphta como paradigma para indicar uma linha interpretativa de alguns exegetas do pensamento lukacsiano. O uso deste paradigma, a meu ver, acaba qualificando todos os que até agora quiseram julgar Lukács, mas, no fundo, tratava-se sempre de jogar descrédito ideológico sobre o filósofo, como o caso de Kerényi, ou de malevolência moral. Em todo caso, não mostravam absolutamente o distanciamento ético que se demanda ao estudioso com respeito ao seu objeto de estudo, mas falar em ética para estes exemplos de miséria mental é excessivo.

diabo. O diabo em questão é, para Lukács, um diabo real, de carne e osso, um verdadeiro Moloch da história, o stalinismo. Mas somente de tal maneira é possível deixar aberta uma brecha, ainda que pequena, de esperança para uma perspectiva de transformação do mundo. O projeto tem um custo altíssimo para Lukács em termos de sacrifício humano e intelectual, mas seu galileano choque com o poder stalinista deixa acesa a luz da esperança e da razão. *O jovem Hegel* é, ao mesmo tempo, o primeiro passo para uma teoria marxista pós-stalinista e uma sofrida "reconciliação com a realidade"[193]. Não é justamente por uma casualidade que *O jovem Hegel* se encerre lembrando a relação entre *Fausto* e a *Fenomenologia*. Contudo, em sua obra *Goethe e seu tempo*, Lukács propende para o lado da filosofia mais que pelo da literatura: "Para Hegel a consciência individual é a imagem abreviada do desenvolvimento da espécie, cujas etapas se concretizam em 'figuras da consciência'"[194]. Mais adiante, a relação entre as duas obras é resumida nestes termos:

> Assim na consciência individual e no destino de Fausto, o caminho da "fenomenologia" poética do gênero humano é livre, distante da lógica e da 'completude' pedante; este se livra em uma atmosfera romântica, salta as fases intermédias com o estilo da balada, mas restitui em modo profundo a necessidade histórica e social, e é humanamente autêntico exatamente porque abraça ao mesmo tempo individualidade e gênero.[195]

---

[193] I. Hermann chamou a atenção com particular perspicácia sobre este caráter de reconciliação com a realidade de *O jovem Hegel*. A atenção de Lukács para a hegeliana reconciliação com a realidade é ditada pelo fato de que esta é entendida como possível. Então, a reconciliação se transforma em posição espiritual que permite a Lukács uma correta compreensão de seu próprio tempo, em uma contínua tensão com este. Não estamos perante uma posição de observador do mundo (*Weltverseher*) à maneira de Kant, mas de um Fausto que não tem medo de vender a alma a Mefistófeles, porque sabe estar do lado da razão e esta, no fim, triunfará. Em uma carta a Cases de 8 de junho de 1957, Lukács escreve: "Não acredite que eu me apoie, com tais considerações, a um embelezamento, a uma capitulação perante a cruel realidade, como foi, certa feita, o caso na 'reconciliação' do Hegel tardio. Trata-se, ao contrário, da manutenção da perspectiva. Talvez o senhor se lembre do meu discurso do ano passado sobre esse tema, no último congresso dos escritores alemães. Disse então que a perspectiva não tinha realidade [...], mas ao mesmo tempo é uma realidade em devir. Esta, por sua vez, é contemporaneamente real e não real. Se nós nos agarrarmos firmemente a tal perspectiva, podemos encontrar também em relações desfavoráveis um espaço para a atividade. O senhor talvez saiba, desde nossas primeiras conversas, que meu lema preferido é uma pequena modificação da célebre frase de Zola da época do *affaire Dreyfus*: '*La verité est lentement en marche et, a la fin de fin, rien ne l'arrêtra*' [A verdade caminha lentamente e, ao fim e ao cabo, nada irá detê-la]". A carta foi publicada em G. Lukács, *Testamento político* (orgs. Antonio Infranca e Migul Vedda, Buenos Aires, Herramienta, 2003), p. 111-2. Preste-se atenção para a data, 8 de junho de 1957, poucos dias depois do retorno da deportação e da prisão na Romênia em seguida à infeliz Revolução Húngara de 1956. Poucos intelectuais teriam a coragem de querer persistir na busca de uma perspectiva de renovação da realidade depois de ter escapado da morte. O único exemplo que encontro é o Galilei de "*Eppur si muove*".

[194] G. Lukács, *Goethe e il suo tempo* [Goethe e seu tempo] (Turim, Einaudi, 1978), § 2, p. 341.

[195] Ibidem, p. 343.

É como se Lukács quisesse reproduzir em sua reflexão ontológica o fundamento teórico, presente em Hegel, que permita a passagem do singular ao indivíduo, concebido enquanto união entre universal e particular. Mas, para isto, Lukács teve de parafrasear e transformar o ditado faustiano de "no princípio era a ação"[196] em "no princípio era o trabalho". O caminho desta transformação é ponteado por revoluções, críticas, incompreensões, autocríticas e sacrifícios. Lukács experimentou em sua própria existência a validade do aviso do *Ode à alegria* de Schiller, não casualmente musicado pelo terceiro grande gênio alemão do período napoleônico, Beethoven, de que somente a profundidade da dor pode levar até os mais altos picos da felicidade.

Segundo Lukács o conflito entre progresso humano e degradação do homem está presente também em Hegel, em que ideologia e ciência entram em choque, desencadeando a "tragédia do ético". Tragédia que eclode pela contradição entre as grandes conquistas da humanidade em todos os campos, e a subordinação brutal do homem sob as categorias econômicas capitalistas[197]. O trabalho, que é fundamento de ambos os fenômenos, por seu caráter de universalidade, quando é inserido no modo de produção capitalista, transforma a qualidade em quantidade, criando violência e miséria. O filósofo pode vaguear na ilusão de dominar este processo com os meios do pensamento, de resolver por meio destes as contradições sociais. Lukács rejeita esta pretensão. Ele procura faustianamente outras potências, não às etéreas da razão, ele reúne as potências do subsolo, os "lêmures" da história. O aspecto subterrâneo, misturado à luminosidade da razão, presente em Hegel, fascina Lukács:

> Nestas e em outras manifestações do natural na sociedade, do "subterrâneo" aparece claramente e com frequência, o "positivismo acrítico" de Hegel, que já diversas vezes, nos locais relativos, criticamos. Mas nestas concepções do "subterrâneo" exprime-se também algo mais e mais importante. Devemos lembrar as considerações hegelianas sobre o trabalho e sobre o instrumento. Aparece aqui que o espírito, a consciente atividade humana, é superior à simples natureza, mas que o espírito submete esta natureza ao domínio da atividade humana consciente, porém a objetividade, a ulterior existência da natureza não cessa por causa desta superação, mas interfere continuamente na sociedade, está em contínua interação com ela. Isto constitui um momento essencialíssimo da superação hegeliana do idealismo subjetivo que a natureza não deve ser abstratamente violentada, mas acolhida na cultura mediante esta concreta interação.[198]

---

[196] Johann Wolfgang von Goethe, "Im Anfang war die Tat" [No princípio era a ação], em *Fausto*, v. 1224-37.

[197] László Sziklai afirma que a tragédia do ético é para Lukács o fato de que o socialismo é realizado em um único país; ver László Sziklai, "Lukács e l'età del socialismo", cit., p. 7. Sziklai continua afirmando que, "após a revolução proletária, a sociedade socialista é a única forma com a qual deveria ter se iniciado o movimento democrático da vida social, a recuperação da alienação. Esse local, na expressão filosófica, fica vazio. Lukács cala-se, comunicando ao mundo com seu silêncio a verdade de sua idade. O silenciar-se também é fazer" (p. 11).

[198] G. Lukács, *Il giovane Hegel*, cit., cap. III, § 8, p. 577.

Os "lêmures" da história, os habitantes do subsolo, nada mais eram que os proletários, a classe operária, de que Lukács já havia descrito a formação da consciência.

Capítulo 5

A FENOMENOLOGIA DO TRABALHO: *HISTÓRIA E CONSCIÊNCIA DE CLASSE*

DA *ONTOLOGIA DO SER SOCIAL* À *HISTÓRIA E CONSCIÊNCIA DE CLASSE*

Como vimos até aqui, na produção filosófica do último Lukács, sobretudo na *Ontologia do ser social*, o trabalho é categoria fundante do ser social, enquanto fica menos evidente o fato de que já em *História e consciência de classe* o trabalho foi concebido em termos análogos. A diferença das análises lukacsianas sobre o problema do trabalho reflete a diferença de perspectiva entre as duas obras maiores do Lukács marxista. Julgo, porém, que tal diferença não deva ser entendida necessariamente em termos de incompatibilidade e de recíproca contradição, mas que possa ser interpretada em termos de consecução sistemática, ou seja, de duas obras que fazem parte de um mesmo desenvolvimento intelectual e de um único sistema filosófico. É preciso levar em conta, antes de tudo, que em *História e consciência de classe* o problema que Lukács se põe é de reconstruir a gênese da consciência do proletariado através da descrição da gênese e da estrutura do processo de trabalho estranhante, que torna o operário semelhante ao objeto produzido e, portanto, dominado, por sua vez, pelo fetiche da mercadoria, pois a força-trabalho é vendida como mercadoria pelo seu próprio proprietário, o trabalhador. A consciência do operário é, a este ponto, a consciência mesma do objeto e é a superação deste mesmo estado de coisas ao abrir ao proletariado a perspectiva de um derrubamento da sociedade capitalista; o itinerário de Lukács para a prefiguração de uma consciência-de-si não estranhada parece repetir, em vários aspectos, o método da hegeliana *ciência da experiência da consciência*. A perspectiva de *História e consciência de classe* é *fenomenológica* e, como a fenomenologia hegeliana, a perspectiva de Lukács pressupõe a emergência de uma dimensão estreitamente ontológica, embora movendo-se do imediato ser-precisamente-assim histórico do processo de trabalho. O arcano da forma de mercadoria é então o horizonte fenomênico que deixa emergir, através da interna relação dialética, a verdadeira e originária essência do processo produtivo.

Este quadro conceitual ainda está presente para o Lukács da *Ontologia do ser social*, mas enquanto rigorosamente pressuposto; está tão pressuposto ao ponto de a teoria social poder já identificar no trabalho, sem ulteriores reconstruções, o ponto de partida adequado para uma exposição ontológica de seu objeto; assim como é drasticamente anunciado na abertura da segunda parte da obra: "Para expor em termos ontológicos as categorias específicas do ser social, seu desenvolver de formas precedentes, sua ligação com elas, seu fundar-se sobre estas, seu distinguir-se delas, é necessário começar pela análise do trabalho"[1].

Esta hipótese que estabelece uma relação entre as duas obras não quer, obviamente, ignorar as divergências detectáveis, em alguns aspectos substanciais, entre as duas fases do pensamento lukacsiano. Em particular não é licito ignorar a explícita posição tomada por Lukács no Prefácio de 1967 a *História e consciência de classe;* ele indica o erro específico desta obra, ou seja, a ausência de distinção entre objetivação, enquanto categoria do domínio do homem sobre a realidade, e estranhamento como forma – historicamente caraterizada – da objetivação[2]. Há, portanto, uma diferença substancial de avaliação, que deve ser enfrentada, doutro lado, como fruto de uma transformação igualmente importante da posição de Lukács em relação a Hegel e Marx. Nem se deve entender essa diferença necessariamente como uma contraposição drástica entre matriz hegeliana e matriz marxiana do pensamento de Lukács. Ao contrário, assim como é correto dizer que o Lukács de 1923 se aproxima da avaliação dada por Marx sobre o trabalho em *O capital* e em *Teorias da mais-valia*, sempre mantendo dialeticamente a relação com Hegel, por outro lado, também é correto dizer que o

---

[1] G. Lukács, *Ontologia dell'essere sociale*, cit., v. II, cap. I, p. 11.

[2] "O problema do estranhamento em Hegel aparece pela primeira vez como problema fundamental da posição do homem no mundo e em relação com o mundo. O estranhamento, todavia, aparece nele, com o termo de alienação (*Entaüsserung*), ao mesmo tempo a posição de qualquer objetividade. Assim, o estranhamento identifica-se, se coerentemente concebido, com o pôr a objetividade. Portanto o sujeito-objeto idêntico, na medida em que supera o estranhamento, deve superar, ao mesmo tempo, a objetividade. Todavia, como o objeto, a coisa em Hegel, existe somente como alienação da autoconsciência, sua reassunção no sujeito representaria o fim da realidade objetiva, portanto, da realidade em geral. Hora, *História e consciência de classe* segue Hegel na medida em que também neste livro o estranhamento é posto no mesmo plano da objetivação [...]. Este fundamental e grosseiro erro com certeza contribuiu notavelmente ao sucesso de História e consciência de classe [...]. A objetivação é efetivamente um modo insuperável de exteriorização na vida social dos homens. Se considerarmos que toda objetivação na práxis, e, portanto, antes de tudo, o trabalho mesmo, é uma objetivação, que toda forma de expressão humana, e portanto também a linguagem, os pensamentos e os sentimentos humanos, são objetivados, é então evidente que aqui estamos perante uma forma universalmente humana das relações entre os homens. Como tal, a objetivação é naturalmente desprovida de um índice de valor; o verdadeiro é uma objetivação exatamente como o falso, a libertação não menos que a escravização. Somente se as formas objetivadas na sociedade recebem funções tais de pôr em conflito a essência do homem com o seu ser, subjugando, deformando, e dilacerando a essência humana através do ser social, surge a relação objetivamente social de estranhamento e, como sua consequência, necessária, o estranhamento interno em todas as suas feições subjetivas. Esta dualidade não é reconhecida em *História e consciência de classe*", G. Lukács, Prefazione (1967), em *Storia e coscienza di classe* (Milão, Sugar, 1978), p. xxv-xxvi. Sobre a relação sujeito-objeto na *Ontologia* ver Sieglinde Heppner, "Georg Lukács' Auffassungen über Arbeit als Fundamentalategorie und das Subjekt-Objekt-Problem in seinem philosophischen Spätwerk", em Manfred Buhr e Jozsef Lukács (orgs.), *Gechichlichkeit und Aktualität. Beiträge zum Werk und Wirken von Georg Lukács* (Berlim, Akademie Verlag, 1987), p. 208-18.

Lukács da *Ontologia* não somente usa a dialética hegeliana, como também recupera, junto com as categorias hegelianas, as marxianas, e por meio delas, as da filosofia clássica (refiro-me, sobretudo, a Aristóteles).

Acredito, todavia, não ser lícito retomar a autocrítica de Lukács literalmente, como faz, por exemplo, Colletti em *O marxismo e Hegel*[3], quando afirma que a fundamentação da teoria da alienação em *História e consciência de classe* é oposta à dada por Marx[4]; segundo Colletti, Lukács confundiria, com efeito, a alienação hegeliana que se refere à objetividade natural identificada como o momento da exterioridade e da heterogeneidade do ser com respeito ao pensamento, com a alienação marxiana, que considera o objeto estranho enquanto mercadoria e capital e, consequentemente, instrumento para a escravização do trabalho ao capital. Na realidade a posição de Lukács é tipicamente marxista, mesmo existindo uma confusão de contribuições hegelianas em algumas categorias cruciais de *História e consciência de classe*. O mesmo Lukács certamente não ignorava a diferença entre o conceito de alienação em Hegel e em Marx. Mesmo levando em conta a autocrítica lukacsiana, isto é, a falta de conhecimento, na época da redação de *História e consciência de classe* dos *Manuscritos econômico-filosóficos de 1844* de Marx, é necessário ressaltar o fato de que na análise do estranhamento não é ausente uma rigorosa leitura do Marx maduro, exatamente do Marx tão pouco humanista e tão eficientemente orientado à análise científica do modo de produção capitalista. Por isto, acredito que a *vis* polêmica da autocrítica de Lukács deveria ser atenuada, inclusive à luz do esforço de Lukács em encontrar em *O capital* e em *Teorias da mais-valia* a crítica marxiana do estranhamento, e que tem o efeito de antecipar grande parte do debate travado sobre este problema com a publicação dos *Manuscritos econômico-filosóficos de 1844*. Na realidade também o último Lukács tende a identificar em Marx a origem hegeliana e em alguns aspectos continua a ignorar Marx referindo-se diretamente a Hegel, acabando desta maneira por tornar-se uma espécie de "colega de escola" ideal do próprio Marx.

Como vimos, um momento importante desta reconstrução é *O jovem Hegel*, obra em que Lukács faz culminar todo o desenvolvimento juvenil de Hegel nas categorias da alienação e do trabalho. Marx retomou estas categorias em termos de

---

[3] Ver Lucio Colletti, *Il marxismo e Hegel* (Bari, Laterza, 1977), cap. X, p. 334s.

[4] A crítica de Colletti retoma tematicamente as interpretações de Lukács dadas por seus alunos. Nesse sentido, ver Angelo Bolaffi, Prefazione, em G. Lukács, *Il giovane Marx* (Roma, Editori Riuniti, 1978), p. 18, no qual afirma: "Com certeza em comparação com *História e consciência de classe*, falta neste ensaio a ênfase hegeliana da identidade entre o ato de tomada de consciência, a passagem do proletariado do *ser em si* ao *ser para si*, e o processo revolucionário, entre o descobrimento da 'negatividade' absoluta da condição proletária e a emancipação universal. Mas, coerentemente com esta leitura, Lukács oferece uma teoria da alienação que é claramente unilateral. Com efeito, em nome da defesa da unidade da obra de Marx, ele achata seu desenvolvimento interno obscurecendo as diferenças que, ao contrário, existem entre a fundamentação da teoria da alienação nas obras juvenis e a fundamentação mais madura dos *Grundrisse* e de *O capital*, entre a crítica juvenil da *verkehrte Welt* em nome do homem como 'ente natural genérico' e a formulada no parágrafo do *Fetichismo das mercadorias* – ou seja, depois da crítica da economia política clássica e do descobrimento definitivo do mais-valor. Por outro lado, trata-se igualmente de um velho erro de *História e consciência de classe* que Lukács nunca superou".

uma assunção "virada pelo avesso"[5]. O sentido de *O jovem Hegel* é justamente demonstrar a absoluta ortodoxia, em termos hegelianos, do método dialético marxiano exatamente porque se pode aplicar às mesmas categorias através das quais originariamente foi desenvolvido. Marx assumiria as categorias hegelianas da maneira que lhe é própria, isto é, dialeticamente. Veremos em seguida que Lukács assume este método quando em *História e consciência de classe* tenta definir uma *fenomenologia da consciência operária*.

Na autocrítica lukacsiana, resulta mais significativa outra observação, a que detecta o limite essencial de *História e consciência de classe* na falta de uma análise ontológico-genética do trabalho, que permitiria fundar, não somente através da dimensão subjetiva, a análise do fenômeno do estranhamento, e que permitiria explicar a inteira totalidade social em todos seus aspectos fundamentais. Esta carência é causada pelo caráter idealista da obra de 1923, como afirma o próprio Lukács:

> É verdade que tenta-se tornar inteligíveis todos os fenômenos ideológicos a partir de sua base econômica, mas o âmbito da economia, todavia, é reduzido quando desprovido de sua categoria marxista fundamental: o trabalho como mediador da troca orgânica da sociedade com a natureza. Isto representa, contudo, a natural consequência de uma postura metodológica fundamental. Consequentemente, os pilares mais importantes e reais da visão marxista de mundo desaparecem, e a tentativa de tirar, com extrema radicalidade, as últimas revolucionárias consequências do marxismo, fica, necessariamente, sem uma fundamentação econômica autêntica. É evidente também que a interação que existe entre o trabalho, considerado quase em sentido automaticamente materialista, e evolução dos homens que trabalham necessariamente se dissolve.[6]

O sentido dessa crítica torna-se mais claro se consideramos que esta é feita pelo Lukács que está escrevendo a *Ontologia* e que se trata, portanto, de uma crítica provinda da perspectiva ontológica, já inteiramente definida. E se for verdadeiro o fato de que a carência lamentada por Lukács determina, como ele sustenta, o caráter idealista da obra, é verdadeiro também que, para eliminar tal "idealismo"[7], Lukács teve de explicitar ulteriormente sua relação com Aristóteles e Hegel, rediscutindo

---

[5] Na *Estética* também Lukács usa as categorias hegelianas de forma e conteúdo, de qualidade e quantidade, pelo avesso em comparação à ordem hegeliana. Ver G. Lukács, *Estetica* (Turim, Einaudi, 1970), cap. V, § 2, p. 351. O mesmo acontece com a relação entre particularidade e universalidade, em ibidem, cap. XII.

[6] G. Lukács, Prefazione (1967), cit., p. xvii.

[7] Lembro-me de que Lukács defendeu suas posições afirmadas em *História e consciência de classe* desde a época em que Zinoviev condenou a obra. O manuscrito de defesa, que no Prefácio de 1967 dava-se por perdido (ver p. xl), foi reencontrado e publicado em 1966 com o título de *Chvostismus und Dialektik* (Budapeste, Áron, 1996), p. 81. Ver também Antonino Infranca, "Dialettica contro dogmatismo: su un inedito di Lukács" [Dialética contra o dogmatismo: sobre um inédito de Lukács], *Critica Marxista*, Roma, n. 1, jan.-fev. 2002, p. 57-65.

também tudo que as problemáticas marxianas haviam herdado destes dois filósofos[8]. Finalmente, é necessário considerar, no que diz respeito ao juízo crítico do velho Lukács sobre *História e consciência de classe*, que este juízo é fortemente condicionado pela consciência, em muitos aspectos até desconcertante, do papel que uma obra como *História e consciência de classe* assumiu não somente dentro da perspectiva marxista, mas também no âmbito do assim chamado pensamento burguês. De qualquer maneira, justamente nos últimos anos de vida do filósofo húngaro, este juízo parece ter sido modificado, como mostrou Tertulian, que levou em conta *Pensamento vivido*, a autobiografia de Lukács: ele "parece assim ter uma mudança de opinião acerca de sua postura autocrítica, totalmente negativa, sobre sua tese sustentada no livro juvenil. *História e consciência de classe* é colocado pelo autor em uma perspectiva completamente favorável, enquanto expressão de uma tendência libertadora, antiburocrática e antissectária"[9].

O próprio Lukács é consciente do fato de que os equívocos ligados à fortuna histórica de *História e consciência de classe* não lhe tiravam o mérito de ter aberto ao marxismo o horizonte da problemática da alienação e de ter criado, assim, como lhe replicavam os alunos da Escola de Budapeste, uma "situação" filosófica[10]; especialmente porque tal situação filosófica determina também uma situação histórica. Não é indiferente à mesma história do desenvolvimento do marxismo, inclusive a direção teorizada em *História e consciência de classe*, o fato de que justamente esta obra tenha permitido a dezenas de intelectuais aderir ao marxismo, e tenha sido um claro ponto de referência para a teoria crítica da Escola de Frankfurt.

A relação de Lukács com Hegel e Marx e a análise da alienação, do estranhamento e do trabalho constituem os termos a partir dos quais é possível examinar uma hipótese de continuidade entre *História e consciência de classe* e a *Ontologia* e, assim, de inverter o que até agora sustentaram os alunos da Escola de Budapeste.

Antes de entrar no mérito da questão, queria ainda abrir um breve parêntese acerca da relação alienação-estranhamento. Na Ontologia Lukács esclarece, inclusive no plano terminológico, a distinção entre os dois conceitos. Com *alienação* (*Entäusserung*) ele entende qualquer ato extrínseco do homem. Com *estranhamento* (*Entfremdung*)

---

[8] É necessário lembrar as críticas dos alunos de Lukács ao mestre justamente sobre essa questão. Para Agnes Heller, a herança aristotélica da categoria lukacsiana do trabalho somente tem validade em termos gerais, pois no particular representa um empobrecimento categorial. Por outro lado, Heller, apesar de criticá-lo, não se afasta substancialmente das posições de Lukács ao não enfrentar o nó central da relação aristotélica entre práxis e poiesis, e é precisamente aqui que se deve investigar, a meu ver, os limites da herança aristotélica em Lukács; ver Agnes Heller, "Paradigma del lavoro e paradigma della produzione" [Paradigma do trabalho e paradigma da produção], em *Il potere della vergogna* [O poder da vergonha] (Roma, Editori Riuniti), p. 67-80.

[9] Nicolas Tertulian, "Teleologia e causalità nell'ontologia di Lukács" [Teleologia e causalidade na ontologia de Lukács], *Critica Marxista*, n. 5, 1980, p. 101.

[10] Ferenc Fehér, Agnes Heller, György Markus, Mihaly Vajda, "Premessa alle 'Annotazioni per l'*Ontologia* per il compagno Lukács" [Premissa aos Apontamentos para a *Ontologia* para o camarada Lukács], *Aut Aut*, n. 157-158, 1977, p. 11.

entende o processo de estranhamento que o objeto produzido determina no sujeito agente, típico do modo de produção capitalista. Para evitar equívocos seguirei esta distinção também ao referir-me às temáticas de *História e consciência de classe*.

O jovem Hegel encerra-se exatamente com a análise da alienação como categoria central da *Fenomenologia do espírito*. Nos apontamentos lukacsianos, atualmente inéditos[11], extraídos da *Fenomenologia* é possível identificar acenos explícitos à alienação. Sobretudo, é interessante notar que a categoria da "Utilidade" na seção do "Espírito"[12] induza Lukács à lapidária consideração: "A mercadoria!"[13]; ainda no parágrafo hegeliano sobre a criação do mundo[14] na seção da "Religião", Lukács aponta: "Assim, para H[egel] a 'criação do mundo' é uma *mitológica expressão para a alienação do espírito*"[15]; e ainda à expressão de Hegel "o existir imediato transmuta-se em pensamento"[16], Lukács aponta: "Ou seja, o trabalho caraterístico, a animalidade[17]. Como se pode notar as observações de Lukács referem-se a trechos da *Fenomenologia*, em que a referência ao trabalho não é explícita.

Estes apontamentos, porém, parecem confirmar que Lukács começa a usar trabalho e alienação como conceitos complementares capazes de explicar a inteira estrutura da *Fenomenologia*. Sua hipótese pode parecer correta na medida em que se entenda o trabalho como o processo pelo qual se determina a alienação do sujeito, mas esta já é, naturalmente, uma interpretação. O trabalho torna-se uma categoria pré-constituída à alienação, uma espécie de "modelo" de alienação, uma sua estrutura originária. Esta forma de relação entre trabalho e alienação já aparece em *História e consciência de classe* e, aó mesmo tempo, antecipa a relação categorial entre trabalho, reprodução e estranhamento, assim como é desenvolvida na *Ontologia*.

Antecipo aqui alguns temas, que serão tratados mais amplamente adiante, para reconstruir a relação entre *História e consciência de classe* e a *Ontologia*. Como é conhecido, em *História e consciência de classe* Lukács compreende o fetiche da mercadoria como momento determinante da totalidade mesma do ser social e, neste ponto de vista, a reificação lhe parece a categoria universal que informa o modo de ser da sociedade e da postura dos homens para com ela. O ser social aparece esmagado em sua essência pela forma de fetiche da mercadoria, que aliena a estrutura originária. A forma de fetiche da mercadoria não somente tem transformado o sujeito em coisa, mas também tem distorcido o processo de civilização que, surgido como domínio sobre a natureza, assistia, até a chegada do capitalismo, ao predomínio das relações

---

[11] Ver nota 233, cap. III.
[12] G. W. F. Hegel, *Fenomenologia dello spirito*, cit., v. II, VI/B/II/b/2, § 143.
[13] G. Lukács, manuscrito inédito, Lukács Archivum, Budapeste, f. 23. Na margem da página, Lukács observou ainda: "metafísica da mercadoria".
[14] Cf. G. W. F. Hegel, *Fenomenologia dello spirito*, cit., v. II, VII/C/3/B/*a*, § 103.
[15] G. Lukács, manuscrito inédito, cit., f. 34.
[16] G. W. F. Hegel, *Fenomenologia dello spirito*, cit., v. II, VII/B/3/b, § 103.
[17] G. Lukács, manuscrito inédito, cit., f. 34.

naturais na troca orgânica com a natureza e nas suas formas de ser social. A reificação, engendrada no mesmo processo de trabalho dominado pelo caráter de fetiche da mercadoria, acaba justamente esmagando, por sua vez, a inteira totalidade da sociedade burguesa. Esta governa a aparência fenomênica imediata do mundo e da consciência. Lukács elabora um modelo de análise que deve, ele mesmo, proceder pela assunção do caráter originário desta forma de fetiche da mercadoria que, através da reificação imposta ao centro do processo de trabalho e ao próprio trabalhador, envolve o inteiro social como forma fenomênica da sociedade capitalista.

A totalidade social é inteiramente fragmentada, e o sujeito não consegue mais interagir com o todo social, e sim apenas com a parte com a qual se depara. O sentido da totalidade é perdido e a interação sujeito-objeto não acontece diretamente, mas mediada pelo caráter de fetiche da mercadoria[18]. Os esquemas usados no processo de produção industrial acabam estendendo-se ao inteiro social. O elemento dominante no processo de trabalho não é mais a relação sujeito-objeto, que foi fragmentada em particulares atos parciais, mas é exatamente a fragmentação de tal relação. O sujeito não interage mais com o objeto, mas com o processo produtivo fragmentado, imposto pelo caráter reificante do fetiche da mercadoria. A fragmentação torna-se um modo de vida, e não apenas de produção do próprio ser social. Como esta é instaurada no processo de trabalho com o objetivo de aumentar a produção e produzir, por consequência, mais mercadorias, é o mesmo caráter de fetiche da mercadoria a tornar-se não somente elemento dominante da produção, mas também o elemento com que o sujeito interage. Assim, o caráter de fetiche da mercadoria tornou-se elemento dominante na sociedade capitalista, porque toda a sociedade sofre o domínio esmagador constituído pela economia. A totalidade social aparece ao sujeito/trabalhador sob a roupagem do fetiche da mercadoria.

Mesmo sem aprofundar ulteriormente os particulares nós problemáticos de *História e consciência de classe* e evidenciando a fundamentação geral do discurso sobre a totalidade da sociedade capitalista, parece-me claro, a este ponto, o porquê das muitas perplexidades suscitadas pela afirmação de que uma marcada distinção entre *objetivação* – concebida em termos marxianos como *forma natural e eterna* do processo de trabalho – e *estranhamento* – concebido como modo de ser específico do trabalho na sociedade capitalista – seria imputável a um *erro* de Lukács. O erro subsistiria, sem dúvida, se o objetivo de *História e consciência de classe* fosse já uma análise onto-

---

[18] Hans-Jurgen Krahl vê na totalidade "a subjetivação das condições objetivas do trabalho, dos meios de produção", em Furio Cerutti et al. (orgs.), *Storia e coscienza di classe oggi*, cit., p. 46. Sobre a organização, retorna também Andrew Feenberg, "The Question of Organization in the Early Marxist Work of Lukács. Technique or Praxis?", em Tom Rockmore, *Lukács Today. Essays in Marxist Philosophy* (Dordrecht, Reidel, 1988), p. 126-56, série Sovietica. Sobre a totalidade e organização, ver Furio Cerutti, *Totalità, bisogni, organizzazione. Ridiscutendo* Storia e coscienza di classe [Totalidade, necessidades, organização. Rediscutindo *História e consciência de classe*] (Florença, La Nuova Italia, 1980), p 137. Sobre totalidade, ver ainda A. Pieretti, "Il concetto di totalità in G. Lukács" [O conceito de totalidade em G. Lukács], *Proteus*, Roma, ano III, n. 8, maio-ago. 1972, p. 71-89, e Schmidt, "The Concrete Totalità and Lukács' Concepi of Proletarian *Bildung*", *Telos*, St. Louis, n. 24, 2º sem. 1975, p. 2-40.

lógica do trabalho e, consequentemente, das categorias do ser social. Mas a análise de *História e consciência de classe* parte, com plena ciência, do fato constituído da modificação historicamente feita sobre a estrutura do processo de trabalho pela forma de produção capitalista; e como o processo de trabalho, embora se saiba desta condição, age, já na perspectiva lukacsiana, enquanto categoria que funda as formas de existência e de compreensão do ser social, a estrutura do trabalho estranhado não pode constituir o ponto de partida não somente *material*, mas também *formal* da inteira análise lukacsiana. Com base neste significado ontológico da relação entre trabalho e ser social, o ponto de partida da inteira perspectiva de análise de *História e consciência de classe* está marcado pelo aparecer da forma estranhada do trabalho. A distinção entre objetivação e estranhamento e, portanto, do aparecer da alternativa com relação àquela forma estranhada de trabalho, não pode então constituir um ponto de partida preliminar, mas o ponto de chegada a que se dirige o movimento dialético de *História e consciência de classe*, que a este ponto, ou seja, no momento em que a consideramos a partir da *Ontologia*, torna-se uma espécie de introdução ao sistema filosófico do Lukács maduro.

O hegelianismo de Lukács, em seguida, aprecia-se não somente na aplicação metodológica da dialética hegeliana, que Lukács aplica a fim de explicar de uma perspectiva interna o vir a ser da totalidade da sociedade capitalista, mas também no resultado segundo o qual, entre a perspectiva de *História e consciência de classe* e a *Ontologia*, parece constituir-se, de fato, se não na consciência do próprio autor, uma relação análoga à que intercorre no sistema hegeliano entre *Fenomenologia* e *Lógica*.

Afirmar que a perspectiva de *História e consciência de classe* seja fenomenológica é um apontamento certamente insólito para os estudos lukacsianos. Lobomir Sochor declara: "Parece evidente, à primeira vista, que *História e consciência de classe* deveria ser justamente o contraponto marxista desta obra de Hegel [a *Fenomenologia*], isto é, uma espécie de fenomenologia da consciência de classe do proletariado, uma reconstrução de sua evolução da imediatez reificada à suposta identidade revolucionária com seu objeto"[19]. Sochor não faz referência à *Ontologia*, mas eu entendo estender a identificação entre *História e consciência* e *Fenomenologia* de um lado, à identificação entre *Ontologia* e *Lógica* do outro. Efetivamente se considerarmos o fato de que o último Lukács realmente elaborou um sistema filosófico que interpreta a sociedade humana

---

[19] Lubomir Sochor, "Lukács e Korsch: la discussione filosofica degli anni Venti", em Eric Hobsbawm, *Storia del marxismo* (Turim, Einaudi, 1980), v. III, t. 1, p. 740 [ed. bras.: *História do marxismo*, São Paulo, Paz e Terra, 1985-1989, 12 v.]. Por outro lado, a "identificação" entre Lukács e Hegel não se limita à aparência fenomenológica de *História e consciência de classe*, e pode ser estendida a outros aspectos do pensamento lukacsiano. O jovem Hegel foi interpretado nesta chave de identificação por diversos estudiosos, de pontos de vista diferentes. Limito-me aqui a recordar um caráter autobiográfico da obra foi relevado por Nicolas Tertulian, "Appunti su Lukács, Adorno e la filosofia classica tedesca" [Apontamentos sobre Lukács, Adorno e a filosofia clássica alemã], em Guido Oldrini (org.), *Il marxismo della maturità di Lukács* [O marxismo da maturidade de Lukács] (Nápoles, Prismi, 1983), p. 191-219, por László Sziklai, *Lukács és a fázismus kora* (Budapeste, Magvető, 1985) e por Istvan Hermann, *Die Gedankenwelt von Georg Lukács* (Budapeste, Akadémiai Kiadó, 1978).

com uma estética, uma ontologia e uma ética, então se tornava necessário ter uma introdução fenomenológica ao próprio sistema, à maneira do sistema hegeliano. E como a Lógica de Hegel é na realidade uma ontologia idealista, a *Ontologia* de Lukács é uma lógica pelo avesso, isto é, uma concepção materialista do ser social.

Mas se for válida esta consideração, não é difícil ver que a relação entre *História e consciência de classe* e a *Ontologia* pode ser lida em termos de *mudança de perspectiva*, sem que esta passagem implique a renegação e a contradição da validade de uma análise teórica que, como em *História e consciência de classe,* pode ser superada somente porque já tem sido inteiramente integrada em uma análise mais profunda e fundante. Por sua vez, a análise fenomenológica de *História e consciência de classe* supõe profundamente a vigência da perspectiva ontológica, exatamente no ato em que identifica no fetiche da mercadoria o princípio da sociedade capitalista; princípio que, como já disse, envolve a inteira totalidade social, até envolver o próprio modo de existência individual dos que estão inseridos nesta sociedade. Pressupõe a perspectiva ontológica ainda ao entender o proletariado – enquanto dominado e em certo sentido resultado deste processo de produção reificado – como o próprio objeto deste processo reificante; a tal ponto que, como Lukács diz, a consciência do proletariado nasce como consciência do objeto:

> O operário pode tomar consciência do seu ser social somente no momento em que se torna consciente de si mesmo enquanto mercadoria. Como vimos, ele é introduzido como puro e simples objeto (*Objekt*) no processo de produção pelo seu ser imediato. Na medida em que esta imediatez parece consequência de múltiplas mediações e começa a esclarecer-se tudo que esta imediatez pressupõe, começam a esclarecerem-se também as formas fetichistas da estrutura de mercadoria; na mercadoria, o operário reconhece a si mesmo e suas relações com o capital. Mesmo que ele não consiga ainda elevar-se acima deste papel de objeto, sua consciência é a consciência-de-si da mercadoria; e em outros termos: a consciência-de-si, a autodissolução da sociedade capitalista fundada sobre a produção e a troca de mercadorias.[20]

É claro que esta análise parte sempre do dado fenomenológico do qual deriva a gênese da consciência. Mas, ao mesmo tempo, o que emerge em seus termos próprios é a dimensão ontológica, possível para além, mas não independentemente do plano fenomenológico da relação entre consciência e consciência-de-si de seu objeto. O que aparece de modo ainda mais evidente em um trecho posterior: "Na definição do trabalho capitalista, a que já acenamos precedentemente, nós nos deparamos com o contraste entre o indivíduo isolado e a generalidade abstrata em que se media para os indivíduos o referir-se do seu trabalho à sociedade"[21]. Esta dimensão será desenvolvida na *Ontologia*: a referência ao trabalho do indivíduo à sociedade e ao gênero huma-

---

[20] G. Lukács, "La reificazione e la coscienza del proletariato" [A reificação e a consciência do proletariado], em *Storia e coscienza di classe*, cit., p. 222.

[21] Ibidem, p. 225.

no. Com efeito, o fetiche da mercadoria oculta a essência que está sob a mercadoria, isto é, a mercadoria é um produto do trabalho humano, é essência humana objetivada. O plano fenomenológico quebra-se e aflora o caráter essencial e ontológico da mercadoria: o trabalho. Mas *História e consciência de classe*, com respeito a este novo plano de questões, as pressupõe; devem ser necessariamente pressupostas, porque esta obra representa a análise fenomenológica necessariamente preliminar do problema da totalidade, que abre o caminho a uma nova definição ontológica do problema. Na *Ontologia* o problema central não é analisar a totalidade separada para que se possa recriá-la, mas saber a partir do quê esta totalidade foi gerada. Por este motivo se pode considerar a *Ontologia* como o natural cumprimento da análise fenomenológica conduzida em *História e consciência de classe*.

É o caso de retornar sobre os termos da autocrítica lukácsiana, segundo a qual as formas estranhadas e fetichizadas dominam a essência humana segundo a função que a sociedade lhe atribui. E o reconhecimento desse estranhamento de origem exclusivamente social faltaria em *História e consciência de classe*. Tal carência deve-se à falta de uma análise ontológica que definisse as relações entre o ser social e a genericidade humana; somente à luz deste pertencer ao gênero humano podia-se reconhecer a origem social do estranhamento, mas, por sua vez, a ausência de tal análise ontológica não se pode considerar como defeito. Em *História e consciência de classe* Lukács está necessariamente empenhado na compreensão do plano fenomenológico das relações entre sujeito e objeto do processo de trabalho, tal como se determinam no interior da sociedade capitalista. A este ponto somente a *Ontologia* pode explicar este nexo entre ser social e essência humana, que emerge claramente na análise ontológica do trabalho.

Mas ao mesmo tempo também as críticas endereçadas ao último Lukács pelos que sustentam a maior relevância teórica de *História e consciência de classe* em comparação com a *Ontologia* perdem eficácia no momento em que se lê a relação entre as duas obras segundo uma forma para a qual a perspectiva imediatamente ontológica do último Lukács pressupõe na realidade a análise fenomenológica contida em *História e consciência de classe*. Assim, não se trata de privilegiar um ou outro Lukács, mas de ler o necessário trânsito evolutivo, certamente não casual, de Lukács.

E se na *Ontologia* a categoria fundamental não é mais o estranhamento – como em *História e consciência de classe* –, mas o trabalho, o estranhamento está também presente sob o ponto de vista da manipulação das consciências. Esta é realizada pelos meios de comunicação de massas, que cada vez mais tendem a se tornar meios de inter-relação entre o sujeito e o inteiro social. Como no caso da fragmentação, a manipulação das consciências impulsiona o sujeito a interagir com aspectos particulares da sociedade, e não com a totalidade social. A diferença de panorama de análise é notável, mas, para marcar determinadas linhas de continuidade no pensamento de Lukács, lembro que já em *História e consciência de classe* ele havia enfrentado o problema da manipulação das consciências nas páginas dedicadas à análise do estranhamento causado pelo trabalho assalariado.

Nestas páginas Lukács ressaltava o fato de que os empregados, ainda que submetidos a um trabalho alienante, não passavam a formas de contestação ativa, provavelmente porque sobre eles agia de maneira preponderante um fenômeno de manipulação das consciências.

A diferença que de novo se apresenta nesta dupla visão de Lukácas entre estranhamento – que se origina pelo processo produtivo capitalista – e manipulação das consciências operada pelos meios de comunicação – concebida como fenômeno que envolve a inteira totalidade social – reflete em certo sentido o vínculo de diferença e continuidade existente entre os diversos momentos do pensamento do Lukács marxista. Certamente a diferença aparece em primeiro plano, justamente porque o próprio Lukács constantemente procurou acentuá-la; mas isto não significa que o vínculo de continuidade não seja o produto de uma teoria, mas o êxito do próprio esforço filosófico de Lukács. Não é casual, então, que isto se torne visível somente após Lukács ter terminado seu trabalho de definição de uma ontologia marxista. É exatamente a partir da perspectiva da *Ontologia* que procurei sintetizar em minha pesquisa as sugestões de uma interpretação adequada dos elementos de originalidade de *História e consciência de classe*, os quais a meu ver não se recuperam *contra* mas *mediante* a *Ontologia*.

O FENÔMENO DA REIFICAÇÃO

O problema do trabalho foi enfrentado por Lukács desde sua primeira obra marxista: *História e consciência de classe*. A distinção entre as duas obras marxistas de Lukács que dizem respeito ao tratamento da categoria trabalho não é mera distinção cronológica entre as obras do período juvenil e as obras da maturidade, mas corresponde a uma efetiva diferença entre o Lukács de 1923 e o da *Ontologia*. Muda, sobretudo, a fundamentação: ontológica nas obras da maturidade e fenomenológica em *História e consciência de classe*. Esta torna-se o ponto de vista a partir do qual se colocam as diferenças. Em *História e consciência de classe* o trabalho é interpretado pelas conseqüências que aporta ao sujeito (alienação, estranhamento, reificação), na *Ontologia*, ao contrário, analisam-se também os valores positivos do trabalho (troca orgânica com a natureza, pôr teleológico, humanização do homem pelo trabalho). Há, assim, uma diferença substancial de avaliação que deve ser enfrentada como o fruto de uma igualmente importante diferença de posição da relação com Hegel e Marx.

O Lukács de 1923 aproxima-se da avaliação do trabalho dada por Marx em suas obras juvenis[22], em *O capital* e em *Teorias da mais-valia*, enquanto o Lukács da *Ontologia*

---

[22] Em 1923 Lukács somente podia conhecer, entre as obras juvenis de Marx, a *Crítica da filosofia do direito de Hegel – Introdução* [ed. bras.: São Paulo, Boitempo, 2005], *A miséria da filosofia* [ed. bras.: São Paulo, Centauro, 2001] e *A sagrada família* [ed. bras.: São Paulo, Boitempo, 2003]. Com efeito, tanto no Prefácio de 1967 à *História e consciência de classe* como em "Meu caminho ao marxismo", Lukács afirmará ter conhecido as outras obras juvenis de Marx no início da década de 1930.

dispõe da inteira produção marxiana e também da quase inteira produção hegeliana, à qual se refere amplamente. Mostrei precedentemente que a avaliação lukacsiana do trabalho oscila entre o juízo dado em *História e consciência de classe* – que evidencia sobretudo as características negativas e as consequências que o trabalho acarreta à subjetividade – e o juízo presente na *Ontologia* – que evidencia o caráter extrínseco da essência humana, típico da categoria hegeliana do trabalho, pondo em segundo plano, por outro lado, o caráter alienante do trabalho. Essa oscilação pode ser reconduzida à diferença de perspectiva que existe entre as duas maiores obras hegelianas, a *Fenomenologia* e a *Lógica*[23]. De outro lado, o próprio Marx, por sua vez, ressaltou a diferença entre sua concepção da alienação e a de Hegel[24], e Lukács reconhece em seguida esta diferença entre as duas concepções em Hegel e em Marx, como explicitamente admitido no Prefácio de 1967[25]. Se por um lado é correto considerar o trabalho como categoria fundamental do marxismo de Lukács, não se pode, todavia, prescindir da observação da fundamental diferença que esta categoria assumiu no pensamento do Lukács marxista[26].

Em *História e consciencia de classe* Lukács evidenciou as características de alienação e reificação do trabalho produzidos no sujeito agente e abriu um novo e importante campo de aplicação do marxismo, até então transcurado pelos mesmos fundadores do marxismo: a subjetividade. A abertura a este campo de problemas foi a mais importante inovação com que Lukács contribuiu ao marxismo, após sua adesão

---

[23] Em alusão ao meu ensaio "Fenomenologia e ontologia nel marxismo di Lukács: dall'*Ontologia dell'essere sociale* a *Storia e coscienza di classe*" [Fenomenologia e ontologia no marxismo de Lukács: da *Ontologia do ser social* à *História e consciência de classe*], *Giornale di Metafisica*, Gênova, ano VIII, 1986, p. 357-70. Existe também uma tradução em húngaro de Ferenc Fehér, publicada na revista *Magyar Filozófiai Szemle*, Budapeste, n. 4, 1987, p. 770-81. O valor do marxismo no Lukács de *História e consciência de classe* está em permitir o descobrimento do verdadeiro substrato para além das aparências sociais, mas Laura Boella evidencia os limites dessa forma de colocar o problema: "Portanto, se o marxismo representa para Lukács o definitivo descobrimento do 'real substrato' do mundo histórico-social [...] esse salto, que ilumina sem equívocos os limites e as antinomias da investigação burguesa, apaga, justamente em razão de sua obra reveladora, qualquer dimensão de autonomia do saber e, sobretudo, qualquer dimensão logico-estrutural da realidade", Laura Boella, *Il giovane Lukács* [O jovem Lukács] (Bari, De Donato, 1977), p. 190.

[24] "A essência humana, o homem, refere-se para Hegel = consciência-de-si. Todo estranhamento da essência humana nada mais é do que o estranhamento da consciência-de-si. O estranhamento da consciência-de-si não vale como expressão – expressão que se reflete no saber e no pensar – do estranhamento efetivo da essência humana. O estranhamento efetivo, que se manifesta como [estranhamento] real, não é, pelo contrário, segundo sua mais íntima essência oculta [...], nada mais do que a manifestação do estranhamento da essência humana efetiva, da consciência-de-si.", Karl Marx, *Manoscritti economico-filosofici del 1844*, cit., p. 169 [ed. bras.: p. 125].

[25] Cf. G. Lukács, *Storia e coscienza di classe*, cit., p. xl.

[26] De toda forma, é verdadeiro afirmar que elementos da futura ontologia do ser social já estejam presentes em *História e consciência de classe*, sinal de uma surpreendente continuidade em um autor tão multiforme, como ressalta Laura Boella: "A crítica da economia política transformada em 'crítica histórica da economia' perde, assim, todo contato objetivo e se identifica com uma ontologia do ser social, cujo acento histórico é diretamente funcional a uma processualização do real, de modo a dissolver toda rigidez", Laura Boella, *Il giovane Lukács*, cit., p. 181.

a ele[27]. Algumas das teses expostas em *História e consciência de classe* devem ser colocadas no novo horizonte da redescoberta da subjetividade, e isto não significa querer transformar o livro no manifesto do existencialismo marxista, como demasiadamente foi feito. Voltando à questão do marxismo de Lukács em *História e consciência de classe*, questão que se liga à reavaliação da subjetividade dentro do próprio marxismo, o "marxismo" foi interpretado por Lukács em termos ontológicos antecipando alguns momentos da crítica de Marx à economia política que, como vimos, em 1923 Lukács não poderia conhecer[28]. Em linhas gerais e do ponto de vista da reificação, Lukács retoma o discurso de Marx, embora o faça de um ângulo diferente[29], porque, assim como os referimentos marxistas e hegelianos, *História e consciência de classe* não está isenta de presenças neokantianas, historicistas, weberianas, incrustações da formação ideológica lukacsiana anterior.

Na economia capitalista o produto da atividade humana, a mercadoria, contrapõe-se ao próprio produtor. Na essência da estrutura de mercadoria está contida uma relação entre seres humanos que é coisificada e provida de uma própria legalidade autônoma. Esta legalidade esconde, porém, a verdadeira essência da mercadoria, isto é, uma relação entre seres humanos, homens que produziram a mercadoria e que querem usufruir dela. A mercadoria enquanto produto da produção capitalista é o fundamento da sociedade burguesa, mas na realidade a mercadoria é somente uma forma fenomênica que tanto o trabalho como a relação entre seres sociais assumem na sociedade burguesa. A mercadoria é um fetiche que se torna o aspecto fundamental e caraterizante da totalidade da própria sociedade. De forma fenomênica o fetiche da mercadoria transforma-se em essência da sociedade burguesa. Consequentemente a mercadoria é a categoria universal do ser social total[30],

---

[27] "Se quisermos falar seriamente e sem falsos pudores, *História e consciência de classe* é o primeiro livro marxista após Marx a se ocupar de Hegel e da filosofia clássica alemã no contexto europeu com propriedade; o primeiro livro em que o marxismo filosófico cessa de ser um romance cosmológico e, portanto, um livreto de 'religião' para classes subalternas. Por outro lado, para apreciar adequadamente o significado dessa obra e da viragem que ela significou na história da interpretação de Marx, é mais que suficiente [...] chamar a atenção para um simples fato: o redescobrimento que essa obra realizou dos equívocos e dos limites dos quais tratou, de uma inteira zona do pensamento de Marx, em todos os sentidos fundamentais para a compreensão de *O capital*: estamos falando da teoria do estranhamento ou da reificação", Lucio Colletti, *Il marxismo e Hegel*, cit., p. 336-7.

[28] Nesse sentido, Laura Boella evidencia que Lukács critica a fundamentação marxiana da acumulação, porque as fórmulas abstratas da reprodução não permitiriam captar a realidade econômica; ver seu *Il giovane Lukács*, cit., p. 135.

[29] Laura Boella afirmou a respeito: "Lukács reinterpreta o materialismo histórico como doutrina que permite lançar luz à unidade constitutiva de determinações econômicas formais, relações sociais e formas da consciência, visando uma concepção da práxis baseada na recognição científica das modalidades pelas quais um saber real, um conhecimento efetivo, pode intervir sobre a consciência dos sujeitos históricos e determinar seu agir", ibidem, p. 172.

[30] Ver G. Lukács, "La reificazione e la coscienza del proletariato" [A reificação e a consciência do proletariado], em *Storia e coscienza di classe*, cit., p. 111. Hans Jürgen Krahl vislumbrou um caráter transcendental da mercadoria representado pelo trabalho que está ocultado nela; ver Furio Cerutti et al. (orgs.), *Storia e coscienza di classe oggi*, cit., p. 59.

somente sob esta aparência fenomênica a reificação torna-se categoria determinante da sociedade e da postura dos seres sociais para com ela. O ser social aparece esmagado sob o fetiche da mercadoria, que é transformação em coisa e dissolução de sua essência humana que se exprime no trabalho. O fetiche da mercadoria transformou radicalmente o processo de civilização e socialização que, surgido como domínio sobre a natureza, assistia, até a afirmação do capitalismo, ao predomínio das relações naturais na troca orgânica com a natureza e nas formas do ser social. Tudo isto foi cancelado pelo caráter de fetiche da mercadoria, que impõe o domínio das formas sociais capitalistas nas relações entre seres humanos, até nos aspectos mais recônditos da vida cotidiana.

A mercadoria possui uma sua própria legalidade, que é independente da atividade dos homens e que, aliás, determina sua atividade. Tanto a troca como a mercadoria pressupõem dois extremos contrapostos e equivalentes: dois possuidores de mercadorias. Esta legalidade é fundada sobre o valor de troca, o único princípio que junta e põe em confronto diferentes produtos do trabalho humano. O valor de troca é destinado a tornar-se essência do trabalho humano abstrato e, ao mesmo tempo, o princípio real do efetivo processo de produção das mercadorias. Assim, "o trabalho abstrato [...] surge contemporaneamente como resultado e como pressuposto da produção capitalista somente no curso do seu desenvolvimento"[31]. O trabalho, ou melhor, o valor de troca, influi sobre os sujeitos sociais e sobre os objetos da sociedade, que, mesmo que dominada por esta categoria, sempre é um produto da atividade humana. O trabalho abstrato é o **princípio/fundamento** do modo de produção capitalista e da sociedade burguesa que se origina dele.

A imediata consequência do fenômeno da reificação é a quantificação e especialização do trabalho; ambas fazem perder o contato com o inteiro social. A herança weberiana desta concepção é clara[32]. A fragmentação do tempo de trabalho socialmente necessário e o fracionamento do processo de trabalho é outra importante consequência. Estes dois fenômenos têm em sua base a tendência excessiva à racionalização do processo de trabalho, que objetiva as capacidades psicológicas do trabalhador. A racionalização envolve a mensurabilidade e a calculabilidade de cada fração do inteiro processo de trabalho. A calculabilidade, por sua vez, resulta na perda de contato com a totalidade do produto, totalidade esta que aparece sob uma forma irracional enquanto determinada no processo de trabalho apenas quantitativamente. Assim, a racionalidade do processo de trabalho se transforma em irracionalidade da relação entre sujeito que trabalha e objeto produto do trabalho. Efetivamente, a calculabilidade envolve a decomposição do processo de trabalho nos elementos que o compõem, de modo que se acresce a racionalização do processo e sua incessante especialização. A unidade do processo de trabalho é constituída pela união objetiva, porque calculada, de sistemas racionalizados e parciais, que se apresentam em uma relação recíproca acidental. Nesta transformação perde-se o valor

---

[31] Ibidem, p. 113.
[32] Ver Laura Boella, *Il giovane Lukács*, cit., p. 190.

de uso do produto, substituído pela relação que o produto tem com os vários graus da produção, isto é, o processo de trabalho.

A fragmentação da atividade laboral somente é possível desde que a ciência intervenha amplamente nela. A mensurabilidade e a calculabilidade da atividade de trabalho, do particular ato de trabalho, são possíveis desde que se conheça não somente o inteiro processo de produção, mas também a natureza humana envolvida nele. Assim, ciências não diretamente produtivas, como psicologia, antropologia, sociologia, mas também matemática, estatística, geometria, são integradas no processo produtivo. O aparelho produtivo integra-as em forma de técnica ou diretamente de tecnologia; pensemos ao uso do cronômetro, usado em um primeiro momento na prática esportiva, na medição e cálculo do processo de produção. Lukács critica o uso da ciência para fins produtivos, rejeitando, em geral, a inteira fundamentação científica gerada por uma realidade reificada e, por sua vez, reificante. De modo que Lukács repropõe a crítica hegeliana do intelecto abstrato e antecipa a crítica marxiana do *General Intellect* formulada nos *Grundrisse*. Provavelmente Lukács e Marx extraíram sua crítica de Hegel, que por sua vez se referia ao Intelecto Ativo de Aristóteles[33].

Ao separar-se do processo produtivo do objeto em momentos parciais segue a separação do sujeito em iguais momentos parciais. Cai-se no excesso, segundo o qual a qualidade e a peculiaridade humanas do trabalhador tornam-se elementos de distúrbio perante o desenvolvimento do processo de trabalho racionalizado e calculado e as suas parciais leis exatas. O homem é obrigado a tornar-se uma parte mecanizada do processo de trabalho, um autômato – um "gorila adestrado" dizia Taylor – dentro de um processo mecanizado que funciona independentemente de sua vontade. A ausência de vontade por parte do trabalhador no processo de trabalho é acentuada pela transformação da atividade de trabalho em atividade de contemplação. A postura contemplativa acaba transformando as categorias fundamentais do sujeito em relação com o mundo: o tempo é reduzido a espaço, porque se percebe com base no movimento ou à produção de objetos físicos: em uma hora produzem-se x objetos, ou em y segundos deve-se cumprir tal ato de trabalho. Mais uma vez, o sujeito sofre um processo de fracionamento racionalizado, de um lado, o trabalho parcial mecanizado torna-se realidade cotidiana do trabalhador, de outro lado, desaparecem todas as formas de comunidade entre os trabalhadores. O trabalhador é transformado em um autômato isolado, suas leis de movimento e de atividade estão determinadas pelo mecanismo em que está inserido.

A contraditoriedade deste processo de exploração consiste no fato de que o trabalhador é livre, pode ceder ou alienar sua força-trabalho como mercadoria. Neste sentido o caráter de mercadoria se universaliza e engloba a inteira sociedade, o fetiche da mercadoria torna-se a categoria dominante, fazendo com que o destino do trabalhador se torne o da inteira sociedade. Na sociedade capitalista, as formas originárias

---

[33] "Existe, portanto, um intelecto análogo [à matéria] porque se torna todas as coisas e um outro [análogo à causa eficiente] porque as produz a todas. [...] Agora a ciência em ato é idêntica a seu objeto: a ciência em potência é anterior no tempo em um indivíduo", Aristóteles, *Dell'anima* (Bari, Laterza, 1973), p. 176, 430 a, 15-20 [ed. bras.: *Da alma*, São Paulo, Edipro, 2011].

do trabalho, gradativamente, são substituídas por formas racionalizadas e reificadas. Os objetos usados para a satisfação das necessidades não diferem em nada dos outros objetos de gênero diferente; se os observamos do ponto de vista do valor de troca do trabalho abstrato, tornam-se equivalentes gerais das mercadorias, isto é, o dinheiro. O movimento das mercadorias no mercado implica a necessária presença de tal equivalente geral, tornando-se assim possível o cálculo de cada operação de troca e a consequente imposição de uma rigorosa legalidade a todos os eventos do mercado. A lei geral da troca das mercadorias aplica-se a todos os sujeitos, e a todos os objetos, presentes na sociedade. Não há nada que não se possa transformar em mercadoria e que não se possa trocar com o dinheiro. A condição *sine qua non* é que objetos e sujeitos se apresentem no mercado enquanto individuais átomos, desprovidos de uma relação recíproca e, portanto, presentes na única relação possível, a relação com o dinheiro, ou melhor, com o capital, que pode assim estabelecer sua medida, sua qualidade e sua quantidade de valor. Esta atomização do indivíduo é o reflexo, na consciência, do fato de que as leis da produção capitalista investem toda manifestação da sociedade. É a primeira vez na história da humanidade que um modo de produção investe a totalidade da sociedade, da vida cotidiana e das relações humanas.

O confronto prático e intelectual do indivíduo com a sociedade pode desenvolver-se na forma de ações racionais e isoladas de troca entre os possuidores de mercadorias. O trabalhador, que se apresenta como possuidor de mercadoria, sua força-trabalho, representa o caráter completamente desumanizante da produção capitalista. O caráter de valor de uso dos objetos é perdido a favor do valor de troca, com isto os objetos perdem seu caráter coisal e recebem uma nova objetividade. Contudo, os sujeitos também recebem uma nova objetividade, a reificação, porque eles assumem um valor de uso, enquanto vendem seu valor de troca como mercadorias. O trabalho pode ser usado para quem o adquiriu, mas por sua natureza o trabalho vivo não pode ser separado do corpo de quem o possui, portanto, o sujeito, já que dotado de uma qualidade especial, a capacidade de trabalho (*Arbeitsvermögen*), é transformado em objeto de propriedade do comprador, o capitalista. Este processo de reificação acentua-se com o aumento das mediações das relações do homem com os objetos de seu processo vital. Contudo, também as relações entre homens, as relações sociais, são relações de mercadorias[34].

O segundo momento da reificação é constituído pela separação dos fenômenos reificados de sua base econômica, de modo que podem abraçar as formas fenomênicas da vida social (Estado, direito, política etc.) que, por sua vez, assumem a aparência de autonomia da totalidade da sociedade. Lukács foi o primeiro a abrir um novo campo de análise do fenômeno da reificação, até então não tocado pela problemática marxiana, aliás, considerado negativamente e bastante negligenciado pelo próprio Marx: o

---

[34] Merleau-Ponty detém-se exatamente sobre essas relações interpessoais que, fundamentalmente, é uma relação entre coisas; ver Maurice Merleau-Ponty, *Le avventure della dialettica* (Milão, Sugar, 1965), p. 253 [ed. bras.: *As aventuras da dialética*, São Paulo, WMF Martins Fontes, 2006, col. Tópicos]. Ver também J. M. Bernstein, "Lukács' Wake: Praxis, Presence and Metaphysics", em Tom Rockmore (org.), *Lukács Today*, cit., p. 180.

trabalho burocrático. Lukács foi o primeiro a apontar a presença da reificação também no trabalho intelectual, empregatício e salarial que encontrou importantes correspondências na pesquisa psicológica, sociológica e antropológica. Desta maneira, Lukács abriu novas possibilidades de agregação política de novas camadas à luta do proletariado, impondo uma definição do "proletariado" enquanto "assalariado". O interesse do marxismo deveria voltar-se a todos os assalariados, mas esta linha política não teve um imediato séquito, sobretudo porque a Internacional comunista, e consequentemente os partidos filiados, preferiram condenar *História e consciência de classe* como "idealista". Salvaguardava-se a centralidade da classe operária, mas impedia-se ao mesmo tempo uma aliança com as camadas sociais médias ou contratadas*, que se preferia considerar partes integrantes da burguesia, enquanto na realidade tratava-se de igual maneira de explorados e reificados, como o proletariado industrial.

Na burocracia moderna também se encontra a adaptação do trabalho aos pressupostos econômico-sociais da economia capitalista. A redução do trabalho e, portanto, do trabalhador intelectual, a entidade reificada, tem consequências iguais às desencadeadas na consciência do trabalhador manual; em todo o processo de trabalho repete-se a divisão do trabalho típica da indústria, consequentemente, existe procura de leis racionais e formais dos sistemas parciais de trabalho. É a racionalidade formalista e "a separação crescente da estrutura material das coisas a que a burocracia se refere"[35]. Aqui, porém as faculdades espirituais são separadas do sujeito e postas contra ele para violentá-lo; temos a demonstração disto na diligência e no apego ao trabalho, proverbiais das camadas médias ou contratadas [*ceti impiegatizi*]. A reificação penetrou também na consciência do indivíduo, para usar o léxico do jovem Lukács, penetrou em sua alma. A análise do Lukács de 1923 pode ser considerada válida, talvez sobretudo com respeito à burocratização do trabalho típica do modo de produção no stalinismo. Assim, *História e consciência de classe* pode ser considerada uma obra antistalinista *ante litteram*.

A racionalização do mundo, consequência por sua vez da racionalização do processo produtivo, encontra seus limites no caráter formal da própria racionalidade. As leis geradas pela racionalização dos elementos isolados da vida vão formando um sistema de complexos[36], que não se baseia em uma coerência interna, mas em que as relações entre complexos aparecem em qualidade de aparência e acidentalidade, a recíproca autonomia entre os vários complexos cria uma profunda incoerência. Esta incoerência manifesta-se em tempos de crise, tempos em que a continuidade dos momentos de transição é partida e a recíproca

---

* No original, "*ceti sociali impiegatizi*", expressão de difícil tradução, pois é o correspondente italiano para o termo inglês "*white collar workers*", isto é, os trabalhadores de colarinho branco: administradores, gerentes, supervisores etc. Entretanto, remete também à burocracia, aos empregados que têm poder de decisão ou mesmo que detêm o poder do Estado. (N. R. T.)

[35] G. Lukács, "La reificazione e la coscienza del proletariato", cit., p. 128.

[36] Nesta teoria lukacsiana do sistema, adverte-se para a influência de seu amigo de juventude Béla Zalai, que escreveu uma teoria geral dos sistemas antes de morrer em combate na Primeira Guerra Mundial, em 1915. Ver Béla Zalai, *Allgemeine Theorie der Systeme* (org. B. Bacsó, Budapeste, MTA Filozófiai Intézet Lukács Archivum, 1982), p. 293; existe também uma edição em húngaro: *A rendszerek általános elmélete* (org. G. Berényi, Budapeste, Gondolat, 1984), p. 483.

independência entre complexos é imposta aos homens[37]. A crise, e a consequente ruptura da coesão do complexo de leis naturais, é possível porque o caráter de acidentalidade dos vínculos dos complexos da vida cotidiana na sociedade burguesa sempre permanece presente, também em seu normal funcionamento. A estrutura social burguesa se manifesta, portanto, nos complexos formais, independentes e racionalizados de leis, conexos entre eles formal e acidentalmente. A mesma estrutura repete-se na produção econômica capitalista, que apoia na interação de uma necessidade conforme a lei e a uma relativa irracionalidade do processo global. A valorização do produto do ponto de vista do valor de troca acontece racionalmente segundo o princípio da calculabilidade, mas não existe uma lei que possa organizar a realização do ponto de vista efetivamente racional – mesmo que não se exclua a possibilidade de uma legalidade dominar o inteiro complexo produtivo, mas somente como produto inconsciente da atividade dos produtores e que eles não percebem. A reificação é representada por Lukács como um fenômeno que envolve toda a estrutura da sociedade capitalista. Esta estrutura é fundada sobre a produção e sobre as formas do processo produtivo, não somente sobre a troca. Somente no momento em que o tecido social adquirir coerência interna, que lhe é dada pelo modo de produção, o fetiche da mercadoria passa a envolver a totalidade social.

A irracionalidade do inteiro complexo social é um resultado da divisão do trabalho capitalista. A excessiva racionalização das funções parciais tem como consequência o fato de tornar cada uma delas autônoma das outras, tendendo a desenvolver sua especialização em crescente independência das outras funções da sociedade. Esta tendência aumenta com a divisão do trabalho e sua racionalização. A crescente especialização faz com que os sujeitos percam toda imagem do inteiro complexo social a que eles pertencem. Nasce, assim, a impressão de que a ciência dilacera a totalidade, perdendo o inteiro complexo da realidade social nos diversos campos de especialização[38]. Acontece que à medida que

---

[37] G. Lukács, "La reificazione e la coscienza del proletariato", cit., p. 131.

[38] Nas posições anticientíficas consideradas por Lukács, estão presentes elementos de bergsonismo que influenciarão algumas concepções heideggerianas, segundo Colletti, que reconhece a presença de Heidegger na denúncia do caráter coisificante da ciência: "A natureza 'coisificante' da ciência e de seu caráter, contemporaneamente 'formalista' e 'empírico' [...] emerge com particular evidência na última parte de *Sein und Zeit*", Lucio Colletti, *Il marxismo e Hegel*, cit., p. 327. Como é sabido, Lucien Goldmann em um livro bastante discutido, descreveu, de forma melhor que Colletti, a influência de *História e consciência* sobre *Ser e tempo*; ver *Lukàcs e Heidegger* (Verona, Bertani, 1976). Sobre os elementos de bersonismo em *História e consciência de classe*, replicou Michael Löwy: "*For the neo-Kantian critics of Lukàcs, like Colletti, this kind of analyses proves that the Hungarian philosopher replaced Marxism with Bergsonian romanticism. On the contrary, one could argue that it was possible for Lukàcs to present this line of argumentation precisely because there is a romantic anticapitalist aspect in Marx himself; looking at it this way, it could be asserted that the 'young Lukács' was trying to recover the lost romantic dimension of Marxism*" [Para os críticos neokantianos de Lukács, como Colletti, esse tipo de análise sustenta que o filósofo húngaro substituiu o marxismo pelo romanticismo bergsonsiano. Ao contrário, poderíamos afirmar que para Lukács era possível apresentar essa linha de argumentação exatamente porque há um aspecto anticapitalista romântico no próprio Marx; observando a coisa desta maneira, se poderia sustentar que o 'jovem Lukács' tivesse a tentação de reencontrar a dimensão romântica perdida do marxismo], Michel Löwy, "Naphta or Settembrini? Lukács and Romantic Anticapitalism", em Judith T. Marcus e Zoltan Tarr (orgs.), *Georg Lukács: Theory, Culture, and Politics* (New Brunswick/Oxford, Transaction, 1988), p. 193.

uma ciência se especializa, perde o contato com os nexos de sua esfera, mesmo ganhando no campo da clareza metodológica. Ciências como a matemática e a geometria apresentam uma relação débil com a evasiva camada concreta da realidade. A metodologia científica mostra uma estreita relação com o ser social que a produziu, assim, segundo Lukács, existem ciências "burguesas" e ciências "proletárias"[39]. Além desta dicotomia, a crítica de Lukács à ciência quer mostrar os limites evidentes das ciências nascidas na sociedade burguesa e funcionais a ela. Estas ciências não conseguem explicar, por exemplo, os períodos de crise econômica, porque não conseguem agarrar a totalidade do processo econômico e não possuem os instrumentos adequados para tal fim. De qualquer forma, a totalidade concebida como totalidade econômica permite compreender o fato de que esta seja produzida pelo homem e por sua práxis.

Em prática a posse de determinadas metodologias – no caso de Marx, segundo Lukács, tratar-se-ia sobretudo da dialética hegeliana – permite entender e compreender os momentos superados, ainda que do único ponto de vista teórico, da sociedade em que se vive. Foi o que Marx soube fazer, e que os economistas clássicos que não estavam "nas costas dos gigantes" não souberam fazer. Assim, o problema da dialética é um problema metodológico: "Assim, na *Fenomenologia* e na *Lógica* de Hegel enfrenta-se pela primeira vez a nova e consciente reformulação de todos os problemas lógicos, sua fundação sobre a natureza qualitativa e material do conteúdo, sobre a matéria em sentido lógico-filosófico"[40]. A identidade hegeliana de lógica e história, herança que Lukács traz consigo, põe a questão da historicidade da sociedade capitalista e, por conseguinte, de seu conhecimento relativizado[41]. Lukács universaliza demasiadamente sua análise da reificação capitalista, reconstruindo uma gradação hierárquica evolutiva que vai desde as formas sociais pré-capitalistas até o capitalismo, sem porém sustentar essa reconstrução com uma crítica da economia política. Tal embasamento é ausente não somente em Lukács, mas em Gramsci, em Bloch, na escola de Frankfurt inteira, em Rosa Luxemburg e assim por diante. O maior limite de Lukács e do assim chamado marxismo ocidental é de acompanhar em paralelo o desenvolvimento das obras juvenis de Marx[42], quando ainda o filósofo alemão não tinha desenvolvido uma crítica da economia política[43]. No caso de Lukács – mas não apenas dele – seria um

---

[39] Coloca-se assim uma estéril dicotomia que não ajuda no progresso das ciências ou da filosofia, e que pode causar distorções como a do Diamat soviético. Estamos diante de uma crítica ideológica, e não científica.

[40] G. Lukács, "La reificazione e la coscienza del proletariato", cit., p. 187.

[41] Ver Laura Boella, *Il giovane Lukács*, cit., p. 194.

[42] Ver idem.

[43] Para Hans Jürgen Krahl, o trabalho crítico de Lukács revela-se insuficiente: "Pode-se observar que Lukács tenta aplicar a crítica da economia política como doutrina das leis de natureza do desenvolvimento capitalista, ou seja, sempre enquanto crítica da ideologia e da reificação, também ao debate sobre a organização. Mas penso que estes instrumentos teóricos com que ele consegue colocar corretamente o problema impeçam a Lukács, ao mesmo tempo, explicar as categorias da emancipação enquanto categorias histórico-práticas", Furio Cerutti et al. (orgs.), *Storia e coscienza di classe oggi*, cit., p. 46. Teria sido mais oportuno ressaltar que a chamada "crítica da economia política" de Lukács era apenas uma crítica da ideologia da reificação.

paralelismo inconsciente, pois que em 1923 ele não tinha como conhecer as obras do jovem Marx, que poderia justificar a acusação de "idealismo" dada à obra pelos ideólogos da III Internacional. Mas na realidade a simples motivação destas acusações estava no fato de que estes ideólogos não haviam compreendido a complexa problemática de Lukács, doutro lado, eles mesmos não conheciam as obras juvenis de Marx.

Na realidade a posição "idealista" de Lukács – acusação que a meu ver nada tem de pejorativo[44] – poderia dizer respeito a um problema mais substancial: o de uma relação mais especificamente hegeliana tanto de Lukács como de Marx. A herança hegeliana, na tentativa de universalizar as categorias econômicas capitalistas da reificação e de torná-las chave da história, colocaria Lukács na situação de "colega de escola" do jovem Marx na comum "escola" hegeliana. Encontramos, na concepção lukacsiana de totalidade, a identidade sujeito-objeto, portanto, esta categoria se apresenta como totalizante e solucionadora em si de todos os momentos da realidade, criando uma ligação interna entre eles. Quando se fala em totalidade, no Lukács de 1923, sempre se tem presente a referência a uma totalidade social, com uma legalidade própria. A totalidade apresenta duas instâncias: uma de conhecimento, enquanto conjunto de tais momentos, a outra avaliativa, mais funcionalista e voltada ao agir prático e, consequentemente, a um problema de consciência. Os dois elementos desta distinção, como foi notado, frequentemente tendem a sobrepor-se. A totalidade concreta na interação dialética, que resulta na transformação das formas de objetualidade*, permite a compreensão da realidade enquanto processo social e a funcionalidade da objetualidade da realidade no âmbito de tal processo, e nisto está a exigência de apreender a totalidade.

A tomada de consciência da totalidade dos complexos sociais, gerados pelas relações humanas, deve ser o primeiro passo para a superação da reificação. O segundo e necessário passo deve continuar sendo a práxis, a tradução na realidade daquilo que foi percebido pela consciência. Apreendendo enquanto vir a ser o ser coisal dos objetos e o ser social dos homens, através da análise do acontecer dialético dos complexos, a consciência poderá chegar à sua essência. Se não se leva em conta a consciência, a contradição é produzida com acrescida intensidade. O próprio Hegel afirmava que o vir a ser é a verdade do ser[45] e Lukács liga-se explicitamente à fundamentação hegeliana do problema, a tal ponto que pode afirmar que se o vir a ser não for concebido enquanto verdadeira essência da realidade social e histórica, então, foge à compreensão

---

[44] Lukács sempre se colocou fortemente contrário ao caráter idealista da obra, como mostra o seguinte trecho de um ensaio de 1938: "*Objektives Ergebnis:* Gechichte und Klassenbewußtsein – *reaktionär wegen seines Idealismus, wegen seiner mangelhaften Auffassung der Wiederspiegelungstheorie, wegen seines Leugnens der Dialektik in der Natur*" [Resultados objetivos: *História e consciência de classe* – reacionária por causa de seu idealismo, por causa de sua defeituosa apreensão da teoria do espelhamento, por causa de sua negação dialética na natureza], G. Lukács, "Es geht um den Realismus", em *Essays über Realismus* (Berlin, Aufbau, 1948), p. 158.

* No original, "forme di *oggettualità*". (N. R. T.)

[45] G. Hegel, *Scienza della logica* [Ciência da Lógica] (Bari, Laterza, 1974), Livro I, cap. II, p. 104.

do "domínio do passado sobre o presente, [do] domínio do capital sobre o trabalho"[46]. Do vir a ser resulta a constante tendência à modificação das formas sociais, pois este mesmo é processo de contínua e incessante transformação. A dialética da reificação é mediada pela dialética das formas imediatas de produção; nesta relação aumenta o contraste entre o ser imediato e a realidade social. O ser imediato é o homem, que se torna "medida de todas as coisas (sociais)"[47], segundo uma formulação que possui reminiscências do humanismo de Protágoras. Assim, pela relação que se cria entre o homem e a base econômica da sociedade, o grau de clareza da consciência é dado pela estrutura e pela hierarquia que as formas econômicas instauram sobre o homem. Ao mesmo tempo, a história se manifesta enquanto contínuo subvertimento das formas de objetualidade (estruturas econômicas) que condicionam a vida do homem, e suas conexões dependem das funções e posições dentro da totalidade social. A história se torna história das formas de objetualidade que constituem o mundo social que o homem procura dominar com o pensamento, com a práxis e com a arte. Entre essas formas de objetualidade está também a natureza, sobre a qual, porém, Lukács rejeita uma colocação dialética preferindo atribuir à sociedade o verdadeiro caráter do vir a ser histórico-dialético[48]. Como a realidade objetiva apresenta-se composta por coisas rígidas e não modificáveis, Lukács é obrigado a reconsiderar o juízo que havia afirmado pouco antes: "O homem nunca poderá tornar-se medida para todas as coisas"[49].

A CRÍTICA DA FILOSOFIA BURGUESA

Segundo Lukács, paralelamente ao desenvolvimento da reificação no processo de trabalho confirma-se o caráter idealista da filosofia burguesa. A este ponto é absurdo esperar que a totalidade possa ser recomposta pela filosofia, que deveria funcionar como uma espécie de metaciência. Essa posição será revertida na *Ontologia*, quando é atribuído à filosofia o papel de indicar o caminho para as outras ciências. Também esta viragem será recusada e criticada pelos alunos da Escola de Budapeste e pelos fiéis leitores de *História e consciência de classe* – os quais, contudo, não levam em conta o que se afirma na própria *História e consciência de classe*, na qual Lukács fixa os critérios para uma transformação da filosofia em metaciência. Nesse sentido, a filosofia poderia

---

[46] G. Lukács, "La reificazione e la coscienza del proletariato", cit., p. 239.

[47] Ibidem, p. 244.

[48] Mais uma vez a presença hegeliana emerge nesta colocação da questão: "Lukács retoma uma distinção metodológica presente na *Enciclopédia das ciências filosóficas*, por meio de que, de um lado, o movimento, a sucessão das formas do real dá lugar a uma dialética 'meramente negativa', reconhecível na natureza, que, concebida como 'ser outro', 'ser externa a si' da ideia, não consegue 'ultrapassar o plano de uma dialética do movimento que se apresenta a um espectador que não participa dela'; de outro lado, 'a emergência de um determinado conteúdo, o vir à luz de uma totalidade concreta' marca o produzir-se da 'dialética positiva' que é uma 'dialética social em que o sujeito também está inserido na interação dialética', a teoria e a práxis entram em relação recíproca", Laura Boella, *Il giovane Lukács*, cit., p. 206.

[49] G. Lukács, "La reificazione e la coscienza del proletariato", cit., p. 254.

absolver a esta tarefa rompendo as barreiras do estreito formalismo em que as ciências estão fechadas, colocando os problemas de maneira radicalmente diferente, ou seja, direcionando-se para a totalidade concreta e material do objeto a ser conhecido e produzido. Este é justamente o programa da *Ontologia*, em que se apresenta uma situação nova a Lukács, que conseguiu, adotando o método ontológico-genérico, remontar ao princípio/fundamento da totalidade social – isto é, o trabalho. Esse retorno ao princípio não pode ser percorrido pela filosofia burguesa, porque ela é separada de seu substrato material, não percebe o fenômeno da reificação, que está na base do formalismo e, consequentemente, o mundo reificado torna-se o único mundo possível. Isto se deve ao fato de que a filosofia na época do domínio da burguesia surgiu da estrutura reificada da consciência. A meu ver, o papel de libertação que em *História e consciência de classe* Lukács confia à filosofia sofre a influência hegeliana, porque tende a superar o saber científico através de um saber conceitual, rejeitando a assunção da realidade externa ao homem.

O racionalismo apresenta-se como descobridor do princípio de conexão de todos os fenômenos da natureza e da realidade que se contrapõem ao homem. Com efeito, o racionalismo permanece um sistema parcial incapaz de apreender os problemas últimos da existência humana, que – como acontece em *A alma e as formas* – continuam sendo inalcançáveis ao moderno indivíduo burguês. A instância fundamental do racionalismo consiste em considerar a possibilidade de cada particular momento do sistema ser gerado pelo seu princípio fundamental e ser previsível e calculável com base neste. As categorias filosóficas burguesas constituem o fruto das formas do específico ser social da burguesia. Para Lukács, o reconhecimento desse fato conduz à recusa de toda metafísica[50]. O processo de abstração reificante alcançou as ciências que, abandonado o substrato material a que geralmente estão voltadas, agem em um mundo fechado em si mesmo, metodologicamente puro, determinado absolutamente em sentido racionalista. O irracional fica no substrato material, que já está distante da especulação científica[51].

A filosofia clássica alemã gerou a exigência de considerar a unidade de sujeito e objeto por meio da qual se pode trazer à tona o sujeito do ato, partindo da identidade com o objeto[52]. A dualidade, que Lukács define intransponível, entre a forma que se gera por si só e a realidade manifesta-se mais na consciência ética que na consciência contemplativa do sujeito que conhece. De modo que a consciência prática tem uma superioridade de conhecimento em comparação com o conhecimento contemplativo, porque se dá no plano do real, no plano das coisas, no mundo cotidiano. Este é um problema de ordem estritamente ética, e o problema da ética está presente durante todo o desenvolvimento intelectual de Lukács. Com efeito, Lukács afirmava justamente que o papel revolucionário tinha de passar por uma definição ética, que revela um limite da cons-

---

[50] Ver ibidem, p. 157.
[51] Trata-se de temas retomados por Husserl em *Crise das ciências europeias*.
[52] Cf. G. Lukács, "La reificazione e la coscienza del proletariato", cit., p. 162.

ciência de classe. O domínio teórico sobre o objeto leva à extrapolação dos elementos formais, liberado de todos os aspectos conteudísticos. Contudo, quando chega à consciência o vínculo indissolúvel entre o comportamento objetivo contemplativo e o caráter formal puro do objeto que se quer conhecer, o problema da irracionalidade se torna irresolúvel se não se dirige à práxis[53]. De qualquer maneira, na história da filosofia apresenta-se pela primeira vez e de modo direto o problema concreto da práxis.

A contradição existente nos sistemas formais racionalistas modernos entre subjetividade e objetividade é mais uma vez o espelhamento, no campo lógico-metodológico, das contradições da sociedade burguesa. Tais contradições impelem as relações humanas no plano das leis de natureza, tornando a natureza, ao mesmo tempo, uma categoria social. Assim, aplicam-se ao homem as categorias das ciências naturais. Foi Hegel a estruturar o problema da contradição entre subjetividade e objetividade, introduzindo o ser-para-nós que não está em contradição com o ser-em-si, constituindo apenas uma correlação necessária. A contraditoriedade reapresenta-se mediante a introdução do ser-para-si e, portanto, da consciência de si que um objeto pode alcançar. Hegel ergueu as bases para o conhecimento dos fenômenos, fixando os limites estruturais do conhecimento. Tudo isto é impossível na filosofia kantiana, a qual não resolve as antinomias do pensamento. Na sociedade capitalista a contradição está entre o ser social e a realidade social que ele mesmo criou, e que se coloca para ele como uma essência estranha. O homem está à mercê das leis desta realidade à qual estranha, e a atividade humana pode consistir no uso dessas leis. De qualquer maneira, porém, o homem continua objeto do acontecer da realidade, portanto o vir a ser histórico-social é uma categoria fundamental da dialética social. O conceito de natureza enquanto sistema de leis do acontecer em intrínseca união com o conceito de natureza enquanto valor, contém em si, estreitamente, a tendência à superação da problematicidade da existência reificada, que segundo Lukács já fora observada por Kant. Somente a manifestação destas tendências permite à natureza tornar-se o que ela é: a verdadeira essência do homem, desprendida das forças econômicas da sociedade, mesmo permanecendo uma categoria social. Com efeito, segundo Lukács, a relação homem-natureza, o sentido da natureza, de suas formas e de seus conteúdos, extensiva e objetivamente, sempre é socialmente condicionado[54]. Somente o materialismo histórico pode responder à questão sobre a existência ou não de uma sociedade em relação imediata com a natureza. Não se trata, todavia, de relações quantificáveis com a natureza, as quais subsistem somente na sociedade capitalista. O capitalismo fez com que se perdessem dois conceitos fundamentais da natureza: a natureza como conjunto de leis naturais e como modelo do homem corrompido mpela sociedade. Essa situação de socialização permitiu ao ser social conhecer-se enquanto tal. O homem deve conseguir recuperar a totalidade em si

---

[53] Ver ibidem, p. 166.
[54] Ver G. Lukács, "Il mutamento di funzione del materialismo storico" [A mudança de função do materialismo histórico], em *Storia e coscienza di classe*, cit., p. 291.

realizada ou superar a estrutura com a unidade de teoria e práxis; somente então poderá chegar à unidade de liberdade e necessidade, necessidade esta representada pelo processo de produção e de trabalho.

O problema da reificação, que se apresentou no âmbito filosófico, permaneceu encerrado dentro de uma visão racionalista. De qualquer maneira, continua em primeiro plano a tentativa de superar a laceração reificada do sujeito e sua rigidez e impenetrabilidade. A salvação do homem só pode vir da superação da laceração e da fragmentação do sujeito em ações parciais. As formas de fragmentação representam as etapas necessárias para a regeneração da totalidade do homem, uma vez que estas se dissolvem no nada de sua inessencialidade tão logo entram em contato com a totalidade, revelando assim toda a sua dialeticidade negativa. A solução do problema, portanto, deve passar por um uso do método dialético. Mais uma vez Lukács concebe a dialética hegeliana como método dialético. O racionalismo, com efeito, mesmo tendo posto o problema da superação da reificação, não poderia resolvê-lo por causa de sua própria estrutura teórica, pois, uma vez que tende à calculabilidade dos conteúdos abstratos da forma, deve considerá-los intransponíveis, negando-se a possibilidade de apreender o novo por eles produzido e a essência do vir a ser neles contida, ao passo que o vir a ser histórico permite suprimir a autonomia dos momentos, apreendendo, portanto, sua unidade. Tal postura leva a representar os momentos racionais da coisa-em-si, a concretude e a totalidade orientadas para sua unidade, transformando a relação entre teoria e práxis, entre liberdade e necessidade. Concluindo, a filosofia mostra seus próprios limites e sua incapacidade em resolver as antinomias inerentes à estrutura social que constituem seu fundamento e, portanto, deve deixar o campo ao materialismo histórico, o único capaz de apreender a totalidade em vir a ser da sociedade e do ser social e de chegar à unidade incindível de teoria e práxis, de liberdade e necessidade.

O materialismo histórico, do mesmo modo que encontrou expressão autêntica na teoria crítica de Marx, apreende as formações sociais no processo de seu vir a ser histórico e, assim, a teoria transforma-se em história destas formações. Uma das maiores descobertas de Marx foi trazer de volta a coisidade externa ao homem à sua gênese das relações entre homem e homem e de analisar, segundo essa gênese, sua legalidade e sua objetividade internas, sua heteronímia independente da vontade humana. Objetividade e legalidade surgem apenas em um determinado ponto de desenvolvimento da sociedade, possuindo valor tão somente no mundo histórico e social que as produziu e que, por sua vez, por elas está determinado. Não estamos perante modelos universais. Os fatos econômicos, que são produzidos por uma sociedade e que a determinam dialeticamente, espelham-se na consciência, criando uma falsa, que deve ser investigada enquanto momento dialético da totalidade concreta que a produziu. Somente considerando a sociedade como um todo poderíamos apreender nessa relação a consciência em todas suas determinações essenciais. A relação entre teoria e práxis estrutura-se segundo um plano de intencionalidade voltada à totalidade. O problema do conhecimento desloca-se para o conhecimento da direção tomada pelo complexo do todo social em suas tendências de desenvolvimento[55]. Tal consciência apresenta-se como falsa consciência, impotente em apreender a essência do processo social, ou como fracasso dos escopos, mera submissão do social aos escopos objetivos. A relação entre falsa e verdadeira consciência será retomada por Heidegger na contraposição entre vida autêntica e vida inautêntica[56]. A relação com a totalidade social permite entender a teoria da possibilidade objetiva, ou seja, as ideias que os homens poderiam ter tido em uma determinada situação da vida social e cotidiana se tivessem tido uma completa compreensão de sua totalidade social[57].

A consciência de classe – que se apresenta como uma inconsciência classisticamente determinada – é resultado da falsa consciência e constitui sua consequência no plano da práxis social e política. É importante apreender o grau de consciência de classe de uma classe social – isto é, se ela consegue apreender a totalidade do processo social ou não. Para conhecer o grau de consciência de classe e, portanto, a fim de determinar a passagem de classe em si a classe para si, é preciso investigar qual momento da produção influencia negativamente tal passagem categorial. As classes sociais, baseadas nas consequências deste momento produtivo sobre sua estrutura, devem conseguir ultrapassar a imediatez de seus interesses de classe. A teoria do conhecimento de classe se desenvolve paralelamente à teoria do proletariado enquanto sujeito-objeto idêntico. Historicamente, nas sociedades pré-capitalistas a consciência de classe estava embebida de elementos extraeconômicos, ao passo que tal situação desaparece na sociedade capitalista, quando emerge a estratificação em classes. Somente na sociedade capitalista a economia consegue permitir sua passagem de ser-em-si a ser-para-si, e então, no capitalismo, os momentos capitalistas estão presentes e determinam a própria consciência. Na situação capitalista, o indivíduo encontra-se dialeticamente contraposto ao desenvolvimento das forças produtivas e sofre todas as consequências deste desenvolvimento, não podendo chegar à unidade de teoria e práxis. Somente a unidade incindível de teoria e práxis permite compreender a essência da sociedade capitalista e fornecer os meios para sua transformação, a fim de sair da existência reificada a que o proletariado está condenado.

Sem ser direcionada pela teoria, a práxis fica relegada em um horizonte com fim em si mesmo, pois somente mediante a unidade que forma com a teoria é capaz de superar as fronteiras da simples "astúcia da razão". O problema da unidade de teoria e práxis, de pensamento e ser, acentua a cientificidade do marxismo. Lukács coloca a questão tentando demonstrar que tal cientificidade reside no método dialético; de qualquer maneira, esse nexo continua sendo o ponto mais tipicamente marxista do Lukács de 1923. Podemos definir a consciência de classe: "O senso, tornado consciente, da situação histórica de classe"[58]. Sem o conhecimento profundo das formas do

---

[55] Ver Laura Boella, *Il giovane italiano*, cit., p. 212.
[56] Ver Lucio Colletti, *Il marxismo e Hegel*, cit., p. 337.
[57] Ver G. Lukács, "Coscienza di classe", em *Storia e coscienza di classe*, cit., p. 65.
[58] Ibidem, p. 96.

capitalismo, elas podem parecer autênticas representantes da vida social e, consequentemente, o caráter mercadológico da mercadoria torna-se forma fenomênica da autêntica imediaticidade da consciência reificada. Assim, a reificação penetra, enquanto elemento constitutivo, na própria consciência dos homens, constituindo uma estrutura única de consciência. Desse modo, toda faculdade psíquica e física do homem está submetida à transformação em coisa, com uma objetualidade espectral, pela relação de mercadoria. Com essa perspectiva estamos muito distantes do conceito de coisa como satisfação das necessidades.

A SUPERAÇÃO DA REIFICAÇÃO

Após ter analisado o desenvolvimento da reificação e de suas consequências no pensamento filosófico, constatando que não se pode chegar à sua superação unicamente pela atividade teórica, Lukács põe a questão da superação concreta da reificação. O ser social da burguesia e o ser social do proletariado constituem o mesmo em sua imediaticidade, o que mudam são as formas de mediação que permitem apreender e levar à consciência a imediaticidade da realidade social. Portanto, a possibilidade de discernimento deve ser buscada no modo como o ser social de uma e de outro se põem diante da realidade social e de como volta à consciência a relação de conhecimento instaurado com a realidade. Lukács não desmente a contribuição que o historicismo alemão de influência diltheyana lhe deu para chegar a tal distinção: "Aos historiadores realmente significativos do século XIX, como Riegl, Dilthey, Dvorad, não fugiu o fato de que a essência da história consiste exatamente na modificação das formas estruturais por meio das quais, ocasionalmente, tem lugar o confronto entre o homem e o mundo que o circunda, que determina a objetualidade de sua vida interna e externa"[59].

Para compreender a essência dos objetos reais que se opõem a ele, o ser social deve ir além da rígida separação entre si e os objetos, ou pôr no mesmo plano suas relações recíprocas e, depois, a interação entre estas relações e os próprios objetos. Portanto, torna-se necessária a visão global do sistema formado, sempre considerando que o sistema assim obtido e conhecido possa representar a totalidade dos fatos empíricos e que não contenha uma ulterior concreção dos objetos. Torna-se necessário, neste ponto, o conhecimento da gênese dos objetos e de seu sistema de mediações, que deve ser, ao contrário, tendência geral à modificação dos objetos. Pode-se afirmar, então, que a gênese histórica e a gênese conceitual do objeto coincidem. Na *Ontologia*, ao contrário, o conhecimento da gênese histórica e da conceitual está limitado ao simples conhecimento do ser-para-nós dos objetos, por conta da heterogeneidade e heteronomia dos complexos reais. O escopo precípuo da mediação é evidenciar o ponto em que a objetividade assume a forma da imediaticidade e, portanto, em que a imediaticidade

---

[59] G. Lukács, "La reificazione e la coscienza del proletariato", cit., p. 202-3. A relação entre Lukács e o historicismo alemão foi analisada por Marcos Nobre, em *Lukács e os limites da reificação: um estudo sobre História e consciência de classe* (São Paulo, Editora 34, 2001), p. 46s.

revela-se falsa, afastando a consciência do objeto. Com esse fim, Lukács usa a dialética hegeliana de aparência e essência com dois claros objetivos: relativizar e historicizar as categorias da filosofia burguesa e usar a lógica da essência levando em conta o conhecimento e a transformação da realidade. A dialética de aparência e essência deve apreender o verdadeiro processo de produção dos objetos sociais. É necessário, porém, compreender que a superação da imediaticidade não implica no abandono da imanência do ser social; ao contrário, deve-se conceber a mediação enquanto instrumento que permite o revelar-se da estrutura objetual dos objetos reais. Portanto, a mediação seria impensável se a existência empírica dos objetos fosse já uma existência mediada.

O correto entendimento dos complexos sociais reais elimina as falsas conexões dos objetos. Essa retificação liga-se diretamente ao ser da classe correspondente. Isto significa que mesmo se o ser social da burguesia e o do proletariado forem idênticos, ainda assim o ser social do proletariado não pode compreender o processo dialético da história, porque é o verdadeiro protagonista dela, pelo fato de ter uma relação direta com os objetos[60]. O ser social do proletariado é representado enquanto sujeito-objeto do processo social, em perfeita chave hegeliana. A relação de identidade entre sujeito e objeto no proletariado põe o problema de uma relação com a realidade voltada à produção de valores de uso, de verdadeiro trabalho concreto e não mais de trabalho abstrato[61]. A presença hegeliana vai além da de sujeito-objeto idêntico e diz respeito ao papel da consciência na superação da realidade reificada do capitalismo. À consciência é dada uma força real e, ao mesmo tempo, puramente lógica, contraposta ou superior à exterioridade dos objetos. Como afirma Laura Boella:

> Disto resulta a configuração de uma instância histórico-filosófica similar ao *Weltgeist* hegeliano, mas que, de vez em vez, pressupõe-se realizada somente ao nível lógico-transcendental, ou ainda adquire uma realidade utópico-postulatória, enquanto sintoma e símbolo da separação entre ser e dever ser, que para se realizar pressupõe a viragem total do mundo e sua própria negação, tratando-se da última consciência de classe na história da humanidade.[62]

---

[60] G. Lukács, "La reificazione e la coscienza del proletariato", cit., p. 217.

[61] "Nesse ponto, [há] uma necessária abertura teleológica do problema do trabalho, com a presença de elementos eticizantes e liberais, como a sublimação do papel dirigente do sujeito ativo, mas esta fundamentação elimina o fenômeno da reificação e reúne em unidade abstrata a categoria da consciência com o movimento real. Tudo isto causa um acento idealista, ofuscador da práxis sobre a criatividade subjetiva. Mas os acentos teleológicos resultam marginais nas análises lukacsianas de 1923", Laura Boella, *Il giovane Lukács*, cit., p. 121. Além disso, Lukács parece perder a distinção entre sujeito histórico e sujeito lógico. Certa distinção entre os dois termos da identidade é retomada pela dicotomia engelsiana de categoria dialética e categoria metafísica, fundamentalmente sempre permanece a concepção hegeliana do sujeito-objeto. Portanto, a distinção entre dialética e metafísica diz respeito a uma mudança no objeto com claras referências à fenomenologia hegeliana através da mediação marxiana; ver G. Lukács, "La reificazione e la coscienza del proletariato", cit., p. 168. Conferir também Andrew Arato, que reconheceu a herança da dialética hegeliana em *História e consciência de classe* em seu artigo "Lukács Theory of Reification", *Telos*, St. Louis, n. 11, 1972, p. 29.

[62] Laura Boella, *Il giovane Lukács*, cit., p. 222.

Contra essa tendência do proletariado encontra-se o caráter reificado e reificante do trabalho na sociedade capitalista, que força o trabalhador a um papel contemplativo e o priva do valor essencial de sua intervenção na práxis de trabalho. A quantificação, que é a verdadeira categoria do processo de trabalho, é a geradora da reificação e do esvaziamento da essência do objeto. A dialética de aparência e essência pode reportar-se à dialética quantidade e qualidade. Além disto, o fato de o trabalhador ser obrigado a vender sua força-trabalho enquanto mercadoria acaba reduzindo-o ao papel de coisa, como se ele fosse um dos objetos da produção. Na cisão de subjetividade e objetividade, esta situação pode vir à consciência e, para as leis dialéticas da sociedade capitalista, a consciência do operário é a consciência-de-si da mercadoria[63]. Não obstante, tal consciência descobre a verdadeira essência da mercadoria e seu caráter de fetiche.

Resultam evidentes, na colocação desse problema, as "presenças" hegelianas, e o próprio Lukács reconhece isso:

> Como o marxismo apreende o processo dialético enquanto idêntico ao próprio desenvolvimento histórico, para o objeto modificado do conhecimento subsiste aqui, sobretudo, o programa de Hegel: compreender o absoluto, o escopo de sua filosofia enquanto resultado. Mas nesta asserção metodológica o que importa é o fato estrutural para o qual o momento particular cela-se, ao invés, na possibilidade de estender a riqueza conteudística da totalidade.[64]

Assim, cada momento da totalidade deve apresentar-se inteiro, no momento em que a totalidade é apreendida pela ciência e somente quando o momento refere-se à totalidade, segundo a tese hegeliana de que cada momento é o inteiro movimento do pensar[65]. Diversas vezes, no curso da obra, Lukács afirma que o método dialético hegeliano se fixa em um esquematismo rígido, que somente a interpretação de Marx permite superar. Está fundado um movimento que deve conduzir para além da imediaticidade, transformando-se em processo dialético fundante de uma nova imediaticidade. Reencontramos esta fundamentação hegeliana na dialética marxiana do trabalho na sociedade capitalista: o indivíduo particular está contraposto à generalidade abstrata, através da qual se media o referir-se do trabalho à sociedade. Tal generalidade abstrata apresenta-se sob a forma de fetiche da mercadoria, que por sua vez esconde-se no processo de trabalho sob a forma da racionalização e da quantificação do trabalho. Lukács estende a temática da reificação do trabalho às suas esferas não produtivas – por exemplo, a burocracia – usando sempre as categorias marxianas e aplicando sobre elas um procedimento de generalização.

A superação da reificação assume a forma de uma tendência de rompimento com a estrutura reificada da existência, entrando em relação direta com as contradições con-

---

[63] Ver idem.
[64] Ibidem, p. 224.
[65] G. W. F. Hegel, *Scienza della logica*, cit., p. 104.

cretas, que por sua vez resultam do desenvolvimento capitalista global mediante uma tomada de consciência de sua conexão com a totalidade do processo de desenvolvimento. O ato é desenvolvido como um fator subjetivo dependente da forma em que a consciência social apreende a forma de objetualidade dos objetos. A consciência do proletariado – que se apresenta enquanto *autor* da superação – torna-se consciência do próprio processo[66]. Lukács afirma que a ação do proletariado, inserido no vir-a-ser do processo de desenvolvimento social, representa a execução prática do próprio desenvolvimento. O ato da totalidade do processo de desenvolvimento deve necessariamente ser inserido na totalidade conteudística. Todo juízo de valor sobre o ato do proletariado deve estar em função da relação com o desenvolvimento social e com a possibilidade de modificá-lo. O ato do proletariado, segundo Lukács, coloca um nó de problemas gnoseológicos e práticos, isto é, de que maneira o objeto do pensamento transforma-se em algo estranho ao sujeito, e se este concorda com o objeto em si. Essa discrepância tende a crescer na relação entre forma subjetiva do pensamento e forma objetiva do existente. Não se trata de um problema secundário, mas primário, para a transformação da realidade reificada. Com efeito, sobre qual realidade devem inscrever-se o pensamento e a práxis transformadora, se o pensamento não consegue apreender os nexos concretos de tal realidade? Ou se as representações do pensamento não correspondem aos nexos reais? Foi Marx quem sugeriu a solução, que se encontra justamente no agir prático. Somente a práxis pode oferecer um parâmetro de juízo acerca da validade do pensamento que a dirigiu. Pela inserção do pensamento no vir a ser social, por meio da práxis, emergirá o novo, que já existe refletido na consciência do proletariado e é resultado da contradição dialética do processo de desenvolvimento, enquanto consequência de sua totalidade. Lukács define o novo enquanto "salto"[67]: este somente pode nascer se a intenção consciente estiver voltada para a sociedade enquanto inteira.

A ALIENAÇÃO NA *ONTOLOGIA*

Se passarmos do ensaio de 1923 para a *Ontologia*, percebemos que as problemáticas da alienação e da reificação foram radicalmente reelaboradas, resultando, em alguns aspectos, completamente diferentes da que havia sido dada em *História e consciência*

---

[66] Habermas julgou excessivo o trecho da reificação à consciência revolucionária do proletariado: "Lukács comete agora o erro decisivo, sugerido por Marx, de recuperar novamente no plano teórico o 'tornar-se prática', representando-o como realização revolucionária da filosofia. Por isto ele deve acreditar que a teoria seja capaz de prestações maiores ainda das que até mesmo a metafísica havia reivindicado para si mesma", Jürgen Habermas, *Teoria dell'agire comunicativo* (Bolonha, Il Mulino, 1986), cap. IV, § 2.6, p. 486 [ed. bras.: *Teoria do agir comunicativo*, São Paulo, WMF Martins Fontes, 2012]. Habermas sugere renunciar à esperança de subverter o existente, falta apenas um convite para que aceite isso. Sobre as críticas de Habermas a Lukács, ver o artigo de Jean Grondin, "Reification from Lukács to Habermas", em Tom Rockmore (org.), *Lukács Today*, cit., p. 86-108. As posições de Habermas foram antecipadas por Gian Enrico Rusconi, em seu *La teoria critica della società* (Bolonha, Il Mulino, 1970), p. 77s.

[67] G. Lukács, "La reificazione e la coscienza del proletariato", cit., p. 209.

de classe. Na *Ontologia*, o juízo de Lukács sobre a alienação é mais complexo, "pois objetivação e alienação são formas sociais elementares de vida, sem as quais nem o trabalho nem a linguagem seriam possíveis, sendo, portanto, a tendência para certa generalização igualmente um modo de expressão elementar de todos os homens que vivem em sociedade"[68]. É necessário fazer aqui uma observação terminológica: na *Ontologia*, Lukács usa *Entaüsserung* no significado hegeliano, ou seja, uma exteriorização da essência genérica do homem, ao passo que usa *Entfremdung* no significado marxiano de "estranhamento", ou seja, uma viragem pelo avesso, negativa, do ato da exteriorização sobre o sujeito que o cumpriu. Explica-se assim a relação entre ambas:

> o estranhamento só pode se originar da alienação; onde a estrutura do ser não desloca esta para o centro, determinados tipos daquele nem sequer podem ocorrer. Contudo, quando se aborda esse problema, jamais se deve esquecer que ontologicamente a origem do estranhamento na alienação de modo algum significa uma afinidade evidente e incondicional desses dois complexos do ser: é fato que certas formas de estranhamento só podem surgir da alienação, mas esta pode perfeitamente existir e atuar sem produzir estranhamentos. A identificação das duas, tão difundida na filosofia moderna, provém de Hegel.[69]

Mas Lukács esclarece ainda mais sua posição mais próxima à de Marx quando reafirma que a crítica de Marx à alienação hegeliana permite descobrir o papel determinante da objetivação, ou seja, da realização de atos e objetos segundo um plano teleológico em que a essência genérica do homem pode transformar o mundo externo segundo escopos cientes: "Com a objetivação surgiu aquela categoria objetiva fundamental do ser social que, ao mesmo tempo, confere expressão à identidade ontológica última de cada ser (da objetividade em geral) e à não identidade na identidade (objetivação no âmbito do ser social *versus* mera objetividade no ser natural)"[70]. O ser em-si da natureza, sua objetividade, é continuamente transformado no processo de trabalho em ser para-nós, mediante um processo de alienação da essência genérica, das capacidades humanas de trabalhar e, portanto, de transformar o mundo externo. O para-nós torna-se uma qualidade existente do objeto objetivado. Lukács está convencido de que "desde o primeiro trabalho enquanto gênese do devir homem do homem até as resoluções psíquico-espirituais mais sutis, o homem confere forma ao seu meio ambiente, contribui para construí-lo e aprimorá-lo e, concomitantemente com essas suas ações bem próprias, partindo da condição de singularidade meramente natural, confere a si mesmo a forma de individualidade dentro de uma sociedade."[71]. A objetivação e a alienação não somente constroem o mundo externo do homem, como também o mundo interior, e permitem a formação da comunidade por meio de rela-

---

[68] G. Lukács, *Ontologia dell'essere sociale*, cit., v. II, cap. III, § 3, p. 500 [ed. bras.: p. 520].
[69] Ibidem, v. II, cap. III, § 2, p. 398 [ed. bras.: p. 417-8].
[70] Ibidem, v. II, cap. III, § 2, p. 399 [ed. bras.: p. 419].
[71] Ibidem, v. II, cap. II, § 4, p. 261 [ed. bras.: p. 284].

ções recíprocas entre os homens. Alienação e objetivação constituem nexos incindíveis do ser social, que constituem o *in-divíduum* como relação incindível entre singularidade e comunidade.

A alienação, porém, tende a desaparecer com o aumento do processo de desantropomorfização, porque o homem aumenta a compreensão e a transformação objetiva do mundo externo segundo a objetividade dele e não segundo uma mera compreensão subjetiva. No trabalho também aparece uma compreensão objetiva da realidade, mas a alienação apresenta um grau de maior sociabilidade em relação com a objetivação no trabalho porque a alienação relaciona-se com a totalidade do homem, enquanto o trabalho se relaciona com comportamentos individuais. Efetivamente, o caráter deformador de algumas objetivações aparece mais claramente dependente do grau de divisão social do trabalho. A alienação, portanto, põe o problema da humanização do homem, do surgir nele de uma interiorização espiritual, oferecendo-se duas possibilidades: um gênero humano em-si e um gênero humano para-si. A passagem da genericidade em-si à genericidade para-si é o segundo grande salto que o ser humano realiza, após ter "saltado" da animalidade à humanidade. O problema da alienação, para permitir a passagem à genericidade para-si, consiste no fato de que esta deve superar a posição do singular e participar do desenvolvimento social global, somente assim poderá ser fator decisivo do desenvolvimento do indivíduo. Esta passagem da singularidade à comunidade é possível porque na alienação sempre existe um mínimo de sociabilidade do indivíduo particular e tal presença é o fator decisivo, eu diria o *übergreifendes Moment* [momento predominante], e também permanência do desenvolvimento humano. Trata-se de temáticas já presentes em *História e consciência de classe*, mas somente na *Ontologia* alcançam um grau de complexidade e de clareza maior. Lukács esclarece a relação cotidianidade/trabalho nestes termos:

> O "mundo" do cotidiano diferencia-se do "mundo" do trabalho sobretudo pelo fato de que, nele, o aspecto da alienação dos pores desempenha um papel tanto extensiva como intensivamente muito maior. A personalidade do homem exprime-se objetivamente antes de tudo na práxis do trabalho, mas faz parte da essência da vida humana, que as tendências para o ser-para-si, para a consciência-de-si, via de regra, ganhem validade, de modo imediatamente pronunciado, na esfera do cotidiano, do âmbito da atividade do homem inteiro.[72]

Lukács antecipa quanto Habermans retomou na sua concepção de intersubjetividade:

> Lukács fala em 'formas apriorísticas de objetividade' porque, no quadro da filosofia subjetivista, teve de começar pela relação fundamental entre um sujeito conhecedor ou agente e a esfera de objetos percebíveis ou manipuláveis. Após a mudança de paradigma cumprida pela teoria da comunicação, as qualidades formais da intersubjetividade de um

---

[72] Ibidem, v. II, cap. III, § 2, p. 421 [ed. bras.: p. 442].

possível entender-se podem tomar o lugar das condições da objetividade de uma possível experiência. As formas do entender-se constituem, toda vez, um compromisso entre as estruturas gerais do agir orientado à compreensão e as coações orientadas à reprodução tematicamente não disponíveis dentro de um mundo vital dado.[73]

Habermas retoma a temática lukacsiana de *História e consciência de classe* e não da *Ontologia*; se ele tivesse dedicado atenção a esta última, sua crítica, ainda que camuflada, não teria tido razão de ser.

Com o progredir do progresso social, os objetos produzidos na objetivação e na alienação começam a assumir uma independência própria e uma vida autônoma do sujeito que neles tem alienado a própria genericidade para-si. As objetivações do indivíduo entram em relação com as objetivações de outros produtores individuais. Gera-se assim um complexo unido a outros complexos, em que os pores teleológicos generalizáveis que estão à origem da objetivação e da alienação do indivíduo entrelaçam-se com pores teleológicos generalizáveis de outros indivíduos. Manifesta-se, desta maneira, o caráter social da objetivação e o individual da alienação. Por sua vez, em cada alienação podem exprimir-se as necessidades vitais, ou o ato do ser social individual mostra-se como uma realização de um dever-ser social, neste último caso o grau de genericidade para-si é superior à intenção particular do indivíduo. Esta superação é na realidade um aprofundamento da personalidade do indivíduo para com a realização da genericidade em-si do ser humano.

O estranhamento é para Lukács "um fenômeno exclusivamente histórico-social, que emerge em certos picos do desenvolvimento em curso, assumindo a partir daí formas historicamente sempre diferentes, cada vez mais marcantes"[74]. O estranhamento é uma forma histórica, portanto esta se pode superar no curso do desenvolvimento histórico, não sendo mais somente um problema econômico, mas é também um problema espiritual. O estranhamento tem um fundamento na categoria do **ter**. Lukács afirma que o 'ter' constitui o ponto de partida de qualquer troca orgânica com a natureza, por isto podem surgir desta categoria algumas particulares formas de estranhamento; efetivamente no desenvolvimento histórico

> Por um lado, surgem necessidades a serem satisfeitas que, em estágios iniciais, nem podiam ter existido; por outro lado, as necessidades indispensáveis à reprodução da vida recebem modos de satisfação que as alçam, em termos de vida, a um nível mais social, mais ele-

---

[73] Jürgen Habermas, *Teoria dell'agire comunicativo*, cit., p. 795-6. Note-se que Habermas não conhece a *Ontologia*, tanto que não cita o trecho ou mesmo a fonte de onde resume a concepção de Lukács. É possível que o conhecimento da *Ontologia* provenha de uma conversa com Agnes Heller, como ela refere em Ferenc Fehér et al., "Premessa alle 'Annotazioni sull'ontologia per il compagno Lukács'" [Premissa aos apontamentos sobre a ontologia para o camarada Lukács], *Aut Aut*, Florença, n.157-8, jan.-abr. 1977, p. 14. A melhor crítica a Habermas encontra-se em Ricardo Antunes, *Os sentidos do trabalho* (São Paulo, Boitempo, 1999), p. 161.

[74] G. Lukács, *Ontologia dell'essere sociale*, cit., v. II, cap. IV, § 1, p. 559 [ed. bras.: p. 577].

vado, mais afastado dessa reprodução imediata da vida. Isso é visível especialmente na alimentação. É claro que, nas classes dominantes, pode ocorrer uma grande elevação desse tipo, que tem apenas uma ligação muito solta com o tipo universal de satisfação das necessidades na respectiva sociedade; porém, também na tendência histórica do desenvolvimento, inicia-se um movimento ascendente, que, por exemplo, eleva a fome, de efeito meramente fisiológico, à condição de apetite que já assumiu um caráter social. Um retrocesso nessa área pode, portanto, acarretar um retorno do simples e brutalmente fisiológico, ou seja, um tipo de estranhamento da sensibilidade humana em relação ao seu estágio social já alcançado na realidade. A isso Marx confere uma expressão certeira com o termo "animalesco"..[75]

Esse processo envolve também qualidade e quantidade da vida cotidiana, porque mediante um ter quantitativo surge uma vida qualitativamente melhor; e se este grau de desenvolvimento se perder, pode-se perceber um retrocesso, um estranhamento, um grau de vida "bestial", que não é efetivamente bestial, mas que é percebido enquanto tal pelo sujeito submetido ao processo de estranhamento. Mas a categoria do ter não é facilmente superável no modo de produção capitalista. Esta poderá ter uma completa superação somente no comunismo.

Substancialmente, o estranhamento nasce da separação reificante da particularidade de um indivíduo, que se vê cair a um estágio 'bestial', com respeito ao homem inteiro. Somente quando o homem pode reunir-se com a genericidade para-si do ser-homem, então o estranhamento é definitivamente superado. As primeiras formas de superação mostram-se através do descontentamento que o indivíduo percebe para com a genericidade em-si, para com uma humanidade não realizada. Para Lukács o descontentamento manifesta-se nos explorados, nas vítimas do sistema, num tempo os escravos, hoje nas mulheres e nos excluídos[76], nos que percebem seu ser alheio ao sistema dominante. Somente um reconhecimento comum da condição de exclusão ou de exploração pode permitir uma luta eficiente contra a condição "bestial", porque quanto mais individual a luta para a própria libertação, tanto mais esta será impotente. Se o indivíduo ficar impotente diante do estranhamento, acabará por confundi-lo como uma característica condição do ser, ao ponto de incluí-lo na própria genericidade em-si. A arte é uma forma de luta contra o estranhamento já que o trabalho em si é indiferente ao estranhamento, aliás, formas altíssimas de estranhamento podem gerar produtos de grande utilidade social. A arte, ao contrário, enquanto consciência-de-si da humanidade, permite apreender claramente o grau de estranhamento, fato que não é permitido no processo de trabalho. Fundamentalmente uma arte estranhada não é possível, porque a arte, fruto do ato consciente do artista, denuncia o estranhamento. Lukács propõe sua concepção ideológica do artista, que pode colocar-se politicamente à direita, enquanto sua produção artística é de esquerda. O estranha-

---

[75] Ibidem, p. 576 [ed. bras.: p. 595].
[76] Ver ibidem, p. 577s.

mento, porém, pelo fato de estar presente na produção de trabalho ou na economia, é um dos possíveis fenômenos da socialização. Lukács foge à identificação hegeliana de estranhamento e objetivação.

O fordismo produz uma nova forma de consciência que é orgânica à nova forma de estranhamento. A superação da particularidade realiza-se no interior da consciência de cada indivíduo singular, ainda que dentro de um quadro que sempre é social: "disto se deduz que o princípio para que se separa consciência particular e consciência não-mais-particular, está baseado no conteúdo social dos vários graus da práxis. Tal conteúdo é, desde o primeiríssimo ato de trabalho, sempre social"[77]. A consciência do indivíduo sempre aparece como um instrumento para dar respostas a impulsos externos a partir do modelo da resposta do ser social à natureza externa, isto é, o trabalho. Aliás, quanto "mais um tipo de práxis humana for distante de sua origem e de seu modelo, o trabalho, maiores modificações revelará a realidade da práxis com respeito ao modelo"[78]. Assim, também nas interações da vida cotidiana pode desenvolver-se um processo de estranhamento.

A reificação é uma forma de estranhamento, que já vimos em *História e consciência de classe* e que Lukács explicitamente retoma[79], ou seja, o reduzir um processo, uma consciência, um ser social a coisa; esta redução acontece no contínuo uso deles, na redução de seu ser-para-nós a coisa. A reificação é tão comum que pode ser confundida, como acontece com o estranhamento, como uma situação natural, por exemplo, o valor de troca: "A nova forma 'espectral' da objetividade do valor de troca cria aqui – em grau sempre crescente com o desenvolvimento da economia – reificações sempre mais impelidas, universais, que aos máximos degraus, no capitalismo, transmudam-se diretamente em estranhamentos, em autoestranhamentos"[80]. É assim reconhecido o papel fundamental desenvolvido pelo valor de troca, mesmo que sinalizando sua imanência em relação com o processo produtivo[81]. O valor de troca pode permear o tecido social a ponto de adquirir uma importância superior em relação com os outros valores econômicos e uma influência também sobre valores não econômicos. Pela transformação dos valores não econômicos pode nascer um movimento inverso que tende a transformar a essência mesma dos valores econômicos, como por exemplo, no caso da manipulação das consciências. O valor de troca é concebido como fato natural de qualquer sociedade humana e o trabalhador julga absolutamente normal o fato

---

[77] Ibidem, p. 609-10.
[78] Idem.
[79] Ver ibidem, v. II, cap. IV, § 2, p. 644s.
[80] Ibidem, p. 647.
[81] Os alunos da Escola de Budapeste declararam-se contrários à tese de Lukács de considerar a categoria do estranhamento como referimento ao indivíduo singular, tornando-a assim uma categoria teórica-pessoal mais que uma categoria histórico-filosófica. Tal colocação contrasta com a dada por Marx e Engels em *A ideologia alemã*. Essa interpretação equivocada, segundo os alunos, levaria Lukács a assumir o indivíduo singular como artífice da luta contra o estranhamento, dando uma interpretação limitativa da luta à alienação; ver Ferenc Feher et al., "Annotazioni sull'*Ontologia* per il compagno Lukács", cit., p. 36-7.

de seu trabalho ser trocado como mercadoria por um salário, como, em outra época, o escravo julgava natural o fato de que, sendo prisioneiro de guerra, sua condição humana retrocedesse à de um instrumento dotado de voz (*instrumentum vocale*). Além disto, por meio da circulação das mercadorias o trabalhador reifica sua práxis, torna-se ele mesmo motor de um processo geral de reificação, que se desenvolve também através da extinção de formas historicamente superadas de reificação a favor de formas mais desenvolvidas.

Trata-se agora de libertar o indivíduo da manipulação das consciências, ou seja, do uso que desde o externo se opera sobre a consciência de cada indivíduo particular, de modo que sua ação se torne instrumento para realização de fins estranhos a ele, mais que do estranhamento que vem do próprio processo de trabalho:

> A mais-valia absoluta não morreu, simplesmente, não desenvolve mais um papel dominante; o papel que desenvolvia quando Marx escreveu os *Manuscritos econômico-filosóficos*. Hora, o que deriva disto? O fato de que um novo problema se apresenta no horizonte dos trabalhadores, o problema de uma vida que tenha sentido. A luta de classe na época da mais-valia absoluta estava voltada a criar as condições objetivas para uma vida deste tipo. Hoje, com uma semana de trabalho de cinco dias e um salário adequado, já podem existir as condições de vida indispensáveis para uma vida que tenha sentido. Mas exatamente hoje surge um novo problema: o problema da manipulação que vai desde a compra de cigarro até a eleição do presidente, eleva uma barreira no interior dos indivíduos entre sua existência e uma vida sensata.[82]

Então o problema da exploração deslocou-se da mais-valia absoluta à mais-valia relativa. Mas aqui também o indivíduo deve conseguir transformar a relação social que tem consigo mesmo[83], Não é uma citação testual, porém este sentido se pode encontrar implícito na reflexão do Lukács ou seja, controlar o tempo de lazer de que dispõe, caso contrário acaba para entrar na produção das mercadorias inclusive em seu tempo de lazer. Esta transformação implica escolhas novas e diferentes de reação à nova forma de estranhamento com respeito ao que acontecia no velho mundo do trabalho, fundado sobre a reificação; nascem novas ciências como a psicologia do trabalho, usada para conformar o trabalhador com as formas de exploração a que está submetido[84], ou ainda existe uma tendência a mostrar que a transformação do tempo de lazer é uma quantidade de trabalho necessário à reprodução está em constante diminuição, ou seja, é fruto de um processo espontâneo.

A nova forma do fenômeno de estranhamento provocou também novas formas de filosofia. De forma semelhante o juízo de Lukács mudou em relação aos novos adversários filosóficos com os quais se deparou. Lukács vê no neopositivismo a nova

---

[82] G. Lukács, *Conversazioni* [Conversações] (Bari, De Donato, 1973), p. 67.
[83] Cf. G. Lukács, *Ontologia dell'essere sociale*, cit., v. II, cap. IV, § 2, p. 703.
[84] Cf. G. Lukács, *Conversazioni*, cit., p. 69.

ideologia da manipulação das consciências[85]. Justamente a manipulação das consciências torna a alienação um fenômeno da cotidianidade[86]. O neopositivismo, com sua recusa a qualquer ontologia, representa uma espécie de proclamação da superioridade da manipulação sobre a tentativa de agarrar a realidade como tal[87]. O neopositivismo substitui o princípio ontológico da causalidade pelo da dependência funcional deixando aparecer cada forma de ser enquanto imediata, de modo a cindir a vida espiritual do homem da vida material, ao ponto de fragmentar a individualidade. Em geral, na cultura contemporânea afirma-se

> o conformismo da vida política e social, no qual nem mesmo as "oposições" querem renunciar à postura conformista correta, passando pela ciência e pela filosofia, as quais [...] concentram os seus principais esforços em expulsar da cabeça dos homens todo pensamento sobre o ser – que o único controle intelectual eficaz das reificações e dos estranhamentos –, e pela arte, que representa o estranhamento como insuperável condição natural do homem.[88]

O problema da superação da manipulação contém em si o problema da superação da divisão do trabalho e, ao menos nesse ponto de vista, entre *História e consciência de classe* e a *Ontologia do ser social* existe uma linha de continuidade. Na *Ontologia*, porém, a divisão social do trabalho é concebida em uma acepção muito mais ampla do que em *História e consciência de classe*, assim emergem também aspectos positivos da divisão do trabalho, por exemplo, o aumento da produção econômica e a superação da singularidade pela comunidade:

> Ora, se o desenvolvimento do trabalho, bem como a divisão do trabalho dele decorrente, volta a produzir, num estágio superior, algo também qualitativamente novo, a saber, que o homem tem condições de produzir mais do que precisa para a sua própria reprodução, então esse fenômeno econômico deve dar origem, na sociedade, a estruturas totalmente novas: a estrutura de classe e tudo o que dela decorre.[89]

Por meio da divisão do trabalho o trabalho necessário à reprodução de um indivíduo singular é cada vez menor, enquanto cresce o trabalho global que o indivíduo realiza e com isto cresce também a quantidade de riqueza produzida por cada trabalhador individual. O estranhamento não se origina diretamente da divisão do trabalho que, aliás, pode permitir a um indivíduo singular pôr seu trabalho a serviço de outros

---

[85] Sobre a crítica lukacsiana ao neopositivismo, ver Jörg Schreiter, "Lukács' Kritik des Neopositivismus als 'höchste Stufe der Durchführung des Bellarminischen Programms", em *Gechichlichkeit und Aktualität*, cit., p. 138-44.

[86] G. Lukács, *Ontologia dell'essere sociale*, cit., v. I, cap. I, § 1, p. 26.

[87] Ibidem, p. 37.

[88] Ibidem, v. II, cap. IV, § 2, p. 704 [ed. bras.: p. 727].

[89] Ibidem, cap. II, § 3, p. 242 [ed. bras.: p. 266].

indivíduos, mas da estrutura classista da sociedade. É a estrutura de classe que embrutece o trabalho humano e Lukács repropõe o problema do embrutecimento das qualidades humanas por parte da divisão capitalista do trabalho e pela alienação por esta provocada, pois a "divisão social do trabalho [...] torna o trabalho tão unilateral quanto as necessidades multifacetadas"[90]. O indivíduo encontra-se dividido entre estas duas condições de unilateralismo e multilateralismo, perdendo o senso da justeza ou não de sua ação dentro e fora do mundo do trabalho.

Reapresenta-se, portanto, o velho problema da superação do estranhamento por meio de uma tomada de consciência, que ligue inicialmente o homem à sua essência genérica e, depois, permita encontrar o caminho para a superação do estranhamento. Naturalmente o estranhamento poderá ser superado a partir do ato do indivíduo singular. Não há subjetividade universal ou coletiva que possa travar uma luta de libertação, não há partido que se transforme em sujeito da história; a libertação de todos será o resultado do ato de libertação de cada indivíduo.

---

[90] Ibidem, cap. III, § 1, p. 343 [ed. bras.: p. 363-4].

BIBLIOGRAFIA

ADORNO, Theodor W. "La conciliazione forzata. Lukács e l'equivoco realista" [A conciliação forçada. Lukács e o equívoco realista]. *Tempo presente*, Roma, ano IV, n. 3, mar. 1959, p. 178-92. [Ed. ingl.: "Reconciliation under Duress", Fredric Jameson (org.), *Aesthetics and Politics*. Londres, Verso, 1980.]

ALMÁSI, Miklós. "La prospettiva ontologica di Lukács" [A perspectiva ontológica de Lukács], em G. Oldrini (org.), *Il marxismo della maturità di Lukács*. Nápoles, Prismi, 1983, p. 129-58.

_____. "La concezione dell'arte tra l'*Estetica* e l'*Ontologia*" [A concepção da arte entre a *Estética* e a *Ontologia*], em M. Valente (org.), *Lukács e il suo tempo. La costanza della ragione sistematica*. Nápoles, Pironti, 1984, p. 231-50.

_____. "Lukács, the Moral Philosopher", *The New Hungarian Quarterly*, Budapeste, n. 99, v. XXVI, 1985, p. 26-35.

_____. "Die Geburt des ontologischen Gedankens", em Udo Bermbach e Günter Trautmann (orgs.), *Georg Lukács. Kultur-Politik-Ontologie*. Opladen, Westdeutscher, 1987, p. 210-21.

_____. "Lukács's Ontological Turn: *The Ontology of Social Being*", *Hungarian Studies on György Lukács*, em L. Illés et al. (orgs.), Budapeste, Akadémiai Kiadó, 1993, p. 544-62.

AMBRUS, János. "Lukács és az átmeneti korszak problémai" [Lukács e os problemas do momento da transição], *Kritika*, Budapeste, n. 3, mar. 1984, p. 17-9.

ANCARANI, Vittorio. "Forme della soggettività e processo lavorativo in Lukács" [Formas da subjetividade e processo de trabalho], *Aut Aut*, Florença, n. 157-158, jan.-abr. 1977, p. 200-27.

ANTUNES, Ricardo. *Os sentidos do trabalho*. São Paulo, Boitempo, 1999, p. 258.

ARATO, Andrew. "Lukács Theory of Reification", *Telos*, St. Louis, n. 11, 1972, p. 25-66.

ARISTÓTELES, *Metafísica*. Trad. Edson Bini, São Paulo, Edipro, 2006.

_____. *Política*. Trad. Leonel Vallandro e Gerd Bornheim, 4. ed., São Paulo, Nova Cultural, 1991, col. Os Pensadores, v. II.

ARVON, Henri. *Lukács*. Milão, Accademia, p. 8-114. [Ed. port.: *Lukács, ou a frente popular em literatura*, Lisboa, Estúdios Cor, 1968]

_____. "L'Estethétique de Lukács est-elle marxiste?", *Revue Internationale de Philosophie*, Bruxelas, ano XXVII, n. 106, fasc. 4, 1976, p. 457-73.

ASOR ROSA, Alberto. "Il giovane Lukács teorico dell'arte borghese" [O jovem Lukács teórico da arte burguesa], *Contropiano*, Florença, n. 1, 1968, p. 59-104.

BAHR, Ehrhard. "Georg Lukács's 'Goethianism': Its Relevance for His Literary Theory", em Judith Marcus e Zoltan Tarr (orgs.), *Georg Lukács. Theory, Culture, and Politics*. New Brunswick/Oxford, Transaction Publishers, 1988, p. 89-96.

BALESTRIERI, Gianni. "La questione della prassi nell'ontologia di Lukács" [A questão da práxis na ontologia de Lukács], *Critica Marxista*, Roma, ano XXI, n. 2-3, mar.-jun. 1983, p. 229-31.

BALOGH, István. "Lukács' Ontology and the Problem of Social Formations", em Janos Lukács e F. Tökei (orgs.), *Philosophy and Culture. Studies from Hungary*, Budapeste, Akadémiai Kiadó, 1983, p. 335-52.

BAYER, József. "Zur politischen Philosophie des späten Lukács", Udo Bermbach e Günter Trautmann (orgs.), *Georg Lukács. Kultur-Politik-Ontologie*. Opladen, Westdeutscher, 1987, p. 177-87.

BEDESCHI, Giuseppe. "Lukács e la teoria della mediazione dialettica" [Lukács e a teoria da mediação dialética], *Problemi del socialismo*, Veneza, ano XIII, n. 5-6, set.-dez. 1971, série III, p. 894-901.

_____. *Introduzione a Lukács* [Introdução a Lukács], Bari, Laterza, 1976, p. 162.

BENSELER, Frank. "Zur *Ontologie* von Georg Lukács", Udo Bermbach e Günter Trautmann, *Georg Lukács. Kultur-Politik-Ontologie*. Opladen, Westdeutscher, 1987, p. 253-63.

_____. "Der späte Lukács und die subjektive Wende im Marxismus. Zur *Ontologie des gesellschaftlichen Seins*", em R. Dannemann e W. Jung, *Objektive Möglichkeit. Beiträge zu Georg Lukács' 'Zur Ontologie des gesellschaftlichen Seins*. Opladen, Westdeutscher, 1995, p. 127-146.

BERMBACH, Udo; TRAUTMANN, Günter. "Georg Lukács. Traditionalist oder Erneuerer des Marxismus?", em Udo Bermbach e Günter Trautmann (orgs.), *Georg Lukács. Kultur-Politik-Ontologie*. Opladen, Westdeutscher, 1987, p. 14-27.

BERNSTEIN, J. M. "Lukács Wake: Praxis, Presence and Metaphysics", em Tom Rockmore, *Lukács Today: Essays in Marxist Philosophy*. Dordrecht, Reidel, 1988, p. 167-95.

Beyer Wilhelm Raimund, "'Marxistische Ontologie', eine idealistiche Modeschöpfung", em *Deutsche Zeitschrift für Philosophie*, fasc. 11, vol. 17, 1969, Berlin, p. 1.310-1.331.

BLANCHARD, Yvon. "Travail et teleology chez Hegel selon Lukács", *Dialogue*, Toronto, n. 9, 1970, p. 168-80.

BOBOC, Alexandru. "Munka és gyakorlat Lukács György ontológiájába" [Trabalho e práxis na ontologia de Lukács], *Az élő Lukács* [Lukács vivo]. Budapeste, Kossuth, 1986, p. 290-4.

BODEI, Remo. "Studi sul pensiero politico ed economico di Hegel nell'ultimo trentennio" [Estudos sobre o pensamento político e econômico de Hegel nos últimos trinta anos], *Rivista critica di storia della filosofia*, Florença, ano XXVII, n. IV, out.-dez. 1972, p. 435-66.

BOELLA, Laura. "Immagini del pensiero lukacsiano" [Imagens do pensamento lukacsiano], em *Studi per Ermanno Graziani*. Pisa, 1973, p.65-88.

_____ (org.). *Intellettuali e coscienza di classe* [Intelectuais e consciência de classe]. Milão, Feltrinelli, 1977, p. 181.

_____. "Motivi e problemi dell'opera di G. Lukács" [Temas e problemas da obra de G. Lukács], Pisa, *Prassi e Teoria*, n. 1, 1974, p. 55-97.

_____. "Ontologia e etica nell'ultimo Lukács" [Ontologia e ética no último Lukács]. *Prassi e Teoria*, Pisa, n. 3, 1974, p. 349-405.

_____. *Il giovane Lukács* [O jovem Lukács]. Bari, De Donato, 1977, p. 315.

_____. "Il rapporto di teoria e prassi nell'*Ontologia dell'essere sociale*. Note sul marxismo dell'ultimo Lukács" [A relação entre teoria e práxis em *Ontologia do ser social*. Notas sobre o marxismo do último Lukács], em *Aut Aut*, fasc.157-158, jan.-abr. 1977, Florença, pp. 55-73.

BOGNÁR, László. "Adalékok Lukács György Filozófiaitörténeti írásaihoz" [Contribuições aos escritos histórico-filosóficos de György Lukács], *Doxa*, Budapeste, n. 7, 1986, p. 125-36.

BONTA. "Die Grenzen des Ästhetischen. Bemerkungen zur Ästhetik von Georg Lukács", *Acta Technica Academiae Scientiarum Hungaricae*, Budapeste, t. 88, (1-4), 1979, p. 3-23.

BRITO PEREIRA, Anna Delio. "G. Lukács 'Esquema de la estructura de la fenomenologia'" [G. Lukács, Esquema da estrutura da fenomenologia], *Ericis*, Madri, ano XVIII, n. 70-71, abr.-set. 1971, p.136-41.

CACCIAMO DE LUCA, Rita. "Lukács e la critica della società: alcune ipotesi" [Lukács e a crítica da sociedade: algumas hipoteses], *Quaderni Ungheresi*, Roma, n. 7-8, p. 13-30.

CACCIARI, Massimo. "Lukács o dell'impossibile ontologia" [Lukács ou da impossível ontologia], *Metaphorein*, Nápoles, ano III, n. 8, nov. 1979-fev. 1980, p. 43-54.

CHIARINI, Paolo; VENTURELLI, Aldo (orgs.). *Dopo Lukács* [Após Lukács]. Bari, De Donato, 1977, p. 176.

CASES, Cesare. *Su Lukács* [Sobre Lukács]. Turim, Einaudi, 1985.

CANTUCCI, Stefano, *Per una filosofia povera. La Grande Guerra, l'esperienza, il senso: a partire da Lukács* [Por uma filosofia pobre. A Grande Guerra, a experiência, o sentido: a partir de Lukács]. Turim, Bollati Boringhieri, 2003, p. 255.

CAVAZZINI, Andrea. *La forma spezzata* [A forma partida]. Pistoia, CRT, 1998, p. 63.

CERUTTI, Furio et al. *Storia e coscienza di classe oggi* [História e consciência de classe hoje]. Florença, La Nuova Italia, 1977, p. 168

CERUTTI, Furio. *Totalità, bisogni, organizzazione. Ridiscutendo "Storia e coscienza di classe"* [Totalidade, necessidade, organização. Rediscutindo "História e consciência de classe"]. Florença, La Nuova Italia, 1980, p. 137.

_____. *Marxismo e politica. Saggi e interventi* [Marxismo e política. Ensaios e intervenções]. Nápoles, Guida, 1981, p. 180.

COLLETTI, Lucio, *Il marxismo e Hegel* [O marxismo e Hegel]. Bari, Laterza, 1976, p. 445.

_____. *Tra marxismo e no* [Entre o marxismo e o não]. Bari, Laterza, 1979, p. 229.

COLUCCI, Federico. "Lukács. Ontologia tra filosofia e sociologia" [Lukács. Ontologia entre filosofia e sociologia], *Quaderni Ungheresi*, Roma, n. 7-8, 1978, p. 67-71.

CROCE, Benedetto. Resenha a *Goethe und seine Zeit*, de G. Lukács, *Quaderni della critica*, Bari, 1949, p. 110-2.

DAGHINI, Giairo. "Per una riconsiderazione della teoria dell'offensiva in *Storia e coscienza di classe*" [Para uma reconsideração da teoria da ofensiva em *História e consciência de classe*], *Aut Aut*, Milão, n. 107, 1968, p. 55-68.

D'ANNA, Vittorio. "L'hegelismo di Lukács dal 1914 al 1918" [O hegelismo de Lukács], *Rivista di Filosofia*, Turim, n. 2, jun. 1975, Turim, pp. 310-14.

DANNEMANN, Rüdiger. "DasVerdinglichungsproblem und Habermas' Versuch einer Reformulierung", em Rüdiger Dannemann (org.). *Georg Lukács- Jenseits der Polemiken. Beiträge zur Rekonstrution seiner Philosophie*. Frankfurt, Sendler, 1986, pp. 71-104.

_____. "Történelem és természet" [História e natureza], *Doxa*, Budapeste, n. 7, 1986, p. 137-46.

_____. "Verdinglichung, Warenfetischismus und die Ohmacht der Demokratie. Lukács' Verdinglichung als Kritik des neoliberalen Kapitalismus", em *Lukács 2002. Jahrbuch der Internationalen Georg-Lukács-Gesellschaft*, Bielefeld, 2002, p. 79-96.

DA VIA, Giuseppe. "Il pensiero di Giorgio Lukács" [O pensamento de Gyorgy Lukács], *L'Osservatore Politico Letterario*, Milão, n. 9, set. 1972, p. 93-7.

DE FEO, Nicola. "Analisi del partito e teoria del partito in Lukács" [Análise do partido e teoria do partido em Lukács], *Problemi del Socialismo*, Veneza, ano XIII, n. 5-6, serie III, set.-dez. 1971, p. 879-93.

_____. *Weber e Lukács*. Bari, De Donato, 1971, p. 184.

DE SANTI, Gualtiero. "György Lukács al di là del dogma" [György Lukács para além do dogma], *Ungheria Oggi*, Roma, n. 1, jul.-dez. 1984, p. 42-44.

DE SIMONE, Antonio. *Lukács e Rimmel. Il disincanto della modernità e le antinomie della ragione dialettica* [Lukács e Rimmel. O desencanto da modernidade e as antinomias da razão dialética]. Lecce, Milella, 1985, p. 101.

DUTSCHKE, Rudi. *Lenin rimesso in piedi. Lenin, Lukács e la Terza internazionale* [Lenin de novo em pé. Lenin, Lukács e a III Internacional]. Florença, La Nuova Italia, 1979, p. 314.

ELY, John. "La costruzione della natura in Lukács" [A construção da natureza em Lukács], *Capitalismo Natura Socialismo*, Roma, n. 1, mar. 1991, p. 73-82.

ENGELS, Friedrich. *Dialettica della natura*. Roma, Editori Riuniti, 1978. [Ed. bras.: *A dialética da natureza*, 6. ed., Paz e Terra, Rio de Janeiro, 2000.]

EÖRSI, István. "The Story of a Posthumous Work", *The New Hungarian Quarterly*, Budapeste, n. 58, v. XVI, 1975, p. 106-8.

_____. "On the Road to Damascous", *The New Hungarian Quarterly*, Budapeste, n. 87, 1982, p. 153-7.

FAUCCI, Dino. "Intorno all'estetica di Lukács" [Acerca da estética de Lukács], *Rivista di Estetica*, Pádua, ano XII, n. II, maio-ago. 1967, p. 289-303.

FEENBERG, Andrew. "The Question of Organization in the Early Marxist Work of Lukács. Technique or Praxis?" [A questão da organização nas primeiras obras marxistas de Lukács. Técnica ou praxis?], em Tom Rockmore, *Lukács Today: Essays in Marxist Philosophy*. Dordrecht, Reidel, 1988, p. 126-56.

FEHÉR, Ferenc. "Lukács in Weimar", *Telos*, St. Louis, n. 39, 1979, p. 113-36.

FEHÉR, Ferenc; HELLER, Agnes; MARKUS, György et al. "Annotazioni sull'*Ontologia* per il compagno Lukács" [Apontamentos sobre a *Ontologia* para o camarada Lukács], *Aut Aut*, n. 157-8, Florença, jan.-abr. 1977, p. 3-37.

FEHÉR, István. "Attack against the Absolute: Lukács and Heidegger", *Annales Universitatis Scientiarum Budapestensis de Roland Eötvös nominatae*, Budapeste, t. XVI, 1982, p. 185-90.

FERRAROTTI, Franco. *Colloquio con Lukács* [Colóquio com Lukács], Milão, Franco Angeli, 1975, p. 84.

FETSCHER, Iring. Resenha a *Der junge Hegel*, de G. Lukács, *Philosophischer Literaturanzieger*, Schlendorf, v. II, 1950, p. 56-61.

_____. "Zum Begriff der 'objektiven Möglichkeit' bei Max Weber und Georg Lukács", *Revue International de Philosophie*, Bruxelas, ano XXVII, n. 106, fasc. 4, 1976, p. 501-25.

FINALE, Carlo. "Lukács tra ideologia e utopia" [Lukács entre ideologia e utopia], *Tempo Presente*, Roma, ano IX, n. 6, jun. 1964, p. 9-16.

FISCHER, Ernst. "Der Lehrer und die Schuler", em *Festschrift zum 80° Geburtstag von Georg Lukács*. Neuwied/Berlin, Luchterhand, 1965, p. 27-30.

FRANCHINI, Raffaello. "La 'monumentale estetica di Giorgio Lukács" [A monumental estética de Gyorgy Lukács], Nápoles, ano III, *Rivista di Studi Crociati*, v. II, n. 3, 1965, p. 263-81.

FRANCO, Vittoria. "Il lavoro come 'forma originaria' nell'*Ontologia* di Lukács" [O trabalho como forma originária na *Ontologia* de Lukács], *Critica Marxista*, Roma, ano XV, n. 3, 1977, p. 115-32.

_____. "Materialismo e dialettica in un intervento di Lukács sul giovane Marx" [Materialismo e dialética em uma intervenção de Lukács sobre o jovem Marx], *Critica Marxista*, Roma, ano XVI, n. 4, 1978, p. 184-6.

_____. "G. Lukács: l'ontologia come presupposto dell'etica" [G. Lukács: a ontologia como pressuposto da ética], *Problemi della transizione*, Parma, ano V, n. 14, 1984, p. 56-64.

_____. "Riflessioni sull'etica di Lukács" [Reflexões sobre a ética de Lukács], *La Politica*, Milão, n. 3-4, 1985, p. 35-41.

_____. "La maturità di Lukács" [A maturidade de Lukács], *Giornale Critico della Filosofia Italiana*, Florença, ano LXIV, série VI, v. V, fasc. 1, jan.-abr. 1985, p. 154-6.

_____. "Etica del discorso o etica 'ontologica'? Un confronto fra Habermas e Lukács" [Ética do discurso ou ética 'ontológica'? Uma comparação entre Habermans e Lukács], *Marx 101*, Milão, n. 4, 1986, p. 9-25.

_____. "Etica e ontologia in Lukács" [Ética e ontologia em Lukács], in *Critica Marxista*, Roma, n. 4, jul.-ago. 1986, p. 135-50.

_____. "Il rinnovamento della dialettica nell'*Ontologia dell'essere sociale* di Lukács" [A renovação da dialética na *Ontologia do ser social* de Lukács], *Marx 101*, Milão, n. 7, s. d., p. 71-8.

_____. "Lukács e Habermas: un confronto sull'etica" [Lukács e Habermans: uma comparação sobre a ética], em Rosario Musillami (org.), *Filosofia e prassi. Attualità e rilettura di György Lukács e Ernst Bloch*, Milão, Diffusioni 84, 1989, p. 289-98.

GALLERANI, Massimo. "La categoria della particolarità nella riflessione estetica di Lukács" [A categoria da particularidade na reflexão estética de Lukács]. Milão, n. I, v. XXXI, jan.-abr. 1978, p. 107-34.

GÁSPÁR, Tamás, "Lukács' Ontology: a Metacritical Letter" [A ontologia de Lukács: uma carta metacrítica], em Agnes Heller (org.), *Lukács Revelued*. Oxford, Basil Blackwell, 1983, p. 154-89.

GENTILE, Giulio, "Sociologia e filosofia nel pensiero di G. Lukács" [Sociologia e filosofia no pensamento de Lukács], *Il Protagora*, Nápoles, n. 79, 1972, p. 52-64.

_____. *Marxismo e storicismo in György Lukács* [Marxismo e historicismo em Gyorgy Lukács]. Nápoles, Cooperativa Editrice Economia e Commercio, 1976, p. 137.

GOLDMANN, Lucien. *Lukács e Heidegger*. Verona, Bertani, 1976, p. 157.

GRONDIN, Jean. "Reification from Lukács to Habermas" [Reificação de Lukács a Habermans], em Tom Rockmore (org.), *Lukács Today: Essays in Marxist Philosophy*, Dordrecht, Reidel, 1988, p. 86-108.

GRUPP, Otto. "Die marxistische dialektische Methode und ihr Gegensatz zur idealistische Dialektik Hegels", *Deutsche Zeitschrift für Philosophie*, Berlim, ano II, n. 1, 1954, p. 69-112.

HABERMAS, Jürgen. *Teoria dell'azione comunicativa* [Teoria da ação comunicativa]. Bolonha, Il Mulino, 1986, v. 2, p. 537.

HAGEN, Franz. Resenha a *Der junge Hegel*, de G. Lukács, *Deutsche Zeitschrift für Philosophie*, Berlim, ano III, n. 5, 1955, p. 640-1.

HEGEL, Georg Wilhelm Friedrich, *Sistema dell'eticità*. Bari, Laterza, 1971. [Ed. port.: *O sistema da vida ética*, Lisboa, Edições 70, 1991].

———. *Fenomenologia dello spirito*. Florença, La Nuova Italia, 1976. [Ed. bras.: *Fenomenologia do espírito*, trad. Paulo Meneses, Petropolis, Vozes, 2000].

———. *Filosofia dello spirito di Jena* [Filosofia do espírito de Jena]. Bari, Laterza, 1971.

———. *Scienza della logica* [Ciência da lógica]. Bari, Lateza, 1972.

HELLER, Agnes. "Lukács's Aesthetics", *New Hungarian Quarterly*, Budapeste, n. 7, 1966, p. 84-94.

———. "Jenseits der Pflicht. Das Paradigmatische der Ethik der deutschen Klassik in Oeuvre von Georg Lukács", *Revue International de Philosophie*, Bruxelas, ano XXVII, n. 106, fasc. 4, 1976, p. 440-56.

———. "Quando la vita si schianta nella forma. György Lukács e Irma Seidler" [Quando a vida eclode na forma. György Lukács e Irma Seidler], em Ferenc Feher et al., *La Scuola di Budapeste sul giovane Lukács* [A Escola de Budapeste sobre o jovem Lukács]. Florença, La Nuova Italia, 1978, p. 1-46.

———. "Sulla povertà di spirito. Un dialogo del giovane Lukács" [Sobre a pobreza de espírito. Um diálogo do jovem Lukács], em Ferenc Feher et al., *La Scuola di Budapeste sul giovane Lukács*. Florença, La Nuova Italia, 1978, p. 47-58.

———. *Morale e rivoluzione* [Moral e revolução]. Laura Boella e Amadeo Vigorelli (orgs.), Roma, Savelli, 1979, p. 86.

———. "Lukács' Later Philosophy", em *Lukács Revalued*. Oxford, Basil Blackwell, 1983, p. 177-90.

———. "Paradigma del lavoro e paradigma della produzione" [Paradigma do trabalho e paradigma da produção], em Vittoria Franco (org.), *Il potere della vergogna*. Roma, Editori Riuniti, 1985, p. 67-80.

HEPPENER, Sieglinde. "Georg Lukács' Auffassungen über Arbeit als Fundamentalategorie und das Subjekt-Objekt-Problem in seinem philosophischen Spätwerk", em M. Buhr e Janos Lukács (orgs.), *Gechichlichkeit und Aktualität. Beiträge zum Werk und Wirken von Georg Lukács*. Berlim, Akademie Verlag, 1987, p. 208-18.

HERMANN, István. "Lukács e il marxismo contemporaneo" [Lukács e o marxismo contemporâneo], em Mario Valente (org.), *Lukács e il suo tempo. La costanza della ragione sistematica* [*Lukács e seu tempo. A constância da razão sistemática*]. Nápoles, Pironti, 1984, p. 3-24.

———. *Die Gedankenwelt von Georg Lukács*. Budapeste, Akadémiai Kiadó, 1985, p. 403.

———. *Lukács György elete*. Budapeste, Corvina, 1985, p. 235.

HERNÁNDEZ I DOBÓN, Francesc Jesús, "Lukács y el problema de Marx", *La Obra de Lukács Hoy*, Madri, Fundación de Investigaciones Marxistas, 1987, p. 41-60.

HOLZ, Hans Heinz. "Il ruolo della mimesi nell'estetica di Lukács" [O papel da mimese na estética de Lukács], em Domenico Losurdo et al. (orgs.), *György Lukács nel centenario della nascita: 1885-1985*. Urbino, Quattro Venti, 1986, p. 247-60.

HONIGSHEIM, Paul. "Zur Hegelrenaissance im Vorkriegs-Heidelberg", *Hegel-Studien*, Bonn, n. 2, 1963, p. 291-301.

HYPPOLITE, Jean. "Alienazione e obiettivazione: a proposito del libro di Lukács sul giovane Hegel" [Alienação e objetivação: a propósito do livro de Lukács sobre o jovem Hegel], em *Saggi su Marx e Hegel*. Milão, Regazzola, 1965, p. 84-113.

INFRANCA, Antonino. "Charlie Chaplin tra il realismo di Gyorgy Lukács e l'individualismo di Thomas Mann"; "Utopia e storia a confronto: Lukács e Bloch", *La Fardelliana*, Trapani, ano II, n. 2-3, maio-dez. 1983, p. 335-40; ano III, n. 2-3, maio-dez. 1984, p. 197-216.

———. "Fenomenologia e ontologia nel marxismo di Lukács", Gênova, ano VIII, *Giornale di Metafisica*, 1986, p. 357-70.

———. "Lukács és a marxizmus ujjaszuletese Olaszországban" [Lukács e o renascimento do marxismo na Itália], *Doxa*, n. 8, 1987, Budapeste, p. 59-65.

———. "Il giudizio su *Faust* in Lukács e Bloch", *Nuovo Romanticismo*, Palermo, n. 6, dez. 1987, p. 53-66.

———. "Lukács e il domani della democratizzazione", *Marxismo Oggi*, Milão, ano II, n. 4, jul. 1988, p. 37-9.

———. "Il libro mai scritto sull'amicizia Balázs-Lukács", *Cinema Nuovo*, Roma, n. 3, maio-jun. 1989, p. 44-9; n. 4, jul.-ago. 1989, p. 36-8.

———. "A lukácsi munka kategória klasszikus eredete" [A herança clássica da categoria lukacsiana do trabalho]. T. Szabó (org.), *Miért Lukács?* [Por que Lukács?]. Budapeste, Lukács Kor, 1990, p. 161-8.

_____. "Filosofia classica e lavoro nei *Prolegomeni* di Lukács"; "Dialettica contro dogmatismo. Su un inedito di Lukács", *Critica Marxista*, Roma, n. 6, nov.-dez. 1991, p. 173-90; n. 1, jan.-fev. 2002, p. 57-65.

_____. "La concezione crociana dell'arte e le critiche di Lukács e Gentile". J. Kelemen (org.). *Benedetto Croce 40 anni dopo*. Roma, Annuario dell'Accademia d'Ungheria, 1993, p. 73-90.

_____. "Alternativ haladás a modernitás felé: Gramsci és Lukács" [O progresso como alternativa à modernidade em Gramsci e Lukács]. T. Szabó (org.), *Ellenszélben. Gramsci e Lukács ma* [Contra a correnteza. Gramsci e Lukács hoje]. Szeged, Lukács Kor, 1993, p. 133-46.

_____. "Lukács a Firenze", *Il Veltro*, Roma, n. 1-2, jan.-abr. 1993, p. 139-50.

_____. "Dialettica contro dogmatismo. Su un inedito di Lukács" [Dialética contra o dogmatismo], em *Critica marxista*, fasc. 1, jan.-fev. 2002, Roma, p. 57-65.

JANNAZZO, Antonio. "L'ontologia dell'ultimo Lukács: prospettiva e posizione politica" [A ontologia do último Lukács: perspectiva e posição política], *Quaderni Ungheresi*, Roma, n. 7-8, 1978, p. 47-55.

_____. "Ontologia e politica nell'ultimo Lukács" [Ontologia e política no último Lukács], *Il Pensiero Politico*, Florença, ano XIII, n. 3, 1980, p. 388-95.

JAY, Martin. "The Concept of Totalità in Lukács and Adorno", *Telos*, St. Louis, n. 32, 1977, p. 117-37.

JOÓS, Ernest. "General Ontology as Foundation of Social Being in George Lukács' *Ontology*", *Doxa*, Budapeste, n. 4, 1985, p. 59-72.

JUNG, Werner. "Zur Ontologie des alltags. Die späte Philosophie von Georg Lukács", em Rüdiger Dannemann e Werner Jung (orgs.), *Objektive Möglichkeit. Beiträge zu Georg Lukács' 'Zur Ontologie des gesellschaftlichen Seins*. Opladen, Westdeutscher, 1995, p. 249-64.

_____. *Von der Utopie zur Ontologie*. Bielefeld, Aisthesis, 2001, p. 182.

KADARKAY, Arpad. *Georg Lukács. Life, Thought, and Politics* [Georg Lukács. Vida, pensamento e política]. Cambridge, Basil Blackwell, 1991, p. 538.

KARÁCSONY, András. "Lukács György és a jog" [György Lukács e o direito], *Magyar Filozófiai Szemle*, Budapeste, ano XVI, n. 4, 1982, p. 575-80.

KARÁDI, Eva. "Max Weber és Lukács György", *Valóság*, n. 12, dez. 1986, p. 95-101.

KELEMEN, János. *A tudat és megisméres* [Consciência e conhecimento]. Budapeste, Gondolat, 1978, p. 184.

KARIKÓ, Sándor. "Lukács' Verhältnis zu Marx", *Lukács 2001. Jahrbuch der Internationalen Georg-Lukács-Gesellschaft*, Bielefeld, 2001, p. 175-86.

KELEMEN, János. "Lukács's Ideas on Language", em F. Kiefer (org.), *Hungarian General Linguistics*. Amsterdam/Philadelphia, John Benjamin Publishing, 1982, p. 245-68.

_____. "Philosophy of Science and its critique in Lukács' *History and Class Consciousness*, *Doxa*, n. 4, 1986, Budapeste, p.43-58.

KETTNER, Fabian. "Die Theorie der Verdinglichung und die Verdinglichung der Theorie", *Lukács 2002. Jahrbuch der Internationalen Georg-Lukács-Gesellschaft*, Bielefeld, 2002, p. 115-128.

KRAUSZ, Tamás; MESTERHÁZI, Miklos. *A Történelem és osztalytudat a 20-as évek vitáiban* [História e consciência de classe no debate da década de 1920]. Budapeste, Lukács Archivum és MTA Filozófiai Intezét, 1981, v. 4.

LA PORTA, Lelio. *Etica e rivoluzione nel giovane Lukács* [Ética e revolução no jovem Lukács], Roma, L'Ed, 1991, p. 123.

LASO PRIETO, José María. "El pensamiento politico-filosófico de Lukács", *La Obra de Lukács Hoy*, Madri, Fundación de Investigaciones Marxistas, 1987, p. 105-22.

LEFEBVRE, Henri. *Lukács 1955*. Paris, Aubier, 1986, p. 83.

MATZNER, J. (org.). *Lehrstuck Lukács*. Frankfurt, Suhrkamp, 1974, p. 256.

LENDVAI, Ferenc. "Zur Problematik von 'Geschichte und Klassenbewußtsein", em Udo Bermbach e Günter Trautmann (orgs.), *Georg Lukács. Kultur-Politik-Ontologie*. Opladen, Westdeutscher, 1995, p. 145-55.

_____. "Der junge und der alte Lukács", em *Lukács 1996. Jahrbuch der Internationalen Georg-Lukács-Gesellschaft*, Bern, 1997, p. 79-92.

LENIN, Vladimir I. *Quaderni filosofici* [Cadernos filosóficos]. Roma, Editori Riuniti, 1976.

LESCHKE, Rainer. "Das Bensodere ist nichts Besonderes. Anmerkungen zu einer Kategorie der Ontologie Georg Lukács", em Rüdiger Dannemann e Werner Jung (orgs.), *Objektive Möglichkeit. Beiträge zu Georg Lukács' 'Zur Ontologie des gesellschaftlichen Seins*. Opladen, Westdeutscher, 1995, p. 201-32.

LESSA, Sergio. *Mundo dos homens. Trabalho e ser social*, São Paulo, Boitempo, 2002, p. 287.

MÉSZÁROS, István (org.). *Letteratura, storia, coscienza di classe. Contributi per Lukács* [Literatura, história, consciência de classe. Contibuições para Lukács]. Nápoles, Liguori, 1977, p. 290.

LICHTEIM, George. *Guida a Lukács*. Milão, Rizzoli, 1978, p. 157.

LIEBERSOHN, Harry. "Lukács and the Concept of Work in German Sociology", em *Georg Lukács: Theory, Culture, and Politics*. New Brunswick, Transaction Publishers, 1989, p. 63-74.

LIFŠIC, Michail. "Dialoghi moscoviti con Lukács" [Diálogos com Lukács em Moscou], *Belfagor*, Florença, ano XLV, n. 5, 30 set. 1990, p. 544-53.

LOPEZ SORIA, Ignacio José. *De lo tragico a lo utopico. Sobre el primer Lukács*. Caracas, Monte Avila, 1976, p. 255.

LÖWY, Michael. "Quelque points de repere sur l'itineraire de Lukács", *L'Homme et la Societè*, Paris, n. 43-44, jan.-jun. 1977, p. 3-7.

_____. *Per una sociologia degli intellettuali rivoluzionari. L'evoluzione politica di Lukács 1909-1929* [Para uma sociologia dos intelectuais revolucionários. A evolução política de Lukács 1909-1929]. Milão, La Salamandra, 1978, p. 338.

_____. "Der junge Lukács und Dostojewski", em Rüdiger Dannemann (org.), *Georg Lukács- Jenseits der Polemiken. Beiträge zur Rekonstrution seiner Philosophie*. Frankfurt, Sendler, 1986, p. 71-104.

_____. "Die revolutionäre Romantik von Bloch und Lukács", em Michael Löwy, Arno Münster e Nicolas Tertulian (orgs.), *Verdinglichung und Utopie. Ernst Bloch und Georg Lukács*. Frankfurt, Sendler, 1987, p. 17-29.

_____. "Lukács e il romanticismo anti-capitalistico" [Lukács e o romantismo anticapitalista], em Rosario Musillami (org.), *Filosofia e prassi. Attualità e rilettura critica di György e Ernst Bloch* [Filosofia e práxis. Atualidade e leitura crítica de György e Ernst Bloch]. Milão, Diffusioni, 1989, p. 135-50.

_____. "Naphta or Settembrini? Lukács and Romantic Anticapitalism" [Naphta ou Settembrini? Lukács e o romantismo anticapitalista], em Judith Marcus e Zoltan Tarr (orgs.), *Georg Lukács. Theory, Culture, and Politics*. New Brunswick/Oxford, Transaction Publishers, 1988, p. 189-206.

LUKÁCS, György. *Il dramma moderno* [O drama moderno]. Milão, Sugarco, 1967.

_____. *Diario (1910-1911)*. Milão, Adelphi, 1983.

_____. *L'anima e le forme* [A alma e as formas]. Milão, SE, 1991.

_____. "Filosofia della società e del diritto" [Filosofia da sociedade e do direito], em Paolo Pullega (org.), *Sulla povertà di spirito* [Sobre a pobreza de espírito], Bolonha, Cappelli, 1981, p. 141-50.

_____. *Dostoevskij*. Milão, SE, 2000.

_____. *Filosofia dell'arte (1912-1914)*. Milão, Sugarco, 1973.

_____. *Estetica di Heidelberg (1916-1918)* [Estética de Heidelberg (1916-1918)]. Milão, Sugarco, 1974.

_____. "Discussione sull'idealismo conservatore e progressista" [Debate sobre o idealismo conservador e progressista], em *Storia e coscienza di classe oggi. Con scritti inediti di Lukács (1918-1920)*. Florença, La Nuova Italia, 1977, p. 101-10.

_____. *Storia e coscienza di classe*. Milão, Sugarco, 1978. [Ed. bras.: *História e consciência de classe*, São Paulo, Martins Fontes, 2003]

_____. *Chvostismus und Dialektik*, Budapeste, Áron, 1996.

_____. "Introduzione agli scritti di estetica di Marx ed Engels" [Introdução aos escritos de estética de Marx e Engels], em Peter Ludz (org.), *Scritti di sociologia della letteratura* [Escritos de sociologia da literatura]. Milão, Mondadori, 1976.

_____. "I romanzi di Willi Bredel" [Os romances de Willi Bredel], em Peter Ludz (org.), *Scritti di sociologia della letteratura*. Milão, Mondadori, 1976.

_____. "Maxim Gorkij: la 'Commedia umana' della Russia prerivoluzionaria" [Maxim Gorkij: a 'Comédia humana' da Rússia pré-revolucionária], em Peter Ludz (org.), *Scritti di sociologia della letteratura*. Milão, Mondadori, 1976.

_____. "Letteratura di tendenza o letteratura di partito?" [Literatura de tendência ou literatura de partido?], em Peter Ludz (org.), *Scritti di sociologia della letteratura*. Milão, Mondadori, 1976.

_____. "Lo scrittore e il critico" [O escritor e o crítico], em Peter Ludz (org.), *Scritti di sociologia della letteratura*. Milão, Mondadori, 1976.

_____. "Reportage o rappresentazione?" [Reportagem ou representação?], em Peter Ludz (org.), *Scritti di sociologia della letteratura*. Milão, Mondadori, 1976.

_____. *Il significato attuale del realismo critico* [O atual significado do realismo crítico], em Andrea Casalegno (org.), *Scritti sul realismo*. Turim, Einaudi, 1978.

_____. "Studi sul *Faust*" [Estudos sobre *Fausto*], em Andrea Casalegno (org.), *Scritti sul realismo*. Turim, Einaudi, 1978.

_____. "La teoria schilleriana della letteratura moderna" [A teoria schilleriana da literatura moderna], em Andrea Casalegno (org.), *Scritti sul realismo*. Turim, Einaudi, 1978.

_____. "I dolori del giovane Werther" [Os sofrimentos do jovem Werther], em Andrea Casalegno (org.), *Scritti sul realismo*. Turim, Einaudi, 1978.

_____. "Gli anni di noviziato di Wilhelm Meister" [Os anos de aprendizado de Wilhelm Meister], em Andrea Casalegno (org.), *Scritti sul realismo*. Turim, Einaudi, 1978.

_____. "L'*Iperione* di Hölderlin" [O *Hiperion* de Hölderlin], em Andrea Casalegno (org.), *Scritti sul realismo*. Turim, Einaudi, 1978.

_____. "Il vecchio Fontane" [O velho Fontane], em Andrea Casalegno (org.), *Scritti sul realismo*. Turim, Einaudi, 1978.

_____. "Eichendorff", em Andrea Casalegno (org.), *Scritti sul realismo*. Turim, Einaudi, 1978.

_____. "Alla ricerca del borghese" [À procura do burguês], em Andrea Casalegno (org.), *Scritti sul realismo*. Turim, Einaudi, 1978.

_____. "Progresso e reazione nella letteratura tedesca" [Progresso e reação na literatura alemã], em Andrea Casalegno (org.), *Scritti sul realismo*. Turim, Einaudi, 1978.

_____. "Sull'estetica di Schiller" [Sobre a estética de Schiller], em *Contributi alla storia dell'estetica* [Contribuições para uma história da estética]. Milão, Feltrinelli, 1975, p. 37.

_____. "Tolstoj e l'evoluzione del realismo" [Tolstoi e a evolução do realismo], em *Saggi sul realismo* [Ensaios sobre realismo]. Turim, Einaudi, 1976.

_____. "Marx e il problema della decadenza ideologica" [Marx e o problema da decadência ideológica], em *Il marxismo e la critica letteraria* [Marxismo e crítica literária]. Turim, Einaudi, 1977.

_____. "Tribuno del popolo o burocrate?" [Tribuno do povo ou burocráta?], em *Il marxismo e la critica letteraria*. Turim, Einaudi, 1977.

_____. "Friedrich Engels teorico e critico della letteratura" [Friedrich Engels teórico e crítico da literatura], em *Marxismo e critica letteraria*. Turim, Einaudi, 1977.

_____. "Goethe e la dialettica" [Goethe e a dialética], em *Lessing e il suo tempo* [Lessing e seu tempo]. Cremona, Libreria del Convegno, 1972.

_____. *La responsabilità sociale del filosofo* [A responsabilidade social do filósofo]. Lucca, Pacini Fazi, 1989.

_____. *Il giovane Hegel e i problemi della società capitalistica* [O jovem Hegel e os problemas da sociedade capitalista]. Turim, Einaudi, 1975.

_____. "Les nouveau problemes de la recherche hegelienne", *Bulletin de la Societé Française de Philosophie*, Paris, v. 43, n. 2, 1949.

_____. *Wie ist die faschistische Philosophie in Deutschland entstanden?*. L. Sziklai (org.), Budapeste, Akadémiai Kiadó, 1982.

_____. *Wie ist Deutschland zum Zentrum der reaktionären Ideologie geworden?*. L. Sziklai (org.), Budapeste, Akadémiai Kiadó, 1982.

_____. *La distruzione della ragione* [A destruição da razão]. Turim, Einaudi, 1974.

_____. *Il giovane Marx*. Roma, Editori Riuniti, 1978. [Ed. bras.: *O jovem Marx e outros escritos de filosofia*. Rio de Janeiro, UFRJ, 2007].

_____. "La mia via al marxismo" [Meu caminho ao marxismo], em *Marxismo e politica culturale* [Marxismo e política cultural]. Turim, Einaudi, 1977.

_____. "Les taches de la philosophie marxiste dans la nouvelle democratie", *Studi filosofici*, Reggio Emilia, ano IX, v. IV, 1948-1949.

_____. *Prolegomeni a un'estetica marxista* [Prolegômenos a uma estética marxista]. Roma, Editori Riuniti, 1971.

_____. *Estetica*. Turim, Einaudi, 1970.

_____. *Conversazioni con Lukács*. Bari, De Donato, 1968. [Ed. bras.: *Conversando com Lukács*, Rio de Janeiro, Paz e Terra, 1969].

_____. "Über Stalin hinaus", em *Revolutinäres Denken. Eine Einführung in Leben und Werk*. Frank Benseler (org.), Darmstadt/Neuwied, Luchterhand, 1984.

_____. "Le basi ontologiche dell'attività dell'uomo" [As bases ontológicas da atividade do homem], em *L'uomo e la rivoluzione* [O homem e a revolução]. Roma, Editori Riuniti, 1975.

_____. *Ontologia dell'essere sociale*. Roma, Editori Riuniti, 1978-1981. [Ed. bras.: *Para uma ontologia do ser social*, São Paulo, Boitempo, 2012].

_____. *Prolegomeni all'Ontologia dell'essere sociale. Questioni di principio di un'ontologia oggi divenuta possibile*. Milão, Guerini, 1990. [Ed. bras.: *Prolegômenos para uma ontologia do ser social*, São Paulo, Boitempo, 2010].

_____. *L'uomo e la democrazia* [O homem e a democracia]. Roma, Lucarini, 1987.

_____. *Pensiero vissuto. Autobiografia in forma di dialogo*. Roma, Editori Riuniti, 1983. [Ed. bras.: *Pensamento vivido: autobiografia em diálogo*, São Paulo, Ad Hominem, 1999].

_____. "Lukács György politikai vègrendelete" [Testamento político de György Lukács], *Társadalmi Szemle*, n. 4, abr. 1990.

_____. *Versuche zu einer Ethik*. György Mezei (org.), Budapeste, Akadémiai Kiadó, 1994.

MACCIÒ, Marco. "Le posizioni teoriche e politiche dell'ultimo Lukács" [As posições teóricas do último Lukács], Milão, *Aut Aut*, n. 107, 1968, p. 43-54.

MANCINA, Claudia. "Una anticipazione dell'*Ontologia* lukacsiana" [Uma antecipação da *Ontologia* de Lukács], *Critica Marxista*, Roma, ano XI, n. 3-4, 1973, p. 364-5.

MAREN-GRISEBACH, Manon. "Hegel als Autorität (Dargestellt an der Kunsttheorie von Georg Lukács)", em Wilhelm Raimund Beyer (org.), *Hegel-Jahrbuch*. Meisenheim, Anton Hein, 1972, p. 87-95.

MARETZKY, Klaus. "Industrialisierung und Kapitalismus. Probleme der Marxrezeption in Georg Lukács' *Geschichte und Klassenbewußtsein*", *Das Argument*, Berlim, ano XIII, n.4-5, ago. 1971, p. 289-312.

MARKUS, György. "L'âme et la vie. Le jeune Lukács et le problème de la 'culture'", *L'homme et la société*, Paris, n. 43-44, jan.-jun. 1977, p. 107-15.

_____. "Lukács e Goldmann su Kant. L'ideologia e le sue ideologie" [Lukács e Goldmann sobre Kant. A ideologia e suas ideologias], *Mataphorein*, Nápoles, ano III, n. 8, nov. 1979-fev. 1980, p. 77-96.

_____. "Alienation and Reification in Marx and Lukács" [Alienação e reificação em Marx e Lukács], *Thesis Eleven*, n. 5-6, 1982, p. 139-61.

_____. "Entfremdung und Verdinglichung", em Rüdiger Dannemann (org.), *Georg Lukács- Jenseits der Polemiken. Beiträge zur Rekonstrution seiner Philosophie*. Frankfurt, Sendler, 1986, p. 71-104.

MARTÍNEZ, Francisco José. "Lukács y la elaboración de una etica comunista", em Ana Lucas e Francisco José Martínez (orgs.), *La obra de Lukács hoy*. Madri, Fundación de Investigaciones Marxistas, 1987, p. 135-56.

MARTINEZ DE VELASCO, Luis. "Lukács y los problemas de una ética socialista", em Ana Lucas e Francisco José Martínez (orgs.), *La obra de Lukács hoy*. Madri, Fundación de Investigaciones Marxistas, 1987, p. 151-8.

MARX, Karl. *Manoscritti economico-filosofici del 1844*. Turim, Einaudi, 1978. [Ed. bras.: *Manuscritos econômico-filosóficos*, São Paulo, Boitempo, 2004].

_____. *Per la critica dell'economia politica*. Turim, Einaudi, 1975. [Ed. bras.: *Contribuição à crítica da economia política*, São Paulo, Martins Fontes, 2011].

_____. *Il capitale*. Turim, Einaudi, 1975. [Ed. bras.: *O capital*, São Paulo, Boitempo, 2013].

MARX, Karl; ENGELS, Friedrich. *L'ideologia tedesca*. Roma, Editori Riuniti, 1977. [Ed. bras.: *A ideologia alemã*, São Paulo, Boitempo, 2007].

MASLOW, Vera. "L'estetica antropomorfica di Lukács" [A estética antropomófica de Lukács], em Guido Oldrini (org.), *Lukács*. Milão, Isedi, 1979, p. 251-62.

MATASSI, Elio. "Su alcuni aspetti della formazione del pensiero politico di G. Lukács negli anni Venti" [Sobre alguns aspectos da formação do pensamento político de G. Lukács nos anos 1920], *De Homine*, Roma, n. 45-46, jun. 1973, p. 150-202.

MATE, Zsuzsanna. "Georg Lukács, Sucher des Absoluten", *Lukács 2001. Jahrbuch der Internationalen Georg--Lukács-Gesellschaft*, Bielefeld, 2001, p. 187-98.

MEGILL, Kenneth. "Lukács ontologo", em Guido Oldrini (org.), *Lukács*. Milão, Isedi, 1979, p. 263-86.

MERLEAU-PONTY, Maurice. *Le avventure della dialettica*. Milão, Sugar, 1965, p. 238-66. [Ed. bras.: *As aventuras da dialética*, São Paulo, Martins Fontes, 2006].

MÉSZÁROS, István. "Georges Lukács. Le philosophie du 'tertium datur' et du dialog co-existentiel", em *Les grand courants de la pensés mondiale contemporaine*. Milão, Marçorati, 1964, p. 937-64.

_____. *Lukács' Concept of Dialectic*. Londres, Merlin, 1972, p. 211. [Ed. bras.: *O conceito de dialética em Lukács*, São Paulo, Boitempo, 2013].

_____. *Beyond the Capital*. Londres, Merlin, 1995. [Ed. bras.: *Para além do capital*, São Paulo, Boitempo, 2002].

MEZEI, György. "Lukács György filozófiai etikájához", *Világosság*, Budapeste, ano XXVI, n. 11, nov. 1985, p. 679-85.

_____. "Szociologia az Ontológia vonzásikörében" [A sociologia no cerco de atração da *Ontologia*], *Doxa*, Budapeste, n. 8, 1986, p. 157-64.

_____. "Diskursethik und/oder Substanzethik", em Rüdiger Dannemann e Werner Jung (orgs.), *Objektive Möglichkeit. Beiträge zu Georg Lukács' 'Zur Ontologie des gesellschaftlichen Seins*. Opladen, Westdeutscher, 1995, p. 177-84.

MISZLIVCSENKO, A. G. "Az ember problémája a kultura rendszerében Lukácsnál" [O problema do homem no sistema da cultura em Lukács], *Doxa*, Budapeste, n. 8, 1986, p. 67-72.

MOCHI ONORI, Guglielmo. "Il giovane Lukács, ovvero della critica del criticismo (contributo all'enucleazione del tessuto logico di *Storia e coscienza di classe*)" [O jovem Lukács, ou da crítica do criticismo (contribuição à enucleação do tecido lógico de *História e consciência de classe*], *Trimestre*, Pescara, ano XIII, n. 2-3, jun.-set. 1980, p. 239-54.

NAGY, András. *Kedves Lukács* [Caro Lukács]. Budapeste, Magvető, 1982, p. 281.

NARSZKIJ, Igor Szergejevics. "Lukács György ontológiájának teoretikus jellemzői" [As características teoréticas da ontologia de György Lukács], em L. Sziklai (org.), *Az élő Lukács*. Budapeste, Kossuth, 1986, p. 131-9.

NOBRE, Marcos. *Lukács e os limites da reificação: um estudio sobre "História e consciência de classe"*. São Paulo, Editora 34, 2001, p. 133.

OITTINEN, Vesa. "Die 'ontologische Wende' von Lukács und seine Faust-Interpretation", *Lukács 2001. Jahrbuch der Internationalen Georg-Lukács-Gesellschaft*, Bielefeld, 2001, p. 67-100.

OLDRINI, Guido. "Le basi teoretiche del Lukács della maturità" [As bases teoréticas da maturidade], em Guido Oldrini (org.), *Il marxismo della maturità di Lukács* [O marxismo da maturidade de Lukács]. Nápoles, Prismi, 1983, p. 65-90.

_____. "György Lukács: un grande teorico marxista" [György Lukács: um grande teórico marxista], *Ideologia Proletaria*, Trieste, set.-out. 1985, p. 26-9.

_____. "La svolta ontologica di Lukács" [A viragem ontológica de Lukács], *Democrazia Proletaria*, Milão, ano III, n. 11, nov. 1985, p. 33-8.

_____. "Il supporto ontologico dell'*Estetica* di Lukács" [O suporte ontológico da *Estética* de Lukács], *Rivista di Storia della Filosofia*, Bolonha, n. 4, 1987, p. 709-19.

_____. "La notion de individualité dans la perspective marxiste", *Actuel Marx*, Paris, n. 21, 1996, p. 177-86.

_____. "Lukács e la via marxista al concetto di persona" [Lukács e a via marxista ao conceito de pessoa], *Marxismo Oggi*, Milão, n. 1, jun. 1993, p. 131-50.

_____. "Em busca das raizes da ontologia (marxista) de Lukács", em Maria Orlanda Pinassi e Sergio Lessa (orgs.), *Lukács e a atualidade do marxismo*, São Paulo, Boitempo, 2002, p. 49-76.

PACI, Enzo. "Merleau-Ponty, Lukács e il problema della dialettica" [Lukács e o problema da dialética], em *Aut Aut*, fasc. 66, novembro 1961, Milão, p. 498-515.

_____. *La filosofia contemporanea* [A filosofia contemporânea]. Milão, Garzanti, 1974, p. 339.

PARKINSON, Georg H. R. *Georg Lukács*, Henley/Boston, Routledge and Kegan, 1977, p. VIII-206.

PASQUINELLI, Carla. "Né Lukács né Korsch" [Nem Lukács nem Korsch], *Critica Marxista*, Roma, ano VIII, n. 4, jul.-ago. 1970, p. 178-96.

PASTORE, Federico. *Crisi della borghesia, marxismo occidentale e marxismo sovietico nel pensiero filosofico di G. Lukács* [Crise da burguesia, marxismo ocidental e marxismo soviético no pensamento filosófico de G. Lukács]. Milão, Marzorati, 1978, p. 182.

_____. *La conoscenza come azione. Saggi su Lukács* [O conhecimento como ação. Ensaios sobre Lukács]. Milão, Marçorati, 1980, p. 170.

PERLINI, Tito. *Utopia e prospettiva in Lukács* [Utopia e perspectiva em Lukács]. Bari, Dedalo, 1968, p. 472.

_____. "La contraddittoria parabola di György Lukács" [A contraditória parábola de György Lukács], *Problemi del Socialismo*, Veneza, ano XIII, n. 4, série III, jul.-ago. 1971, p. 595-610.

_____. "Lukács e il sistema" [Lukács e o sistema], *Utopia*, Bari, n. 2, fev. 1971, p. 13-4.

PETRUZZELIS, Nicola. "L'*Estetica* del Lukács" [A *Estética* de Lukács], *Rassegna di Scienze Filosofiche*, Nápoles, ano XXIX, n. 4, out.-dez. 1976, p. 317-42.

PIANA, Giovanni. "Note su *Storia e coscienza di classe*" [Notas sobre *História e consciência de classe*], *Aut Aut*, Milão, n. 107-108, 1968, p. 7-42.

_____. "Sulla nozione di analogia strutturale in *Storia e coscienza di classe*" [Sobre a noção de analogia estrutural em *História e consciência de classe*], *Aut Aut*, Milão, n. 107-8, 1968, p. 101-3.

PICCONE, Paul. "Dialectic and Materialism in Lukács", *Telos*, St. Louis, n. 11, 1972, p. 105-33.

PIERETTI, Antonino. "Il concetto di totalità in G. Lukács" [O conceito de totalidade em Lukács], *Proteus*, Roma, ano III, n. 8, maio-ago. 1972, p. 71-89.

PLUZANSKI, Tadeusz. "A szabadság ontológiai születése" [O nascimento ontológico da liberdade], *Doxa*, Budapeste, n. 8, 1986, p. 145-56.

POSZLER, György. "The Invisible Center: The Place of the Work of Art in *Die Eigenart des Aesthetischen*", László Illés et al. (orgs.), *Hungarian Studies on György Lukács*. Budapeste, Akadémiai Kiadó, 1993, p. 498-509.

PRESTIPINO, Giuseppe. *L'arte e la dialettica in Lukács e Della Volpe* [Arte e dialética em Lukács e Della Volpe]. Messina/Florença, D'Anna, 1961, p. 211.

_____. *Natura e società* [Natureza e sociedade], Roma, Editori Riuniti, p. 304.

_____. "Filosofia e prospettiva politica nell'ultimo Lukács" [Filosofia e perspectiva política no último Lukács], *Critica Marxista*, Roma, n. 5-6, set.-dez. 1971, p. 280-97.

_____. "Il 'regno dei fini' nella scienza delle cause" [O "reino dos fins" na ciência das causas], *Metaphorein*, Nápoles, ano III, nov. 1979-fev. 1980, p. 115-26.

_____. "Come è possibile un'ontologia storico-materialistica?" [Como é possível uma ontologia histórico-materialista?], em Mario Valente (org.), *Lukács e il suo tempo. La costanza della ragione sistematica* [Lukács e seu tempo: a constância da razão sistemática]. Nápoles, Pironti, 1984, p. 181- 212.

_____. *Realismo e utopia. In memoria di Lukács e Bloch* [Realismo e utopia: em memória de Lukács e Bloch]. Roma, Editori Riuniti, 2002, p. 551.

PREVE, Costanzo, *La filosofia imperfetta. Una proposta di ricostruzione del marxismo contemporaneo* [A filosofia imperfeita: uma proposta de reconstrução do marxismo contemporâneo]. Milão, Franco Angeli, 1984, p. 261.

_____. "La centralità della filosofia nella ricostruzione del materialismo storico" [A centralidade da filosofia na reconstrução do materialismo histórico], *Democrazia Proletaria*, Milão, ano III, n. 3, mar. 1985, p. 2-7.

RADDATZ, Fritz J. *Georg Lukács in selbstzeugnissen und Bilddokumenten*, Reinbeck/Hamburg, Rowohlt, 1972, p. 157.

ROCHLITZ, Rainer. "Lukács et Heidegger (suites d'un debat)", *L'Homme et la Societé*, Paris, n. 43-44, jan.-jun. 1977, p. 87-94.

ROCKMORE, Tom. "La philosophie classique allemande et Marx selon Lukács", *Archives de Philosophie*, Paris, n. 4, ano XLI, out.-dez. 1978, p. 569-95.

_____. "Über Lukács und die Wiederentdeckung von Marx", *Lukács 2000. Jahrbuch der Internationalen Georg-Lukács-Gesellschaft*, Bielefeld, 2000, p. 17-28.

_____. "Lukács, Marxist Aesthetics, and Truth", *Lukács 2001. Jahrbuch der Internationalen Georg-Lukács--Gesellschaft*, Bielefeld, 2001, p. 139-60.

ROSENBERG, Harold. "The Third Dimension of Georg Lukács", *Dissent*, Nova York, n. 3, v. XI, 1964, p. 404-14.

ROZSÁ, Erzsebet. "Lukács György Hegel-képérol" [György Lukács sobre a imagem de Hegel], *Doxa*, Budapeste, n. 7, 1986, p. 93-110.

RÜCKER, Silvie. "Totalität als ethisches und ästhetisches Problem", *Text+Kritik*, Munique, n. 39-40, out. 1973, p. 52-64.

RUSCONI, Gian Enrico. "La problematica del giovane Lukács" [A problemática do jovem Lukács], *Rivista di Filosofia Neoscolastica*, Milão, ano LVIII, n. 1, jan.-fev. 1966, p. 63-90.

_____. *La teoria critica della società* [A teoria crítica da sociedade]. Bolonha, Il Mulino, 1970, p. 51-102.

SAILER, Joachim. "Georg Lukács und die Frage nach der Spezifik des Ästhetischen", *Deutsche Zeitschrift für Philosophie*, Berlim, ano XXXIII, n. 4, 1985, p. 306-13.

SALIZZONI, Carlo. "Lukács e la magia. Arte della magia e magia dell'arte" [Lukács e a magia. A arte da magia e a magia da arte], *Rivista di Estetica*, Turim, Rosenberg e Sollier, n. 2, 1979, p. 27-41.

SARTRE, Jean-Paul. "La Conférence de Rome, 1961. Marxisme et subjectivité" [A Conferência de Roma, 1961. Marxismo e subjetividade], *Les Temps Modernes*, n. 560, Paris, ano XLIX, mar. 1993, p. 11-41.

SCARPONI, Alberto. "Lukács critico dello stalinismo" [Lukács crítico do stalinismo], *Critica Marxista*, Roma, ano XVII, n. 1, 1979, p. 105-11.

_____. "L'ontologia alternativa di György Lukács" [A ontologia alternativa de György Lukács], *Metaphorein*, n. 8, Nápoles, ano III, nov. 1979-fev. 1980, p. 127-40.

_____. "L'ontologia possibile" [A ontologia possível], *Coscienza Storica*, Lungro di Cosenza, ano I, n. 1, 1991, p. 113-20.

SCHMIDT, Gerhart. "Zur Wiederaufnahme der *Phänomenologie des Geistes* in Georg Lukács", *Hegel Studien*, Bonn, n. 11, 1974, p. 635-41.

SCHMIDT, James. "The Concrete Totality and Lukács' Concept of Proletarian *Bildung*", *Telos*, St. Louis, n. 24, 1975, p. 2-40

SCHREITER, Jörge. "Lukács' Kritik des Neopositivismus als 'höchste Stufe der Durchführung des Bellarminischen Programms", em Manfred Buhr e Jozsef Lukács, *Geschichtlichkeit und Aktualität. Beiträge zum Werk und Wirken von Georg Lukács*. Berlim, Akademie Verlag, 1987, p. 138-44.

SHUE, Henry G. "Lukács: Notes on his Originalità", *Journal of the History of Ideas*, Nova York, n. 4, v. XXXIV, out.-dez. 1973, p. 645-50.

SOCHOR, Lobomir. "Lukács e Korsch: la discussione filosofica degli anni Venti" [Lukács e Korsch: o debate filosófico dos anos 1920], em Eric Hobsbawm (org.), *Storia del marxismo*. Turim, Einaudi, 1980, v. III, t. I, p. 697-752. [Ed. bras.: *História do marxismo*, Rio de Janeiro, Paz e Terra, 1984, v. III]

SPINELLA, Mario. "Le forze produttive e la coscienza di classe" [As forças produtivas e a consciência de classe], *Il Contemporaneo*, Roma, ano XXVIII, n. 31, 30 julho 1971, p. 18-9.

STERN, L. "George Lukács: an Intelectual Portrait", *Dissent*, Nova York, n. 2, 1958, v. V, p. 162-73.

SZABÓ, Tibór. "Az 'igazi ember az idős Lukácsnál" [O "verdadeiro homem" no Lukács tardio], em *Miért Lukács?*. Budapeste, Lukács Kör, 1990, p. 131-48.

_____. "Elemente der philosophischen Antropologie beim späten Lukács", in *Lukács 2001. Jahrbuch der Internationalen Georg-Lukács-Gesellschaft*, Bielefeld, 2001, p. 163-74.

SZERDAHELYI, István. "Lukács György és a mai tömegkultura" [György Lukács e a cultura de massas hoje], *Doxa*, Budapeste, n. 8, 1986, p. 73-88.

SZIKLAI, László. "Lukács e l'età del socialismo. Contributi alla genesi di *Der Junge Hegel*" [Lukács e a idade do socialismo. Contribuição à génese de Der Junge Hegel], em Mario Valente (org.), *Lukács e il suo tempo. La costanza della ragione sistematica*. Nápoles, Pironti, 1984, p. 53-64.

_____. *Lukács és a fazismus kora*, Budapeste, Magvető, 1985, p. 183.

_____. *Lukács und seine Zeit. 1930-1945*. Budapeste, Corvina, 1986, p. 203.

_____. *After the Proletarian Revolution. Georg Lukács Marxist Development 1930-1945*. Budapeste, Akadémiai Kiadó, 1992, p. 294.

SZILI, József. "Two Contending Principles in *Die Eigenart des Ästhetischen*: An Epistemological Critique of Lukács's Aesthetics", em László Illés et al. (orgs.), *Hungarian Studies on György Lukács*. Budapeste, Akadémiai Kiadó, 1993, p. 510-32.

TARANTO, Domenico; FINAMORE, Carmine. "Rileggendo *Storia e coscienza di classe*" [Relendo *História e consciência de classe*], em *Il marxismo italiano degli anni Sessanta e la formazione politica delle nuove generazioni* [O marxismo italiano da década de Sessesta e a formação política das novas gerações]. Roma, Editori Riuniti, 1972, p. 667-76.

TERTULIAN, Nicolas. "Croce et Lukács a propos du probleme esthétique", *Rivista di Studi Crociati*, Nápoles, ano XI, n. 1, jan.-mar. 1974, p. 1-13.

_____. "L'evoluzione del pensiero di György Lukács" [A evolução do pensamento de György Lukács], em Guido Oldrini (org.), *Lukács*. Milão, Isedi, 1979, p. 32-66.

_____. "*Sull'oggettivismo della grande 'Ontologia'* [Sobre o objetivismo da grande Ontologia], em Guido Oldrini (org.), *Lukács*. Milão, Isedi, 1979, p. 287-302.

_____. "Note sull'ultimo Lukács, leggendo la sua corrispondenza inedita" [Notas sobre o último Lukács, lendo sua correspondência inédita], *Critica Marxista*, Roma, ano XVI, n. 5, set.-out. 1979, p. 165-176.

_____. "Nicht diese Töne", *Metaphorein*, Nápoles, ano III, n. 8, nov. 1979-fev. 1980, p. 141-8.

_____. "Teleologia e causalità nell'*Ontologia* di Lukács" [Teleologia e causalidade na *Ontologia* de Lukács], *Critica Marxista*, Roma, ano XVIII, n. 5, set.-out. 1980, p. 89-108.

_____. "Tra Croce e Heidegger" [Entre Croce e Heidegger], *Rinascita*, Roma, n. 50, 18 dez. 1981, p. 45-7.

_____. "Appunti su Lukács, Adorno e la filosofia classica tedesca" [Apontamentos sobre Lukács, Adorno e a filosofia clássica alemã], em Guido Oldrini (org.), *Il marxismo della maturità di Lukács* [O marxismo da maturidade de Lukács]. Nápoles, Prismi, 1983, p. 191-220.

_____. "*L'Estetica* di Lukács, i suoi critici, i suoi avversari" [A *Estética* de Lukács, seus críticos, seus adversários], em Mario Valente (org.), *Lukács e il suo tempo. La costanza della ragione sistematica* [Lukács e seu tempo. A constância da razão sistemática]. Nápoles, Pironti, 1984, p. 251-70.

_____. *Lukács e la rinascita dell'ontologia* [Lukács e o renascimento da ontologia]. Roma, Editori Riuniti, 1986, p. 112.

_____. "György Lukács y las tragedias del siglo", em *Lukács. Ontologia del ser social*. C. Peón (org.), México, Universidad Autónoma de Chapingo, 1987, p. 11-6.

_____. "Lukács e l'ontologia" [Lukács e a ontologia], *Coscienza Storica*, Lungro di Cosenza, ano I, n. 1, 1991, p. 103-11.

_____. "Le grand project de l'*Ethique*", *Actuel Marx*, Paris, n. 10, 1991, p. 81-96.

_____. "Il concetto di alienazione in Heidegger e Lukács" [O conceito de alienação em Heidegger e Lukács], *Marxismo Oggi*, Milão, n. 1, jun. 1993, p. 115-30.

_____. "Gli *avatars* della filosofia marxista (a proposito di un testo inedito di Lukács)" [Os *avatars* da filosofia marxista (acerca de um texto inédito de Lukács)], *Marxismo Oggi*, Milão, n. 3, set.-dez. 1999, p. 125-44.

_____. "Nicolai Hartmann e György Lukács: un'alleanza feconda" [Nicolai Hartmann e György Lukács: uma fecunda aliança], *Marxismo Oggi*, Milão, n. 2-3, maio-dez. 2000, p. 83-116.

_____. "Abwandlungen der marxistischen Philosophie", *Lukács 2000. Jahrbuch der Internationalen Georg--Lukács-Gesellschaft*, Bielefeld, 2000, p. 29-50.

_____. "A *Estética* de Lukács trinta anos depois", em Maria Orlanda Pinassi e Sergio Lessa (orgs.), *Lukács e a atualidade do marxismo*, São Paulo, Boitempo, 2002, p. 13-26.

_____. "Sul metodo ontologico-genetico in filosofia" [Sobre o método ontológico-genético em filosofia], *Marxismo Oggi*, Milão, n. 2, maio-ago. 2003, p. 49-73.

THEMANN, Thorsten. *Onto-Antropologie der Tätigkeit. Die Dialektik von Geltung und Genesis im Werk von Georg Lukács*. Bonn, Bouvier, 1996, p. 275.

THIEBAUT, Carlos. "El joven Lukács o la modernidad etica del marxismo, em Ana Lucas e Francisco José Martínez (orgs.), *La obra de Lukács hoy*. Madri, Fundación de Investigaciones Marxistas, 1987, p. 79-89.

TOIVANEN, Seppo. "Georg Lukács und sein Verhaltnis zum Materialismus", em Wilhelm R. Beyer (org.), *Hegel-Jahrbuch 1976*. Colônia, 1978, p. 343-8.

TÖKEI, Ferenc. "*L'Ontologie de l'etre social*. Notes sur l'oeuvre postume de György Lukács" [*Ontologia do ser social*. Notas sobre a obra póstuma de György Lukács], *La Pensée*, Paris, n. 206, jul.-ago. 1979, p. 29-37.

TOTH, Tamás. "György Lukács, un penseur hongrois en quete d'universalité", *Doxa*, Budapeste, n. 4, 1985, p. 73-104.

VACATELLO, Marzio. *Lukács. Da "Storia e coscienza di classe" al giudizio sulla cultura borghese* [Lukács. De História e consciência de classe ao juízo sobre a cultura burguesa]. Florença, La Nuova Italia, 1968, p. 158.

VACCA, Giuseppe. *Lukács o Korsch?* [Lukács ou Korsch?]. Bari, De Donato, 1974, p. 145.

_____. "Il marxismo e gli intellettuali: due linee a confronto" [O marxismo e os intelectuais: duas linhas em confronto], *Critica Marxista*, Roma, ano XXI, n. 5, set.-out. 1983, p. 45-128.

VAJDA, Mihály. "Lukács and Husserl's Critique of Science", *Telos*, St. Louis, n. 39, 1978-1979, p. 104-18.

VARGA, Csaba. "La question de la rationalité formelle en droit: essai d'interpretation de l'*Ontologie de l'etre social* de Lukács", em *Archives de philosophie de droit*. Paris, Sirey, 1978, t. 23, p. 213-36.

_____. "The Concepì of Law in Lukács' *Ontology*", *Rechtstheorie*, Berlin, n. 3, v. 10, 1979, p. 321-37.

_____. *A jog helye Lukács György világképében* [O papel do direito na concepção de mundo de György Lukács]. Budapeste, Magvető, 1981, p. 286.

_____. "Towards a Sociological Concept of Law: An Analysis of Lukács' *Ontology*", *International Journal of the Sociology of Law*, n. 9, 1981, p. 159-76.

_____. "A jog ontológiai megalapozása felé (tételek Lukács *Ontológiája* alapján)", [Para uma fundação ontológica do direito: teoremas sobre o fundamento da *Ontologia* de Lukács], *Magyar Filozófiai Szemle*, Budapeste, ano XXVII, n. 5, 1983, p. 767-76.

_____. "Towards the Ontological Foundation of Law. Some Theses on the Basis of Lukács' *Ontology*", *Rivista internazionale di Filosofia del diritto*, Milão, ano LX, série, IV, jan.-mar. 1983, p. 127-42.

_____. "Tárgyiasulás, eldolgiasodás, elidegenedés és jogi problematica (fogalmi tisztázás kísérlete Lukács *Ontológiája* alapján)" [Objetivação, reificação, alienação e problemática do direito: tentativa de esclarecimento conceitual baseado na *Ontologia* de Lukács], *Magyar Filozófiai Szemle*, Budapeste, n. 1-2, 1985, p. 196-211.

VARFOLOMEJEVICS PILIPENKO, Nyikolaj. "Az ontológia problémája Lukács filozófiai nézeteiben" [O problema da ontologia na visão filosófica de Lukács], em László Sziklai (org.), *Az élő Lukács*. Budapeste, Kossuth, 1986, p. 251-6.

VASOLI, Cesare. "Lukács tra il 1923 e il 1967" [Lukács entre 1923 e 1967], *Il Ponte*, Florença, n. 1, jan. 1969, p. 48-70; n. 2, fev. 1969, p. 224-50.

VINCIERI, Paolo. "L'ontologia, ultimo approdo di Lukács" [A ontologia, última atracagem de Lukács], in *Il pensiero*, fasc. 1-3, a. XXI, jan.-dez. 1976, Rieti, p. 81-95.

WEYEMBERGH, Maurice. "M. Weber et G. Lukács", *Revue International de Philosophie*, Bruxelas, ano XXVII, n. 106, fasc. 4, 1976, p. 474-500.

WINFIELD, Richard. "*The Young Hegel* and the Dialectical of Social Production", *Telos*, St. Louis, n. 26, 1976, p. 184-94.

WITSCHEL, Gunter. *Ethische Probleme der Philosophie von Georg Lukács. Elemente einer Nichtgeschribenen Ethik*. Bonn, Bouvier, 1981, p. 110.

WOLF, Barbara. "Zur subjektivistischen Revision der materialistischen Geshichtauffasung in den zwanziger Jahren", *Deutsche Zeitschrift für Philosophie*, Berlim, ano XXIV, n. 9, 1976, p. 1.116-25.

ZANARDO, Aldo. *Filosofia e socialismo*. Roma, Editori Riuniti, 1974, p. 558.

ZOLTAI, Denés. "A hallgatás paradoxonai" [Os paradoxos do silêncio], *Világosság*, Budapeste, ano XXII, n. 1, jan. 1981, p. 33-5.

_____. *Egy írástudó visszatér. Lukács György 1945 utani munkásságáról*, [Um escritor retorna: György Lukács sobre o movimento operário após 1945]. Budapeste, Kossuth, 1985, p. 251.

_____. "Lukács: a nevelő", *Doxa*, Budapeste, n. 8, 1986, p. 7-26.

_____. "Das homogene Medium in der Kunst. Zur Aktualität und Potentialität der ästhetischen Theorie beim späten Lukács", em Udo Bermbach e Günter Trautmann, *Georg Lukács. Kultur-Politik-Ontologie*. Opladen, Westdeutscher, 1987, p. 222-32.

ZOLTAI, Dénes; BERMBACH, Udo; TRAUTMANN, Günter. "The Reconstructible Chief Work: Notes on Lukács's Late Aesthetics Synthesis", em László Illés et al. (orgs.), *Hungarian Studies on György Lukács*. Budapeste, Akadémiai Kiadó, 1993, p. 533-43.

Publicado em novembro de 2014, trinta anos após a publicação original (em alemão) de *Zur Ontologie des gesellschaftlichen Seins*, de György Lukács — na década anterior, a obra encontrava-se fragmentada em edições italianas e brasileiras, nas traduções de Alberto Scarponi e Carlos Nelson Coutinho, respectivamente, que tiveram acesso aos manuscritos —, este livro foi composto em Adobe Garamond Pro, corpo 10.5/12.6, e impresso em papel Pólen Soft 80 g/m² pela Rettec e pela gráfica da Faculdade de Filosofia e Ciências da Unesp, com tiragem de 1.200 exemplares.